P. M. S. Hacker

EINSICHT UND TÄUSCHUNG

Wittgenstein über
Philosophie und die Metaphysik
der Erfahrung

Übersetzt von Ursula Wolf

Suhrkamp Verlag

Titel der Originalausgabe: *Insight and Illusion. Wittgenstein on Philosophy and the Metaphysics of Experience.*

CIP-Kurztitelaufnahme der Deutschen Bibliothek
Hacker, Peter M. S.
Einsicht und Täuschung: Wittgenstein über Philosophie u. d. Metaphysik d. Erfahrung.
– 1. Aufl. – Frankfurt am Main: Suhrkamp 1978.
Einheitssacht.: Insight and Illusion ‹dt.›
ISBN 3-518-07205-6

Erste Auflage 1978

Druck: Hieronymus Mühlberger, Augsburg
Printed in Germany

Inhalt

Meinen Eltern

Vorwort

Die Struktur dieses Buches läßt sich am besten durch eine Metapher aus der Welt des Theaters fassen. Das Buch hat gewissermaßen ein Schauspiel, das im Mittelpunkt steht, eine Bühnenausstattung und einen Hintergrundsvorhang. Das Thema, mit dem ich mich hauptsächlich beschäftige, das Schauspiel, das durch das ganze Buch hindurch aufgeführt wird, ist Wittgensteins Metaphysik der Erfahrung. Dieser Kantische Kunstausdruck wurde mit Bedacht gewählt, denn eines der Leitmotive dieses Buches besteht darin, die Verwandtschaften mit Kant in Wittgensteins Philosophie im allgemeinen zu untersuchen, und zwar sowohl im *Tractatus* als auch in den Schriften nach 1929. Wittgensteins Metaphysik der Erfahrung besteht aus einer Dreiheit von Problemen, von denen im folgenden zwei umfassend untersucht werden. Diese Probleme sind: das Selbstbewußtsein, unsere Erkenntnis des Bewußtseins anderer und unsere Erkenntnis von Gegenständen. Das Thema, das das Buch in zweiter Linie verfolgt, die Bühne, auf der sich das eigentliche Schauspiel abspielt, ist Wittgensteins allgemeine Auffassung von Philosophie. Dieses Thema soll die Untersuchung der Wittgensteinschen Metaphysik der Erfahrung erhellen, aber auch von ihr erhellt werden. Denn letztere stellt, besonders in Wittgensteins Spätwerk, ein typisches Beispiel seiner Auffassung von Aufgabe, Methode und Ergebnis philosophischer Untersuchungen dar. Mit dem Fortschreiten meiner Arbeit wurde mir zunehmend klar, daß der Hintergrundsvorhang, vor dem die zwei Hauptthemen gesehen werden müssen, nicht vollständig vernachlässigt werden durfte. Der Hintergrundsvorhang besteht aus der Entwicklung der semantischen Theorien Wittgensteins vom strikten Realismus des *Tractatus* zu dem konstruktivistisch inspirierten Konventionalismus der *Philosophischen Untersuchungen*. Ich habe dieses überaus schwierige Thema nur so weit erforscht, wie es für ein Verständnis des Wesens von Wittgensteins Metaphysik der Erfahrung, seines allgemeinen Beitrags zur Erkenntnistheorie und seiner Auffassung von Philosophie erforderlich schien. Der Hintergrundsvorhang ist also, wie es bei der Bühnengestaltung üblich ist, ungleichmäßig. An einigen Stellen ist er mit bunten Details ausgefüllt, an anderen enthält er nur grobe Andeutungen.

Wittgenstein gehört zu den ganz wenigen Philosophen, die zwei vollständige philosophische Lehren hervorgebracht haben, von denen die spätere eine substantielle Kritik und Zurückweisung der früheren enthält. Die Kontroverse über den Grad der Veränderung und den Grad der Beständigkeit seiner Lehren wird zweifellos noch viele Jahre lang toben. Hinsichtlich der Themen, mit denen ich mich in diesem Buch befasse, habe ich die Umwandlung ebenso wie die Kontinuität aufzuzeichnen versucht. Es ist sicher unmöglich, Wittgensteins späteres Verhältnis zum Solipsismus und Idealismus und seine Widerlegung beider zu verstehen, wenn man nicht sieht, wie das in seiner Faszination über Schopenhauer in den *Tagebüchern 1914–16* und dem »methodischen Solipsismus« der *Philosophischen Bemerkungen* wurzelt. Ebenso kann man auch nur ein angemessenes Verständnis seiner späteren Auffassung von Philosophie und Metaphysik gewinnen, wenn man sie mit seinen früheren Auffassungen vergleicht und kontrastiert. Und zweifellos muß seine spätere Semantik vor dem Hintergrund der Zurückweisung seines früheren Realismus gesehen werden. Demgemäß befassen sich die ersten vier Kapitel dieses Buches mit Wittgensteins erster Philosophie und verfolgen die Entwicklung seiner Auffassungen über die von mir gewählten Themen von den frühen »Aufzeichnungen über Logik« über den Höhepunkt des *Tractatus* zu der Übergangsperiode Ende der neunzehnhundertzwanziger und Anfang der dreißiger Jahre. Die letzten sechs Kapitel beschäftigen sich mit weitgehend denselben Aspekten in seiner späteren Philosophie, in der sie von so viel größerer Bedeutung sind.

Ray Frey, Kit Fine und Joseph Raz bin ich für ihre Kritik zu früheren Entwürfen von Teilen dieses Buches, für ihre Unterstützung und für viele klärende Diskussionen über die von mir bearbeiteten Themen dankbar. Den größten Dank schulde ich Anthony Kenny und Gordon Baker. Kenny verdanke ich den ursprünglichen Anstoß, meinem Interesse an Wittgenstein ernsthaft nachzugehen; mein Verständnis des Privatsprachenarguments verdanke ich weitgehend den zahlreichen Gesprächen mit ihm. Seine detaillierten Bemerkungen zu meinen ersten Entwürfen der Kapitel IV, VII, VIII, IX waren mir eine sehr große Hilfe. Meinem Kollegen am St. John's College, Baker, verdanke ich die Gelegenheit, so gut wie jeden Gedanken zu meinen Themen vor einem verständnisvollen und gelehrten Zuhörer auszusprechen. Seine Einwände, Anregungen und Ratschläge ebenso wie seine Anmerkungen zu meinen Manuskripten waren mir von unschätzbarem Wert. Das Vorrecht, seine eigenen unveröffentlichten Arbeiten über Wittgensteins Semantik zu lesen, gab mir Einsichten in den konstruktivistischen Tenor der späteren Philosophie Wittgensteins, zu denen ich nicht von allein gekommen wäre. Außerdem möchte ich Pearl Hawtin und meiner Frau meine Dankbarkeit für ihre großzügige Hilfe bei der Fertigstellung der Arbeit ausdrükken. Ich danke T. J. Reed und meiner Mutter Thea Hacker für ihre Hilfe mit dem Deutschen. Ich bin den Verlagen Basil Blackwell & Mott Ltd., Routledge & Kegan Paul Ltd. und The Humanities Press Inc. für ihre freundliche Erlaubnis verpflichtet, aus Werken Wittgensteins zu zitieren, für die sie das Urheberrecht besitzen.

St. John's College, Oxford P. M. S. H.
1971

Einleitende Bemerkung zur deutschen Ausgabe

Die Veröffentlichung einer deutschen Übersetzung dieses Buches erforderte ein sorgfältiges Wiederlesen des Textes, den ich vor sechs Jahren verfaßte. Ich merkte, daß sich bezüglich einiger Fragen meine Ansichten geändert hatten, und bezüglich anderer stand mir jetzt Information zur Verfügung, die ich ursprünglich nicht hatte. Daher habe ich von der Gelegenheit Gebrauch gemacht, eine ganze Reihe von Veränderungen am ursprünglichen Text vorzunehmen. Einige davon erforderten das Streichen von Bemerkungen, die mir jetzt falsch oder irreführend scheinen, andere bedeuteten Veränderungen in der Argumentation und Modifikationen von Folgerungen. Es wäre falsch, die deutsche Fassung des Buches als eine neue Ausgabe zu betrachten, sie ist jedoch eine verbesserte Ausgabe, die sich in kleinen, aber signifikanten Punkten vom Original unterscheidet.
Ich möchte meiner Übersetzerin Ursula Wolf meinen Dank für ihre große Mühe ausdrücken sowie für ihre Freundlichkeit, sowohl

zahlreiche Fragen zur Klärung des Textes aufzuwerfen als auch mir die Möglichkeit anzubieten, jegliche Veränderungen am Originaltext vorzunehmen, die ich wünschte.

St. John's College, Oxford P. M. S. H.
1977

Vorbemerkung der Übersetzerin

Dem deutschen Text liegt die von der ersten Ausgabe von 1972 bereits geringfügig abweichende Paperback-Ausgabe von 1975 zugrunde, an der auf Wunsch des Verfassers eine Reihe von Verbesserungen vorgenommen wurde (vgl. seine Einleitung zur deutschen Ausgabe). Dem Verfasser des Buches, Peter Hacker, möchte ich für seine Freundlichkeit danken, mit der er bei allen Fragen zur Verfügung stand, und für die hilfreichen und klärenden schriftlichen Erläuterungen, mit denen er sie beantwortet hat. Für wertvolle Ratschläge zur philosophischen Terminologie und anderen Übersetzungsschwierigkeiten danke ich Ernst Tugendhat.

Konstanz 1977 U. W.

Abkürzungen zum Verweis auf Wittgensteins Schriften, angeführt in chronologischer Reihenfolge:

TB *Tagebücher 1914–16, Ludwig Wittgenstein, Schriften* 1, Frankfurt a. M. 1969.

PT *Proto Tractatus – An Early Version of Tractatus Logico-Philosophicus,* hrsg. von B. F. McGuinness, T. Nyberg, G. H. von Wright, London 1971.

TLP *Tractatus logico-philosophicus* (*Logisch-philosophische Abhandlung*), in *Schriften 1*, Frankfurt a. M. 1969.

TLP (engl. Ausgabe) *Tractatus Logico-Philosophicus,* London 1961.

LLW Paul Engelmann, *Letters from Ludwig Wittgenstein with a Memoir,* hrsg. von B. F. McGuinness, Oxford 1967; deutsch: Paul Engelmann, *Ludwig Wittgenstein. Briefe und Begegnungen,* Wien und München 1970.

RLF »Some Remarks on Logical Form«, *Proceedings of the Aristotelian Society,* Suppl. Vol. 9 (1929).

WWK *Ludwig Wittgenstein und der Wiener Kreis. Gespräche.* Aufgezeichnet von F. Waismann, hrsg. von B. F. McGuinness, *Schriften* 3, Frankfurt a. M. 1967.

PB *Philosophische Bemerkungen,* hrsg. von R. Rhees, *Schriften* 2, Frankfurt a. M. 1970.

M »Wittgenstein's Lectures in 1930–33«, in G. E. Moore, *Philosophical Papers,* London 1959.

PG *Philosophische Grammatik,* hrsg. von R. Rhees, *Schriften* 4, Frankfurt a. M. 1969.

BB *Das Blaue Buch* und *Eine Philosophische Betrachtung* (das sogenannte *Braune Buch*), hrsg. von R. Rhees, *Schriften* 5, Frankfurt a. M. 1970.

BB (engl. Ausgabe) *The Blue and Brown Books,* Oxford 1958.

NFL »Wittgenstein's Notes for Lectures on ›Private Experience‹ and ›Sense Data‹«, hrsg. von R. Rhees, *Philosophical Review* 77 (1968).

BGM *Bemerkungen über die Grundlagen der Mathematik,* rev. und erw. Ausgabe, *Schriften* 6, Frankfurt a. M. 1974.

PU	*Philosophische Untersuchungen*, hrsg. von G. E. M. Anscombe und R. Rhees, in *Schriften* 1, Frankfurt a. M. 1969.
Z	*Zettel*, hrsg. von G. E. M. Anscombe und G. H. von Wright, in *Schriften* 5, Frankfurt a. M. 1970.
ÜG	*Über Gewißheit*, hrsg. von G. E. M. Anscombe und G. H. von Wright, Frankfurt a. M. 1971.

I Wittgensteins frühe Auffassung von Philosophie

1. Einleitung

Ludwig Wittgenstein kam 1912 nach Cambridge, um bei Bertrand Russell zu studieren. Damit begann eine siebenjährige intensive und zielstrebige Forschung in Logik und Philosophie, deren Ergebnis dasjenige Buch war, das Wittgenstein als einziges zu Lebzeiten veröffentlicht hat, die *Logisch-Philosophische Abhandlung (Tractatus Logico-Philosophicus).* Es gehört nicht zu meiner Absicht hier, der langen Reihe philosophischer Theorien nachzugehen, die in diesem Werk verkörpert sind, vielmehr soll hier die Theorie von Philosophie untersucht werden, die darin vorgelegt wird. Dazu ist ein gewisses Verständnis von Wittgensteins intellektuellem Hintergrund und dem für sein Werk problembestimmenden Kontext erforderlich. Für einen dreiundzwanzigjährigen Forschungsstudenten der Philosophie war Wittgenstein im Jahr 1912 in der Geschichte seines Faches ungewöhnlich schlecht belesen. Sein geistiges Milieu war das eines hoch gebildeten intellektuellen Mitglieds der Wiener Intelligenz. Seine Ausbildung war jedoch eine naturwissenschaftliche. Er hatte 1906 ein Ingenieurstudium an der Technischen Hochschule in Berlin-Charlottenburg begonnen, und 1908 kam er nach Manchester, um aeronautischen Forschungen nachzugehen. Im Verlaufe einer Forschung über den Entwurf eines Düsenpropellers kam er von der Dynamik zur reinen Mathematik und von da zu logischen und philosophischen Untersuchungen über die Grundlagen der Mathematik. Er las Russells *Principles of Mathematics* und war stark beeindruckt von diesem imponierenden Werk, das bezeichnenderweise seinen Keim in theoretischen Problemen der Mechanik hatte[1]. Vermutlich hat der Anhang zu den *Principles of Mathematics* Wittgenstein dazu veranlaßt, zunächst die Arbeiten Freges zu lesen und ihn dann zu besuchen. Auf Freges Rat hin kehrte er nach England zurück, um bei Russell zu studieren.

Wie jeder gebildete Wiener um die Jahrhundertwende hatte Wittgenstein im Alter von noch nicht zwanzig Jahren Schopenhauer gelesen. Er soll stark beeindruckt davon gewesen sein, und er sagte

1 Für den Ursprung von Russells Forschungen über die Grundlagen der Mathematik siehe *The Principles of Mathematics*, Vorwort S. XVI f., London ²1937.

von Wright[2], daß seine erste Philosophie ein Schopenhauerscher erkenntnistheoretischer Idealismus gewesen sei. Es war jedoch kein Schopenhauersches Interesse, das ihn zu philosophischen Untersuchungen führte. Obwohl Schopenhauers Einfluß auf die späteren Abschnitte des *Tractatus* tief ist, geht aus Wittgensteins Korrespondenz mit Russell[3], aus den »Aufzeichnungen über Logik« aus den Jahren 1913 und 1914[4] und aus den drei erhaltenen philosophischen Tagebüchern, die sich über die Perioden vom 22. August 1914 bis 22. Juni 1915 und vom 15. April 1916 bis 10. Januar 1917 erstrecken, klar hervor, daß die treibende Kraft hinter seinen Untersuchungen die Logik und ihre metaphysischen Implikationen war. Nur im Mai 1915 kam inmitten logischer Spekulationen ein leichter Hinweis auf die Beschäftigung mit Schopenhauer zum Vorschein, welche im dritten und letzten der erhaltenen Tagebücher vorherrscht. Diese verspätete Einwirkung Schopenhauers auf seine logisch-metaphysischen Forschungen hatte jedoch keinen Einfluß auf Wittgensteins grundsätzliche Gedanken über das Wesen der Philosophie, wenngleich sie seine Auffassung der Metaphysik der Erfahrung und seine berüchtigte Auffassung des Mystischen formte[5]. Um die beherrschenden Einflüsse auf den *Tractatus* im allgemeinen und auf seine Auffassung von Philosophie im besonderen aufzufinden, muß man nicht in der klassischen Philosophie oder der populären zeitgenössischen Philosophie, sondern in einer ganz anderen Richtung nachsehen.

Das Ende des neunzehnten und das erste Jahrzehnt des zwanzigsten Jahrhunderts war eine Periode großer philosophischer Gärung unter einigen der damals hervorragendsten Physiker. Die Probleme des Wesens der wissenschaftlichen Erklärung, der Struktur wissenschaftlicher Theorien, der Erreichbarkeit von Wahrheit in der Wissenschaft wurden von so herausragenden Gestalten wie Duhem, Poincaré und Mach ausführlich diskutiert. Im Hinblick

2 G. H. von Wright, »A Biographical Sketch«, in N. Malcolm, *Ludwig Wittgenstein, A Memoir*, London 1966, S. 5.

3 Es sind siebenundfünfzig Briefe von Wittgenstein an Russell erhalten. Für den Zugang zu ihnen bin ich Professor G. H. von Wright dankbar. Eine Auswahl aus ihnen ist abgedruckt in *TB*, Anhang III. (Sie sind inzwischen erschienen in *Ludwig Wittgenstein, Letters to Russell, Keynes and Moore*, hrsg. von G. H. von Wright unter der Mitwirkung von B. F. McGuinness, Oxford 1974.)

4 Veröffentlicht in *TB*, Anhang I und II.

5 Siehe unten Kap. III.

auf die intellektuelle Entwicklung Wittgensteins jedoch waren die wichtigsten Philosophen-Naturwissenschaftler Hertz und Boltzmann.

Hertzens wissenschaftstheoretische Untersuchungen waren wesentlich Kantische. Sein Hauptproblem war: »Wie ist eine Wissenschaft von der Natur *a priori* möglich?« Die Antwort darauf, die sich in seinem berühmtesten Werk *Die Prinzipien der Mechanik* findet[6], gab er mittels einer philosophischen Untersuchung des logischen Wesens der wissenschaftlichen Erklärung. Der Kernpunkt der Wissenschaft ist, so legte Hertz dar, die Antizipation der Natur. Ihre Daten sind unsere Kenntnis vergangener Ereignisse, ihre Methode ist die Konstruktion von Theorien, ihre Argumentationsweise ist deduktiv. Die Möglichkeit einer Beschreibung der Wirklichkeit wird durch Bezugnahme auf das Wesen der Symbolisierung erklärt. Wir machen uns »Scheinbilder« von äußeren Gegenständen. Diese unsere symbolischen oder bildhaften Begriffe müssen folgende wesentliche Bedingung erfüllen, daß sie nämlich logisch gleichgestaltig zu demjenigen sein müssen, was sie darstellen, »daß die denknotwendigen Folgen der Bilder stets wieder die Bilder seien von den naturnotwendigen Folgen der abgebildeten Gegenstände«[7]. Bei unseren Bildern muß man scharf unterscheiden zwischen dem, was aus Denknotwendigkeit, was aus Erfahrung und was aus willkürlicher Wahl hervorgeht. Jede annehmbare wissenschaftliche Theorie muß drei Forderungen erfüllen. Sie muß logisch zulässig oder konsistent sein. Diese Forderung ergibt sich aus Denknotwendigkeiten. Sie muß richtig sein, d. h. die Relationen zwischen Elementen des Bildes müssen, wenn man sie mit einer Interpretation versieht, die Relationen zwischen den äußeren Dingen spiegeln. Die Erfahrung bestätigt also die Theorie. Schließlich muß sie zweckmäßig sein, d. h. die Notation, die wir zur Darstellung der Theorie gewählt haben, muß möglichst einfach und ökonomisch sein, und dabei konsistent mit den anderen Forderungen. Die so verstandene reine Struktur der Theorie kann verdeutlicht und ergänzt werden, indem man Modelle oder konkrete Darstellungen der verschiedenen Auffassungen des Wesens der Elemente der Theorie gibt. Das kann der Unterstützung

6 H. Hertz, *Die Prinzipien der Mechanik*, in *Gesammelte Werke*, Band III, Leipzig 1894.

7 H. Hertz, a. a. O., Einleitung S. 1.

unserer Vorstellungskraft dienen, man darf jedoch nicht vergessen, daß die bunte Hülle, in die wir die Theorie kleiden, heuristisch und fakultativ ist und die zugrundeliegende Struktur der Theorie nicht verdecken darf. So legte Hertz in *Untersuchungen über die Ausbreitung der elektrischen Kraft* dar[8], daß drei verschiedene Modelle oder Interpretationen der elektromagnetischen Theorie Maxwells jeweils dieselben nachweisbaren Folgen haben, alle durch dieselben Gleichungen ausgedrückt werden können und daher alle dieselbe Theorie darstellen[9]. Im Gedanken an diese Überlegungen und insbesondere an die Forderung der Zweckmäßigkeit hat Hertz die rationale Rekonstruktion der Mechanik unternommen. Das Ziel dieser Bemühung war weder ein pädagogisches noch ein praktisches. Hertz betonte, daß die gewöhnlichen Methoden der Darstellung der Mechanik vom Standpunkt der Bedürfnisse der Menschheit aus keiner Verbesserung fähig sind, insoweit sie für diese Zwecke erdacht waren. Das Ziel von Hertz war es vielmehr, die logische Struktur der Theorie zu entfalten. Seine Darstellung verhielt sich zu der gewöhnlichen, so behauptete er, wie sich die systematische Grammatik einer Sprache zu einer Lehrbuch-Grammatik verhält. Dem Weg folgend, den Mach und Kirchhoff vorbereitet hatten, wollte Hertz den Begriff der Kraft aus der Mechanik eliminieren, sofern er nicht einfach eine bequeme Abkürzung darstellte. Die einzigen undefinierten Begriffe, die er verwendete, waren Raum, Zeit und Masse. Durch die Entfaltung der logischen Struktur der Theorie beseitigte er die irrige Meinung, daß die Physiker noch nicht in der Lage gewesen seien, das wahre Wesen der Kraft zu entdecken. In einer kurzen Textstelle umriß Hertz seine Auffassung der analytischen Auflösung von Begriffsverwirrungen. Diese Stelle wurde für Wittgenstein zu einer klassischen, bündigen und schönen Aussage über die philosophische Beseitigung von Pseudo-Problemen:

Auf die Zeichen »Kraft« und »Elektricität« aber hat man mehr Beziehungen gehäuft, als sich völlig miteinander vertragen; dies fühlen wir dunkel, verlangen nach Aufklärung und äußern unsern unklaren Wunsch in der unklaren Frage nach dem Wesen von Kraft und Elektri-

8 H. Hertz, *Untersuchungen über die Ausbreitung der elektrischen Kraft*, a. a. O., Band II, Leipzig 1894.

9 Für eine Kritik daran, daß Hertz die theoretische Bedeutung der Modellbildung in der Wissenschaft fallenläßt, sowie an seinem exzessiven Deduktivismus siehe M. B. Hesse, *Forces and Fields*, London 1961, S. 215.

cität. Aber offenbar irrt die Frage in bezug auf die Antwort, welche sie erwartet. Nicht durch die Erkenntnis von neuen und mehreren Beziehungen und Verknüpfungen kann sie befriedigt werden, sondern durch die Entfernung der Widersprüche unter den vorhandenen, vielleicht also durch Verminderung der vorhandenen Beziehungen. Sind diese schmerzenden Widersprüche entfernt, so ist zwar nicht die Frage nach dem Wesen beantwortet, aber der nicht mehr gequälte Geist hört auf, die für ihn unberechtigte Frage zu stellen[10].

Dieses sind die grundlegenden Hertzschen Themen, die den jungen Wittgenstein beeinflußten und die, wie wir sehen werden, in seinem Werk kontinuierlich wiederkehren. Sie wurden noch verstärkt durch die Lektüre der Werke Ludwig Boltzmanns, der selbst ein Bewunderer von Hertz war und der die hypothetisch-deduktive Struktur der wissenschaftlichen Erklärung weiter hervorhob[11] und Hertzens Konzeption der Darstellung auf alle Zweige der Physik ausdehnte. Tatsächlich hatte Wittgenstein vor seinem Entschluß, an der Technischen Hochschule zu studieren, ursprünglich die Absicht gehabt, bei Boltzmann in Wien Physik zu studieren, ein Wunsch, der dann durch Boltzmanns Selbstmord im Jahr 1906, demselben Jahr, in dem Wittgenstein die Schule abschloß, vereitelt wurde.
Die zwei anderen großen, jetzt spezifisch philosophischen Einflüsse[12] auf Wittgenstein waren Frege und Russell. Beide hatten sich

10 Hertz, *Prinzipien der Mechanik*, Einleitung S. 9.

11 Boltzmann legte anders als Hertz großes Gewicht auf die Modellbildung und auf analogisches Denken. Sein Einfluß auf den *Tractatus* ist besonders merklich in der Erörterung der Naturwissenschaft in 6.3 ff.

12 Es gab natürlich auch geringfügigere philosophische Einflüsse. Im *Tractatus* erwähnt Wittgenstein Mauthner (*TLP* 4.0031), und er zog es in Erwägung, Paul Ernst zu erwähnen; Mauthner scheint nicht besonders wichtig. Aber Ernsts Nachwort zu Grimms *Kinder- und Hausmärchen* (1910) mit den Wendungen »mißverstandene Tendenz der Sprache« (S. 273) und »... eine spätere Zeit die Sprachlogik der Vergangenheit nicht mehr verstand ...« (S. 308) war die Quelle für die im Tractatus auftretende Wendung (und die ihr zugrundeliegende Konzeption) von einem »Mißverständnis der Logik unserer Sprache«. Ferner wurde der Gedanke, daß die Sprache in einem gewissen Sinn eine Mythologie enthält und daß die Philosophie selbst Verwandtschaft mit einer Mythologie hat, von Wittgenstein immer mit Ernst verbunden (vgl. das sog. »Big Typescript«, Abschnitt 93, das den Titel »Die Mythologie in den Formen unserer Sprache [Paul Ernst]« trägt.). Zweifellos ist der nicht-philosophische kulturelle Wiener Kontext von Wittgensteins Denken, besonders die sogenannte »Sprachkrisis«, die in gedrängter Form in von Hofmannsthals *Chandos-Brief* dargestellt ist, für den Historiker der Geistesgeschichte von größter Bedeutung.

unabhängig voneinander auf das große logistische Programm der Reduktion der Arithmetik auf die Logik eingelassen. Im Verlaufe dieses Unternehmens entwickelten sie wirkungsvolle künstliche Sprachen der symbolischen Logik und hochdifferenzierte Systeme der philosophischen Logik. Die Erfindung einer idealen Notation wurde dabei nicht nur im Hinblick auf die Systematik und Strenge gerechtfertigt, die zur Erreichung der reduktionistischen Ziele erforderlich war, sondern auch als ein ganz allgemeines Hilfsmittel zur Lösung logischer und philosophischer Probleme, die man bis dahin nicht handhaben konnte. Das Denken war, so bemerkte Frege, versklavt von der Herrschaft des Wortes[13]. Die gewöhnliche Sprache ist von unvermeidbaren Verwechslungen durchlöchert, die nur in einer idealen Notation ans Licht gebracht werden können. Freges Erfindung des Quantors zur Bindung von Variablen ermöglichte, ganz abgesehen davon, daß sie eine brillante Einsicht in das Wesen der Allgemeinheit lieferte, eine klare Darstellung anderer philosophischer Probleme und eine deutliche Enthüllung klassischer Trugschlüsse. Russell erklärte sogar, daß »sich jedes philosophische Problem, wenn es der nötigen Analyse unterworfen wird, entweder als überhaupt nicht wirklich philosophisches erweist, oder aber als logisches, in dem Sinn, in dem wir dieses Wort verwenden.[14]« Für dieses Ideal einer logischen Analyse in Bestandteile, das in seiner modernen logischen Form seinen Ursprung im Werk W. E. Johnsons hat[15], ist Russell mit glühendem Eifer eingetreten, und durch seine Theorie der Beschreibungen (*Theory of Descriptions*) hat er ihm beträchtlichen Auftrieb gegeben. Diese Theorie, die sich formal durch den iota-Operator in der Sprache der *Principia Mathematica* ausdrücken läßt, ermöglichte eine Lichtung des üppigen Meinongschen Dschungels[16], obwohl

13 Frege, *Begriffsschrift, eine der arithmetischen nachgebildete Formelsprache des reinen Denkens*, Halle 1879, Vorwort S. XII. Bezeichnenderweise wurde dieser Satz von F. Waismann zitiert, in *The Principles of Linguistic Philosophy*, hrsg. von R. Harré, London 1965, S. 4.

14 Russell, *Our Knowledge of the External World*, Chicago 1914, S. 33. Man sollte hervorheben, daß dieses Buch im Jahr 1914 nach fast zweijähriger Zusammenarbeit mit Wittgenstein geschrieben wurde.

15 Vgl. J. Passmore, *A Hundred Years of Philosophy*, Harmondsworth [2]1968, S. 135 ff.

16 Sie ermöglichte es, Entitäten wie den viereckigen Kreis loszuwerden, brauchte jedoch Unterstützung von der Erkenntnistheorie der Erkenntnis durch Be-

andererseits sowohl Frege wie auch Russell für Meinongs realistische Revolte gegen einen Hegelianischen und Bradleianischen Idealismus Partei ergriffen. Frege insbesondere bekundete einen tiefreichenden Anti-Psychologismus in der Logik und Semantik. Sowohl Frege als auch Russell hingen realistischen Bedeutungstheorien an, wenn auch Freges platonistische Semantik, obwohl sie fragmentarisch bleibt, entwickelter und differenzierter ist als diejenige Russells.

Die Bühnenausstattung war, als Wittgenstein – zunächst als Schüler Russells und dann sehr schnell als ein ihm ebenbürtiger Partner – die Szene betrat, alles andere als endgültig. Es stand die logistische Reduktion der Mathematik, durch die Typentheorie ziemlich wacklig gegen die Russellschen Antinomien abgestützt. Die Theorie der Beschreibungen erschien als das sicherste philosophische Ergebnis, das jemals erreicht wurde. Nicht nur hatte sie wichtige philosophische Probleme gelöst, sie war, so konnte man hoffen, nur ein Vorgeschmack dessen, was man durch die neue Methode der logischen Analyse erreichen könnte. Die begrifflichen Notationen der *Begriffsschrift* und der *Principia Mathematica* schienen, ob sie nun vollständig befriedigend waren oder nicht, endlich eine wahre *characteristica universalis* in Aussicht zu stellen. Mittels einer solchen Sprache müßte man alle die Unklarheiten, Zweideutigkeiten und Unbestimmtheiten der natürlichen Sprache aufklären können, so daß die Struktur des Denkens für die philosophische Einsicht übersichtlich zurückbliebe. Gleichermaßen würde die Logik endlich auf den wahren Pfad einer Wissenschaft geführt werden. Sowohl Russell wie auch Frege hatten große Schritte nach vorn gemacht. Aber vieles blieb dunkel und vieles war umstritten. So war das Wesen und der Status der Wissenschaft der Logik selbst unklar. Wenn man behauptet, daß sie die unveränderlichen Gesetze des Denkens beschreibt, so sagt uns das wenig und liefert uns nur ein mystifizierendes Bild einer Art Superphysik. Ebenso unklar war der Status der logischen Wahrheiten selbst. Zahlreiche umfangreiche Probleme verlangten eine weitere Erhellung. Wittgensteins anfängliche Interessen zentrierten sich, wie aus seiner frühen Korrespondenz mit Russell hervor-

schreibung (*knowledge by description*) und der Erkenntnis durch Bekanntschaft (*knowledge by acquaintance*), um eine sogenannte »Analyse neuer Ebene« zu liefern. Siehe J. O. Urmson, *Philosophical Analysis*, Oxford 1956, S. 39 f.

geht, auf solche logischen Fragen. Die speziellen Probleme, mit denen er sich zuerst beschäftigte, waren einerseits die Frage nach dem Wesen der Variablen in Sätzen einer begrifflichen Notation und andererseits das, was Russell »den Hauptteil der philosophischen Logik« genannt hatte[17], nämlich die Erörterung undefinierbarer Bestandteile. Es war die »Abschaffung der echten Variablen«, wie er es nannte[18], der Wittgenstein seinen ganzen anfänglichen Fortschritt zuschrieb. Sätze enthalten nur ›scheinbare Variable‹, die innerhalb des Bereichs eines Quantors vorkommen. Auf der Grundlage dieses Schrittes hatte er früher vermutet, daß »es keine logischen Konstanten gibt«[19], eine Vermutung, die sich in seine Analyse der Natur der logischen Junktoren entwickeln sollte. Teil seines Beitrags zur Diskussion der »undefinierbaren Bestandteile der Logik« war die These, daß die logischen Junktoren nicht undefinierbar, aber auch nicht Symbole für Gegenstände sind, sondern eine ganz andere Funktion erfüllen als Namen. Wittgensteins Untersuchungen über die Bedeutung der logischen Konstanten führten ihn rasch zu dem Problem der inneren Struktur atomarer Sätze und von da zu einer Untersuchung der Russellschen Typentheorie. Sein Denken bewegte sich von relativ engen logischen Überlegungen zu allgemeinen Fragen der Semantik, welche wiederum zu den metaphysischen Spekulationen führten, die für den Ton des *Tractatus* bestimmend sind. Es war jedoch seine Zurückweisung der Russellschen Typentheorie, die von seinen Auffassungen über das Wesen und die Funktion der Variablen abhing, welche die Entwicklung seiner Auffassung von Philosophie von den »Aufzeichnungen über Logik« von 1913 zum *Tractatus* bestimmte.

2. Die »Vorbemerkung« über Philosophie

Um Wittgensteins kurze Bemerkungen über Philosophie im *Tractatus* zu verstehen, ist es wichtig sich klarzumachen, daß die Praxis und Theorie des *Tractatus* in heftigem Streit miteinander liegen. Die offizielle *de jure* Auffassung von Philosophie ist gänzlich ver-

17 Russell, *The Principles of Mathematics*, Vorwort S. XV.
18 Brief Nr. 13 an Russell, 22. Juli 1913 (*TB* S. 260).
19 Brief Nr. 2 an Russell, 22. Juni 1912 (*TB* S. 254).

schieden von der in dem Buch *de facto* befolgten Praxis des Philosophierens. Die Praxis fügt sich in diejenige Auffassung von Philosophie, welche Wittgenstein in der kurzen »Vorbemerkung« zu den »Aufzeichnungen über Logik« von 1913 gegeben hatte. In welchem Ausmaß sich seine Auffassung von Philosophie änderte, kann man ermessen, wenn man die »Aufzeichnungen über Logik« mit dem *Tractatus* vergleicht. Die Ursache der Veränderung läßt sich dem Auftauchen der Lehre vom Zeigen und Sagen zuschreiben.

Die »Vorbemerkung« zu den »Aufzeichnungen über Logik« enthält drei Thesen, die zusammen das Gebiet der Philosophie abgrenzen und ihr Wesen charakterisieren. Die erste These besagt, daß die Philosophie rein deskriptiv ist und keine Deduktionen enthält. Es gibt also in der Philosophie keine privilegierten Sätze, die eine logische oder erkenntnistheoretische Priorität über andere Sätze aufweisen, die aus ihnen abgeleitet sind. Die Philosophie ist »flach«. Das unterscheidet die Philosophie von deduktiven apriorischen Wissenschaften wie der Geometrie, und wenn wir an Hertzens deduktivistische Auffassung wissenschaftlicher Theorien denken, ebenso von den so verstandenen Naturwissenschaften. Daher behauptet auch die zweite These, daß die Philosophie über oder unter, aber nicht neben den Naturwissenschaften steht. Die Philosophie mag die Königin der Wissenschaften oder ihr Hilfsarbeiter sein, aber sie ist auf alle Fälle nicht ein normaler Bürger einer Denkgemeinde[20]. Der Grund, der für diese Abgrenzung angegeben wird, ist in Hertzsche Termini gefaßt. Die Naturwissenschaften liefern uns *Bilder* der Wirklichkeit, d. h. theoretische Modelle. Die Philosophie tut das nicht; daher steht sie nicht in Konkurrenz zu den Naturwissenschaften und kann wissenschaftliche Sätze weder bestätigen noch widerlegen. Zusammen mit der ersten These ergibt die zweite These den Anspruch, daß die Philosophie *sui generis* ist. Die dritte These beschreibt das Gebiet der Philosophie. Sie ist die Lehre von der logischen Form wissenschaftlicher Sätze. Wittgenstein macht nicht klar, was er hier mit »wissenschaftlich« meint. Es ist jedoch aus anderen Quellen klar[21], daß er den Ter-

20 Das ist eine Paraphrase von Z § 455, ist aber gleichermaßen hier anwendbar.
21 Z. B. schrieb er in Brief Nr. 23 an Russell, der aus Nov. oder Dez. 1913 stammt: »Ein Satz wie ›$(\exists x)\ x = x$‹ zum Beispiel ist eigentlich ein Satz der Physik. Der Satz ›$(x) : x = x . \supset (\exists y) . y = y$‹ ist ein Satz der Logik; es ist

minus »wissenschaftlich« unter anderem so verwendet, daß ein »wissenschaftlicher« Satz dasselbe wie ein Erfahrungssatz ist. Die Formen des Satzes, und damit die des Denkens im allgemeinen, liefern also der Philosophie ihren Gegenstandsbereich. In diesem Punkt bestand, nebenbei bemerkt, Übereinstimmung zwischen Wittgenstein und Russell. In seinen Herbert-Spencer-Vorlesungen im Jahr 1914 (»On Scientific Method in Philosophy«[22]) und ebenso in den Lowell-Vorlesungen von 1914 (*Our Knowledge of the External World*) betonte Russell, daß sich die Philosophie eigentlich nicht von der Logik unterscheiden läßt und daß sie sich vor allem mit der Untersuchung der logischen Formen befaßt. Russell hat jedoch, jedenfalls nach Wittgensteins Meinung, die methodischen Implikationen dieser Abgrenzung des Gegenstandsbereichs nicht voll erfaßt. Denn Russell führte in »On Scientific Method in Philosophy« aus, daß die analytische Philosophie neuen Stils, indem sie die Aufmerksamkeit auf Untersuchungen der logischen Form konzentriert, holistische Methoden und die sich daraus erge-

nun Sache der Physik zu sagen, *ob es ein Ding gibt*« (*TB* S. 270). Der Bereich der Physik ist die Gesamtheit des Empirischen. Ähnliche Verwendungen von »Naturwissenschaft« im *Tractatus* finden sich in *TLP* 4.11, 4.113, 6.53.

Hier ist bemerkenswert, daß der deutsche Ausdruck »Satz« zweideutig zwischen »Satz« im Sinne von *sentence* und »Satz« im Sinne von *proposition* (»das mit dem Satz Gesagte« [Erl. der Ü.]) ist. Wittgensteins Verwendung des Terminus ist nicht konsistent. Am häufigsten, aber nicht immer, verwendet er »Satz« in der Bedeutung von *sentence*. Ich habe mich jedoch in der folgenden Erörterung des Wittgensteinschen Frühwerks und der verifikationistischen Übergangsphase der Praxis seiner Übersetzer angepaßt und »Satz« mit *»proposition«* übersetzt. Dadurch wird eine möglicherweise irreführende Zweideutigkeit beibehalten, die unvermeidlich zu einer gewissen Spannung führt, wie z. B. in der Rede vom Sinn von *propositions* oder von unsinnigen *propositions* usw. Für eine Diskussion der Praxis bei Wittgenstein vgl. G. Pitcher, *The Philosophy of Wittgenstein*, New Jersey 1964, S. 27 ff. und M. Black, *A. Companion to Wittgenstein's Tractatus*, Cambridge 1964, S. 98 ff. In der Erörterung von Wittgensteins späteren Auffassungen habe ich es jedoch vorgezogen, von Sätzen (*sentences*) als Trägern des Sinns zu reden.

(Im Deutschen wurde sowohl für das englische *»sentence«* als auch für das englische *»proposition«* der Ausdruck »Satz« verwendet. Wo erforderlich, wird der jeweils entsprechende englische Ausdruck in Klammern hinzugefügt. d. Ü.)

22 Russell, »On Scientific Method in Philosophy«, in *Mysticism and Logic*, Harmondsworth 1953, Kap. VI, S. 95–119.

benden Irrtümer der früheren Philosophie vermeiden und die progressiven Methoden der Wissenschaft nachahmen könnte:

Eine wissenschaftliche Philosophie, wie ich sie empfehlen möchte, wird stückweise und tentativ wie andere Wissenschaften sein. Sie wird vor allem in der Lage sein, Hypothesen aufzustellen, die, auch wenn sie nicht vollständig wahr sind, doch fruchtbar bleiben werden, nachdem die nötigen Verbesserungen vorgenommen sind. Diese Möglichkeit einer sukzessiven Annäherung an die Wahrheit ist die Hauptquelle des Triumphs der Wissenschaften, und die Übertragung dieser Möglichkeit auf die Philosophie soll einen Fortschritt in der Methode sichern, dessen Bedeutung sich gar nicht genug hervorheben läßt[23].

Es überrascht nicht, daß Wittgenstein in seinen philosophischen Tagebüchern 1915 bemerkte: »Russells Methode in seiner ›Scientific Method in Philosophy‹ ist geradezu ein Rückschritt von der Methode der Physik« (*TB*, S. 135)[23a]. Denn die Methode der Physik ist, wie Hertz so überzeugend gezeigt hat, die Konstruktion von Bildern der Wirklichkeit. Diese sind in der Tat fakultativ und tentativ und ermöglichen in ihren hypothetisch-deduktiven Folgen eine größere oder geringere Annäherung an die Tatsachen. Die Logik jedoch kann, insofern sie eine Bedingung des Sinns ist, keine Hypothesen zulassen. Wenn die Philosophie eine Beschreibung der logischen Form ist, kann es bei ihr nichts bloß Stückweises oder nur wahrscheinlich Richtiges geben. Denn was in der Wissenschaft nur eine Annäherung wäre, wäre in der Philosophie Unsinn. Daß die Philosophie die Methoden der Naturwissenschaften teilen sollte, ist unvorstellbar.

Die »Vorbemerkung« fügt noch eine programmatische Forderung hinzu: die richtige Erklärung der logischen Sätze muß ihnen eine Sonderstellung gegenüber allen anderen Sätzen einräumen. Dieses Programm wurde in *Tractatus* 6.1 ff. gewissenhaft erfüllt, doch es ist auf merkwürdige Weise inkonsistent mit den Thesen der »Vorbemerkung«. Denn wenn die richtige Erklärung der logischen Sätze ein Teil der Philosophie ist, dann muß man sich logische Sätze entweder, wie Russell es einmal tat, als sehr allgemeine wissenschaftliche Sätze denken, oder aber der Bereich der Lehren der Philosophie ist weiter als ursprünglich angegeben. Eine weitere These betrifft die Struktur der Philosophie selbst – sie besteht aus

23 Russell, *Mysticism and Logic*, Kap. VI, S. 109.

23a Diese Bemerkung bezieht sich auf die Lowell-Vorlesungen, nicht auf die Herbert-Spencer-Vorlesungen.

Logik und Metaphysik, wobei die erstere das Fundament bildet. Es ist jedoch unklar, wie in einer rein deskriptiven Erklärung ein Teil als die Grundlage für einen anderen vorkommen kann. Schließlich findet sich noch eine methodische Forderung, die mit Lehren von Frege und Russell übereinstimmt: Mißtrauen gegenüber der Grammatik ist die erste Voraussetzung des Philosophierens. Das wird im folgenden weiter ausgearbeitet: Die gewöhnliche Sprache, bemerkt Wittgenstein, verhüllt die Struktur des Satzes; in ihr sehen Relationen wie Prädikate aus und Prädikate wie Namen (*TB* S. 196).

Der *Tractatus* richtet sich sehr genau nach den Thesen und Forderungen der »Vorbemerkung« zu den »Aufzeichnungen über Logik«. Er scheint eine rein deskriptive, vollständig apriorische Erklärung der logischen Form von Erfahrungssätzen darzustellen. Dem *Tractatus* zufolge sind alle solchen Sätze wahrheitsfunktionale Zusammensetzungen von Elementarsätzen. Weiterhin wird eine umfassende Erklärung logischer Sätze als Tautologien oder Kontradiktionen gegeben. Der strukturelle Anspruch ebenso wie die methodische Forderung sind erfüllt. Aber als er den *Tractatus* verfaßte, hatte Wittgenstein seine Meinung über einige hervorstechende Behauptungen über das Wesen der Philosophie geändert, die er früher gemacht hatte. Der *de jure* Status der Philosophie hatte sich dramatisch geändert. Die These, daß die Philosophie die Beschreibung der logischen Form ist, die sowohl er wie auch Russell früher aufgestellt hatten, wurde nun zurückgewiesen. Die logische Form läßt sich nicht beschreiben, folglich kann die philosophische Beschäftigung mit der logischen Form nicht deren Beschreibung zum Ziel haben. Es wurde jedoch auch nicht alles zurückgewiesen. Die früher gegebene Abgrenzung der Philosophie unterschied diese scharf von den Naturwissenschaften. Daran wenigstens hielt Wittgenstein weiterhin fest.

In *Tractatus* 4.111 erklärt Wittgenstein: »Die Philosophie ist keine der Naturwissenschaften«, und er fügt in Klammern eine aus der »Vorbemerkung« zu den »Aufzeichnungen über Logik« entnommene Bemerkung hinzu: »Das Wort ›Philosophie‹ muß etwas bedeuten, was über oder unter, aber nicht neben den Naturwissenschaften steht.« Er hebt diese negative These in 4.1121 hervor, wo er mit Frege[24] Partei gegen den Psychologismus ergreift: »Die

24 Siehe unten Kap. II.

Psychologie ist der Philosophie nicht verwandter als irgendeine andere Naturwissenschaft.« In der folgenden Bemerkung fügt er hinzu: »Die Darwinsche Theorie hat mit der Philosophie nicht mehr zu schaffen als irgendeine andere Hypothese der Naturwissenschaft« (*TLP* 4.1122). Dieses scheinbare *non sequitur* ist, so vermute ich, ein weiterer Widerhaken, der gegen die Ansichten gerichtet ist, die in Russells Lowell-Vorlesungen zum Ausdruck kommen. Russell[25] unterschied drei Arten von Philosophie – die klassische Tradition, die sich letztlich von den Griechen herleitet, den auf Darwin zurückgehenden Evolutionismus und den logischen Atomismus, welcher dieselbe Art von Fortschritt in der Philosophie darstellt, wie ihn Galilei in die Physik eingeführt hatte. Obwohl Russell den Evolutionismus zurückwies, was er ebenso mit der klassischen Tradition tat, weil es sich dabei nicht um eine »wahrhaft wissenschaftliche Philosophie« handelte, betrachtete er ihn doch als eine Art von Philosophie. Wittgenstein war der Meinung, daß darin eine falsche Klassifikation enthalten sei, die auf einem unklaren Verständnis des Wesens der Philosophie beruhte.

Obwohl die erste und die dritte These der »Vorbemerkung« *de jure* zurückgewiesen wurden, wurde an der Auffassung, daß die Philosophie *sui generis* ist, dennoch festgehalten. Jedoch glaubte Wittgenstein nicht mehr, daß sich der unike Charakter der Philosophie in philosophischen Sätzen ausdrücken läßt, welche einen speziellen apriorischen Gegenstandsbereich beschreiben. Ihr uniker Charakter liegt in der Tätigkeit der Philosophie, nicht in ihrem Ergebnis. Aus noch zu erklärenden Gründen kam Wittgenstein zu der Meinung, daß es keine philosophischen Sätze gibt. Folglich ist die Philosophie keine Lehre, weder die von der logischen Form noch von irgend etwas sonst.

3. Philosophie und Täuschung

In seinem Vorwort zum *Tractatus* benennt Wittgenstein das Thema des Buches als »die philosophischen Probleme«. Das Ergebnis des Buches, so fährt er fort, zeigt, daß »die Fragestellung dieser

25 Russell, *Our Knowledge of the External World*, Kap. I; siehe auch »On Scientific Method in Philosophy«, in *Mysticism and Logic.*

Probleme auf dem Mißverständnis der Logik unserer Sprache beruht«. Eine Folgerung daraus ist, wie wir sehen werden, daß die Probleme, wenn die Logik unserer Sprache einmal begriffen ist, sich nicht länger stellen; denn sie sind keine echten Probleme, sondern das Ergebnis von Täuschungen. Wie es sich für eine solche Auffassung von Philosophie als *Scheinprobleme* gehört, liefert Wittgenstein ein kurze Skizze der Quellen von Irrtum und Täuschung. Die Lehre, daß eine Kluft zwischen der gewöhnlichen Grammatik der Sprache und ihrer logischen Form besteht, die implizit schon in den methodischen Forderungen der »Vorbemerkung« enthalten ist, wird im *Tractatus* in einer an Hertz erinnernden Metapher wiederholt[26]:

Die Sprache verkleidet den Gedanken. Und zwar so, daß man nach der äußeren Form des Kleides, nicht auf die Form des bekleideten Gedankens schließen kann; weil die äußere Form des Kleides nach ganz anderen Zwecken gebildet ist als danach, die Form des Körpers erkennen zu lassen (*TLP* 4.002).

Die gewöhnliche Sprache zeigt ihre logische Struktur nicht, und es ist menschenunmöglich, die ihr zugrundeliegende Logik *unmittelbar* aus der alltäglichen Sprache zu entnehmen. Trotz unserer Fähigkeit zu richtigem Reden können wir der logischen Struktur unserer Sprache gegenüber blind sein, und der äußere Schein der gewöhnlichen Sprache macht jede Art von Täuschung und Verwechslung möglich (*PT* 4.0015).

Wittgenstein verdeutlicht die Art, auf welche die konventionelle grammatische Struktur und die gewöhnlichen Weisen des Redens die logische Struktur verhüllen, an einigen Beispielen. Einerseits kommt es vor, daß dasselbe Wort verschiedene Bezeichnungsweisen hat. Das Wort »ist« dient für drei logisch verschiedene Symbole, die Kopula, das Identitätszeichen und den Existenzquantor. Diese Art von Homonymie ruft Täuschungen hervor. Russell betonte (in *Our Knowledge of the External World*), wie die Hegelsche Logik dadurch in Schwierigkeiten geriet, daß sie das »ist« der Prädikation als das »ist« der Identität betrachtete[27]. Andererseits werden manchmal zwei Wörter mit verschiedenen Bezeichnungsweisen so verwendet, daß die formale Ähnlichkeit ihrer Oberflächenstruktur eine Ähnlichkeit ihrer Bezeichnungsweise vor-

26 Hertz, a. a. O., Band II, S. 31.
27 Russell, a. a. O., S. 39.

täuscht. So erscheinen der Existenzquantor »existieren« und das Prädikat »gehen« in der gewöhnlichen Sprache beide als intransitive Verben. Ähnlich erscheint »identisch« als ein Adjektiv, was die irrige Meinung nahelegt, es handle sich um ein Prädikat. Wir verwenden ein und dasselbe Wort als Namenvariable (»etwas ist auf dem Fußboden«) und als Satzvariable (»etwas geschah gestern«). Im *Prototractatus* hebt Wittgenstein die täuschende Natur der gleichlautenden Ausdrücke hervor, z. B. »Er ist« und »Er ißt«, die also Unterschiede in der syntaktischen Kategorie mehr verhüllen als sichtbar machen (*PT* 4.00151). In »Grün ist grün«, wo das erste Vorkommen von »grün« ein Eigenname ist, haben die Ausdrücke nicht nur verschiedene Bedeutungen, sondern sie sind sogar verschiedene Arten von Symbolen. Die augenscheinliche logische Form eines Satzes, die in der gewöhnlichen Grammatik dargestellt wird, braucht, wie Russell in seiner Theorie der Beschreibungen gezeigt hat, nicht seine wirkliche Form zu sein. Ferner hat die gewöhnliche Sprache den Anschein der Vagheit und Ungenauigkeit. Das ist möglich aufgrund der komplizierten stillschweigenden Konventionen der Sprache, aber was gesagt wird, enthüllt nicht für sich allein die Form des zugrundeliegenden gemeinten Gedankens. Wir bauen natürliche Sprachen, ohne eine Ahnung davon zu haben, wie und was jedes Wort bedeutet (*TLP* 4.002). So haben z. B. die Menschen viele Jahrtausende lang Zahlzeichen verwendet, ohne zu wissen, daß sie nichts bezeichnen (*TB* S. 194). Daß sie nichts bezeichnen, läßt sich nicht aus den Zeichen ersehen.

Man könnte Wittgensteins Auffassung des Verhältnisses zwischen grammatischer und logischer Form durch eine Analogie zusammenfassen. Wittgensteins frühe Auffassung von Sprache entspricht der Auffassung der Erfahrung durch den vorstellungstheoretischen Idealisten. Erscheinungen sind für Wittgenstein eine armselige Art von Führer zur Wirklichkeit – in Hinsicht auf die logische Form der Sprache. Die Wirklichkeit der Sprache ist tief unter ihren Erscheinungsweisen vergraben. Die tatsächlich zugrundeliegende Struktur ist nicht aufgedeckt, die Tatsache, daß gewisse Kombinationen von Symbolen illegitim sind, ist nicht offenbar, und der unike Charakter und die Bestimmtheit der Bedeutung jedes Symbols wird durch die Zeichen verborgen.

Es ist diese Kluft zwischen der Erscheinung und der Wirklichkeit der Sprache, welche fundamentale Verwechslungen erzeugt, wie sie für die Philosophie charakteristisch sind (*TLP* 3.324). Das Heilmittel für diese philosophischen Verwechslungen liegt in der Verwendung einer geeigneten Zeichensprache oder begrifflichen Notation, welche auf deutliche Weise der logischen Syntax gehorcht (*TLP* 3.325). Die Notationen Freges und Russells sind solche Zeichensprachen, die allerdings noch nicht alle Fehler ausschließen. Bekanntlich führte diese Stelle im *Tractatus* dazu, daß Russell die grundlegenden Behauptungen des Buches völlig falsch auslegte[28]. Russell dachte, es gehe Wittgenstein um die Bedingungen, die von einer logisch vollkommenen Sprache erfüllt werden müßten:

nicht daß irgendeine Sprache logisch vollkommen ist oder daß wir uns für in der Lage erachten, hier und jetzt eine logisch vollkommene Sprache zu konstruieren, sondern daß die ganze Funktion der Sprache darin besteht, Bedeutung zu haben, und sie diese Funktion nur erfüllt, soweit sie sich der idealen Sprache, die wir fordern, nähert (*TLP* [engl. Ausgabe], Einleitung S. X).

Nach Russells Meinung beschrieb Wittgenstein die Bedingungen für einen genauen Symbolismus, denn »in der Praxis ist die Sprache immer mehr oder weniger vage, so daß das, was wir aussagen, nie ganz genau ist«. Was Wittgenstein in Wirklichkeit tat, bestand darin, die Bedingungen anzugeben, die von jeder beliebigen Sprache erfüllt werden müssen; denn jede Sprache ist logisch vollkommen und muß es sein. Russell übersah Wittgensteins Bemerkungen über die Adäquatheit der gewöhnlichen Sprache. Wittgenstein betonte, daß sich mit natürlichen Sprachen, welche die Menschheit baut, jeder Sinn ausdrücken läßt (*TLP* 4.002). Alle Sätze unserer gewöhnlichen Sprache, so schrieb er in direktem Gegensatz zu Russells Interpretation, sind, so wie sie sind, logisch vollkommen geordnet (*TLP* 5.5563). Andernfalls wäre die Sprache nicht in der Lage, die Wirklichkeit abzubilden und damit darzustellen. Denn Wittgensteins Bildertheorie der Bedeutung und Darstellung zufolge kann die Sprache die Wirklichkeit nur kraft dessen abbilden, daß sie eine gemeinsame logische Struktur mit der Welt hat. In Verallgemeinerung der Hertzschen Konzeption der

28 Worauf schon F. P. Ramsey 1923 in seiner Rezension des Buches hinweist (abgedruckt in seinem Buch *Foundations of Mathematics*, London 1931, S. 270–286).

wissenschaftlichen Darstellung zeigte Wittgenstein, daß Sätze logische Bilder der Wirklichkeit sind[29]. Sie sind logische Bilder, erstens insofern sie, wie Frege dargelegt hatte[30], wesentlich komplex oder logisch gegliedert sind (*TLP* 4.032). Zweitens behauptete Wittgenstein, so wie Hertz gefordert hatte, daß wissenschaftliche Modelle mit dem, was sie abbilden, gleichgestaltig sein müssen, daß Sätze im allgemeinen, wenn sich mit ihnen die Wirklichkeit soll abbilden lassen, die gleiche logische Mannigfaltigkeit besitzen müssen wie das, was sie abbilden (*TLP* 4.04). Dies ist eine ganz allgemeine Bedingung der Möglichkeit von Sprache[31]. In seinem Tagebuch schrieb Wittgenstein am 17. Juni 1915:

Das ist doch klar, daß die Sätze, die die Menschheit ausschließlich benützt, daß diese, so wie sie stehen, einen Sinn haben werden und nicht erst auf eine zukünftige Analyse warten, um einen Sinn zu erhalten (*TB* S. 153).

Es ist nicht so, wie Russell dachte, daß wir ein handgefertigtes, aber unvollkommenes Instrument haben, das durch ein Präzisionswerkzeug ersetzt werden soll, welches vollkommen ist. Die Möglichkeit von Satzzeichen selbst, d. h. von Sätzen, die kraft einer Projektionsmethode bestimmte Arten von Tatsachen ausdrücken, erfordert, daß die so ausgedrückten »logischen Bilder« logisch vollkommen geordnet sind. Sicherlich möchten wir eine vollkommene begriffliche Notation für *philosophische Zwecke* haben, und der *Tractatus* dient der Absicht, die fundamentalen Prinzipien für eine solche Notation bereitzustellen. Aber auch hier gilt wieder analog wie bei Hertzens rationaler Rekonstruktion der Mechanik, daß dadurch nicht etwas in die Sprache hineingesteckt werden soll, was noch nicht da ist, sondern die zugrundeliegende logische Struktur der Sprache aufgedeckt werden soll.

Auch Wittgensteins Ansichten über Vagheit und Ungenauigkeit hat Russell falsch interpretiert. Denn Wittgenstein dachte wie

29 Der Grundgedanke findet sich bei Leibniz; siehe W. und M. Kneale, *The Development of Logic*, Oxford 1962, S. 327.

30 Frege, *Die Grundlagen der Arithmetik*, Neudruck Darmstadt 1961, S. XVI, §§ 60, 62; für eine Erörterung und Interpretation von Freges Prinzip siehe M. Dummett, »Nominalism«, in *The Philosophical Review* 65 (1956), 491–505, und »Frege, Gottlob« in *The Encyclopedia of Philosophy*, hrsg. von P. Edwards, New York 1967, Band 3, S. 225–226.

31 Siehe die »Aufzeichnungen, die G. E. Moore in Norwegen nach Diktat niedergeschrieben hat, April 1914« (*TB* S. 226).

Frege, daß der Sinn bestimmt sein muß, wenn überhaupt ein Sinn ausgedrückt ist. Freges Forderung nach der Bestimmtheit des Sinns und Vollständigkeit der Definition steht im Kontext seiner Einwände gegen stückweise Definitionen, wie sie bei den Mathematikern beliebt sind[32]. Die Definition eines Begriffs muß vollständig sein, mit Bezug auf jeden Gegenstand unzweideutig bestimmen, ob er unter den Begriff fällt oder nicht. Ein Begriff muß scharf begrenzt sein, wenn man ihn zu Recht als Begriff bezeichnen soll. Wo der Sinn nicht bestimmt und eine Definition stückweise ist, werden sich auf den auf diese Weise eingeführten vermeintlichen Begriff die Gesetze der Logik nicht anwenden lassen; Sätzen, welche den Begriff enthalten, wird es an Endgültigkeit und Bestimmtheit fehlen, insofern es leicht der Fall sein könnte, daß sie nicht gelten, wenn die unvollständige Definition erweitert wird; und es könnte ebenfalls sein, daß die verschiedenen stückweisen Definitionen nicht wechselseitig konsistent sind. Die Bestimmtheitsforderung für *alle* Ausdrücke jeder Sprache – trotz des oberflächlichen Anscheins von Vagheit und Ungenauigkeit – wurde einer der Eckpfeiler der Semantik des *Tractatus* und die grundlegende Quelle seiner Metaphysik[33]. »Die Forderung der Möglichkeit der einfachen Zeichen«, so schrieb Wittgenstein in der Darstellung seiner Theorie der gemeinsamen Struktur (*TLP* 3.23), »ist die Forderung der Bestimmtheit des Sinns«. Und es ist nicht uninteressant, daß Wittgenstein im *Prototractatus* diese Bemerkung in zwei Abschnitten ausarbeitet, welche ganz auffällig den Fregeschen Ursprung seines Gedankens offenbaren. Wo Frege die Vollständigkeit bei der Definition von Begriffen forderte, forderte Wittgenstein die Vollständigkeit bei der Einführung der undefinierbaren einfachen Bestandteile der Sprache[34]:

Die Analyse der Zeichen muß einmal zu einem Ende kommen, weil die Zeichen, wenn sie überhaupt etwas ausdrücken sollen, auf eine ein für allemal fertige Weise bedeuten müssen.
Man könnte die Bestimmtheit auch so fordern: Wenn ein Satz Sinn haben soll, so muß vorerst die syntaktische Verwendung jedes seiner

32 Frege, *Die Grundgesetze der Arithmetik,* Band II, § 56, Neudruck Darmstadt 1962, S. 69.

33 Siehe unten Kap. II.

34 Siehe J. Griffin, *Wittgenstein's Logical Atomism,* Oxford 1964, S. 11; hätte Frege sich mit den undefinierbaren Bestandteilen befaßt, hätte er seine Vollständigkeitsforderung sicher erweitert.

Teile festgelegt sein. – Man kann z. B. nicht erst nachträglich darauf kommen, daß ein Satz aus ihm folgt. Sondern, welche Sätze aus ihm folgen muß vollkommen feststehen, ehe dieser Satz einen Sinn haben kann (*PT* 3.20102–3).

Wenn also die Sprache auf die geeignete Weise in ihre Elemente analysiert wird, dann wird die vollkommene Schärfe, die eine Bedingung der Möglichkeit der Darstellung ist, zum Vorschein kommen. Natürlich hat Russell recht, wenn er meint, daß die gewöhnliche Sprache vage ist. Aber was wir meinen, wenn wir diese vagen Sätze[35] gebrauchen, muß scharf sein (*TB* S. 160), denn »es wird enorm viel zu jedem Satz dazugedacht, was nicht gesagt wird« (*TB* S. 162). Es ist, jedenfalls in gewissen Hinsichten, in den komplizierten stillschweigenden Konventionen unserer Sprache enthalten, die eine Vielheit von semantischen und pragmatischen Normen der Rede einschließen, welche die Ergänzung des Gesagten durch Bezugnahme auf die Intentionen des Sprechers und den Kontext der Äußerung ermöglichen. Denn wenn jemand nicht versteht, was ich mit einem vagen Satz meine, und mich auffordert, das Gemeinte mehr im Detail anzugeben, so kann ich oft antworten, daß sich die zusätzliche Einzelheit doch von selbst versteht. Es kann jedoch sein, daß ich nicht weiß, was ich mit einem bestimmten Terminus *im allgemeinen* – im Gegensatz zu den speziellen Gebrauchssituationen – meine. Wenn ich sage »Die Uhr liegt auf dem Tisch« und gefragt werde, ob ich, wenn die Uhr in einer besonderen Position wäre (z. B. auf einem auf dem Tisch liegenden Bleistift balanciert würde), immer noch sagen würde, daß sie auf dem Tisch liegt, so könnte ich unsicher werden. Das aber zeigt nicht, daß ich nicht wußte, was ich meinte, als ich sagte »Die Uhr liegt auf dem Tisch«. Der Sinn meines Gedankens ist durchaus genau, und ich könnte auf jede gegenteilige Vermutung mit der Aussage antworten: »*Ich weiß*, was ich meine; ich meine eben DAS« (*TB* S. 162), und dabei würde ich auf die Uhr auf dem Tisch zeigen. Hier drückt der scheinbar vage Satz (*sentence*) einen genauen Satz (*proposition*) aus, u. zw. kraft des Dazugedachten, nämlich dadurch, daß ich JENES meine. Das, worauf hinweisend referiert wird, gibt dem, was ich sage, einen genauen Sinn. Das stellt eine *Garantie* dafür dar, daß unser Satz wirklich ein Bild

35 In der Erörterung der Vagheit, *TB* S. 152–163, spricht Wittgenstein durchweg vom »vagen Satz«.

der Wirklichkeit ist (*TB* S. 159 ff.), denn wenn die Wirklichkeit scharf ist, dann müssen es auch die Sätze sein, die sie darstellen[36]. Wittgensteins Untersuchung zielt nicht, wie Russell annahm, darauf, das Adäquate in der Sprache vom Inadäquaten abzusondern und es dann zu verbessern und zu verfeinern. Sie zielt darauf, die Struktur dessen aufzudecken, was schon vollkommen geordnet ist und sein muß.

Wir haben gesehen, auf welche Weise die Umgangssprache und die gewöhnliche Grammatik irreführen können, und wir haben festgestellt, daß in einem tieferen Sinn mit der Umgangssprache alles in Ordnung ist. Aber es ist immer noch nicht klar, welche speziellen philosophischen Irrtümer durch die irreführenden Oberflächenaspekte der Sprache entstehen und durch eine geeignete begriffliche Notation ausgerottet werden müssen. Wo Wittgenstein auf die frühere Philosophie Bezug nimmt, geschieht das fast immer herabsetzend. Die Philosophie ist voll fundamentaler Verwechslungen (*TLP* 3.324). Die meisten Philosophen verstehen nicht den Unterschied zwischen internen und externen Relationen und bringen folglich Unsinn hervor (*TLP* 4.122). Kurz gesagt, die meisten in der Philosophie gestellten Fragen sind unsinnig, und die vermeintlichen philosophischen Sätze, die sie zu beantworten vorgeben, sind ebenfalls unsinnig (*TLP* 4.003). Das beruht darauf, daß wir unsere Sprachlogik nicht verstehen. Diese Pseudo-Fragen sind, ohne daß wir es merken, von derselben Art wie »Ist das Gute mehr oder weniger identisch wie das Schöne?« Die Aufgabe der Philosophie besteht natürlich nicht darin, solchen Unsinn zu beantworten, sondern darin zu zeigen, daß es sich um Unsinn handelt. »Ich habe schon lange gedacht, die Philosophie wird sich noch selbst fressen« – diese Worte stammen zwar von Lichten-

36 Die Beseitigung dieses Fregeschen Eckpfeilers ist eines der zentralen Themen der *Philosophischen Untersuchungen.* Ramsey, der Wittgenstein beeinflußte, von den Lehren des *Tractatus* wegzusteuern, schrieb: »Die Hauptgefahr für unsere Philosophie ist die Scholastik, deren wesentlicher Gehalt darin besteht, das, was vage ist, so zu behandeln, als ob es genau wäre, und es in eine genaue logische Kategorie einzupassen zu versuchen. Ein typisches Stück Scholastik ist Wittgensteins Ansicht, daß alle unsere umgangssprachlichen Sätze vollkommen in Ordnung sind und daß es unmöglich ist, unlogisch zu denken« (a. a. O., S. 269). Es ist amüsant, sich daran zu erinnern, daß Wittgenstein in seinen Tagebüchern geschrieben hatte: »Es war das, was ich mein starkes scholastisches Gefühl nennen möchte, was die Ursache meiner besten Entdeckungen war« (*TB* S. 117).

berg[37], aber die Empfindung ist in hohem Maße eine Wittgensteinsche.

Die Behauptung, daß alle vorhergehende Philosophie mit Irrtümern durchlöchert ist, ist in der philosophischen Welt durchaus nicht ungewöhnlich. Daß sie aber im ganzen eine subtile Art von Kauderwelsch sein soll, ist ungewöhnlich. Um Wittgensteins Gedanken in diesem Zusammenhang zu verstehen, müssen wir uns kurz seinen Begriff der Sinnlosigkeit und des Unsinns ansehen. Echte Sätze, die kontingent sind, haben Sinn. Sie bilden Tatsachen ab und sagen, daß die Welt so oder anders ist, wobei sie entweder wahr oder falsch sind. Der Grenzfall der sinnvollen Sätze sind Tautologien und Kontradiktionen. Sie verletzen zwar keinerlei Grundsätze der logischen Syntax, aber sie sind auch nicht Bilder der Wirklichkeit. Als notwendige Wahrheiten oder Falschheiten bilden sie nicht einen möglichen Sachverhalt aus einer Reihe von Möglichkeiten ab. Sie *sagen* nichts, und wie die Dinge in der Welt stehen, kann sie weder widerlegen noch bestätigen. Sie sind – in einem technischen Sinn – degenerierte Fälle von Sätzen. Obwohl sie weder etwas sagen noch etwas zu sagen versuchen, zeigen sie die logische Struktur der Welt. Sie zeigen die Grenzen, innerhalb derer alle möglichen Welten enthalten sein müssen. Solche logischen Sätze haben keinen Sinn (denn sie sagen nichts), aber sie sind nicht unsinnig. Unsinn andererseits ist eine Eigenschaft nicht von degenerierten Sätzen, sondern von Pseudo-Sätzen. Unsinnige Pseudo-Sätze verletzen die Regeln der logischen Syntax. Wie sinnlose Sätze sagen sie nichts, denn sie haben keinen Sinn. Aber anders als sinnlose Sätze zeigen sie nichts über die Welt, weder über ihre Form noch über ihren Inhalt. Innerhalb des Bereichs des Unsinnigen könnte man zwischen offenkundigem und verstecktem Unsinn unterscheiden. Offenkundiger Unsinn kann unmittelbar als solcher erkannt werden. So sind z. B. Chomskysche Sätze wie »Ideen rasend grün schlafen« intuitiv als Unsinn erkennbar, und Wittgensteins Beispiel für einen offensichtlichen philosophischen Unsinn – »Ist das Gute mehr oder weniger identisch als das Schöne« – gehört ebenfalls in diese Klasse des offenkundigen Unsinns. Der größte Teil der Philosophie ist jedoch nicht so intuitiv als Kauderwelsch erkennbar. Er ist versteckter Unsinn, denn er ver-

37 Lichtenberg, *Sudelbücher*, hrsg. von W. Promies, Darmstadt 1968, Heft J, Nr. 620.

letzt die Prinzipien der logischen Syntax auf eine Weise, die in der gewöhnlichen Sprache für den ungeschulten Verstand nicht offensichtlich ist. Die Philosophen versuchen zu sagen, was sich nur zeigen läßt, und was sie sagen, zeigt, da es unsinnig ist, nicht einmal, was sie zu sagen versuchen. Nichtsdestoweniger können wir, wie wir sehen werden, sogar innerhalb des Bereichs des philosophischen, versteckten Unsinns zwischen einem Unsinn, den man (etwas verwirrend) als erhellenden Unsinn bezeichnen könnte, und einem irreführenden Unsinn unterscheiden. Erhellender Unsinn wird den aufmerksamen Hörer oder Leser dazu führen zu erfassen, was von anderen Sätzen, die nicht vorgeben, philosophische zu sein, gezeigt wird; weiterhin wird er denen, die erfassen, was gemeint ist, seine eigene Illegitimität zu verstehen geben. Die Aufgabe der Philosophie ist also in dieser Hinsicht eine zweifache, einmal dahin zu führen, das zu sehen, was sich selbst zeigt, und zweitens von der nutzlosen Bemühung abzuhalten, es zu sagen, indem sie lehrt, »von einem nicht offenkundigen Unsinn zu einem offenkundigen Unsinn überzugehen«[38].

Die Quelle für den Irrtum der früheren Philosophie liegt darin, daß sie die Prinzipien der logischen Syntax der Sprache, welche durch die Grammatik verdeckt werden, nicht verstanden hat. Das ist es, was die Täuschung hervorruft, daß man Dinge sagen kann, die nur gezeigt werden können. Das Grundproblem der Philosophie und die Kardinalfrage seines eigenen Werkes ist, so schrieb Wittgenstein an Russell[39], die Frage, »was durch einen Satz gesagt werden kann, und was nicht mit Sätzen gesagt, sondern nur gezeigt werden kann«. Wie führt nun ein Mißverstehen hiervon zu philosophischem Unsinn? Wittgenstein legt seine Ansicht dazu in *TLP* 4.12–4.2 dar. Die Philosophie ist, in einem Sinn jedenfalls, ein Bemühen, das Wesen der Welt (z. B. *TLP* 3.3421, 5.4711) oder, wie Wittgenstein es in den *Tagebüchern* formulierte (*TB* S. 144), die apriorische Ordnung der Welt aufzudecken. Der Versuch, das Wesen oder die Struktur der Welt zu beschreiben, wurde in der Tradition so durchgeführt, daß man formale, interne oder strukturelle Eigenschaften und Relationen von Gegenständen oder Tatsachen beschrieb, d. h. notwendige Eigenschaften oder Relatio-

38 *PU* § 464 und § 524. Diese spätere Bemerkung paßt ebenso für den *Tractatus*.

39 Brief Nr. 37 an Russell, 19. Aug. 1919.

nen, welche das Wesen der Dinge ausmachen und von denen es undenkbar wäre, daß sie sie nicht besitzen (*TLP* 4.123). Die Angabe solcher interner Eigenschaften und Relationen geschieht mittels dessen, was Wittgenstein »formale Begriffe« nennt. Wittgensteins Beispiele in den betreffenden Abschnitten sind bezeichnenderweise Begriffe, welche Russells Typentheorie zufolge sowohl zweideutig mit Bezug auf ihren Typus als auch wesentlich für die Darstellung der Theorie sind, z. B. »Gegenstand«, »Komplex«, »Tatsache«, »Funktion«, »Zahl«.

Frühere Philosophen, insbesondere Frege und Russell, hatten solche Begriffe in Sätzen gebraucht, welche entweder Folgerungen von Argumenten oder wesentliches Glied in einer Kette eines philosophischen Arguments waren, z. B. »Es gibt nur Eine Null« (wie in Freges Definition der Eins) oder »Es gibt eine unendliche Anzahl von Gegenständen« (wie in Russells Unendlichkeitsaxiom). Frege stellte als entscheidend für die adäquate Definition von Zahlen die Forderung auf[40], daß die Definition klarmachen sollte, daß z. B. Julius Caesar keine Zahl ist, während etwa die Eins eine ist. Sowohl Frege wie auch Russell schlossen ihre Analysen der Zahl mit der These ab, daß Zahlen Klassen von Klassen sind. Und schließlich besteht der *Tractatus* selbst aus ähnlichen Sätzen, wie etwa »der Gegenstand ist einfach«, »die Welt ist die Gesamtheit der Tatsachen«, »die Zahl ist der Exponent einer Operation«. Alle derartigen philosophischen Sätze sind jedoch unsinnig. Einige mögen, in einem gewissen Sinn, erhellend sein, andere sind nur irreführend. Alle aber sind Pseudo-Sätze. Sie versuchen illegitimerweise zu sagen, was sich nur zeigen läßt.

Wittgensteins berüchtigt dunkle Lehre vom Zeigen und Sagen stellt in ihrer Anwendung auf Pseudo-Sätze der Philosophie in erster Linie seine Antwort auf Russells Typentheorie dar[41]. Sie beruht auf seiner Auffassung des Wesens der Variablen und der Quantifikation auf der einen Seite, und auf seinem Insistieren auf der Bestimmtheit des Sinns und auf der Vollständigkeit der Einführung undefinierbarer Bestandteile auf der anderen. Sie steht auch in Bezug zu seiner Metaphysik, welche selbst ein Auswuchs seiner semantischen Lehren ist. Die Einführung einer Variablen in eine begriffliche Notation geschieht gleichzeitig mit der Einfüh-

40 Frege, *Die Grundlagen der Arithmetik*, § 56.

41 Vgl. J. Griffin, *Wittgenstein's Logical Atomism*, Kap. III.

rung einer Konstanten, welche einen Gegenstand einer gegebenen Art, die noch nicht im Symbolismus dargestellt ist, benennt. Es wurde schon gezeigt, daß nach Wittgensteins Auffassung den Zeichen auf eine endgültige und vollständige Weise Bedeutung zugehören muß und daß die syntaktische Anwendung jedes Teils eines Satzes im voraus festgelegt werden muß. Das Festsetzen von Werten für eine Variable schließt daher eine vollständige Bestimmung des Bezeichnungsbereichs der Werte ein, d. h. eine Angabe der Sätze, deren gemeinsames Merkmal die Variable ist (*TLP* 3.317). Die Festsetzung der Werte *ist* die Variable (*TLP* 3.316). Bei der Einführung eines undefinierbaren Bestandteils führen wir also nicht zwei verschiedene undefinierbare Vorstellungen ein – den Begriff einer Funktion und spezielle Funktionen. Ähnlich kann man den Begriff einer Zahl und spezielle Zahlen nicht gesondert einführen (*TLP* 4.12721); das eine ist die Form des anderen.

Einige Aspekte von Wittgensteins Metaphysik, insbesondere seine Auffassung einfacher Gegenstände, werden in nachfolgenden Kapiteln einer kritischen Prüfung unterzogen werden. Für den Augenblick soll nur soviel ausgeführt werden, wie für die Klärung der Lehre vom Zeigen und Sagen notwendig ist. Die Welt ist, dem *Tractatus* zufolge, aus Tatsachen zusammengesetzt, die Verkettungen einfacher Gegenstände sind. Diese Gegenstände bilden die Substanz der Welt: sie sind nicht analysierbar und daher lexikalisch undefinierbar. Sie haben Form wie auch Inhalt. Allgemein sind Raum und Zeit Formen von Gegenständen. Farbig zu sein dagegen ist nicht eine Form von Gegenständen im allgemeinen, sondern eine besondere Form visueller Gegenstände (*PT* 2.0252). Ähnlich ist dann etwa die Höhe eine Form von Tönen, der Härtegrad eine Form von Gegenständen des Tastsinns usw. (*TLP* 2.0131). Die Formen eines Gegenstandes sind seine internen oder formalen Eigenschaften. Eine Eigenschaft ist intern, wenn es undenkbar ist, daß ihr Gegenstand sie nicht besitzt (*TLP* 4.123). Zusätzlich zu seinen formalen Eigenschaften hat ein Gegenstand externe oder materiale Eigenschaften. *Die* Form eines Gegenstandes ist sein ontologischer Typus, die Möglichkeit seines Vorkommens in Sachverhalten verschiedener Arten (*TLP* 2.0141). Seine Form bestimmt sich damit durch die Summe seiner formalen Eigenschaften, denn diese bestimmen wiederum die Arten von Gegenständen, mit denen er sich zur Bildung einer Tatsache verbinden kann. Die kontingenten Verkettungen, in die ein spezieller Gegenstand dann tatsächlich eintritt, bilden die externen Eigenschaften des Gegenstandes.

Wenn ich einen Gegenstand kenne, muß ich auch sämtliche Möglichkeiten seines Vorkommens in Sachverhalten kennen, d. h. seine internen Eigenschaften (*TLP* 2.0123–2.01231). Ich brauche nicht zu wissen, was für eine Farbe ein Fleck hat, aber ich muß wissen, daß er eine Farbe hat. Das Wesen eines Flecks im Gesichtsfeld besteht darin, eine Farbe zu haben. In Entsprechung zu diesem merkwürdigen Begriff von »einen Gegenstand kennen« finden wir im sprachlichen Bereich die These, daß die logische Syntax eines Zeichens für einen Gegenstand festgelegt werden muß, ohne die besondere Bedeutung des Zeichens zu erwähnen. Die Syntax eines Zeichens für einen visuellen Gegenstand muß unabhängig davon festgelegt werden, daß der Gegenstand diese oder jene Farbe hat. Denn Namen, die Zeichen für Gegenstände, haben ebenfalls sowohl Form als auch Inhalt. Ihr Inhalt ist ihre Bedeutung. Ihre Form ist ihre logisch-syntaktische Kategorie. In einer Notation wird das durch die Variable ausgedrückt, für welche der Name ein Wert ist und die stillschweigend die syntaktischen Bildungsregeln für diesen Namen und für alle Namen von Gegenständen dieses ontologischen Typs verkörpert. Ein formaler Begriff *ist* daher die Variable, die die Form der Gegenstände *zeigt*, über die sie sich erstreckt. Die Form des Gegenstandes wird gezeigt, indem sein Zeichen ein Einsetzungsfall einer gegebenen Art von Variable ist. Begriffe werden, um in Fregeschem Jargon zu reden, durch ihre charakteristischen Merkmale definiert, d. h. durch die wesentlichen Eigenschaften der Dinge, die unter sie fallen. Formale Eigenschaften jedoch, d. h. die Kombinationsmöglichkeiten von Gegenständen, sind nicht selbst Gegenstände und können nicht benannt werden. Sie werden in der Notation durch Aspekte derjenigen Symbole gezeigt, für die der Bereich möglicher syntaktischer Kombinationen identisch ist.

Eine Typentheorie soll uns sagen, welches der Bezeichnungsbereich einer Satzfunktion ist, d. h. uns die Kombinationsmöglichkeiten eines Symbols angeben. Das aber müssen wir nach Wittgensteins Meinung schon wissen, wenn wir das Symbol verstehen. Es wird vom Symbolismus gezeigt. Zudem kann es gar nicht gesagt werden. Denn eine Typentheorie ließe sich Wittgenstein zufolge nur ausdrücken, wenn man die Regeln der logischen Syntax verletzt, formale Begriffe als Werte für Variable gebraucht und zuläßt, daß eine Funktion ihr eigenes Argument ist. Man gelangt leicht zu der Vermutung, so bemerkte Wittgenstein in seinem ersten Angriff auf die Typentheorie (*TB* S. 220), daß »Individuum«, »Einzelding«, »Komplex« usw. undefinierbare Grundbegriffe der Logik (»Urzeichen«) sind. Aber dabei vergessen wir, daß sie nicht undefinierbare Begriffe, sondern nur Schemata für solche sind. Die undefinierbaren Symbole (Urbilder von Zeichen), nämlich die Variablen, kommen nur unter dem Allgemeinheitszeichen und niemals außerhalb von ihm vor. Wenn wir ferner an der Eliminierbarkeit der Quantoren durch eine Analyse in logische Summen und Produkte festhalten, dürfte klar sein, warum Wittgenstein dachte, daß formale Begriffe Pseudo-Begriffe sind. Man kann nichts mittels ihrer sagen, und was man durch ihren Gebrauch zu sagen versucht, wird durch den Gebrauch wirklicher Begriffe gezeigt.

Wittgensteins Lehre wurde in der jüngsten exegetischen Literatur viel diskutiert. Hier sollen nur einige kurze Einwände erwähnt werden. Die Lehre von der Nichtausdrückbarkeit dessen, was in einer begrifflichen Notation gezeigt wird, ist natürlich nicht hauptsächlich gegen die Russellsche Typentheorie gerichtet, sondern gegen die gesamte Metaphysik und letztlich gegen die gesamte Philosophie im traditionellen Verständnis. Die Lehre beruht auf einer Vielzahl von Prämissen, die im *Tractatus* mehr angenommen als angemessen begründet werden und die später alle von Wittgenstein zurückgewiesen werden. Im *Tractatus* erhalten wir keinen Fingerzeig dafür, wie man entscheidet, welche Begriffe formale Begriffe sind und welche nicht. Wittgenstein bemerkt nur, daß wir, um ein Symbol an seinem Zeichen zu erkennen, auf den sinnvollen Gebrauch achten müssen (*TLP* 3.326). Wenn wir uns an die gewöhnliche Sprache und ihren Gebrauch halten sollen, um die letzten syntaktischen Kategorien zu entdekken, die die ontologischen Kategorien der Welt spiegeln, ist es aber alles andere als klar, daß wir entdecken werden, was Wittgenstein erwartet. Denn es trifft nicht zu, daß die Wörter in der gewöhnlichen Sprache entweder in allen Kontexten oder in keinem *salva significatione* austauschbar sind[42]. Wenn das Fehlschla-

42 W. und M. Kneale, *The Development of Logic*, S. 671 f.

gen der Austauschbarkeit in *irgendeinem* Kontext genügt, um einen kategorialen Unterschied zu zeigen, könnten wir leicht am Ende ebenso viele Typen wie Wörter haben. Natürlich könnte das anders sein, wenn der Sinn vollständig bestimmt wäre, wenn der Bezeichnungsbereich eines Begriffs ein für allemal mit vollkommener Genauigkeit festgelegt wäre. Aber daß der Sinn auf solche Weise bestimmt ist und sein muß, ist ein Dogma, dessen Zurückweisung im Zentrum der *Philosophischen Untersuchungen* steht. Gleichermaßen ist die Annahme einer scharfen Trennungslinie zwischen dem, was aus kontingenten Gründen falsch ist, weil es kausal unmöglich ist, und dem, was unsinnig ist, auf dieses Dogma gegründet. Die Lehre vom Zeigen und Sagen beruht auf der These, daß die Struktur und die Bildungsregeln einer begrifflichen Notation nach dem Modell der Sprache der *Principia Mathematica* die logische Syntax der natürlichen Sprache sein wird, welche durch ihre konventionelle Grammatik verborgen wird. Was in der begrifflichen Notation unerlaubt ist, soll also entsprechend in der natürlichen Sprache falsch gebildeter Unsinn sein. Die Richtigkeit dieser Behauptung ist keineswegs offensichtlich. Sie hängt natürlich von einer weiteren Menge von Thesen ab, von denen keine gesichert ist. Daß ontologische Kategorien objektiv festgelegt sind, und zwar ein für allemal und sprachunabhängig, ist gerade eine Annahme der Lehre. Da die Bildertheorie fordert, daß die Syntax die Ontologie spiegelt, gibt es in der Sprache keine Optionen. Wir müssen vermutlich so viele Arten von Variablen haben, wie es Typen von Gegenständen gibt. Diese Thesen hängen vielleicht zusammen. Sofern es ihnen an angemessener Stützung mangelt, kommen sie sicherlich zusammen zu Fall. Die erste These sollte später in seiner Theorie von der Autonomie der Grammatik durch Wittgenstein vollständig zurückgewiesen werden[43]. Was von der Bildertheorie in liberalisierter und desatomisierter Form übrigblieb, wird auf ebenso radikale Weise eine konventionalistische Philosophie unterstützen, wie der *Tractatus* platonistisch war.

Diese Lehren also sind die Gründe, aus denen Wittgenstein die ganze Metaphysik, ob sie nun transzendentalistisch oder deskriptiv ist, abschafft und die ganze traditionelle Philosophie ächtet. Der Metaphysik ging es traditionellerweise darum, kategoriale

43 Siehe unten Kap. VI.

Aussagen über die Bestandteile der Welt zu machen und die Relationen zwischen verschiedenen Kategorien zu beschreiben. Nach Wittgensteins Auffassung würde das Enthaltensein eines Dinges in einer bestimmten Kategorie in einer deutlichen Notation klar durch die Tatsache gezeigt werden (aber wird in unserer Umgangssprache verdeckt), daß es der Wert einer Variablen ist, die jeden Wert innerhalb des Bereichs der betreffenden Kategorie annehmen kann. Daß *A* ein Gegenstand ist, wird durch das Zeichen *»A«* gezeigt, welches für eine Variable einsetzbar ist, deren Bereich der der Gegenstände ist (im Gegensatz z. B. zu dem der Zahlen). Die Kategorie selbst jedoch wird im Symbolismus nicht durch ein Zeichen für einen Wert der Variablen dargestellt, sondern durch die Variable selbst. Formale Begriffe, durch deren Gebrauch die Philosophen das Wesen der Dinge zu beschreiben versuchen, d. h. wesentliche und unveränderliche Eigenschaften, die ein Ding zu einem Mitglied seiner Art machen, werden im Symbolismus durch die Variable dargestellt, deren Werte das betreffende Wesen besitzen, und keinesfalls durch ein Prädikat, das notwendigerweise auf alle Werte der Variable zutrifft. Daß *A* ein Gegenstand ist, läßt sich nicht sagen, weil »Gegenstand« ein formaler oder Pseudo-Begriff ist. Es ist keine Funktion, und das Prädikat »ist ein Gegenstand« läßt sich nicht durch ein Subjekt so ergänzen, daß ein wohlgeformter Satz erzeugt wird. »Gegenstand« kann ebensowenig den Wert einer Prädikat-Variablen bezeichnen, wie man ein Ereignis in ein Loch stecken kann. Das Wesen einer Kategorie wird sich vielmehr in den erlaubten Kombinationsweisen der Elemente der Sprache widerspiegeln. Damit jeder Symbolismus im allgemeinen und selbstverständlich natürliche Sprachen im besonderen etwas sagen, Tatsachen abbilden, externe Eigenschaften und Relationen angeben können, muß die *formale Struktur* des Symbolismus die internen Eigenschaften und Relationen dessen darstellen, was der Symbolismus zu beschreiben vermag. Die formale Struktur des Symbolismus kann nicht ihren eigenen Inhalt bereitstellen; was sie in diesem Sinn zeigt, kann sie nicht sagen[44].

44 Die Herkunft der Lehre wird auf erhellende Weise erörtert bei J. Griffin, *Wittgenstein's Logical Atomism,* Kap. III, G. E. M. Anscombe, *An Introduction to Wittgenstein's Tractatus,* London ²1963, *passim,* und E. B. Allaire, »The ›Tractatus‹: Nominalistic or Realistic?«, in *Essays on Wittgenstein's Tractatus,* hrsg. von I. M. Copi und R. W. Beard, London 1966.

Das Heilmittel für die Verwechslungen, die charakteristischerweise in der Philosophie erzeugt werden, findet man in einer adäquaten begrifflichen Notation. Ist diese einmal (den im *Tractatus* aufgezeigten Linien folgend) erdacht, dann werden wir im Besitze einer richtigen logischen Auffassung sein (*TLP* 4.1213). Natürlich wird die richtige Notation von der *wirklichen* logischen Syntax unserer Sprache abgeleitet sein[45]. Was jedoch in der gewöhnlichen Sprache verdeckt und verborgen ist, wird unverhüllt ans Licht gebracht werden. Die Form des Körpers ist dann nicht mehr durch die Kleidung verhüllt. Irrtümer aufgrund von Homonymie werden ausgeschlossen sein, denn die Notation wird von dem Prinzip »ein Zeichen, ein Symbol« regiert werden. Es wird keine Irrtümer aufgrund der täuschenden grammatischen Form mehr geben, denn die Notation wird verschiedene Bezeichnungsweisen in den Weisen widerspiegeln, wie sie verschiedene Arten von Zeichen verbindet. Jeder Sinn wird explizit sein, denn man wird eine Abhängigkeit der Bestimmtheit des Sinns von stillschweigenden Konventionen vermeiden. Es wird keine Kluft zwischen Gemeintem und Gesagtem bestehen, und daher wird es keine scheinbare Ungenauigkeit geben, die durch Hinweis ausgerottet werden müßte. Ausdrücke für Variable werden nicht als für Variable einsetzbare Ausdrücke erscheinen, und Pseudo-Begriffe werden nicht mit wirklichen Begriffen verwechselt werden. Was Russells Unendlichkeitsaxiom zu sagen versucht, würde durch die Existenz unendlich vieler Namen mit verschiedenen Bedeutungen gezeigt (*TLP* 5.535). Null als die Zahl zu definieren, die zu dem Begriff »nicht identisch mit sich selbst« gehört, ist unsinnig, denn die Identität ist keine Relation zwischen Gegenständen (*TLP* 5.5301), und in einer richtigen begrifflichen Notation lassen sich Sätze wie $(x)\ (x = x)$ nicht einmal hinschreiben. Die Identität des Gegenstandes sollte durch die Identität des Zeichens ausgedrückt werden und nicht durch ein Identitätszeichen. Die Analyse des Wesens der Zahlen durch Frege oder Russell ist nicht nur unsinnig, sondern auch überflüssig. Eine Zahl ist der Exponent einer Operation. Der formale Begriff der Zahl ist das allen Zahlen Gemeinsame, die allgemeine Form der Zahl, und das wird unzweideutig durch die Variable für Zahlen gezeigt. In der richtigen oder ideal expliziten

45 Siehe Griffin, a. a. O., S. 138.

Notation »werden *verschiedene Arten von Dingen* durch verschiedene Arten von Symbolen dargestellt, die *unmöglich* wechselseitig substituiert werden können«[46]. Werden die Regeln der logischen Syntax verstanden und richtig befolgt, dann wird es in einer solchen klaren Notation *unmöglich* sein, unsinnige philosophische Sätze hervorzubringen. Allerdings wird es auch unmöglich sein, überhaupt irgendwelche philosophischen Sätze hervorzubringen.

4. Philosophie als Kritik und als Analyse

Eine Kritik ist eine Untersuchung der Grenzen eines Vermögens. Das Ziel des *Tractatus* ist es, eine Kritik zu liefern, und zwar nicht eine der reinen Vernunft wie bei Kant, sondern eine Kritik der Sprache. Das Ziel ist:

> dem Denken eine Grenze [zu] ziehen, oder vielmehr – nicht dem Denken, sondern dem Ausdruck der Gedanken: Denn um dem Denken eine Grenze zu ziehen, müßten wir beide Seiten dieser Grenze denken können (wir müßten also denken können, was sich nicht denken läßt) (*TLP* S. 9).

Die Grenzen des Denkbaren sollen in der Sprache festgelegt werden, und was jenseits der Grenzen verständlicher Sprache liegt, ist unverständlicher Unsinn. Die Totalität der wirklichen Sätze macht das Denkbare aus, die Totalität wahrer Sätze das Ganze dessen, was Wittgenstein »Naturwissenschaften« nennt. Indem sie die Grenzen der Sprache angibt, zieht die Philosophie dem viel umstrittenen Bereich der Naturwissenschaften, dem Bereich möglicher Erkenntnis seine Grenzen. Kann die derart weit gefaßte Wissenschaft uns sagen, ob wir eine unsterbliche Seele besitzen oder ob Gott existiert? Nur wenn die Totalität der Sätze Sätze über Gott und die Seele umfaßt. Gibt es irgendeine mögliche ethische oder ästhetische Erkenntnis? Nur wenn es ethische oder ästhetische Sätze gibt. Kants Kritik der spekulativen Vernunft verneint die Erkenntnis, um dem Glauben Platz zu machen, einem Glauben, der durch praktische Vernunft gerechtfertigt ist. Wittgensteins Kritik der Sprache gelangt zu weitaus radikaleren Fol-

46 Brief Nr. 9 an Russell, Jan. 1913 (*TB* S. 258).

gerungen. Was wir prinzipiell nicht zu erkennen in der Lage sind, können wir auch nicht denken. Die traditionellen Gegenstände der Metaphysik, Gott und die Seele, liegen jenseits der Grenzen der Sprache. Noch radikaler wird gefolgert, daß es keine ethischen oder ästhetischen Sätze geben kann[47]. Die Erkenntnis wird geleugnet, um dem Schweigen Platz zu machen. Schließlich, und hier wird der Gegensatz zu Kant in der Tat sehr tief, liegt die Kritik selbst, die Beschreibung der Grenzen der Sprache, jenseits des Bereichs dessen, was sich sagen läßt. Die Sprache kann ebensowenig ihr eigenes Wesen beschreiben, wie sie das Wesen der Welt beschreiben kann.

Die Philosophie ist nicht, wie Wittgenstein 1913 geglaubt hatte, die Lehre von der logischen Form wissenschaftlicher Sätze. Es kann keine solche Lehre geben. Eine Lehre besteht aus Sätzen, aber es gibt keine philosophischen Sätze (*TLP* 4.112). Die Philosophie ist eine Tätigkeit der logischen Klärung. Sie ist die Analyse von Sätzen der Naturwissenschaft, d. h. von echten, als wahr vermuteten Sätzen, welche abgesehen von ihrer Dunkelheit nichts mit Philosophie zu tun haben. Sie wird darin bestehen, klare Darstellungen von Erfahrungssätzen hervorzubringen, indem sie sie in ihre Bestandteile und letztlich wenn nötig in atomare Sätze analysiert und diese Analyse in einer klaren Notation darstellt. In seiner ersten Schrift nach dem *Tractatus*[48], die 1929 unmittelbar vor der tiefen Veränderung in seiner Philosophie verfaßt ist, umriß Wittgenstein eine Auffassung von Analyse, die in gewissem Maße als ein Führer zu seinem Denken im *Tractatus* dienen kann. Der Gegenstandsbereich aller Sätze ist in der Totalität der atomaren Sätze enthalten. Die Weise, auf welche dieses Material in nichtatomaren Sätzen entwickelt und in der gewöhnlichen Sprache ausgedrückt wird, ist durch Analyse klarzumachen:

Der Gedanke ist, das, was in der gewöhnlichen Sprache zu endlosen Mißverständnissen führt, in einem geeigneten Symbolismus auszudrük-

47 Obgleich sie offenbar in gewissem Sinn in der Dichtung oder Musik enthalten sein können; siehe den Brief an Engelmann vom 9. Apr. 1917, in *LLW* S. 6.

48 »Some Remarks on Logical Form«, *Proceedings of the Aristotelian Society*, Suppl. 9 (1929), S. 162–171. Wittgenstein wies diesen Aufsatz zurück, indem er ihn zu Recht als »schwach« charakterisierte. Trotzdem zeigt der Aufsatz seine Auffassung von Analyse an, auf die im *Tractatus* angespielt wird. Tatsächlich ist das gerade einer der Gründe für die heftige Zurückweisung.

ken. D. h. wo die gewöhnliche Sprache die logische Struktur verkleidet, wo sie die Bildung von Pseudo-Sätzen erlaubt, wo sie einen Terminus in einer Unzahl von verschiedenen Bedeutungen gebraucht, müssen wir sie durch einen Symbolismus ersetzen, der ein klares Bild der logischen Struktur gibt, Pseudo-Sätze ausschließt und seine Termini auf unzweideutige Weise gebraucht[49].

Das Bedürfnis zu einer solchen Analyse wird in Entsprechung zu der Unklarheit entstehen, die man hinsichtlich der Bedeutung eines Erfahrungssatzes empfindet. Ob solche Analysen bis zur Ebene der atomaren Sätze verfolgt werden müssen oder nicht, wird davon abhängen, ob die Schwierigkeiten, die eine Auflösung erfordern, schon auf einer höheren Stufe oder erst auf der letzten der atomaren Struktur eliminiert sind.
Zusätzlich zu ihrer Rolle, guten Sinn klarzulegen, hat die Philosophie noch eine mehr negative, dialektische Aufgabe. Wann immer jemand metaphysische Wahrheiten behaupten möchte, muß der Philosoph ihm zeigen, daß er bestimmten Zeichen in seinen Sätzen keine Bedeutung gegeben hat. Wenn jemand sich bei dem Versuch, das Wesen von Dingen zu beschreiben, bemüht, »ist eine Zahl« oder »ist ein Gegenstand« als Prädikatausdrücke zu gebrauchen, muß man darauf hinweisen, daß diesen Zeichen *als* Ausdrücken, die für Prädikatenvariable einsetzbar sind, kein Sinn gegeben wurde. Sie sind Zeichen für Variable, nicht für Werte von Variablen. Diese klärende und dialektische Methode mag demjenigen, dessen Verwirrung wir auflösen und dessen metaphysische Aussagen wir zerstören, unbefriedigend erscheinen, denn durch diese Art von Philosophie werden wir nichts Metaphysisches über das Wesen der Welt sagen, und auch nicht irgendeine Lehre der logischen Form über das Wesen der Sprache anbieten. Aber diese Methode ist die einzig *im strengen Sinn richtige.* Sie grenzt das Denkbare und das Undenkbare ab, indem sie durch das Denkbare hindurch nach draußen arbeitet. Sie bedeutet das Unsagbare, indem sie das Sagbare klar darstellt (*TLP* 4.114–5). Die traditionellen philosophischen Probleme sind unsinnig und können nicht beantwortet, sondern nur auf dialektische Weise als Unsinn erwiesen werden. Das metaphysische Verlangen nach dem Wesen der Welt läßt sich nicht durch philosophische Sätze befriedigen, es läßt sich jedoch befriedigen, indem man die Form nicht-philoso-

49 Ebenda S. 163.

phischer Sätze betrachtet. Jeder wirkliche Satz zeigt – neben dem, was er sagt – eine bestimmte logische Eigenschaft der Welt[50]. Ist die Form der Sprache einmal in einer geeigneten begrifflichen Notation bloßgelegt, dann wird das Wesen der Welt, das sich die Philosophie immer zu beschreiben bemüht hat, voll sichtbar an der Oberfläche liegen, wenngleich es immer noch unaussprechlich sein wird.

Aus diesen Ansichten folgt nun aber, daß die Methode des *Tractatus* nicht die im strengen Sinn richtige ist. Der *Tractatus* geht nicht so vor, daß er dem Denken durch eine klare Darstellung des Sagbaren eine Grenze setzt. Die Sätze des *Tractatus* sind nicht Klärungen von Sätzen der »Naturwissenschaft«[51]. Sie sind im Gegenteil wie die Sätze der traditionellen Philosophie Pseudo-Sätze und müssen als unsinnig erkannt werden. Eine Kritik der Sprache, wie sie der *Tractatus* darstellt, müßte auf beiden Seiten der Grenze des Denkbaren stehen. Eine solche Kritik aber könnte unmöglich sinnvoll sein. Was ist dann ihr vernünftiger Gehalt? Wozu kann ein solcher Unsinn gut sein?

Wittgensteins zweitletzte Bemerkung im *Tractatus*, daß, wer immer ihn versteht, erkennen wird, daß die Sätze des *Tractatus* unsinnig sind, wurde natürlich von den Philosophen mit ungläubiger Entrüstung aufgenommen. In seinem Vorwort bemerkt Russell, »daß es Wittgenstein ja schließlich immerhin gelingt, eine ganze Menge über das Unsagbare zu sagen«[52]. Black kann ebensowenig wie Russell daran zweifeln, daß wir das Buch verstehen und viel daraus lernen. Black schlägt vor[53], daß wir Wittgenstein zugeben könnten, daß der *Tractatus* dann nichts mitteilt, wenn man Mitteilung ausschließlich mit »sagen« gleichsetzt. Aber selbst wenn

50 »Aufzeichnungen, die G. E. Moore nach Diktat niedergeschrieben hat«, *TB* S. 228.

51 Ich bin also anderer Meinung als K. T. Fann, der sagt, daß »Philosophieren im *Tractatus* eine Tätigkeit der Klärung und Erläuterung ist. Sie zeigt die Logik unserer Sprache, indem sie das, was sich sagen läßt, klar darstellt«; *Wittgenstein's Conception of Philosophy*, Oxford 1969, S. 30.

52 *TLP*, S. XXI (englische Ausgabe). Der *Tractatus* gibt – ich entschuldige mich für die Übernahme der folgenden Bemerkung bei F. P. Ramsey, *Foundations of Mathematics*, S. 268 – deutlich ein Gefühl starker Ähnlichkeit mit den Kinderbemerkungen im folgenden Dialog: »Sage ›Frühstück‹.« »Kann's nicht«. »Was kannst du nicht sagen?« »Kann nicht ›Frühstück‹ sagen.«

53 M. Black, *A Companion to Wittgenstein's Tractatus*, S. 378 ff.

man das zugibt, gibt es, nach Wittgensteins eigener Theorie, vieles, was zwar gezeigt, aber nicht gesagt werden kann. Folglich könnten wir sagen, daß es vieles gibt, was der *Tractatus* zeigt, und das ließe sich retten. Black errichtet dann etwas, was er eine »Verteidigungslinie« nennt. Danach bestehen alle Fälle, in denen Wittgenstein das Wesen von etwas sucht und die in apriorischen Aussagen resultieren, welche zur logischen Syntax oder philosophischen Grammatik gehören (Black gibt als ein Beispiel: »Ein Satz ist kein komplexer Name«), aus formalen Aussagen, die etwas »zeigen«, das gezeigt werden kann. Diese Aussagen sind, so sagt Black, nicht schlechter als logische Aussagen, die keine Verletzung der Regeln der logischen Syntax enthalten.

Das ist, meine ich, völlig irreführend. Logische Sätze sind sinnlos, aber nicht unsinnig. Sie sagen nichts, aber sie zeigen das Gerüst der Welt. Sogenannte »formale Aussagen« jedoch sagen weder noch zeigen sie etwas (außer vielleicht ihre eigene Unsinnigkeit). Sie verletzen gerade die Regeln der logischen Syntax, denn sie versuchen fälschlicherweise formale Begriffe so anzuwenden, als ob sie wirkliche Begriffe wären. So sind »Satz«, »Name« und »Komplex« in Blacks Beispiel alles formale Begriffe. Folglich sind sie nach Wittgensteins Theorie illegitim gebraucht, wenn sie als Werte für Variable gebraucht werden. Wittgenstein ist vollkommen korrekt und konsistent: nach seiner eigenen Theorie besteht der *Tractatus* hauptsächlich aus Pseudo-Sätzen. Was Wittgenstein mit diesen Bemerkungen meint oder beabsichtigt (genau wie das, was nach Wittgensteins Auffassung der Solipsist meint [*TLP* 5.62]), ist sicher seiner Meinung nach völlig richtig, nur kann es nicht gesagt werden. Was jemand mit einer Bemerkung meint oder beabsichtigt, kann man erfassen, auch wenn die Bemerkung streng genommen Unsinn ist (so beansprucht Wittgenstein zu verstehen, was der Solipsist meint). Wer immer also Wittgenstein versteht – ihn versteht, nicht das, was er gesagt hat –, wird erkennen, daß seine Sätze unsinnig sind.

Früher habe ich zwischen erhellendem und irreführendem Unsinn unterschieden. Diese unglückliche Unterscheidung wurde in der Wittgenstein-Exegese häufig angegriffen. Ramsey[54] legte dar, daß die Philosophie entweder irgendeinen Gebrauch haben muß oder

54 F. P. Ramsey, »Philosophy«, in *Foundations of Mathematics* S. 263.

andernfalls eine Neigung ist, die wir zügeln müssen. Wenn die Philosophie Unsinn ist, dann ist sie nutzlos, und dann sollten wir nicht wie Wittgenstein vorgeben, daß es sich um wichtigen Unsinn handelt. Spätere Kommentatoren[55] fanden den Begriff eines wichtigen Unsinns mit Ramsey ebenfalls absurd, und es wurde zu Wittgensteins Verteidigung eingewendet[56], daß er eine solche Absurdität weder sagte noch beabsichtigte. Sicherlich verwendet Wittgenstein nicht den Ausdruck »erhellender Unsinn«. Was er sagt, ist, daß die Sätze des *Tractatus* dadurch erläutern, daß sie jeder, der ihren Autor versteht, als unsinnig erkennen wird[57]. Sie sind nicht Erläuterungen in dem Sinn, wie es Analysen von »wissenschaftlichen« Sätzen in ihre Bestandteile sind. Diese Pseudo-Sätze sind die Mittel, durch die man über sie hinaussteigen kann. Sie führen einen dahin, die Welt richtig zu sehen, zu einem richtigen logischen Standpunkt. Und von diesem Standpunkt aus wird man erkennen, daß der *Tractatus* selbst Unsinn ist, und man wird daher die Leiter wegwerfen, auf der man hinaufgestiegen ist.

Wenn diese Interpretation richtig ist, dann gibt es, wie Ramsey dachte, Gründe dafür, Wittgenstein die Auffassung zuzuschreiben, daß die im *Tractatus* enthaltene Art von Philosophie wichtiger Unsinn ist und daß er deswegen wichtig ist, weil er erhellend ist. Der *Tractatus* verletzt die Regeln der logischen Syntax, um einen sehen zu lassen, wie die verschiedenen Elemente der Sprache gegliedert sind. Er unterscheidet sich von der früheren Philosophie darin, daß diese Wittgenstein zufolge auf einem tiefen Mißverständnis der Tiefenstruktur der Sprache beruhte. Die Richtigkeit des *Tractatus* liegt in der Tatsache, daß, wer immer seinen Autor versteht, auf das aufmerksam werden wird, was er immer schon implizit gewußt hat – die logische Struktur der Sprache. Wenn er das erkennt, wird er auch die Illegitimität der Pseudo-Sätze des *Tractatus* erkennen. Wenn man dagegen, wie so viele Sympathisanten mit dem allgemeinen Tenor des *Tractatus* es getan haben, Einspruch erheben will, wenn man leugnen will, daß etwas, was wörtlich genommen Unsinn ist, das Wesen der Welt erhellen kann,

55 Z. B. R. Carnap, *Die logische Syntax der Sprache*, Wien 1934, S. 208 ff., G. Pitcher, *The Philosophy of Wittgenstein*, New Jersey 1964, S. 155.

56 K. T. Fann, a. a. O., S. 34.

57 »Meine Sätze erläutern dadurch, daß sie der, welcher mich versteht, am Ende als unsinnig erkennt.«

dann muß man einige der zentralen Thesen des *Tractatus* modifizieren, denn diese Folgerung ergibt sich aus ihnen.
Ramsey behauptete, daß die Philosophie, wenn sie Unsinn ist, eine Neigung sein muß, die man zügeln sollte. Folgt das wirklich? In einem Sinn, ja. Philosophie nach der Art des *Tractatus* sollte nicht mehr geschrieben werden. Wenn jemand versucht, etwas Metaphysisches zu sagen, sollten wir ihn auf dialektische Weise dazu bringen, seine Irrtümer einzusehen. Seine metaphysischen Fragen werden damit nicht beantwortet sein, »aber der nicht mehr gequälte Geist hört auf, die für ihn unberechtigte Frage zu stellen«. In diesem Maß muß also die Philosophie in der Zeit nach dem *Tractatus* therapeutisch sein. Der *Tractatus* selbst ist, obwohl eine Manifestation dieser natürlichen Neigung zur Metaphysik, ein Unternehmen, welches sich rechtfertigen läßt, aber welches nun voll und ganz abgedankt hat. Er ist gleichsam der Schwanengesang der Metaphysik.
Hier ist ein Vergleich mit Kants Auffassung der *Kritik der reinen Vernunft*[58] instruktiv. Kant sagte, daß der wahre Zweck der Philosophie darin besteht (A 753, B 763), die Täuschungen der Vernunft herauszustellen, indem wir uns an ihre Grenzen erinnern. Sie erweitert nicht die Erkenntnis, sondern hält vielmehr Irrtümer ab und sichert so den Wohlstand, die allgemeine Ordnung und Eintracht des nicht-philosophischen, wissenschaftlichen Gemeinwesens (A 851, B 879). Ihre Aufgabe ist es, jene transzendentale Täuschung zu enthüllen, welche einem Mißverständnis des subjektiven Status der Grundregeln für den Gebrauch unserer Vernunft entstammt (A 279, B 353). Ihre Methode ist die Kritik der reinen Vernunft. Eine solche Kritik läßt sich als Metaphysik verstehen, oder, genauer, als propädeutisch zu ihr. So verstanden ist die Metaphysik unik unter den Wissenschaften, denn sie allein hat, auf den rechten Weg geführt, die Fähigkeit, eine erschöpfende Erkenntnis ihres ganzen Feldes zu erreichen und der Nachwelt nur noch die Aufgabe übrigzulassen, sie didaktisch für sich einzurichten (A XX, B XXII). Der Grund dafür liegt darin, daß ihr Gegenstandsbereich vollständig *a priori* ist und keine Erfahrung ihn vergrößern kann. Die Prinzipien der reinen Vernunft, die sie er-

58 Kant, *Kritik der reinen Vernunft*, in *Gesammelte Werke*, hrsg. von der Preuss. Akad., Berlin 1902 ff. Die Bezugnahmen im Text dieses Kapitels gehen wie üblich auf die Paginierung der ersten (A) und der zweiten (B) Ausgabe.

forscht, sind so eng miteinander verflochten, daß die richtige Angabe eines jeden die vollständige Erforschung aller einschließt.

Die Metaphysik kann ihr Werk vollenden und für die Nachwelt als einen nie zu vermehrenden Hauptstuhl zum Gebrauche niederlegen, weil sie es bloß mit Prinzipien und den Einschränkungen ihres Gebrauchs zu tun hat, welche durch jene selbst bestimmt werden. Zu dieser Vollständigkeit ist sie daher als Grundwissenschaft auch verbunden (B XXIV).

Kants Werk hat diese Aufgabe unternommen, indem es die Probleme gemäß Prinzipien erschöpfend angegeben hat. Natürlich hat es nicht alle Details ausgefüllt. Die *Kritik* ist eine Abhandlung über die Methode, nicht selbst ein wissenschaftliches System. Aber sie entwirft doch den vollständigen Plan der Wissenschaft, sowohl ihre Grenzen wie ihre innere Struktur (B XXII). Andere werden die Details der abgeleiteten Begriffe und ihre Analyse nachzutragen haben (A XXI), wie etwa die Prädicabilien (A 82, B 108). Ihr Dienst ist dringend erforderlich, um die Lehren der *Kritik* mit Humescher Eleganz zu erklären, deren Kant sich für unfähig erklärte. Doch behauptet Kant: »Ich erkühne mich zu sagen, daß nicht eine einzige metaphysische Aufgabe sein müsse, die hier nicht aufgelöst, oder zu deren Auflösung nicht wenigstens der Schlüssel dargereicht worden« (A XIII). Es wird immer metaphysische Täuschung in der Welt geben, denn der Mensch kann ebensowenig die Metaphysik aufgeben, wie er das Atmen aufgeben kann, um zu verhindern, daß er unreine Luft einatmet. Sie ist eine natürliche Neigung der Vernunft, aber als solche ist sie irreführend[59]. Die einzige Aufgabe, welche der kritischen Philosophie übrigbleibt und die durch Kant in Umrissen ausgeführt wurde, besteht darin, die Details des Systems auszufüllen und es danach didaktisch anzuwenden, um unsere allzu abenteuerliche Vernunft in ihrem natürlichen Drang, sich selbst zu überschreiten, in Schranken zu halten.

Der *Tractatus* ist eine Kritik der Sprache. Er läßt uns die Grenzen der Sprache sehen, und er läßt uns ebenfalls sehen, daß eine solche Kritik der Sprache anders als die geplanten logischen Analysen der Philosophie selbst jenseits der Grenzen der Sprache liegt. Dennoch muß diese Aufgabe – wie Kants Kritik der reinen Vernunft – durchgeführt werden, wenn die vergangenen Verwechs-

59 Kant, *Prolegomena zu einer jeden künftigen Metaphysik*, a. a. O., Band IV, S. 365, 367.

lungen, Irrtümer und Täuschungen ausgerottet und zukünftigen Phantasmagorien vorgebeugt werden soll. Wie im Falle Kants kann die Durchführung der Aufgabe vervollständigt werden. Die Struktur der Sprache ist derart, daß eine richtige Bestimmung jedes ihrer Teile eine richtige Erfassung des Ganzen erfordert. Die Methode dieser Kritik ist die Erforschung des Wesens eines Satzes. Obwohl ein einzelner Satz gleichsam nur einen Ort des logischen Raumes, nur eine Tatsache unter allen möglichen Tatsachen bestimmt, so muß doch durch ihn schon der ganze logische Raum gegeben sein (*TLP* 3.42). Das logische Gerüst jedes Satzes ist das logische Gerüst aller Sätze. Das Verstehen des Wesens eines Satzes erfordert ein vollständiges Verstehen aller seiner Gliederungen, seiner Potentialitäten, zusammen mit anderen Sätzen alle möglichen Strukturen zu bilden, die die Tatsachen beschreiben, aus denen die Welt besteht. Das Wesen des Satzes zu erklären heißt das Wesen allen Seins erklären (*TB* S. 129). Das ist die Aufgabe, die im *Tractatus* in Angriff genommen und vollendet wird; »die Wahrheit der hier mitgeteilten Gedanken«, schreibt Wittgenstein im Vorwort[60], wobei er unbewußt Kant wiederholt, »scheint mir unantastbar und definitiv. Ich bin also der Meinung, die Probleme im wesentlichen endgültig gelöst zu haben«. Alles, was für die Philosophie zu tun bleibt, ist, unwesentliche Punkte und kleinere Einzelheiten auszufüllen und Wittgensteins Gedanken klarer auszudrücken, als er selbst in der Lage war. Abgesehen davon liegt die Zukunft der Philosophie darin, logische Analysen zu geben und auf didaktische Weise die Täuschungen zu eliminieren, die in den angeblichen metaphysischen Aussagen enthalten sind. Hätte Kant den Titel nicht vorweggenommen, hätte der *Tractatus* durchaus »Prolegomena zu einer jeden künftigen Metaphysik« heißen können.

60 Fann (a. a. O., S. 33 f.) mißt der Tatsache große Bedeutung bei, daß Wittgenstein von der Wahrheit dessen redet, was er letztlich als Unsinn bezeichnet. Ich denke, daß das strenggenommen inkonsistent ist, aber der Leser des Vorworts hätte wohl kaum die These verstanden, daß der *Tractatus* die Leiter ist, auf der man zum richtigen logischen Standpunkt hinaufsteigen soll.

II »Erkenntnistheorie ist die Philosophie der Psychologie«

1. Der Ort der Erkenntnistheorie im Tractatus

Welches ist nach der Auffassung des Autors des *Tractatus* der Ort der Erkenntnistheorie in der Philosophie im allgemeinen und in der philosophischen Logik im besonderen? In der Beschreibung von Wittgensteins früher Auffassung von Philosophie wurde die Erkenntnistheorie nicht erwähnt. Aus seinen frühen Schriften – den »Aufzeichnungen über Logik«, den »Aufzeichnungen, die G. E. Moore in Norwegen nach Diktat niedergeschrieben hat« und den dem *Tractatus* vorausgehenden Tagebüchern ebenso wie dem *Tractatus* selbst – geht klar hervor, daß Wittgenstein wenig echtes Interesse an der Erkenntnistheorie hatte. Wittgensteins zentrales Anliegen war vom Anfang bis zum Ende seiner philosophischen Laufbahn das Wesen der Sprache. Wie ist es möglich, die Welt mittels eines Systems der Darstellung zu beschreiben? Wie können Symbole die Mannigfaltigkeit der Phänomene einfangen und dabei sowohl sagen, wie die Welt ist, als auch, was in der Tat noch bemerkenswerter ist, sagen, wie sie nicht ist? Wie muß die Welt beschaffen sein, und wie muß die Sprache strukturiert sein, wenn diese anscheinend einfachen, aber dennoch verblüffenden wirklichen Tatbestände möglich sein sollen? Der *Tractatus* stellt einen Versuch dar, eine vollständige Antwort auf diese Fragen durch die Entwicklung einer streng realistischen Bedeutungstheorie zu liefern[1]. Die *Philosophischen Untersuchungen* stellen einen Versuch dar, dieselbe Frage auf eine streng konstruktivistische Weise zu lösen. In keinem der beiden Fälle ging es Wittgenstein darum, eine geeignete Erkenntnistheorie zu entwickeln. Aber seine Entwicklung einer konstruktivistischen Semantik, die sich von den *Philosophischen Bemerkungen* bis hin zur Schrift *Über Gewißheit* am Ende seines Lebens durchzieht, machte eine bedeutende Veränderung in seiner Auffassung der Beziehungen zwischen der philosophischen Logik einerseits und der Erkenntnistheorie und Bewußtseinsphilosophie andererseits erforderlich. Der Beitrag seiner späteren Werke zur Erkenntnistheorie, mit dem sich einige der

1 Für eine Erörterung des Gegensatzes zwischen »realistischen« und »antirealistischen« Auffassungen der Bedeutung siehe M. Dummett, »The Reality of the Past«, *Proceedings of the Aristotelian Society*, 69 (1968–1969), 239–258; ebenfalls »Truth« vom selben Autor, a. a. O., 59 (1958–1959), 141–162.

folgenden Teile dieser Untersuchung befassen werden, ist ein Nebenprodukt seiner späteren Bedeutungstheorien. Daß die Erkenntnistheorie in seinen Schriften nach 1929 ein großes Gewicht hat, ist nicht das Ergebnis einer plötzlichen Interessenverlagerung und kommt auch nicht daher, daß ihm klargeworden wäre, daß die philosophische Semantik nebenbei zur Erkenntnistheorie beitragen kann, sondern hat seinen Grund darin, daß die Analyse der Bedeutung nicht vollständig von den erkenntnistheoretischen Begriffen der Evidenz und der rechtfertigbaren kognitiven Ansprüche getrennt werden kann. In der folgenden Erörterung sollen die Auffassungen des *Tractatus* zur Erkenntnistheorie untersucht werden.

Die philosophische Revolution im siebzehnten Jahrhundert, die von Bacon und Descartes angekündet wurde, bekannte ein tiefes Mißtrauen gegenüber der klassischen aristotelischen Logik und ihren scholastischen Ausläufern. Sowohl Bacon wie Descartes befaßten sich auf geradezu besessene Weise mit einer Methode für die Entdeckung von Wahrheit und waren weniger mit der Untersuchung von Prinzipien für die Ableitung und formale Gültigkeit beschäftigt als damit, ein heuristisches System zu entwickeln. Die traditionelle Logik wurde gerade deswegen abgelehnt, weil sie nicht eine »Logik der Forschung« war. Die Neue Weise der Vorstellungen, die von Descartes eingeführt und von Locke weiterentwickelt wurde, infizierte sowohl den Britischen Empirismus als auch den kontinentalen Rationalismus mit einem Psychologismus in der Logik und philosophischen Analyse, welcher – von ein paar bemerkenswerten Ausnahmen abgesehen – für die nächsten drei Jahrhunderte die Philosophie vergiften und die Entwicklung der Logik verhindern sollte. Daß man die Logik der Psychologie unterordnete, genetische Beschreibungen davon, wie der Begriffserwerb verlaufen sein könnte, als Mittel der begrifflichen Analyse betrachtete, sich an die Introspektion als die Quelle philosophischer Erkenntnis hielt und die Erkenntnis in der Begrifflichkeit der »mentalen Anschauung« und der Wahrnehmung der Übereinstimmung und Nicht-Übereinstimmung von Vorstellungen analysierte, erreichte seinen Höhepunkt im neunzehnten Jahrhundert mit der Psychologistischen Schule in Deutschland und mit J. S. Mill in England. Obwohl Frege nicht der erste war, der den Psychologismus angriff, war sein Angriff entscheidend.

Frege bringt die psychologistische Logik zu Recht mit dem erkenntnistheoretischen Idealismus in Verbindung. Die Wurzeln der Irrtümer, die er herausstellt, liegen in einer fehlgeleiteten Auffassung der Wahrheit und ihrer Beziehung zur Erkenntnis sowie in einer von Grund auf inkohärenten Idee davon, was ein Begriff ist. Ein Satz ist wahr unabhängig davon, ob er von allen oder von irgendjemandem für wahr gehalten oder als wahr gedacht wird. Die Bedingungen, unter denen Menschen in der Lage sind, einen Satz als wahr zu denken, sind für den Beweis des Satzes irrelevant. Folglich ist eine genetische Beschreibung dessen, wie die Menschen zu der Meinung kommen, daß ein Satz wahr ist, für den Beweis dieses Satzes irrelevant. Die Geschichte der Entdeckung ist nicht dasselbe wie die Logik der Rechtfertigung. Begriffe haben nach Freges platonistischer Theorie keine Geschichte. Sie entstehen nicht so im Bewußtsein wie die Blätter auf einem Baum. Natürlich sind sie nicht wahrnehmbar oder wirklich, aber es ist nur die Verwirrung des Psychologismus, die uns dazu veranlaßt, das nicht-Wirkliche mit den subjektiven oder mentalen Inhalten des Bewußtseins einer Person gleichzusetzen. Begriffe sind objektiv, warten darauf, entdeckt zu werden. Das Streben nach der Erkenntnis von Begriffen ist nicht ein Vorgang der Erzeugung, sondern der Erforschung. Die Erkenntnis erschafft nicht ihren Gegenstand. Oft erfordert es jahrhundertelange Anstrengungen, die Erkenntnis eines Begriffs in seiner reinen Form zu erreichen, »ihn aus den fremden Umhüllungen herauszuschälen, die ihn dem geistigen Auge verbargen«[2]. Daher ist die Beschreibung des Ursprungs einer Vorstellung ebensowenig eine Definition eines Begriffs, wie die Beschreibung von Kolumbus' erster Seekarte der amerikanischen Küste eine Beschreibung der Geographie dieses Erdteils ist. Was sich als die Geschichte von Begriffen ausgibt, ist nur die Geschichte unserer Erkenntnis von Begriffen und unseres Gebrauchs von Wörtern. Psychologistische Definitionen von Begriffen führen zu logischer Inkohärenz und erkenntnistheoretischer Absurdität. Wenn man bei der Definition von Begriffen den zweideutigen Begriff einer Vorstellung verwendet, geht die Unterscheidung zwischen Wahrnehmbarem und Objektivem schon auf einer frühen Stufe verloren, und schließlich gelangt man dahin, selbst das Wirkliche oder

2 Frege, *Die Grundlagen der Arithmetik*, S. XIX.

Wahrnehmbare als aus Vorstellungen bestehend zu betrachten[3]. Wenn alles Denken im Erzeugen, Verbinden und Ändern von Vorstellungen besteht, wenn Subjekte und Prädikate gleichermaßen Vorstellungen sind, dann wird der Begriff der Objektivität und mit ihm der der Wahrheit aufgehoben. Somit führen Mißverständnisse in der Logik zu einem erkenntnistheoretischen Idealismus und von da bei größter Folgerichtigkeit zum Solipsismus. Aber die Vorstellung des Mondes ist nicht der Mond, und die Zahl Eins ist nicht die Vorstellung, die ich davon habe. Die Untersuchung von Vorstellungen gehört in die Psychologie, die Untersuchung von Begriffen dagegen oder von Zahlen oder von allem anderen, das zum Bereich des Objektiven gehört, sei es platonistisch oder wahrnehmbar, nicht. Die introspektive Psychologie hat mit der Logik ebensowenig zu tun wie mit der Astronomie oder Geologie. Vorstellungen mögen Empfindungen oder mentale Bilder sein, Begriffe aber sind das nicht. Weil sie das Logische und das Psychologische verwischen, verletzen Idealisten und psychologische Logiker außerdem ein grundlegendes methodisches Prinzip der philosophischen Logik, welches besagt, man dürfe nach der Bedeutung eines Wortes nur im Kontext eines Satzes fragen. Die Gleichsetzung von Begriffen mit Vorstellungen hat zur Folge, daß die Kommunikation unmöglich wird, und damit wird ein Meinungskonflikt, der auf wechselseitigem Verstehen beruht, ebenfalls unmöglich. Daher würde die Logik als Schiedsrichterin in Meinungskonflikten entbehrlich. Man könnte die Logik so auffassen, daß sie aus den Gesetzen des Wahrseins besteht, aber die so verstandenen Gesetze des Wahrseins sind anders als die Gesetze der Grammatik nicht-historisch, und anders als die Naturgesetze normativ. Wenn die Wahrheit mit dem für wahr Gehaltenen identisch wäre, dann wären die Gesetze des Wahrseins psychologische Gesetze und die Logik ein Teil der Psychologie. Psychologische Gesetze sind jedoch induktive Verallgemeinerungen und nicht Normen. Die Psychologie ist eine neue, unsichere und ungenaue Wissenschaft. Ihre Gegenstände sind fließend und unbestimmt. Die Logik und die Mathematik sind sicher und genau, und ihre Gegenstände sind bestimmt und fest. Psychologische Überlegungen finden in der Logik keinen Platz, im Gegenteil braucht die Psychologie ihre eigenen logischen ersten Prinzipien.

3 Frege, *Die Grundgesetze der Arithmetik*, Darmstadt 1962, S. XIX.

Das Ergebnis seines Angriffs ist Freges Prinzip der Reinheit, »immer scharf die psychologische Form von der logischen, die subjektive von der objektiven zu trennen«. Das Resultat war ebenso weitreichend wie die Cartesische Revolution, die es umstürzte. Denn Freges Bemühung ging dahin, die Erkenntnistheorie aus dem Zentrum der Philosophie zu verdrängen[4]. Andere Teile der Philosophie, einschließlich sogar der Metaphysik, erfordern eine logische Untermauerung. Die Logik liegt allen anderen Teilen der Philosophie voraus, die Erkenntnistheorie dagegen hat keine besonderen Privilegien.

Diese Bindung an eine reine Theorie der Logik hatte ohne Zweifel einen sehr wesentlichen Einfluß auf Wittgenstein. Wir haben schon seine Behauptung zur Kenntnis genommen, daß die Grundlage der Philosophie die Logik ist. In *Tractatus* 4.1121 weist er darauf hin, daß frühere Philosophen die Untersuchung von Denkprozessen als für die Philosophie der Logik wesentlich erachteten. In den meisten Fällen jedoch verwickelten sie sich in unwesentliche psychologische Untersuchungen. Er erklärt, daß die Psychologie der Philosophie nicht verwandter als irgendeine andere Naturwissenschaft ist. Die Erkenntnistheorie, die anscheinend ein relativ unbedeutender Teil der Philosophie ist, wird auf den Status der Philosophie der Psychologie verwiesen. Worauf laufen diese rätselhaften Bemerkungen hinaus?

Wittgenstein zieht seine Grenzlinien sicherlich auf ungewöhnliche Weise. Die Erkenntnistheorie, wie wir sie verstehen, befaßt sich mit den legitimen Weisen der Rechtfertigung von kognitiven Ansprüchen. So verstanden ist sie sowohl weiter als auch enger als die Philosophie der Psychologie. In der Erkenntnistheorie geht es uns darum, eine adäquate Beschreibung psychologischer Begriffe in Hinsicht auf die Beschreibung von Erkenntnisvermögen wie z. B. Wissen und Meinen, sich Erinnern und sich Vorstellen, Denken und Verstehen zu geben. Dieses Anliegen, für das die Reihe derjenigen Begriffe im Zentrum steht, die die Vermögen des Bewußtseins beschreiben, ist enger als dasjenige der philosophischen Psychologie. Denn die philosophische Psychologie beschränkt sich nicht auf die intellektuellen menschlichen Vermögen, sondern erstreckt sich auch auf die aktiven Vermögen. Andererseits ist die

4 Siehe M. Dummett, »Frege, Gottlob«, in *The Encyclopedia of Philosophy*, Band 3, S. 225–226.

für die Erkenntnistheorie spezifische Beschäftigung diejenige mit den Prinzipien der Evidenz, welche ein vernünftiges Meinen, Wissen und Gewißheit innerhalb jedes Bereichs möglicher Erkenntnis rechtfertigen. Es ist nicht offensichtlich, in welchem Sinn man sich diese letztere Art von Untersuchung als einen Teil der Philosophie der Psychologie denken kann, auch wenn man wie Wittgenstein denkt, daß jede Ableitung eine logische, deduktive Ableitung ist. Wenn wir uns nun Wittgensteins Praxis im *Tractatus* ansehen, finden wir, daß es unter den lässigen Bemerkungen, die er im Verlauf der Darlegung seiner Bedeutungstheorie macht, einige gibt, die in jede der beiden Arten fallen. Er versucht zu zeigen, daß die Logik zur Analyse von Sätzen beitragen kann, die propositionale Einstellungen beschreiben, aber sein Interesse hieran ist durch die Tatsache bestimmt, daß Sätze wie »*A* meint *p*« so aussehen, als ob sie zusammengesetzte Sätze wären, ohne dabei Wahrheitsfunktionen des anscheinend enthaltenen Bestandteils *p* zu sein, und damit Gegenbeispiele gegen die Extensionalitätsthese zu sein scheinen, an die Wittgenstein gebunden ist[5]. Die Antwort auf die »erkenntnistheoretischen Fragen, die mit der Natur des Urteilens und Fürwahrhaltens zusammenhängen«, liegt in einer richtigen Auffassung der Form des Satzes (*TB* S. 198), und es ist letzteres, welches sein grundlegendes Anliegen darstellt. Auf ähnliche Weise spricht er über die Induktion und unser Wissen der Zukunft Urteil. Wir könnten die Zukunft nur wissen, wenn wir aus dem Bestehen einer Sachlage auf das Bestehen einer anderen logisch gänzlich von ihr verschiedenen Sachlage schließen könnten (*TLP* 5.135 bis 5.1361). Und das könnten wir nur tun, wenn Kausalrelationen einen echten Notwendigkeitsnexus bereitstellen würden. Das aber tun sie nicht. Der Glaube an den Kausalnexus ist, wie Hume behauptet hatte, ein Aberglaube. Es ist nur eine Hypothese, daß die Sonne morgen aufgehen wird, und das heißt, wir mögen es zwar meinen, können es aber nicht wissen (*TLP* 6.36311). Es gibt keine Gründe für unseren Glauben an bestimmte zukünftige Ereignisse. Unser Glauben ist durch unsere Annahme induktiver Verfahren bestimmt, zu denen es gehört, das einfachste Gesetz zu wählen,

5 Überdies zeigt Wittgenstein, nachdem das einmal als Täuschung erwiesen ist, kein weiteres Interesse am Wesen des Meinens. Der »psychologische« Teil des Meinens, der den Bestandteilen von »*p*« die Gegenstände der Tatsache *p* zuordnet, ist Sache der Psychologie (siehe unten Kap. III, § 2).

welches mit der vergangenen Erfahrung vereinbar ist. Aber dieses Verfahren besitzt keine logische Rechtfertigung, und unsere Wahl kann die Natur nicht in einfache Kanäle zwingen, wenn sie gewissermaßen komplexe gewählt hat. Die alleinige Rechtfertigung für induktive Verfahren ist tatsächlich eine psychologische. Auch hier liegen die Gründe für diese erkenntnistheoretische Abschweifung in Erwägungen in der Logik, d. h. sie wird unternommen, um die Tiefe der Bindung an die Thesen sowie die unvermeidlichen Folgen der Thesen zu betonen, daß alle notwendigen Wahrheiten logische Wahrheiten sind und daß alle Ableitungen gemäß dem Prinzip der Tautologie geschehen. Nicht nur werden allgemeine Probleme der Erkenntnistheorie, wie etwa die Rechtfertigung der Induktion, beiseitegeschoben und in den Bereich der Psychologie verwiesen, sondern auch anscheinend logische Fragen, die Frege und Russell beschäftigt hatten, werden auf ähnliche Weise fallengelassen. Behauptung, Urteil, Befehl und Frage sind Themen für die Psychologie, nicht für die Philosophie (*TB*, Anhang I, S. 194). In seiner Einleitung zum *Tractatus* schrieb Russell:

Es gibt verschiedene Probleme in Zusammenhang mit der Sprache. Erstens ist da das Problem, was wirklich in unserem Bewußtsein vorgeht, wenn wir Sprache mit der Absicht verwenden, etwas damit zu meinen; dieses Problem gehört zur Psychologie (*TLP*, englische Ausgabe, S. IX).

Das war sicher Wittgensteins Einstellung. Er dachte sicherlich, daß etwas Verstehen, etwas mit einer Äußerung Meinen, einem Zeichen eine Bedeutung Verleihen und Denken allesamt mentale Zustände oder Vorgänge enthalten. Welches diese sind, ist jedoch philosophisch ohne Relevanz und gehört vielmehr in den Bereich der Erfahrungswissenschaften. Außerdem, so fährt Russell fort, gibt es ein zweites Problem, nämlich:

welche Relation zwischen Gedanken, Wörtern oder Sätzen und demjenigen besteht, worauf sie referieren oder was sie bedeuten (ebenda).

Russell übergibt dieses Problem der Erkenntnistheorie. Zehn Seiten später jedoch scheint er genau dasselbe Problem neu und diesmal der Psychologie zuzuteilen:

ein Symbol bedeutet das, was es symbolisiert, nicht kraft einer logischen Relation allein, sondern auch kraft einer psychologischen Relation der Absicht oder Assoziation oder etwas Ähnlichem. Der psychologische Teil der Bedeutung interessiert jedoch den Logiker nicht (*TLP*, englische Ausgabe, S. XIX).

Diese Arbeitsteilung, wie sie der letztere Text enthält, ist, meine ich, mehr in Einklang mit Wittgensteins damaligen Auffassungen. Das mag zwar Überzeugungskraft besitzen, ein Russell-Zitat beweist jedoch nicht, daß das Wittgensteins Auffassungen waren; und ebensowenig erklärt es, warum Wittgenstein daran gebunden war, Dinge an die empirische Psychologie zu verweisen, die von den *Philosophischen Untersuchungen* an ganz zentral für die philosophische Logik, die Bedeutungstheorie und die Bewußtseinsphilosophie sind. Wir müssen genau erklären, wie die Reine Theorie der Logik, welche Wittgenstein ausgehend von Freges Semantik entwickelte, auf psychologischem Treibsand aufruhte.

2. Psychologische und Erkenntnistheoretische Voraussetzungen und Implikationen des Tractatus

Wenn die grundlegende Frage des *Tractatus* lautet »wie ist Sprache als ein Mittel der Darstellung möglich?«, dann liegt die grundlegende Antwort in der Theorie der gemeinsamen Struktur. Das wiederum bestimmt die grundlegende Lehre oder den Sinn des ganzen Buches, »was sich überhaupt sagen läßt, läßt sich klar sagen; und wovon man nicht reden kann, darüber muß man schweigen«. Das beruht auf der zentralen Fregeschen Forderung nach der absoluten Bestimmtheit des Sinns. Die Bedeutungstheorie, die Wittgenstein ausarbeitet, ermöglicht es, erkenntnistheoretische Fragen in den Hintergrund zu drängen, jedoch enthüllt das Erfordernis einer metaphysischen Theorie, mit der die Verbindung der Theorie der gemeinsamen Struktur mit der Forderung nach der Bestimmtheit des Sinns abgestützt werden kann, starke Druckstellen. An dieser Stelle der Theorie, wo der reinen logischen Syntax eine semantische Interpretation hinzugefügt werden muß, um den abstrakten Satzformen Inhalt zu geben und ihre Zuordnung zur Substanz der Welt herzustellen, liegen daher tiefe psychologische und erkenntnistheoretische Mythen verborgen.

»Meine *ganze* Aufgabe«, so schrieb Wittgenstein in seinem Tagebuch am 22. Januar 1915 (*TB* S. 129), »besteht darin, das Wesen des Satzes zu erklären«, eine Aussage, die sich in die Erklärung des *Tractatus* kristallisiert: »Das Wesen des Satzes angeben, heißt, das Wesen aller Beschreibung angeben, also das Wesen der Welt« (*TLP* 5.4711). Der allgemeine Umriß seiner Antwort läßt sich so skizzieren: Alle echten Sätze sind entweder zusammengesetzt oder elementar (atomar). Obgleich viele Sätze der gewöhnlichen Sprache nicht-zusammengesetzt zu sein scheinen, zeigt Russells Methode der Analyse von Sätzen mit Kennzeichnungen, wie trügerisch ein solcher Anschein sein kann. Zusammengesetzte Sätze sind Wahrheitsfunktionen der atomaren Sätze, aus denen sie bestehen. Der Sinn eines zusammengesetzten Satzes ist die Menge der Wahrheitsbedingungen, die durch den Sinn seiner Bestandteile bestimmt ist, und kann durch die Methode der Wahrheitstafeln übersichtlich dargestellt werden. Vorausgesetzt der Sinn der Teilsätze ist vollkommen bestimmt, dann sind die Wahrheitsbedingungen, d. h. der Sinn des zusammengesetzten Satzes, ebenfalls vollkommen bestimmt. Welches die Wahrheitsbedingungen und d. h. der Sinn eines Elementarsatzes ist, ist eine Funktion seiner Bestandteile. Es ist wesentlich, daß der Satz gegliedert oder komplex ist, denn durch Bezug auf die syntaktischen Regeln, die ihre Gliederungen bestimmen, und die Projektionsmethode, welche die Bedeutung ihrer Grundbestandteile bestimmt oder festlegt, kann man unter anderem den grundlegendsten Zügen der Sprache gerecht werden. Diese sind erstens, daß wir Sätze gebrauchen können, um einen neuen Sinn mitzuteilen, d. h. der kreative Zug von Methoden der Darstellung; und zweitens, daß ein Satz entweder wahr oder falsch ist und dadurch einen möglichen Sachverhalt in der Welt bestimmt, d. h. der abbildende Zug der Sprache. Die Forderung nach Elementarsätzen ist die Forderung, daß nicht alle Sätze bezüglich ihres Sinns von der Wahrheit anderer Sätze abhängen sollen, denn wenn das so wäre, dann wäre es nicht möglich, Sachverhalte abzubilden (*TLP* 2.0211–2.0212). Obwohl der Sinn von Elementarsätzen von ihrem tatsächlichen Wahrheitswert unabhängig ist, stehen sie über ihre Bestandteile in einer direkten Relation zur Welt. Somit ist die Möglichkeit der logischen Analyse als eines Programms für die zukünftige Philosophie *a priori* möglich[6]. Elementarsätze sind logisch unabhängig, denn ein Satz kann nur dann einen anderen implizieren, wenn der Sinn des einen im Sinn des anderen enthalten ist, was nur dann der Fall ist, wenn der eine ein Bestandteil des anderen ist.

6 Nahegelegt durch *TB* S. 137, 151, 152.

Die Theorie des Elementarsatzes muß das doppelte Gewicht der Beschreibung des Wesens der Sprache und des Wesens der Welt tragen. Wie wir sehen werden, hat sie die Fähigkeit dazu nur dadurch, daß sie ihre Grundlagen in psychologischem Mythos und erkenntnistheoretischer Phantasie verbirgt. Der Elementarsatz ist aus Ausdrücken zusammengesetzt. Ein Ausdruck ist jeder Teil eines Satzes, der zu seinem Sinn beiträgt (*TLP* 3.31). Ein Ausdruck hat sowohl Form wie auch Inhalt. Seine Form ist durch die syntaktischen Regeln bestimmt, die alle sinnvollen Kombinationsmöglichkeiten mit anderen Ausdrücken bestimmen. Denn die Bedeutung eines Wortes ist ebensosehr von der Reihe der sinnvollen Sätze abhängig, in denen es vorkommen kann, wie der Sinn eines Satzes von den Wörtern, aus denen er besteht. Die Form eines Ausdrucks setzt somit die Formen all der Sätze voraus, in denen er vorkommen kann. Die elementaren Ausdrücke oder Bestandteile von Elementarsätzen sind die Namen. Diese sind natürlich nicht die Namen in der gewöhnlichen Auffassung, die nicht für Träger, sondern vielmehr für beschreibbare Komplexe stehen. Namen im *Tractatus* sind die nicht-analysierbaren Urzeichen, die sich gemäß den Regeln der logischen Syntax zur Bildung von Sätzen verbinden, die in der Lage sind, jeden beliebigen Sachverhalt zu beschreiben. Die logische Syntax eines Zeichens ist vollkommen unabhängig von seiner Bedeutung (*TLP* 3.33).
Zusätzlich zu den Regeln für den Gebrauch von Elementarzeichen muß es eine Projektionsmethode oder Bezeichnungsweise geben, die die Formen der Namen mit Inhalt versieht. Dem formalen System müssen Elemente in der Welt zugeordnet werden, wenn die Sprache die Fähigkeit des Darstellens haben soll. Namen haben nur in Sätzen Bedeutung, d. h. nur insoweit, als das Zeichen gemäß der logisch-syntaktischen Regeln gebraucht wird, kraft derer es ein Symbol ist. Die Weise, auf die diese semantische Forderung in Wittgensteins Theorie erfüllt wird, ist durch seine Bindung an die Lehre von der Bestimmtheit des Sinns als eines *sine qua non* der Möglichkeit von Sprache bestimmt. Wie wir gesehen haben, ist der Sinn eines zusammengesetzten Satzes eine Wahrheitsfunktion des Sinnes der Elementarsätze, aus denen er besteht, und wird daher nur insoweit bestimmt sein, als deren Sinn bestimmt ist. Der Sinn eines Elementarsatzes ist eine Funktion seiner Bestandteile. Daher wird der Sinn eines Elementarsatzes nur insoweit bestimmt

sein, als Namen eine eindeutig bestimmte Bedeutung haben. Wittgensteins Metaphysik ist ein natürlicher Auswuchs seiner Semantik. Damit Namen eine bestimmte Bedeutung haben, müssen ihnen auf unike und unzweideutige Weise einfache Bestandteile der Welt zugeordnet sein. »Die Forderung der einfachen Dinge«, so notierte er am 18. Juni 1915, »*ist* die Forderung der Bestimmtheit des Sinns« (*TB* S. 155), und noch einmal:

Es scheint, daß die Idee des EINFACHEN in der des Komplexen und in der Idee der Analyse bereits enthalten liegt, so zwar, daß wir ganz absehend von irgendwelchen Beispielen einfacher Gegenstände oder von Sätzen, in welchen von solchen die Rede ist, zu dieser Idee kommen und die Existenz der einfachen Gegenstände als eine logische Notwendigkeit – *a priori* – einsehen (*TB* S. 151).

Die Bedeutung eines logischen Eigennamens ist ein einfacher Gegenstand, der Gegenstand *ist* die Bedeutung. Der wesentliche Punkt liegt darin, daß es nicht-analysierbare unzusammengesetzte Gegenstände geben muß, wenn es eine Relation zwischen der Sprache und der Welt geben soll. Diese einfachen Gegenstände müssen unzerstörbar sein; sie sind die Substanz der Welt. Denn nur so kann das Bedürfnis nach einem vollkommen sicheren Anker für die Sprache befriedigt werden. Ein einfacher Gegenstand ist einfach das, auf was man referieren kann, ohne dabei fürchten zu müssen, daß es vielleicht nicht existiert[7]. Einfache Gegenstände müssen existieren, damit es uns möglich ist, etwas Falsches, aber dennoch Sinnvolles zu sagen, damit wir in der Lage sind, uns vorzustellen[8], wie es sich nicht verhält. Sie sind es, die der Sprache eine Grundlage geben, und mittels ihrer liefern Namen die Verbindung zwischen Sprache und Wirklichkeit.
Bekanntlich bleibt das Wesen der einfachen Gegenstände der Ontologie des *Tractatus* das ganze Buch hindurch in Dunkelheit gehüllt. Obwohl dieser Sache hier nicht im Detail nachgegangen werden kann, ist die Frage doch umstritten genug, daß eine kurze Abschweifung erlaubt sein mag, um die allgemeinen Gründe für die hier angenommene realistische Interpretation anzudeuten, auf die im vorhergehenden Kapitel angespielt wurde. Ich glaube, daß Wittgensteins Begriff der einfachen Gegenstände als der bestehen-

7 Siehe *PB* § 36.
8 Siehe *BB* S. 57. Für ein ähnliches Prinzip siehe Descartes, *Meditationes*, Meditatio I.

den unzerstörbaren Substanz der Welt der Erbe von Russells Begriff eines Terminus ist, welcher sich selbst wiederum aus Moores Idee eines Begriffs entwickelt hatte[9]. Nach Russell[10] ist ein Terminus, »was immer ein Gegenstand des Denkens sein könnte, oder in irgendeinem wahren oder falschen Satz vorkommen könnte, oder als eins gezählt werden kann«. Synonyme Ausdrücke für »Terminus« sind »Einheit«, »Individuum« und »Entität«. Beispiele für Termini sind: ein Mann, ein Augenblick, eine Zahl, eine Klasse, eine Relation, eine Schimäre. Termini haben ein Sein, auch wenn sie nicht existieren. Sie sind unveränderlich und unzerstörbar. Russell unterschied innerhalb der Termini zwischen Dingen und Begriffen, wobei erstere – neben vielem anderen – Punkte und Augenblicke, letztere Attribute einschließen. Eine gewisse Verwandtschaft mit Wittgensteins Gegenständen ist offensichtlich. Das Programm der Analyse schlug eine Verminderung des übermäßig reichen Gebiets des Bestehenden vor. Beschnitt es die Gegenstände herunter auf bloße Einzeldinge oder umfaßte es auch Universalien? Die bevorzugte nominalistische Interpretation[11] der Lehre Wittgensteins erklärt das Fehlen jeder expliziten Unterscheidung zwischen Einzeldingen und Universalien im *Tractatus* dadurch, daß sie Wittgenstein die Ansicht zuschreibt, daß Universalien nichts als Verkettungen von bloßen Einzeldingen seien. Das Fehlen der Unterscheidung spiegelt jedoch in Wirklichkeit Wittgensteins Zurückweisung der Vorstellung wider, daß sie so unähnlich sind, wie man es sich in der Tradition dachte. Eine Parallele dazu bildet seine Zurückweisung der Fregeschen Unterscheidung zwischen Namen und Funktionen in der Begrifflichkeit des Gesättigtseins. In der endgültigen Analyse sind alle Gegenstände abhängige, unvollständige Entitäten, die nur existieren, sofern sie in Sachverhalten verkettet sind. *Pari passu* können Wörter nicht auf zwei verschiedene Weisen vorkommen, allein und in Sätzen (*TLP* 2.0122). Die Schriften vor dem *Tractatus* enthalten Stellen, die nahelegen, daß Wittgenstein vor dem *Tractatus* die Universalien

9 G. E. Moore, »The Nature of Judgement«, *Mind* 8 (1899), 176–193.

10 Russell, *The Principles of Mathematics*, S. 43.

11 Z. B. G. E. M. Anscombe, *An Introduction to Wittgenstein's Tractatus*, Kap. 7; J. Griffin, *Wittgenstein's Logical Atomism* Kap. VI.4, VII.3, XI.2 und 4; I. M. Copi, »Objects, Properties and Relations in the *Tractatus*«, abgedruckt in I. M. Copi, und R. W. Beard, Hrsg., *Essays on Wittgenstein's Tractatus*, S. 167–186.

unter die Gegenstände einschloß (z. B. *TB* S. 144, 152, 157). Die nominalistische Interpretation des *Tractatus* weist ernste Mängel auf[12] und macht das Buch unverständlicher als nötig. Die Theorie der Kategorien, die in der Lehre vom Zeigen und Sagen und in der Unterscheidung zwischen formalen und materialen Eigenschaften von Gegenständen enthalten ist, spricht, wie wir gesehen haben, stark für eine realistische Interpretation des Buches. Alle Schriften nach dem *Tractatus*, angefangen von »Some Remarks on Logical Form«, die die Probleme und Täuschungen der logischen Analyse in einfache bestehende Entitäten erörtern, geben zu verstehen, daß die Zielscheibe der späteren Kritik eher realistisch als nominalistisch ist[13]. Das wird in der Untersuchung dieser Kritik in folgenden Kapiteln begründet werden. Ich werde also annehmen, daß die Gegenstände des *Tractatus* nicht nur Einzeldinge, d. h. speziell: Raum-Zeit-Punkte, einschließen, sondern auch Gegenstände wie die letzten nicht-analysierbaren Bestimmungen von wahrnehmbarem Bestimmbarem.

Die Funktion von Gegenständen besteht im *Tractatus* darin, die Sprache in die Lage zu versetzen, unzweideutig mit der Welt verbunden zu sein. Die Projektionsmethode ordnet einem Namen unik derartige einfache Bestandteile von Tatsachen zu:

Und wenn die allgemeine Weltbeschreibung wie eine Schablone der Welt ist, so nageln sie die Namen so an die Welt, daß sie sich überall mit ihr deckt (*TB* S. 144).

Die Sprache kann also mögliche Sachverhalte darstellen, weil sie eine gemeinsame Struktur mit der Welt hat. Namen haben nur in Sätzen eine Bedeutung, Gegenstände können nur in der Verkettung in Tatsachen existieren. Die Form eines Namens, die von der Variable für ihn gezeigt wird, bestimmt seine logisch-syntaktische

12 Siehe E. B. Allaire, »The ›Tractatus‹: Nominalistic or Realistic?«, abgedruckt in *Essays on Wittgenstein's Tractatus*, S. 325–341. Es ist bezeichnend, daß Ramsey das Buch nicht so auffaßt, daß es einen extremen Nominalismus vorschlägt, sondern so, daß es die Gültigkeit der traditionellen Unterscheidung zwischen Einzeldingen und Universalien in der Begrifflichkeit der Unvollständigkeit leugnet (vgl. besonders seinen Aufsatz »Universals« sowie den darauffolgenden Aufsatz »Note on the preceding Paper«, in *The Foundations of Mathematics*, S. 112–137).

13 Es ist interessant festzustellen, daß Wittgenstein, ganz abgesehen von der späteren Kritik, annimmt, daß »Individuen« in Russells Sinn Farben einschließen, siehe M S. 297.

Kategorie und damit die Weisen, auf die er legitim mit anderen Namen zur Bildung von wohlgeformten Sätzen verbunden werden kann. Die Form eines Gegenstandes ist seine ontologische Kategorie. Die Verkettung von Namen in einem Satz bildet eine mögliche Verbindung von Gegenständen in einem Sachverhalt ab. Die möglichen Verbindungen von Gegenständen insgesamt legen die Grenzen aller möglichen Welten fest. Die Gesamtheit der Elementarsätze beschreibt alle möglichen Welten. Wenn die Gegenstände, die in einem Elementarsatz genannt werden, so in einer Tatsache angeordnet sind, wie der Satz es darstellt, dann ist der Satz wahr; andernfalls ist er falsch. Die Gesamtheit der wahren Elementarsätze stellt eine vollständige Weltbeschreibung dar. Die Welt ist die so beschriebene Gesamtheit der Tatsachen.

Die starr realistischen Züge der Semantik des *Tractatus*, eine Erbschaft von Frege, helfen seine Gleichgültigkeit gegenüber der Erkenntnistheorie erklären. Der Sinn eines Satzes besteht in seinen Wahrheitsbedingungen. Er ist vollkommen unabhängig von den Weisen, auf die wir zur Erkenntnis seiner Wahrheit kommen. Wir wissen, was ein Satz bedeutet, wenn wir wissen, was der Fall sein muß, wenn er wahr ist. Wissen wir das, dann wissen wir gleichzeitig auch, was der Fall sein muß, wenn er falsch ist[14]. Ob wir im Prinzip oder in der Praxis in der Lage sind festzustellen, ob er wahr ist, ist für seinen Sinn ohne Relevanz. Die Wahrheitsbedingungen könnten so beschaffen sein, daß wir kein Verfahren zur Entscheidung über ihr Auftreten besitzen. Für jeden wahren Satz gibt es einen bestimmten von unserer Erkenntnis unabhängigen Sachverhalt, der ihn wahr macht. Wenn die Wahrheitsbedingungen nicht erfüllt sind, wird der Satz dadurch falsch. Jeder Satz ist entweder wahr oder falsch. Die Bindung an den Satz vom ausgeschlossenen Dritten ist nur eine andere Form der Forderung der Bestimmtheit des Sinns. Aber auch hier gilt, daß die Wahrheit oder Falschheit eines Satzes unabhängig davon ist, ob wir sagen können, welches von beidem er ist. Notwendige Wahrheit ist immer eine Sache logischer Notwendigkeit, und die logische Notwendigkeit ist unabhängig davon, wie es sich in der Welt gerade verhält. *A fortiori* ist sie unabhängig von unserem Wissen und un-

14 Siehe *WWK* S. 86 für eine Klärung von *TLP* 4.024. Das hat nichts mit dem Prinzip der Verifikation zu tun. Siehe auch P. T. Geach, »Frege«, in *Three Philosophers* von G. E. M. Anscombe und P. T. Geach, Oxford 1961, S. 141.

seren Erkenntnisweisen, und in der Tat unabhängig von natürlichen Sprachen.
Es gibt drei Punkte an den Grenzen der Theorie, an denen eine unerträgliche Spannung besteht. Der erste liegt dort, wo die Lehre von der idealen Notation sich mit der Auffassung verbindet, daß die gewöhnliche Sprache, so wie sie ist, logisch vollkommen geordnet ist. Die Verbindung der Forderung der absoluten Bestimmtheit des Sinns mit den Lehren des logischen Atomismus, d. h. der Extensionalitätsthese und dem Programm der Analyse in einfache Bestandteile, treibt das Wesen der Sprache gleichsam tief unter die Oberfläche, bis es gänzlich unkenntlich wird[15]. Zweitens zieht die Lehre von den Kategorien in die entgegengesetzte Richtung wie der radikale Empirismus des Buches. Die Lehre, daß jede Notwendigkeit eine logische Notwendigkeit ist, verbirgt wichtige Unvereinbarkeiten. Diese beiden Fragen sollen in nachfolgenden Kapiteln untersucht werden. Der dritte Punkt, an dem höchster Druck herrscht, betrifft die erkenntnistheoretischen und psychologischen Annahmen, die der Theorie des Elementarsatzes und des logischen Eigennamens zugrunde liegen. Diesen wollen wir uns jetzt zuwenden. Die Frage, welche Folgen die Theorie für den als die Metaphysik der Erfahrung bekannten Teil der Erkenntnistheorie hat, soll bis zum nächsten Kapitel aufgeschoben werden.
Im *Tractatus* sind nur die Spitzen der Eisberge psychologischer und erkenntnistheoretischer Bindungen an der Oberfläche sichtbar. Das läßt sich leicht durch Verweis auf den Fregeschen Antipsychologismus und die Bindung an die Reine Theorie der Logik erklären. Unsere Aufgabe besteht jedoch darin, unter der Oberfläche zu sondieren.
Wittgenstein machte schon in den »Aufzeichnungen über Logik«, also in den Anfangsstadien der Entwicklung der Theorie der gemeinsamen Struktur, die Bemerkung, daß die Zuordnung eines Namens zu seiner Bedeutung (dem Gegenstand, welcher seine Bedeutung ist) eine psychologische ist (*TB* S. 202). In den *Tagebüchern 1914–16* erhält man den allgemeinen Eindruck, daß solche Zuordnungen das Ergebnis einer Art mentaler Handlung sein müssen, die darin besteht, zu meinen oder zu beabsichtigen, daß ein bestimmtes Wort einen Gegenstand bezeichnet, den man im

15 Wie Wittgenstein selbst in *PI* § 92 betont.

Sinn hat. Es handelt sich um einen Willensakt, der einem Wort einen Gegenstand zuordnet. Ein kurzer Überblick über einige wichtige Stellen wird das begründen. Dadurch, daß ich den Bestandteilen des Bildes Gegenstände zuordne, *dadurch* stellt es nun einen Sachverhalt dar und stimmt nun entweder oder stimmt nicht (*TB* S. 123). Wittgenstein sagt, wir hätten ein »Gefühl einer einfachen Relation«, wenn wir an die Relation zwischen Namen und benanntem Gegenstand denken. Er legt sogar nahe, daß es der Hauptgrund für die Annahme der Existenz »einfacher Gegenstände« ist, und ist dann zu Recht beunruhigt darüber, dasselbe Gefühl zu haben, wenn er an die Relation zwischen einem gewöhnlichen Namen (z. B. *»A«* als der Name eines Buches) und dem von ihm benannten komplexen Gegenstand denkt. Die Phänomenologie des Gedankens des Benennens hat ihn offensichtlich fasziniert:

Woher das Gefühl: »Allem, was ich sehe, dieser Landschaft, dem Fliegen der Samen in der Luft, all diesem kann ich einen Namen zuordnen; ja, was, wenn nicht dieses, sollten wir mit Namen benennen«? (*TB* S. 144).

Seine hauptsächlichen (wenn auch natürlich nicht einzigen) Beispiele von einfachen Gegenständen und von Komplexen sind Punkte oder *minima sensibilia* im Gesichtsfeld[16] und Teile oder Gebiete des Gesichtsfelds. Diese liefern Musterbeispiele von Dingen, denen das Namen-Zeichen *in ihrer Gegenwart* zugeordnet werden kann. Vielleicht bezog sich hierauf seine Bemerkung, die sich in der in den *Untersuchungen* enthaltenen Glosse über die Verkehrtheiten des *Tractatus* findet: »Wir zerbrechen uns nun über das Wesen des *eigentlichen* Zeichens den Kopf. – Ist es etwa die *Vorstellung* vom Zeichen? Oder die Vorstellung im gegenwärtigen Augenblick?« (*PU* § 105). Namen sind, so bemerkte er, notwendig »zu einer Aussage, daß *dieses* Ding *jene* Eigenschaft besitzt« (*TB* S. 144). Wo er die Bestimmtheit des Sinns und die Frage erörtert, ob ich genau weiß, was ich meine[17], betont er, daß ich genau zeigen kann, was ich mit »liegend auf« meine, und die spezielle Bedeutung des Ausdrucks in *dieser Situation* seines Gebrauchs festlegen kann (*TB* S. 160), indem ich mit meinem Finger auf den Komplex oder die Tatsache zeige, z. B. auf das Buch (oder

16 Siehe z. B. *TB* S. 90, 136, 141–142, 156–157.
17 Siehe oben Kap. I, S. 35.

die Uhr), das auf dem Tisch liegt, und mit Nachdruck sage: »Ich meine eben DAS« (*TB* S. 162). Es ist interessant und bezeichnend, daß die zugrundeliegende Bedeutungstheorie als statisch und nicht als dynamisch erscheint – zugeschnitten für die Beschäftigung mit der Sprache einer bestimmten Person (mir) an einem Augenblick in der Zeit (jetzt). Es ist gewissermaßen ein Sprachsystem des Augenblicks. Daß sich die Analyse eines eigentlichen Sprachsystems, das nicht eines des Augenblicks ist, aus einer Vereinigung von Systemen des Augenblicks als philosophisch problematisch erweisen könnte, kam Wittgenstein offensichtlich nicht in den Sinn und wäre aller Wahrscheinlichkeit nach eher als eine Sache der Wissenschaft der Psychologie erschienen.
Gegen Ende des letzten der drei erhaltenen Tagebücher (*TB* S. 177) trägt Wittgenstein die folgenden drei Bemerkungen ein:

Es ist wahr: der Mensch *ist* der Mikrokosmos
15.10.16 Was man sich nicht denken kann, darüber kann man auch nicht reden.
»Bedeutung« bekommen die Dinge erst durch ihr Verhältnis zu meinem Willen.
Denn »Jedes Ding ist, was es ist, und kein ander Ding«.

Dieser Abschnitt ist für unsere Zwecke wichtig, denn er wird in einem wichtigen Satz im endgültigen Werk aufgenommen. Die entsprechende Stelle im *Tractatus* (5.61) lautet: »Was wir nicht denken können, das können wir nicht denken; wir können also auch nicht *sagen*, was wir nicht denken können.« Von dieser Stelle im *Tractatus* sagt Wittgenstein, daß sie den Schlüssel zu dem Problem liefere, wieviel Wahrheit der Solipsismus enthält. Das hängt in der Tat eng mit dem Gedanken zusammen[18], daß die Dinge erst durch ihr Verhältnis zu meinem Willen »Bedeutung« bekommen. Ich vermute, daß »Bedeutung« deswegen in Anführungszeichen steht, weil hier zwei verschiedene Punkte verbunden sind. Die Welt oder das Leben bekommt nur ethische Bedeutung oder Sinn oder Wichtigkeit (Wittgensteins Ausdruck dafür ist immer »Sinn« [Z. B. *TB* S. 165, 166]) durch das Verhältnis zu meinem Willen, und ebenso bekommen auch die Zeichen, die die Elemente bezeichnender Tatsachen sind, nur durch ihr Verhältnis zu meinem Willen Bedeutung. Der Wille steht daher für die Ethik im Zentrum,

18 Siehe unten Kap. III S. 109.

aber auch für die Semantik. Wie Wittgenstein in *Tractatus* 6.423 bemerkt, kann aber vom Willen als dem Träger von Werten nicht gesprochen werden, und der Wille als Phänomen interessiert nur die Psychologie.

Eine weitere Bestätigung für diese Interpretation von Wittgensteins allgemeiner Denkrichtung zur Zeit der Abfassung der Tagebücher läßt sich vielleicht aus seinen späteren Schriften entnehmen. Im *Blauen Buch* schrieb er die folgende aufschlußreiche ironische Stelle:

> Es scheint, daß es *gewisse definitive* geistige Vorgänge gibt, die mit dem Arbeiten der Sprache verbunden sind, Vorgänge, durch die allein die Sprache funktionieren kann. Ich meine die Vorgänge des Verstehens und Meinens. Die Zeichen unserer Sprache erscheinen tot ohne diese geistigen Vorgänge; und es könnte der Eindruck entstehen, daß es die einzige Funktion der Zeichen ist, solche Vorgänge hervorzurufen, und daß diese Vorgänge eigentlich das sind, wofür wir uns interessieren sollten. Wenn du gefragt wirst, was die Beziehung zwischen einem Namen und dem Ding, das er benennt, ist, wirst du demnach geneigt sein zu antworten, daß die Beziehung eine psychologische ist, und vielleicht denkst du besonders an den Assoziationsmechanismus, wenn du das sagst. – Wir sind versucht zu denken, daß die Aktion der Sprache aus zwei Teilen besteht; einem inorganischen Teil, dem Handhaben von Zeichen, und einem organischen Teil, den wir als Verstehen, Meinen, Deuten und Denken dieser Zeichen bezeichnen können. Diese letzteren Tätigkeiten scheinen in einer seltsamen Art von Medium stattzufinden, dem Geist; und der Mechanismus des Geistes, dessen Beschaffenheit wir, wie es scheint, nicht ganz verstehen, kann Wirkungen erzielen, die kein wirklicher Mechanismus erzielen kann. (*BB* S. 18 f.)

Die Auffassung, daß das Skelett der Sprache nur durch verborgene mentale Mechanismen Fleisch und Blut bekommt – daß die logische Syntax, die *a priori* bestimmt ist, eine semantische Dimension erst mittels eines hypothetischen psychologischen Vorgangs erhält, den die Naturwissenschaft der Psychologie zu erforschen hat, – ist implizit in den *Tagebüchern* enthalten. Nur im Denken werden Zeichen tatsächlich Symbole, denn nur im Denken wird eine Projektionsmethode geliefert. Denken und Sprache sind dasselbe, sagt Wittgenstein (*TB* S. 175); »Das Denken nämlich ist eine Art Sprache. Denn der Gedanke ist natürlich *auch* ein logisches Bild des Satzes und somit ebenfalls eine Art Satz.« Dieser Auffassung war Wittgenstein während des ganzen Zeitraums der Abfassung des *Tractatus,* denn in seinem Brief an Russell aus Cassino im Jahr 1919 betont er, daß ein Gedanke eine Tatsache ist.

Er besteht nicht aus Wörtern, sondern aus psychologischen Bestandteilen, die Wörtern entsprechen und dieselbe Art von Relation zur Wirklichkeit haben wie diese. Wittgenstein sagt, daß er nicht weiß, welches diese Bestandteile sind. In welcher Relation diese Bestandteile zu der Tatsache stehen, die sie kraft ihrer Anordnung abbilden, ist irrelevant; das herauszufinden ist Sache der Psychologie (*TB* S. 274).

»Die Begriffe: Satz, Sprache, Denken, Welt, stehen in einer Reihe hintereinander, jeder dem anderen äquivalent« (*PU* § 96), sagte Wittgenstein, indem er das System des *Tractatus* kommentierte. Es ist jetzt klar, warum Wittgenstein dachte, daß sein Studium der Zeichensprache dem Studium der Denkprozesse durch diejenigen Philosophen entspricht, die über die Philosophie der Logik schreiben (*TLP* 4.1121). Diese Philosophen verwickelten sich in unwesentliche psychologische Untersuchungen, und eine analoge Gefahr besteht auch bei seiner Methode. Die Gegenstände beider Studien haben dieselbe wesentliche Struktur. Aber die mentalen Mechanismen, die in Denkprozessen und beim Gebrauch der Sprache eine Rolle spielen, sind keine Angelegenheit der Philosophie. Gerade im Gedanken an dieses Prinzip der Reinheit hat Wittgenstein möglichst viele Spuren »psychologischer« Vermutungen über die Sprache aus der endgültigen Fassung des *Tractatus* beseitigt[19]. Einige kleinere Punkte scheinen jedoch durch.

Die Kenntnis der syntaktischen Regeln für den Gebrauch eines Zeichens ist die Kenntnis dessen, wie ein Zeichen bezeichnet. *Was* es bezeichnet, ist jedoch von der Syntax unabhängig. Alle Ausdrücke lassen sich so weit analysieren, bis man zu Sätzen kommt, die nur einfache Ausdrücke, d. h. Namen enthalten. Ein Name ist ein Urzeichen und daher lexikalisch undefinierbar. Seine Bedeutung muß erklärt werden, wenn wir ihn verstehen sollen (*TLP* 4.026). Das geschieht durch Erläuterungen (*TLP* 3.263). Erläuterungen sind Sätze, welche Urzeichen enthalten. Sie können also

19 Siehe Engelmann, *LLW*, S. 99–100. Im ursprünglichen maschinenschriftlichen Manuskript des *Tractatus* wurde »Die Tatsachen begreifen wir in Bildern« durch »Wir machen uns Bilder der Tatsachen« ersetzt (*TLP* 2.1). Es könnte sein, daß Engelmann mit Bezug auf dieses spezielle Beispiel unrecht hat. Ich würde vermuten, daß die Änderung in der Absicht geschah, die Formulierung in Übereinstimmung mit Hertzens Einleitung zu *Die Prinzipien der Mechanik* (»Wir machen uns innere Scheinbilder oder Symbole der äußeren Gegenstände«) zu bringen.

nur verstanden werden, so folgert Wittgenstein auf absichtlich paradoxe Weise, wenn die Bedeutung der Zeichen bereits bekannt ist. Keine andere Stelle im *Tractatus* erklärt diese vorsätzliche Dunkelheit. Die übliche Interpretation lautet[20], daß eine Erläuterung ein Satz oder ein Elementarsatz ist, dessen Gebrauch auf irgendeine Weise, die die Psychologie vielleicht erklären wird, dazu dient, ein Verständnis des Satzes zu erzeugen, der durch die Anordnung dieser Zeichen ausgedrückt wird. Aber wenn das alles ist, was Wittgenstein meinte, dann ist unklar, in welchem Sinn solche erläuternden Sätze in der Lage sind zu *erklären*, welches die Bedeutungen der Zeichen sind, aus denen sie bestehen. Es wird gewöhnlich angenommen, daß Wittgenstein den Begriff einer hinweisenden Definition oder Erklärung vermied[21] und daß die Anwendung dieses Begriffs durch die logischen Positivisten zwar vielleicht teilweise vom *Tractatus* inspiriert gewesen sein mag, aber nicht durch ihn legitimiert wurde. Die Argumente im Buch, mit denen man das Fehlen einer Art von Lehre der hinweisenden Erklärung beweisen könnte, sind allerdings dürftig. Es stimmt, daß dem *Tractatus* zufolge alle Definitionen sprachimmanent sind. Es stimmt, daß der Terminus »hinweisende Definition« (den Johnson geprägt hat)[22] nicht verwendet wird, und es stimmt, daß Wittgenstein nicht sagt, daß »Dies« ein Name ist. Trotzdem meine ich, daß sich genügend Evidenz anhäufen läßt, um die Annahme sehr einleuchtend zu machen, daß 3.263 auf die hinweisende Definition anspielt, wobei sie auf eine besondere noch näher zu erklärende Weise verstanden wird.

Daß Wittgenstein in den Schriften vor dem *Tractatus* häufig auf die psychologische Natur des Festsetzens der Bedeutung eines einfachen Namens Bezug nimmt, wurde bereits erörtert. Dieser Umstand zusammen mit der wiederholten Hervorhebung deiktischer Ausdrücke (z. B. »Die Namen sind notwendig zu einer Aussage, daß *dieses* Ding *jene* Eigenschaft besitzt« (*TB* S. 144), »Das, was uns *a priori* gegeben scheint, ist der Begriff: Dieses. – Identisch

20 Z. B. M. Black, *A Companion to Wittgenstein's Tractatus*, S. 114 f.

21 Z. B. S. Toulmin, »From Logical Analysis to Conceptual History«, in P. Achinstein und S. F. Barker, Hrsg., *The Legacy of Logical Positivism*, Baltimore 1969, S. 39, oder H. Ishiguro, »Use and Reference of Names«, in P. Winch, Hrsg., *Studies in the Philosophy of Wittgenstein*, London 1969, S. 29 ff.

22 W. E. Johnson, *Logic*, Cambridge 1921, Teil I, Kap. VI § 7.

mit dem Begriff des Gegenstands« (*TB* S. 152), »Ich meine [mit ›liegt auf‹] eben DAS« (*TB* S. 162)) gibt deutlich zu verstehen, daß es das Hinweisen ist, was die Sprache mit der Welt verbindet. Weitere Stützung erhält diese Behauptung von *Tractatus* 2.1511: »Das Bild ist *so* mit der Wirklichkeit verknüpft; es reicht bis zu ihr.« Der Kursivdruck von *»so«* ist eine natürliche Weise, eine hinweisende Geste anzudeuten, ob nun eine physische oder eine »mentale«. Noch zwei weitere Beweisstücke begünstigen die Auffassung, daß Erläuterungen in einem bestimmten Sinn hinweisende Erklärungen sind. In den *Philosophischen Bemerkungen* § 6 kommt im Verlaufe einer Kritik der Vorstellung, daß die hinweisende Definition ein Mittel dazu liefert, »aus der Sprache herauszukönnen«, die folgende bezeichnende Stelle vor:

> Wenn ich einem Menschen die Bedeutung des Wortes ›*A*‹ erkläre, indem ich sage ›dies ist *A*‹ und auf etwas hinzeige, so kann dieser Ausdruck in zweierlei Weise gemeint sein. Entweder ist er selber schon ein Satz und kann dann erst verstanden werden, wenn die Bedeutung von *A* bereits bekannt ist. D. h., ich kann es nur dem Schicksal überlassen, ob der andere den Satz nun so auffaßt, wie ich ihn meine, oder nicht. Oder der Satz ist eine Definition (*PB* S. 54).

Der zweite Satz entspricht im *Tractatus* dem Satz in 3.263: »Sie können also nur verstanden werden, wenn die Bedeutungen dieser Zeichen bereits bekannt sind.« Schließlich bemerkte Wittgenstein in seinem Gespräch mit Waismann im Juli 1932: »Unklar im Tractat war mir die logische Analyse und die hinweisende Erklärung. Ich dachte damals, daß es eine ›Verbindung der Sprache mit der Wirklichkeit‹ gibt« (*WWK* S. 209 f.).
Daher ist der Vorschlag einleuchtend, daß die erklärenden Erläuterungen von *Tractatus* 3.263 in der Tat diejenigen Mittel in der Sprache sein sollten, die über die Sprache hinausführen. Denn wenn wir annehmen, daß eine Erläuterung durch einen Satz wie »Dies ist *A*« ausgedrückt wird, dann scheint sie die festgesetzten Bedingungen zu erfüllen. Sie dient als eine Erklärung der Urzeichen, die sie enthält. Sie ist keine Definition, denn Definitionen sind sprachimmanent, und in diesem Sinn von Definition sind Urzeichen natürlich undefinierbar. Sie ist ein Satz, der als hinweisende Erklärung dient, aber nur verstanden werden wird, wenn der Hörer erfaßt, daß *»A« A* bedeutet. Es erheben sich natürlich Zweifel, weil im *Tractatus* unklar ist, ob deiktische Ausdrücke wie

»dies« Eigennamen im logischen Sinn sein können. Andererseits ist die hinweisende Erklärung der naheliegendste, wenn auch am meisten irregeleitete Mechanismus, mit dem man den Unterbau der psychologischen Prozesse ausstatten kann, die im Verstehen einer Projektionsmethode enthalten sind. Außerdem würde diese Interpretation einen der ziemlich dunklen Aspekte von Wittgensteins späteren Tiraden hinsichtlich des inadäquaten Verständnisses des Wesens der hinweisenden Erklärung erklären. Er bemerkt häufig[23], daß hinweisende Erklärungen einfacher Begriffe durch Äußerungen wie »Dies ist *A*« (seine üblichen Beispiele in den späteren Schriften sind Farbbegriffe oder Empfindungsbegriffe) eine Verwechslung von Muster und Beschreibung enthalten. Genau dieser Irrtum würde hier vorliegen, wenn »Erläuterung« auf diese Weise interpretiert wird[24].

Das Verstehen eines Satzes erfordert die Kenntnis der syntaktischen Regeln, welche seine formale Entsprechung zu demjenigen sichern, was er abbildet, sowie die Kenntnis der Zuordnung zwischen den Namen, aus denen er besteht, und den Gegenständen, die sie benennen. Das wird entweder dann der Fall sein, wenn ich die Namenzeichen mit einer Bedeutung versehen habe, indem ich ihnen durch eine mentale Handlung Elemente in meiner Erfahrung zugeordnet habe, oder andernfalls dann, wenn sie mir durch Erläuterungen so erklärt wurden, daß die richtige Zuordnung zwischen dem intersubjektiven Namen und seinem Gegenstand in meinem Bewußtsein etabliert ist. Auf beide Weisen wird ein Mechanismus psychologischer Natur erzeugt, um Projektionslinien auf die Welt zu projizieren.

Im *Blauen Buch* bemerkt Wittgenstein, daß »ohne Sinn oder ohne den Gedanken ein Satz ein ganz und gar lebloses und triviales Ding wäre« (*BB* S. 20), ein bloßes Zeichen. Sein Leben, so scheint es, ist Geist, etwas Immaterielles, das zu dem bloßen Zeichen hinzugefügt wird. Im *Tractatus* hebt er hervor, daß ein Satzzeichen angewendet und gedacht werden muß (*TLP* 3.5). Die Annahme ist einleuchtend, daß die Anwendung und das Denken eines Zeichens darin besteht, das Zeichen zusammen mit einer Projektionsmethode zu gebrauchen. Wenn ein Satzzeichen auf diese Weise gedacht wird, ist es ein Gedanke, ein sinnvoller Satz (*TLP* 3.5 bis

23 Z. B. NFL S. 320, *BB* S. 267–268; *PU* S. 308 Anm. und §§ 49–51.
24 Siehe unten Kap. VI § 3.

4). Die Projektionsmethode ist das Denken des Satz-Sinnes (*TLP* 3.11). Das erweckt den Anschein, als ob die Kleidung des Satzzeichens in seine mentale Ausrüstung, die die projektive Relation des Satzes zur Welt bestimmt (*TLP* 3.12), einen mentalen Schatten möglicher Sachverhalte erzeugt. Natürlich befaßte sich Wittgenstein in seiner späteren Kritik viel mit einer solchen falschverstandenen Erzeugung von geisterhaften Vermittlern. Die folgende Bemerkung könnte vielleicht auf den *Tractatus* gerichtet sein:

Als nächstes sind wir geneigt zu denken, daß der Gegenstand unseres Gedankens – da er nicht die Tatsache ist – ein Schatten der Tatsache ist. Es gibt verschiedene Namen für diesen Schatten, z. B. »Satz« (*proposition*, d. Ü.), »Sinn des Satzes« (*sense of a sentence*, d. Ü.) (*BB S. 58*).

Wie illegitim auch immer diese Geisterbeschwörung ist, sie war von einiger Wichtigkeit für die Erklärung der Erkenntnis. Ein Satz kann nur kraft dessen wahr oder falsch sein, daß er ein »Bild« ist, daß er einen Sinn hat, der einen »logischen Raum« bestimmt. Sein Sinn ist unabhängig von den Tatsachen, von seiner tatsächlichen Wahrheit oder Falschheit. In der Übereinstimmung oder Nichtübereinstimmung seines Sinnes mit der Wirklichkeit besteht seine Wahrheit oder Falschheit (*TLP* 2.222). Bekanntlich lag der Ursprung der hauptsächlich verwendeten Metapher für die Erfassung der Lehre von der gemeinsamen Struktur im Begriff eines lebenden Bildes[25], auf den im *Tractatus* explizit Bezug genommen wird (*TLP* 3.1431 und 4.0311). Ein lebendes Bild ist wahr, wenn es mit der Wirklichkeit übereinstimmt. Um sagen zu können, ob ein lebendes Bild, ein logisches Bild, ein Satz wahr ist, müssen wir es mit der Wirklichkeit vergleichen (*TLP* 2.223 und 4.05). Die Erkenntnis hat ihre Grundlage im Erkennen von Übereinstimmung und Nichtübereinstimmung.

Als Wittgenstein den *Tractatus* schrieb, hatte er kein Interesse an erkenntnistheoretischen Fragen, wie wir zur Erkenntnis dessen, was wir wissen, gelangen oder welche Modelle von Rechtfertigungen unsere kognitiven Ansprüche legitimieren. Seine kurze Bemerkung, daß man die Wahrheit eines Satzes feststellt, indem man ihn mit der Wirklichkeit vergleicht, könnte einfach der Hervorhebung des Unterschieds zwischen sinnvollen und sinnlosen Sätzen dienen. Erfahrungssätze sagen etwas über die Welt, und

25 *TB* S. 95.

die Welt müssen wir betrachten, um zu sehen, ob sie es richtig sagen. Aber selbst wenn das alles sein sollte, was er mit seinen Bemerkungen beabsichtigte, läßt sich schwer sehen, wie er mit schwerwiegenden erkenntnistheoretischen Fragen fertigwerden könnte, die sich hinsichtlich der Verifikation von Sätzen stellen. Denn nicht-elementare Sätze können nur als wahr erkannt werden, wenn die Wahrheitswerte der Elementarsätze, aus denen sie bestehen, bekannt sind. Also muß es eine Art und Weise geben, wie man feststellen kann, daß ein gegebener Elementarsatz wahr ist. Es muß eine Art von »Vergleich« des Satzes mit der Wirklichkeit geben.

Es ist klar, daß das Paradigma, von dem die Theorie abgeleitet wurde, einen wörtlichen Sinn von »vergleichen« enthält, wie er etwa dort enthalten ist, wo ein Porträt mit der Person verglichen wird, die es porträtiert, oder ein dreidimensionales Modell mit dem verglichen wird, wovon es ein Modell ist. Der Begriff des Vergleichs und damit ebenso der des Bildes wird überspannt, wenn wir davon reden, daß eine musikalische Partitur mit der Musik verglichen wird, die sie »abbildet«. Solche Vergleiche haben drei wichtige Aspekte. Die Dinge müssen, wenn sie im wörtlichen Sinn verglichen und nicht nur »aus dem Gedächtnis verglichen« werden sollen, zusammen gegenwärtig sein, sie müssen wahrnehmbar sein, und es muß ein Kriterium des Passens geben. Daß ein lebendes Bild ein richtiges oder »wahres« Modell ist, können wir beurteilen, indem wir das wahrnehmen, wovon es ein Modell ist, das Modell wahrnehmen und wahrnehmen, daß die Elemente des Modells in den relevanten Hinsichten mit dem, wovon es ein Modell ist, »übereinstimmen«. Das wiederum erfordert aber, daß ich in der Lage sein muß, sowohl das Modell als auch dasjenige, wovon es ein Modell ist, unter die geeigneten Begriffe zu bringen, wenn ich in der Lage sein soll zu sagen, in welcher Hinsicht das Modell mit der Wirklichkeit »übereinstimmt«. Die Übereinstimmung von Bild und Abgebildetem, die ein Paradigma der Erkenntnis sein soll, setzt gerade voraus, was sie erklären soll. Um urteilen zu können, daß das Modell genau ist (weder Bilder noch Modelle sind streng genommen »wahr«), muß ich schon urteilen können, wie die Tatsachen sind, von denen es ein Modell ist. Ich kann eine musikalische Partitur nur dann mit einer Melodie »vergleichen«, wenn ich sowohl die Noten, die ich höre, herausgreifen und unter Begriffe bringen kann, als auch in der Lage bin, die Partitur zu lesen und zu verstehen. Die Wahrnehmung der Übereinstimmung oder Nichtübereinstimmung, ein Relikt des Cartesianismus, kann das wahre Urteilen nicht erklären, weil sie es voraussetzt.

Versuchen wir das Paradigma auf einen Elementarsatz anzuwenden, so sind wir in keiner besseren Lage. Eine atomare Tatsache ist eine Verkettung von Gegenständen. Damit man die Tatsachen mit dem Sinn eines Satzes vergleichen kann, müssen die Gegenstände wahrnehmungsmäßig unterscheidbar sein; die einfachen Gegenstände müssen in der Erfahrung »gegeben« sein. Ferner brauchen wir, um zu wissen, welches spezielle Stück der Wirklichkeit mit dem Satz verglichen werden soll, Individuationsprinzipien für Tatsachen, da das Bestehen von Gegenständen, die den Namen entsprechen, garantiert ist und nur ihre Verkettung in Frage steht. Aber auch hier ist es erforderlich, daß wir unser Urteil, z. B. daß *aRb*, durch einen Vergleich eines nichtbegrifflichen sinnlichen Erfassens der Tatsache *aRb* mit dem Gedanken, daß *aRb*, erklären. Ein solcher Vergleich aber ist unmöglich. Ein Bild mag man mit dem Abgebildeten hinsichtlich seiner Ähnlichkeit, Genauigkeit und Einsicht vergleichen. Einen Sinn mag man mit einem Sinn im Hinblick auf Konsistenz, Widersprüchlichkeit oder Inklusion »vergleichen«. Einen Satz jedoch kann man nicht mit einer Tatsache vergleichen. Was einen Satz wahr macht, kann nicht dasjenige sein, was rechtfertigt, ihn zu behaupten.

Selbst wenn man dem Paradigma eine gewisse anfängliche Plausibilität hinsichtlich der Beobachtung von atomaren Tatsachen zugesteht, indem man sich vielleicht den Sinn eines Satzes als einen Schatten dessen denkt, was er abbildet, als ein mentales lebendes Bild des abgebildeten Sachverhalts, und damit als etwas, was in der Weise eines Bildes vergleichbar wäre, gerät man in weitere unüberwindliche Schwierigkeiten. Eine der unerwünschten Folgen der Theorie ist, daß nur ich wissen kann, ob ich weiß. Das Wissen wird zu einem an einen einzelnen gebundenen, introspektiv wahrnehmbaren Bewußtseinszustand. Nun aber ergeben sich weitere Komplikationen bei jedem Versuch, das Wissen des Wissens oder, was dies betrifft, irgendeine andere propositionale Einstellung zu erklären. Damit ich weiß, daß *p*, muß ich die Tatsache, daß *p*, wahrnehmen und sie mit dem Sinn des Satzes vergleichen. Das scheint es unmöglich zu machen, das wahre Urteil, daß *p*, zu fällen, wenn »*p*« die Tatsache abbildet, daß ich *r* wahrnehme. Die Schwierigkeit hierbei betrifft nicht das Prinzip der Extensionalität, sondern den erkenntnistheoretischen Punkt, daß ich nicht meine eigenen Wahrnehmungen wahrnehmen kann. Wir haben bereits festgestellt, daß man Sätze in der Zukunft nicht wissen kann, weil die Induktion nur eine psychologische und keine logische Rechtfertigung hat. Sätze in der Vergangenheit müßten vermutlich in wahrheitsfunktionale Bestandteile analysierbar sein, die direkt mit der Wirklichkeit zu vergleichen sind. Es scheint, daß in einem gewissen Sinn nur das Gegenwärtige wirklich ist. Sätze über das Bewußtsein anderer würden eine reduktionistische Analyse erfordern, und es würde scheinen, daß universelle Verallgemeinerungen nicht verifizierbar sind. Es stimmt, daß Wittgenstein, als er den *Tractatus* schrieb, kein logischer Positivist war, aber es ist deutlich, daß die erkenntnistheoretischen Theorien der Positivisten ein natürlicher Auswuchs seiner Vorstellungen im *Tractatus* waren.

Wir könnten versuchen, die psychologischen und erkenntnistheoretischen Annahmen und Implikationen des *Tractatus* unter drei Überschriften zusammenzufassen. Die erste könnte man als die Lehre von der sprachlichen Seele bezeichnen. Sie besteht in der Ansicht, daß wesentliche symbolische Phänomene mittels psychologischer Vorgänge in der Seele auftreten. Diese bilden einen wesentlichen, aber nicht-logischen Beitrag zur Sprache. Was wahrnehmbar ist, was wir in der gesprochenen und geschriebenen Sprache hören und sehen, ist nur die Erscheinung der Sprache, ihre Wirklichkeit dagegen liegt in der Seele. Wogegen sich hier Einwände erheben, ist nicht die Behauptung, daß der Gebrauch von Symbolen immer von mentalen Vorgängen begleitet ist. Wittgenstein dachte ganz zu Recht, daß die Frage, welche kausalen, psychologischen oder neurologischen Prozesse unsere Sprechhandlungen begleiten, für die Philosophie ohne Interesse ist. Tatsächlich hielt er an dieser Ansicht sein ganzes Leben lang fest. Wogegen Einwände bestehen, ist die Behauptung, daß es solche Prozesse geben *muß*, damit ein Zeichensystem überhaupt eine Sprache bildet, und daß es zum Wesen solcher Prozesse gehört, daß sie im Bewußtsein vorkommen. Der zugrundeliegende Gedanke ist der, daß die Psyche »in dieser Sache viel mehr tun könnte«[26] als die bloßen Zei-

26 Wittgenstein, *PG* § 59.

chen. Das Wunder der Sprache kann gewissermaßen nur im Medium des Bewußtseins stattfinden. Mentale Handlungen können auf irgendeine wundersame Art und Weise Dinge tun, die keine offenkundigen physischen Handlungen des Umgehens mit toten Zeichen auf dem Papier oder in der Rede tun könnten. Welches solche hypothetischen Mechanismen sind, ist dem *Tractatus* zufolge eine Sache der psychologischen Forschung. Es liegt nicht offen zutage. Es ist nicht etwas, was man beschreiben müßte, sondern etwas, für das man eine Theorie braucht, nicht ein Satz der Logik, sondern der Naturwissenschaft.

Im Zusammenhang mit der Lehre von der sprachlichen Seele stand eine stillschweigende Annahme bezüglich der psychologischen Zustände des Denkens, Verstehens und Meinens. Es wurde angenommen, diese wesentlichen Begleiterscheinungen des sinnvollen Gebrauchs der Sprache seien bewußte oder unbewußte mentale Zustände, die logisch unabhängig von jeder verhaltensmäßigen Manifestation sind. Ob jemand versteht, was er sagt oder hört, ob jemand mit dem, was er sagt, etwas meint, ist nur ihm bekannt. Was wir beobachten können, sind nur offenkundige Handlungen, deren wesentlicher psychischer Hintergrund nur dem Sprecher zugänglich ist. Die Bedeutungstheorie des *Tractatus* läßt keinen Raum für den Begriff einer kriteriellen Verbindung zwischen inneren Zuständen und äußerer Manifestation. Daß ein anderer versteht, was ich sage, muß eine Hypothese sein, die jede mögliche Erfahrung transzendiert.

Ein zweites hervorstechendes Element im *Tractatus* war es, daß die philosophische Semantik in die Psychologie verwiesen wird. Ich habe oben vorgeschlagen, daß die maßgebende Erklärungsweise der Bedeutung eines einfachen Zeichens für Wittgenstein zur Zeit des *Tractatus* etwas einer hinweisenden Erklärung Verwandtes war. Selbst wenn diese Vermutung falsch sein sollte, ist klar, daß die Arten und Weisen, auf die die Bedeutung eines Namens erklärt oder jemandem vermittelt wird, keine Einwirkung auf die Bedeutung des Namens haben, sondern nur auf die psychologischen Vorgänge, die zur Erzeugung des Verstehens notwendig sind. Was immer einem Namen einen Gegenstand zuordnet, sei es eine mentale Handlung, irgendein anderer Mechanismus oder sogar die »Regel«, die in der hinweisenden Erklärung verkörpert ist, es muß zustandebringen, daß der Name in der Zukunft für denselben Gegenstand gebraucht wird. Wie die Identität festgelegt wird, ist jedoch vom Standpunkt des *Tractatus* aus eine Sache der Psychologie. Wie Wittgenstein in den *Untersuchungen* bemerkte:

Ein Logiker denkt vielleicht: Gleich ist gleich – es ist eine psychologische Frage, wie ein Mensch sich von der Gleichheit überzeugt. (Höhe ist Höhe – es gehört in die Psychologie, daß der Mensch sie manchmal *sieht*, manchmal *hört*) (*PU* § 377).

Man kann also nicht die philosophische Semantik auf diese Weise mit der kurzen Bemerkung abtun, daß eine Projektionsmethode auf irgendeine Weise – gleichgültig, welche, und gleichgültig, wie – einem Namen einen Gegenstand zuordnen muß. Mindestens muß es irgendein Kriterium des Verstehens geben, das zeigt, ob jemand einen Namen versteht. Das Verstehen aber ist vom Standpunkt des *Tractatus* aus nur eine psychologische Angelegenheit.
Der letzte Aspekt von beträchtlicher erkenntnistheoretischer Bedeutung, der im *Tractatus* hervortritt, ist die Korrespondenztheorie der Erkenntnis. Nach ihr beruht alle Erkenntnis auf der Erkenntnis von Übereinstimmung und Nichtübereinstimmung zwischen Elementarsätzen und atomaren Sachverhalten. Das wiederum dürfte zu erfordern scheinen, daß ich »aus der Sprache heraustreten« und sie mit dem vergleichen kann, was sie abbildet[27]. Oder es erfordert, falls es irgendeine Möglichkeit gibt, die Wahrheit von Sätzen über meine eigenen psychologischen Zustände zu wissen, daß ich in der Lage bin, aus mir selbst »herauszutreten« und meine beobachteten inneren Zustände mit einem Satz zu vergleichen. Wir haben gesehen, daß eine solche Korrespondenztheorie der Erkenntnis es uns unmöglich macht, die meisten der Arten von Dingen zu wissen, die wir zu wissen glauben. Wenn eine Bedeutungstheorie solche Implikationen für die Erkenntnistheorie hat, dürften wir gut beraten sein, uns die Bedeutungstheorie noch einmal anzusehen.

27 M. Black, *A Companion to Wittgenstein's Tractatus*, S. 93–95.

III Empirischer Realismus und transzendentaler Solipsismus

1. Einleitung

Es wurde bisher dargelegt, daß die Erkenntnistheorie und Psychologie des *Tractatus* weitgehend in Form von stillschweigenden Voraussetzungen verborgen ist. Es gibt jedoch ein Gebiet der Erkenntnistheorie, welches explizit, wenn auch rätselhaft, zur Oberfläche kommt. Es sind die orakelhaften Bemerkungen über den Solipsismus und das Ich in den Abschnitten unter 5.6, die grob gesprochen zu dem Teil der Erkenntnistheorie gehören, der gewöhnlich als die Metaphysik der Erfahrung bekannt ist. Die grundlegende These dieses Abschnitts ist, daß es einen Sinn gibt, in dem der Solipsismus wahr ist: »Was der Solipsismus nämlich *meint*, ist ganz richtig, nur läßt es sich nicht *sagen*, sondern es zeigt sich« (*TLP* 5.62). In dem Sinn, in dem der Solipsismus wahr ist, fällt er jedoch, wenn man ihn ausdrückt, mit dem reinen Realismus zusammen (*TLP* 5.64). Die undurchsichtige Begründung für diese Thesen beruht auf zwei Stützen. Erstens beruht sie auf Erwägungen über das Verhältnis zwischen der Sprache, der Welt und dem Ich. Zweitens beruht sie auf einer Analyse der Beziehungen zwischen den Begriffen des erkennenden Ich, des empirischen Ich und des metaphysischen Ich. Unsere Absicht ist es, diese Beziehungen zu erforschen.

Erstens muß herausgefunden werden, ob Wittgenstein in irgendeinem Sinn ein Solipsist war. Wenn er es war, dann müssen wir erklären, in welcher Weise er ein Solipsist war und wie ein streng zu Ende gedachter Solipsismus mit dem Realismus zusammenfällt. Zweitens müssen die Zusammenhänge zwischen allen solipsistischen Ansichten in den Abschnitten unter 5.6 und dem übrigen *Tractatus* untersucht werden, um zu sehen, ob der vermutete Solipsismus aus den semantischen Lehren des Buches folgt. Dies sind unsere unmittelbaren Absichten. Eines der hauptsächlichen Mittel zu ihrer Erreichung wird darin bestehen, einige von Wittgensteins Lehren ausführlich mit denjenigen Schopenhauers zu vergleichen, von denen sie abgeleitet sind[1]. Das wird nicht nur Licht auf den *Tractatus* werfen, sondern wird auch einem längerfristigen Ziel dienen, welches von den in späteren Teilen des Buches

1 Schopenhauers Einfluß auf Wittgenstein wird erhellend und kurz erörtert in P. Gardiner, *Schopenhauer*, Harmondsworth 1963, S. 275–282.

behandelten Themen her von größerer Wichtigkeit ist. Es besteht darin zu zeigen, daß die eingehende Widerlegung des Solipsismus und damit des Idealismus, die Wittgenstein in den 1930er Jahren vorlegte und – in leiser Tonart – in die *Untersuchungen* aufnahm, gegen Ansichten gerichtet ist, die er selbst als junger Mann vertreten hat. Der Schopenhauersche Einfluß auf Wittgenstein tritt am stärksten in den *Tagebüchern 1914–16* hervor, wo seine Neigung zum Idealismus und Solipsismus am leichtesten beweisbar ist. Selbst wenn die Erklärungen, die ich für den Solipsismus des *Tractatus* vorschlagen werde, falsch sein sollten, wird also der letztere Zweck ausreichend erfüllt sein, wenn die Erklärungen der Schopenhauerschen Abschnitte der *Tagebücher* richtig sind.

2. Das Ich des Solipsismus[2]

Ich werde die Untersuchung des Themas nicht bei Abschnitt 5.6 beginnen, wo die Erörterung beginnt, sondern bei 5.631, wo die Analyse des Ich anfängt. Wenn einmal etwas Licht auf Wittgensteins Lehre von der Seele im *Tractatus* geworfen ist, kann man die Auseinandersetzung mit den schwer zu behandelnden Bemerkungen über den Solipsismus irgendwie nachholen.

Wittgensteins erster Punkt ist, daß es so etwas wie das denkende, vorstellende Subjekt nicht gibt. Das Argument, auf das sich diese Behauptung stützt, ist das Humesche Standardargument[3], daß sich das Ich nicht in der Erfahrung antreffen läßt. Wenn ich ein Buch schriebe *Die Welt wie ich sie vorfand*, würde ich darin meinen Körper erwähnen, vom Subjekt, meinem Ich aber wäre in dem Buch nicht die Rede, denn ich finde es nicht in der Welt vor. Ähnliches kommt in den *Tagebüchern* vor. Am 4. August 1916 fragt Wittgenstein: »Ist nicht am Ende das vorstellende Subjekt bloßer Aberglaube?« (*TB* S. 172). Eine Woche darauf bemerkt er: »Das Ich ist kein Gegenstand. Jedem Gegenstand stehe ich objektiv gegenüber. Dem Ich nicht. Es gibt also wirklich eine Art und Weise, wie in der Philosophie *in einem nicht psychologischen Sinne* vom

2 Dieser Abschnitt ist eine neu geschriebene Fassung meines Aufsatzes »Wittgenstein's Doctrines of the Soul in the *Tractatus*«, erschienen in *Kantstudien* 62 (1971), S. 162–171.

3 Hume, *A Treatise of Human Nature*, I.iv.6.

Ich die Rede sein kann und muß« (*TB* S. 173). Zwei Monate später wiederholt er dieselben Punkte in einer leicht veränderten Terminologie. Das illusorische nicht-existierende Subjekt wird das »erkennende Subjekt« genannt. Man sollte immer daran denken, daß das Humesche Argument der Nicht-Antreffbarkeit gegen die Cartesische Vorstellung des Ich als *res cogitans* gerichtet war.
Die Ähnlichkeit der Wittgensteinschen Argumente mit den Humeschen betrifft aber nicht nur die Zurückweisung des denkenden, erkennenden Subjekts als eines in der Welt gelegenen Gegenstands der Erfahrung, sondern geht noch weiter. Der Abschnitt 5.641 weist *en passant* darauf hin, daß der Gegenstand der Psychologie die menschliche Seele ist. Wittgensteins Vorschläge für die angemessene Analyse der menschlichen Seele zeigen starke Verwandtschaften mit Humes konstruktiver Analyse des Ich. Die Anhaltspunkte für Wittgensteins Vorschlag liegen in der früheren Erörterung von Sätzen über Meinungen als möglicher Gegenbeispiele gegen die Extensionalitätsthese (*TLP* 5.541). Die oberflächliche Auffassung der Bedeutung von Sätzen wie »*A* meint *p*«, die Wittgenstein Russell und Moore zuschreibt, besteht darin, daß der Satz *p* in einer Art von Relation zu einem Gegenstand *A* steht, d. h. daß eine bestimmte Tatsache, die aus Gegenständen zusammengesetzt ist, einem Ich oder urteilenden Bewußtsein zugeordnet wird. Moore[4] hatte behauptet, daß das Urteil in einer Relation zwischen einem Denkenden und den Begriffen besteht, aus denen der Satz besteht. Russells Urteilstheorie hatte eine wichtige Rolle in seinem philosophischen Werk im allgemeinen gespielt, Wittgensteins Argumente richteten sich jedoch speziell gegen die Ansichten, die in »On the Nature of Truth and Falsehood«[5] ausgedrückt waren[6]. Die wesentlichen Punkte der Theorie kommen in dem folgenden Absatz zum Ausdruck:

Das Urteil ist nicht eine zweistellige Relation zwischen dem Bewußtsein und einem einzelnen Korrelat, sondern eine vielstellige Relation zwischen dem Bewußtsein und den verschiedenen anderen Termini, mit denen sich das Urteil befaßt. Wenn ich also urteile, daß *A B* liebt, ist das

4 G. E. Moore, »The Nature of Judgement«, *Mind* 8 (1899), S. 179.
5 B. Russell, »On the Nature of Truth and Falsehood«, in *Philosophical Essays*, London 1910, S. 170 ff.
6 Der Punkt wird detailliert erörtert in D. F. Pears, *Bertrand Russell and the British Tradition in Philosophy*, London und Glasgow 1967, Kap. XII–XIII.

nicht eine Relation zwischen mir und »*A*'s Liebe zu *B*«, sondern eine Relation zwischen mir und *A* und Liebe und *B*. Wenn es eine Relation zwischen mir und »*A*'s Liebe zu *B*« wäre, wäre es nur möglich, wenn es so etwas wie »*A*'s Liebe zu *B*«, gäbe, d. h. nur, wenn *A B* liebte, d. h. nur, wenn das Urteil wahr wäre; in Wirklichkeit aber sind falsche Urteile möglich. Wenn das Urteil als eine Relation zwischen mir und *A* und Liebe und *B* aufgefaßt wird, dann schließt die bloße Tatsache, daß das Urteil auftritt, keinerlei Relation zwischen seinen Gegenständen *A* und Liebe und *B* ein; und damit ist der Möglichkeit falscher Urteile voll Rechnung getragen[7].

Wittgensteins hauptsächlicher (aber nicht einziger) Einwand dagegen war, daß Russell die Möglichkeit des falschen Urteils um den Preis der Erlaubtheit unsinniger Urteile erkauft hatte. Nichts in Russells Theorie sicherte die Bewahrung der logischen Form zwischen den Elementen des Urteils. Eine richtige Urteilstheorie aber muß es unmöglich machen zu urteilen »dieser Tisch federhaltert das Buch« (*TB* S. 194)[8]. Russell sagte, daß dieser Einwand ihn lähmte, und er führte zu dem Widerruf in »The Philosophy of Logical Atomism«[9], obwohl Russell erst noch später bereit war, auf das Ich als ein Element in der endgültigen Analyse von »*A* urteilt, daß *p*« zu verzichten.

Der Anschein, daß »*A* urteilt, daß *p*« eine Relation zwischen einem Gegenstand *A* und einer Tatsache enthält, ist nach Wittgensteins Meinung trügerisch. Die Form solcher scheinbar intentionaler Sätze ist »›*p*‹ sagt *p*«, was nicht eine Zuordnung von einer Tatsache und einem Gegenstand, sondern eine Zuordnung von zwei Tatsachen durch Zuordnung ihrer Gegenstände darstellt. Von dieser Analyse wird dann anschließend gesagt, sie zeige, daß die sogenannte »Seele« zusammengesetzt und daher nicht wirklich eine Seele ist. Das liefert einen Anhaltspunkt für die Interpretation. Tatsachen sind, so muß man sich erinnern, immer Zusammensetzungen von Gegenständen, und nur zusammengesetzte Dinge können etwas »sagen«, denn die Möglichkeit, etwas zu sagen,

7 Russell, a. a. O., S. 180.

8 Wittgensteins erster Einwand gegen Russells Urteilstheorie findet sich in seinem Brief vom Juni 1913 (*TB* S. 260). Er wird entwickelt in den »Aufzeichnungen über Logik« (*TB* S. 194), erhält aber seine endgültige Formulierung erst in den »Aufzeichnungen, die G. E. Moore nach Diktat niedergeschrieben hat« (*TB* S. 252), wo das Subjekt aus dem Analysans eliminiert wird.

9 B. Russell, »The Philosophy of Logical Atomism«, abgedruckt in *Logic and Knowledge*, hrsg. von R. C. Marsh, London 1956, S. 226.

hängt vom Vorhandensein einer gegliederten Struktur ab, zwischen deren Elementen und dem Gesagten durch Projektionsregeln eine Zuordnung hergestellt werden kann. »*A* meint *p*« enthält auf dieselbe Weise eine Zuordnung von zwei Tatsachen, wie der Satz »*p*« kraft der Zuordnung der Elemente der Tatsache, die den Satz ausmacht, und der Gegenstände, die in der Tatsache, daß *p*, (wenn es sich um eine Tatsache handelt) angeordnet sind, sagt, daß *p*. Die unklare Relation zwischen dem Bewußtsein und den unkoordinierten Termini des Urteils, wie wir sie in Russells Theorie hatten, wird hier durch die (kaum weniger unklare) Projektionsmethode ersetzt, die den Elementen des Denkens oder der Äußerung Gegenstände zuordnet. Es dürfte jetzt klar sein, warum die Analyse die Komplexität der »Seele« zeigen sollte. Das scheinbare einheitliche Subjekt *A*, welches in einer Relation zu einer Tatsache zu stehen schien, ist eine Vielheit von Gegenständen, von denen einige zu einer Tatsache strukturiert sind, die die Tatsache oder mögliche Tatsache, daß *p*, abbilden.
Wir haben bereits Wittgensteins Bemerkung in den *Tagebüchern* erwähnt, daß das Denken, obwohl es averbal ist, eine Art von Sprache ist (*TB* S. 175). In einem Brief an Russell vom 19. August 1919 schreibt Wittgenstein folgendes:

»... Aber ein Gedanke ist eine Tatsache: was sind seine Bestandteile und Satzglieder (Components) und in welcher Beziehung stehen diese zu denen der abgebildeten Tatsache?« Ich weiß nicht, *was* die Bestandteile eines Gedankens sind, ich weiß nur, *daß* er solche Bestandteile haben muß, die den Worten der Sprache entsprechen. Zum anderen: die Art der Beziehung zwischen den Bestandteilen des Gedankens und denen der abgebildeten Tatsache ist irrelevant. Sie herauszufinden, wäre Sache der Psychologie ... [Ein Gedanke besteht] aus psychischen Bestandteilen, die zur Wirklichkeit dieselbe Beziehung haben wie die Worte. Was für Bestandteile das sind, weiß ich nicht (*TB* S. 274).

Die Person *A* ist nicht ein Gegenstand, sondern eine komplexe Anordnung von psychischen Gegenständen. »*A* meint *p*« ist angeblich in eine Reihe von Elementarsätzen analysierbar, derart, daß die Existenz der psychischen Bestandteile, welche den Bestandteilen der möglichen Tatsache, daß *p*, entsprechen, angegeben wird. Diese psychischen Bestandteile stehen auf eine kontingente Art und Weise in einer Relation zu allen anderen Tatsachen oder Anordnungen von Gegenständen, die gerade die Person *A* ausmachen. *A*'s Meinung besteht aus diesen psychischen Elementen eines mannigfaltigen Wesens, die in einer Zuordnung zu Gegenständen stehen, die eine Tatsache bilden, zusammen vielleicht mit einer Art von Färbung. Denn die Unterschiede zwischen den verschiedenen propositionalen Einstellungen werden durch die vorgeschlagene Analyse natürlich nicht erfaßt. Diese Unterschiede sind nach Wittgensteins Meinung eine Sache der Psychologie, nicht der Logik[10]. Vom logischen Standpunkt aus sind die einzigen wichtigen Punkte, die nachzuweisen sind, daß »*A* meint *p*« – dem Anschein zum Trotz – extensional ist und daß es dieselbe logische Vielfalt wie *p* hat. Es zeigt sich also, daß Wittgenstein eine Neo-Humesche Analyse des empirischen Ich annehmen wollte. Es gibt keine empirische Seelen-Substanz, die Gedanken denkt, es gibt nur Gedanken. Das Ich der Psychologie ist eine Mannigfaltigkeit, eine Reihe von Erlebnissen, ein Bündel von Wahrnehmungen, die ständig im Fluß sind. Trotzdem ist die Behauptung von 5.5421, daß diese Analyse von Sätzen über Meinungen zeigt, daß »die Seele – das Subjekt etc. – wie sie in der heutigen oberflächlichen Psychologie aufgefaßt wird, ein Unding ist«, wenn man sie neben 5.641 stellt, irreführend. Denn 5.641 bezieht sich auf die menschliche Seele als den legitimen Gegenstand der empirischen Psychologie. Doch 5.5421 sagt, »eine zusammengesetzte Seele wäre ... keine Seele mehr«, und die Analyse erweist die Seele in der Tat als zusammengesetzt. Die These sollte so interpretiert werden: Die Seele als ein einheitliches einfaches Subjekt verstanden existiert nicht. Aber als eine Mannigfaltigkeit verstanden ist sie der legitime Gegenstand der Psychologie. Alles, was die empirische Psychologie über die Seele sagen muß, läßt sich sagen. Die Philosophie hat damit nichts zu tun. Dennoch aber muß die Philosophie das Ich in einem nicht-psychologischen Sinn erörtern. Der Grund, der dafür in den *Tagebüchern* angegeben wird, ist, daß das Ich nicht ein Gegenstand ist, dem ich gegenüberstehe. Der im *Tractatus* angeführte Grund ist, daß »die Welt meine Welt ist« – eine Behauptung, deren Bedeutung erst später klarwerden wird.

10 Siehe oben Kap. II, S. 63 für Russells Ansichten zu der Sache. Eine bemerkenswerte Erläuterung von Russells Auffassung, die vielleicht durchaus von Wittgenstein geteilt wurde, findet sich in Russells »On Propositions«, Abschnitt III (abgedruckt in *Logic and Knowledge*, S. 285–320), wo er die Probleme diskutiert, die das »Anpassen der Sprache an die Psychologie« für den Zweck einer Analyse des Meinens enthält.

Die Philosophie, die sich mit dem Ich beschäftigt, ist nicht die Philosophie der Analyse der Ära nach dem *Tractatus*, sondern die unsinnige Philosophie des *Tractatus* selbst. Das Ich, mit dem sich die Philosophie beschäftigt, ist nicht der Mensch, nicht der menschliche Körper, nicht die Seele, mit der sich die Psychologie befaßt. Es ist vielmehr das metaphysische Ich (*TLP* 5.641). Wir werden mit diesem Begriff bekanntgemacht, unmittelbar nachdem das denkende Ich als illusorisch abgetan worden ist. In 5.632 schreibt Wittgenstein: »Das Subjekt gehört nicht zur Welt, sondern es ist eine Grenze der Welt.« Das Subjekt, das hier gemeint ist, ist natürlich nicht das denkende, vorstellende Subjekt, sondern das metaphysische Subjekt. Das ist aus dem folgenden Abschnitt 5.633 klar und wird bestätigt durch die Quelle der Bemerkung in den *Tagebüchern* (*TB* S. 172). Das metaphysische Subjekt ist der Träger von Gut und Böse. Warum ist es kein Teil der Welt? Wittgenstein spielt nur in der Weise einer Analogie auf ein Argument an. Das metaphysische Subjekt ist so auf die Welt bezogen, wie das Auge auf das Gesichtsfeld bezogen ist. Nichts im Gesichtsfeld berechtigt, darauf zu schließen, daß es von einem Auge gesehen wird. Das Auge des Gesichtsfelds (natürlich nicht das physische Auge, sondern das, was Wittgenstein später das »geometrische Auge« nannte [*NFL* S. 297, S. 299]) ist die Quelle des Gesichtsfelds, und nicht einer seiner Bestandteile.
Der Punkt ist nicht, daß ich immer die Position bemerke, von der ich sehe, was ich sehe, sondern »ich befinde mich auch immer in einem bestimmten Punkt meines Gesichtsraumes, mein Gesichtsraum hat also quasi eine Form« (*TB* S. 179). Abschnitt 5.634 spielt auf die Fetzen eines Arguments an. Kein Teil unserer Erfahrung ist *a priori*. Alles, was wir sehen, könnte auch anders sein. Aber – das folgt durch Implikation – daß unsere Erfahrung uns gehört und nicht einem anderen gehören könnte, ist *a priori*. Es könnte unmöglich geschehen, daß wir ein Prinzip der Differenzierung anwenden müßten, um im Fluß der Erfahrungen diejenigen Erfahrungen, die uns gehören, von denjenigen, die anderen gehören, zu unterscheiden. Der Besitzer der Erfahrung im allgemeinen, der Besitzer aller Erfahrung, die ich jemals antreffen kann, ist das metaphysische Subjekt.
Wie ist das zu interpretieren? Die übliche Interpretation ist, daß Wittgenstein den Begriff eines metaphysischen Subjekts in der Tat

ablehnt. Black[11] behauptet, daß Wittgenstein die Vorstellung eines transzendentalen Ego in Erwägung zieht und am Ende zurückweist. Das cartesische Ego ist, so sagt er, nicht ein Teil der Erfahrung. Aber da diese Redeweise unsinnig ist, hat es keinen Sinn, von einem metaphysischen Subjekt zu sprechen. Daher führt ein streng durchgeführter Solipsismus zum Realismus, und man kann denjenigen, der ein Solipsist sein will, dahin bringen zu sehen, daß es nichts gibt, was er wirklich sagen will. Auf diese Frage kann ein kurzer Vergleich zwischen Wittgenstein und Schopenhauer einiges Licht werfen. Schopenhauer[12] akzeptierte Kants meisterhafte Widerlegung der Cartesischen Lehre von der Seele als einer einheitlichen denkenden Substanz. Kants Diagnose war, daß Descartes die Einheit der Apperzeption mit der Wahrnehmung eines einheitlichen Subjekts verwechselte. Diese Ablehnung des denkenden, erkennenden, vorstellenden Ich als eines Bestandteils der Welt hinderte Schopenhauer jedoch nicht daran, das transzendentale Ego zu verdinglichen, so daß es die Grundlage seiner speziellen Version des Idealismus bilden konnte. Er behauptet, daß das transzendentale Ich ein »unteilbarer Punkt« ist (*WWV* II S. 314). Obwohl es wie die *res cogitans* einfach ist, ist es doch keine Substanz (ebenda). Das metaphysische Subjekt und sein Gegenstand, d. h. die Welt als Vorstellung, »begrenzen sich unmittelbar« (*WWV* I S. 6). Das transzendentale Ego ist eine Voraussetzung der Existenz der Welt (*WWV* I S. 5). Das so verstandene erkennende Subjekt liegt außerhalb von Raum und Zeit, welche nur die Formen seiner sinnlichen Anschauung sind. Als die Quelle der Formen und Kategorien der Erfahrung ist es eine »Voraussetzung aller Erfahrung« (*WWV* II S. 18). Es ist der ›Träger der Welt, die durchgängige, stets vorausgesetzte Bedingung alles Erscheinenden‹ (*WWV* I S. 5). Das Ich ist ›das Auge[, das] alles sieht, nur sich selbst nicht‹ (*WWV* II S. 562), das Ego ist das ›Zentrum alles Daseins‹« (*WWV* II S. 557).

Wittgensteins Metaphern sind mit denen Schopenhauers identisch. Es besteht wohl kaum Zweifel, daß das letzte der drei erhaltenen

11 M. Black, *A Companion to Wittgenstein's Tractatus*, S. 308 f. Für ähnliche Ansichten siehe G. Pitcher, *The Philosophy of Wittgenstein*, S. 144 ff.

12 Schopenhauer, *Die Welt als Wille und Vorstellung*, II S. 222 f., in *Sämtliche Werke*, Band 2 und 3, Wiesbaden 1966. Die folgenden Bezugnahmen im Text – abgekürzt als *WWV* – gehen auf diese Ausgabe.

Tagebücher verfaßt wurde, während Wittgenstein Schopenhauer wiederlas. Allerdings wird er nur einmal namentlich erwähnt: »Man könnte (Schopenhauerisch) sagen: Die Welt der Vorstellung ist weder gut noch böse, sondern das wollende Subjekt« (*TB* S. 172). Unmittelbar im Anschluß an diese Bemerkung ist ein weiterer Schopenhauerscher Gedanke eingetragen: »das Subjekt ist kein Teil der Welt, sondern eine Voraussetzung ihrer Existenz.« Schopenhauers transzendentales Subjekt begrenzt die Welt als Vorstellung. Wittgensteins metaphysisches Subjekt ist eine »Grenze der Welt«. Schopenhauer verglich das Ich mit dem »finstere[n] Punkt im Bewußtsein, wie auf der Netzhaut gerade der Eintrittspunkt des Sehnerven blind ist ... und das Auge alles sieht, nur sich selbst nicht«. Diese Metapher erscheint zum erstenmal in Wittgensteins »Aufzeichnungen über Logik« vom September 1919, ohne daß dabei auf irgendeine Weise offenkundig auf das Ich Bezug genommen würde und ohne Schopenhauersche Obertöne:

Der Vergleich von Sprache und Wirklichkeit ist wie der Vergleich zwischen Netzhautbild und Wahrnehmungsbild – dem blinden Fleck scheint nichts im Wahrnehmungsbild zu entsprechen, und dadurch bestimmen die Grenzen des blinden Flecks das Wahrnehmungsbild – so wie die wahren Negationen von atomaren Sätzen (Abweichung von der deutschen Übersetzung, d. Ü.) die Wirklichkeit bestimmen (*TB* S. 192).

Wie wir unten sehen werden, ist diese ursprüngliche Anwendung der Metapher zur Erhellung der Relation zwischen Sprache und Wirklichkeit von Wichtigkeit, wenn man sie im Lichte ihrer weiteren Verwendung sieht. In dem Tagebuch aus dem Jahr 1916 wird die Augen-Metapher verwendet, um die Relation zwischen Subjekt und Erfahrung anschaulich zu machen. Am 11. Juni 1916 schrieb Wittgenstein: »Ich stehe in ihr [der Welt], wie mein Auge in seinem Gesichtsfeld« (*TB* S. 165). In anschließenden Bemerkungen kehrt die Metapher wiederholt in offensichtlich idealistischen, Schopenhauerschen Kontexten wieder. Sie tritt, wie wir schon gesehen haben, in *Tractatus* 5.633–5.634 wieder auf. Schließlich erscheint sogar Schopenhauers Bezugnahme auf das Ich als das Zentrum aller Existenz in den *Tagebüchern* wieder: »Wäre der Wille nicht, so gäbe es auch nicht jenes Zentrum der Welt, das wir das Ich nennen ...« (*TB* S. 172).

Diese Schopenhauerschen Einflüsse liefern uns wichtige Evidenz für die Interpretation von Wittgensteins Bemerkungen über das

Ich. Erstens findet sich das Humesche Argument der Nicht-Antreffbarkeit eines Cartesischen Ich sowohl bei Kant wie bei Schopenhauer als Teil der Widerlegung der rationalistischen Lehre von der Seele. Schopenhauers Einfluß auf Wittgenstein vorausgesetzt, ist daher die Annahme einleuchtend, daß das Wiederauftreten des Arguments in *Tractatus* 5.631, wie wir schon vermutet haben, gegen dieselbe Zielscheibe gerichtet ist. Zweitens kann die übliche Meinung, daß das metaphysische Ich mit dem illusorischen denkenden Ich identisch ist und daher von Wittgenstein nicht gutgeheißen wird, schlüssig zurückgewiesen werden. Denn erstens ist das Argument von der Nicht-Antreffbarkeit wirkungsvoll, wenn es darum geht, eine naive[13] Vorstellung von einer denkenden Seelen-Substanz zu zerstören, aber vollkommen wirkungslos, wenn man damit die Vorstellung von einem metaphysischen Ich abweisen will, weil von letzterem nicht behauptet wird, daß es ein Teil der Welt ist, sondern daß es ihre Grenze ist, nicht ein Bestandteil der Welt, sondern eine Voraussetzung ihrer Existenz als Vorstellung. Zweitens gehen die Parallelen zu Schopenhauer tief genug, um – wenn keine gegenteilige Evidenz vorliegt – die Vermutung einleuchtend zu machen, daß Schopenhauers Unterscheidung zwischen dem illusorischen Cartesischen Ich und dem transzendentalen Ich von Wittgenstein angenommen wurde. Drittens legen die rätselhaften Bemerkungen, daß das Ich eine Voraussetzung der Existenz der Welt ist und daß es das Zentrum der Welt ist, nicht nahe, daß es eine Täuschung ist. Und schließlich ist die Existenz des metaphysischen Ich als eines nicht-empirischen Gegenstandes aufgrund von Wittgensteins Lehren vom Willen und von Gut und Böse erforderlich.

Wittgenstein hat im *Tractatus* wenig über Ethik zu sagen. Die Ethik ist seiner Meinung nach transzendental. Sie gehört zu den Dingen, die man nicht in Worte fassen kann, zum Mystischen. Der Wille ist der Träger des Wertes, aber als von einem solchen kann man von ihm, da er kein Phänomen in der Welt ist, nicht sprechen. Der Wert liegt nicht in der Welt, denn in der Welt ist alles zufällig. Daher kann die gute oder schlechte Ausübung des Willens die Dinge in der Welt nicht ändern, sondern kann nur die Grenzen

13 Es lohnt sich darauf hinzuweisen, daß Descartes' Konzeption einer *res cogitans* nicht so naiv ist, wie das Argument von der Nicht-Antreffbarkeit impliziert.

der Welt ändern, indem sie sie gewissermaßen als Ganzes zunehmen oder abnehmen läßt. Da Wittgenstein nicht glaubte, daß Gut und Böse eine Täuschung sind, kann er kaum geglaubt haben, daß der ethische Wille, der der Träger von Gut und Böse ist, eine Täuschung ist. Der ethische Wille liegt wie das metaphysische Ich »an den Grenzen der Welt« und ist in der Tat mit dem metaphysischen Subjekt identisch. Das ist aus den *Tagebüchern* offensichtlich. So lautet der Eintrag für den 2. August 1916 folgendermaßen:

> Gut und Böse tritt erst durch das *Subjekt* ein. Und das Subjekt gehört nicht zur Welt, sondern ist eine Grenze der Welt ...
> Wie das Subjekt kein Teil der Welt ist, sondern eine Voraussetzung ihrer Existenz, so sind gut und böse Prädikate des Subjekts, nicht Eigenschaften in der Welt (*TB* S. 172).

Drei Tage darauf wiederholt er, daß das denkende Subjekt eine Täuschung ist, fährt aber fort: »Das wollende Subjekt aber gibt es. Wäre der Wille nicht, so gäbe es auch nicht jenes Zentrum der Welt, das wir das Ich nennen, und das der Träger der Ethik ist« (ebenda).

Die bisherige Erörterung bringt eine gewisse vorläufige Ordnung in die Bemerkungen über das Ich. Was das Wichtigste ist, sie impliziert, daß wir den Begriff eines metaphysischen Ich ernst nehmen sollten. Für den Augenblick ist unser hauptsächlicher Schlüssel für die Interpretation die Schopenhauersche Diskussion in den *Tagebüchern*. Man sollte nicht vergessen, daß der Begriff eines metaphysischen Ich in den Abschnitten 5.631–5.634 als Erläuterung zu 5.63 – »Ich bin meine Welt (Der Mikrokosmos)« – eingeführt wird. Diese Bemerkung schließt sich an die These in 5.621, »Die Welt und das Leben sind Eins«, an, welche eine Erläuterung zur Erklärung dessen war, wieviel Wahres am Solipsismus ist. Das legt nahe, daß der Begriff des metaphysischen Ich den Schlüssel für das Verständnis von Wittgensteins Bemerkungen über den Solipsismus liefern könnte und daß der transzendental-idealistische Kontext, aus dem der Begriff abgeleitet ist, für unsere Untersuchung relevant sein könnte. Wir können nun zu Wittgensteins Diskussion des Solipsismus zurückkehren, wobei wir diese Folgerungen im Gedächtnis behalten wollen.

Der Sinn, in dem die Philosophie über das Ich reden kann (*TLP* 5.641) und muß (*TB* S. 172), ist derjenige, der das metaphysische Ich betrifft. Das metaphysische Ich tritt in die Philosophie dadurch ein, daß »die Welt meine Welt ist« (*TLP* 5.641). Daß die Welt meine Welt ist, ist dem *Tractatus* zufolge, was der Solipsist meint; nur läßt es sich nicht sagen, sondern es zeigt sich. Die einzige Erklärung, die sich für die dunkle Bemerkung, mit der meine Welt und die Welt gleichgesetzt werden, im *Tractatus* findet, ist die Gleichsetzung von Welt und Leben und vom Ich und seiner Welt. Beide Bemerkungen sind, so wie sie dastehen, nicht durchsichtig. Wittgenstein sagt uns im *Tractatus*, daß der Schlüssel zu dem Problem, wieviel Wahrheit der Solipsismus enthält, in der Behauptung liegt: »Was wir nicht denken können, das können wir nicht denken; wir können also auch nicht *sagen*, was wir nicht denken können.« Es ist wichtig festzustellen, daß diese offensichtliche Binsenwahrheit der Nichtausdrückbarkeit des Undenkbaren in den *Tagebüchern* in einem Schopenhauerschen Kontext auftritt. Die Eintragung für den 12. Oktober 1916 (*TB* S. 177) behauptet, daß ein Stein, der Körper eines Tieres, der Körper eines Menschen und mein Körper alle auf der gleichen Stufe stehen. Diese Behauptung läßt sich nur verstehen, wenn man sich vergegenwärtigt, daß Wittgenstein gegen Schopenhauers Ansicht argumentiert, daß mein Körper insoweit auf einer anderen Stufe als andere Gegenstände steht, als mein direktes Wissen meiner intentionalen Handlungen mir ein Bewußtsein von meinem Körper nicht nur als Vorstellung, sondern als Wille gibt. Mein Bewußtsein von meinem Willen stellt nach Schopenhauer ein Bewußtsein einer noumenalen Wirklichkeit dar, des zugrundeliegenden Dings an sich hinter der phänomenalen Vorstellung. Die Vorstellung, daß ein Teil der Welt mir, wie Schopenhauer vorschlägt, näher stehen könnte als ein anderer, ist, wie Wittgenstein später bemerkt, unerträglich (*TB* S. 181)[14]. Die Erörterung vom 12. Oktober 1916 in dem Tagebuch schließt mit der Bemerkung: »Es ist wahr: der Mensch *ist* der Mikrokosmos: Ich bin meine Welt.« Der nächste Eintrag drei Tage darauf lautet: »Was man sich nicht denken kann, dar-

14 Siehe auch *TB* S. 175.

über kann man auch nicht reden.« Das macht die Vermutung einleuchtend, daß das genau deswegen der Schlüssel zum Solipsismus ist, weil die Lehren des Solipsisten, obwohl sie in gewissem Sinne wahr sind, sich nicht ausdrücken lassen. Diese Lehren sind die Gleichsetzung der Welt mit dem Leben, des Lebens mit dem Ich, des Ich mit seiner Welt und damit der Welt mit der Welt des Ich.

Weitere Bestätigung erhält diese Vermutung aus den *Tagebüchern*. Denn hier wird nicht die Unausdrückbarkeit des Unsagbaren als der Schlüssel zu der Frage betrachtet, wieviel Wahres am Solipsismus ist, sondern die Tatsache: »es gibt wirklich nur eine Weltseele, welche ich vorzüglich *meine* Seele nenne, und als welche allein ich das erfasse, was ich die Seele anderer nenne.« Dieser Schlüssel zur Wahrheit des Solipsismus (der im zweiten Tagebuch am 23. Mai 1915 [*TB* S. 140] erläutert wird) folgt auf die These: »*Die Grenzen meiner Sprache* bedeuten die Grenzen meiner Welt.« Diese Bemerkung legt eher eine semantische als eine metaphysische Route zum Solipsismus nahe. Dieser Möglichkeit soll weiter unten nachgegangen werden. Die Eintragung, die sich an den »Schlüssel zum Solipsismus« anschließt, lautet, daß ich ein Buch schreiben könnte »Was für eine Welt ich vorfand«, was ebenso wie die Schlüsselaussage selbst die erkenntnistheoretische und metaphysische Route zum Solipsismus zum Ausdruck bringt, welche das Anliegen des dritten Tagebuchs ist. Diese Beweisreihe stützt den schon diskutierten Vorschlag, daß der Schlüssel zu Wittgensteins Solipsismus im Begriff des metaphysischen Ich in seiner Ableitung aus Schopenhauers transzendentalem Idealismus liegt. Hierzu soll jetzt übergegangen werden.

Der Abschnitt 5.621 des *Tractatus* – »Die Welt und das Leben sind Eins« – kam ursprünglich im dritten Tagebuch am 11. Juni 1916 als eines der Dinge vor, die Wittgenstein über Gott und den Sinn des Lebens zu wissen behauptet:

> Ich weiß, daß diese Welt ist.
> Daß ich in ihr stehe, wie mein Auge in seinem Gesichtsfeld.
> Daß etwas an ihr problematisch ist, was wir ihren Sinn nennen.
> Daß dieser Sinn nicht in ihr liegt, sondern außer ihr.
> Daß das Leben die Welt ist (*TB* S. 165).

Seine endgültige Formulierung »Die Welt und das Leben sind Eins« zusammen mit dem Beginn einer Erklärung erhält dieser

Gedanke am 24. Juli 1916. Wittgenstein erklärt, daß das physiologische Leben natürlich nicht »das Leben« in dem Sinn ist, in dem die Welt und das Leben eins sind. Was das betrifft, so ist es auch nicht das psychologische Leben. Das Leben, so wiederholt er, ist die Welt. Am 1. August 1916 bemerkt Wittgenstein: »Nur aus dem Bewußtsein der *Einzigkeit meines Lebens* entspringt Religion – Wissenschaft – und Kunst« (*TB* S. 171). Am folgenden Tag fügt er hinzu: »Und dieses Bewußtsein ist das Leben selber.« Die Welt wird also mit dem Leben gleichgesetzt, das Leben mit dem Bewußtsein, und das Bewußtsein im allgemeinen mit dem einzelnen Ich des Solipsismus. Es ist daher nicht überraschend, daß die darauffolgende Bemerkung in dem Tagebuch lautet: »Kann es eine Ethik geben, wenn es außer mir kein Lebewesen gibt?«, und es ist noch weniger überraschend, daß er bemerkt: »Die völlige Unklarheit aller dieser Sätze ist mir bewußt.«

Bestätigung für die solipsistische Interpretation dieser Stellen läßt sich in Wittgensteins »Notes for Lectures on ›Private Experience‹ and ›Sense Data‹« finden, die zwischen 1934 und 1936 verfaßt sind. Diese Vorlesungsnotizen wurden lange nach Wittgensteins Zurückweisung des Solipsismus geschrieben. In der Tat beschäftigt sich ein großer Teil der Erörterung in ihnen mit der Aufdeckung der tiefen Irrtümer des Solipsisten. Auf S. 296 wendet Wittgensteins »jüngeres Ich«, wenn ich den Antagonisten des inneren Dialogs so nennen darf, gegen seinen Kritiker ein:

Aber vernachlässigst du nicht etwas – die Erfahrung, oder wie immer du es nennen magst –? Beinahe *die Welt* hinter den bloßen Wörtern?

Im Verlauf der langen Antwort, die Wittgensteins »klügeres Ich« auf die Sache des Solipsisten gibt, sagt er:

Es scheint, daß ich das Leben vernachlässige. Aber nicht das physiologisch verstandene Leben, sondern das Leben als Bewußtsein. Und das Bewußtsein nicht im physiologischen Verständnis oder von außen verstanden, sondern das Bewußtsein als das eigentliche Wesen der Erfahrung, die Erscheinung der Welt, die Welt (NFL S. 297).

Ich denke, es ist kein bloßer Zufall, daß der reife Wittgenstein die Thesen seines solipsistischen Gegners in Worte faßt, die sehr stark an seine eigenen Aufzeichnungen von 1916 erinnern.

In welchem Ausmaß sich Wittgenstein mit dem Solipsismus beschäftigte, wird auch aus einer Reihe von Bemerkungen vom

2. September 1916 deutlich. Im Augenblick sind die folgenden wichtig:

Was geht mich die Geschichte an? Meine Welt ist die erste und einzige!
Ich will berichten, wie *ich* die Welt vorfand.
Was andere mir auf der Welt über die Welt sagten, ist ein ganz kleiner und nebensächlicher Teil meiner Welt-Erfahrung.
Ich habe die Welt zu beurteilen, die Dinge zu messen (*TB* S. 175).

Das Ich, das auf diese Weise der Welt gegenübersteht, ist, so macht er in der folgenden Eintragung klar, das metaphysische Ich, nicht der Mensch, nicht der menschliche Körper, nicht das empirische Ich, die alle zur Welt gehören und auf einer Stufe stehen. Einen Monat später trägt Wittgenstein eine in rein Schopenhauerschen Jargon gekleidete Bemerkung ein – »Wie meine Vorstellung die Welt ist, so ist mein Wille der Weltwille« (*TB* S. 178).
Die Bemerkung im Abschnitt 5.63 des *Tractatus* – »Ich bin meine Welt. (Der Mikrokosmos.)« – hat ihren Ursprung in der Eintragung in den *Tagebüchern* vom 12. Oktober 1916 – »Es ist wahr: der Mensch *ist* der Mikrokosmos.« Die Gleichsetzung des individuellen Bewußtseins mit dem Mikrokosmos und des Mikrokosmos mit dem Makrokosmos ist eine zentrale These bei Schopenhauer. Die hervorstechende Lehre in Schopenhauers Metaphysik ist die vom zweifachen Wesen der Welt als Wille und als Vorstellung. Als Vorstellung ist die Welt relativ zu dem transzendentalen erkennenden Subjekt, welches ihr seine Formen der Vorstellung auferlegt, nämlich Raum und Zeit und den Satz vom zureichenden Grund. Unabhängig von diesen Formen der Vorstellung ist die Welt reiner Wille, der die noumenale Wirklichkeit ist, mit der wir durch unser Wissen von unseren eigenen Handlungen bekannt sind. So spiegelt der Mensch selbst die Dualität der Welt:

Jeder findet sich selbst als diesen Willen, in welchem das innere Wesen der Welt besteht, so wie er sich auch als das erkennende Subjekt findet, dessen Vorstellung die ganze Welt ist, welche insofern nur in bezug auf sein Bewußtsein, als ihren notwendigen Träger, ein Dasein hat. Jeder ist also in diesem doppelten Betracht die ganze Welt selbst, der Mikrokosmos, findet beide Seiten derselben ganz und vollständig in sich selbst. Und was er so als sein eigenes Wesen erkennt, dasselbe erschöpft auch das Wesen der ganzen Welt, des Makrokosmos (*WWV* I S. 193).

Schopenhauer gab zu, daß die Tatsache, daß unsere Einsicht in die noumenale Wirklichkeit auf das Wissen des eigenen im wörtlichen Sinn verkörperten Willens beschränkt ist, einen leicht zum Solipsismus neigen lassen könnte, oder, wie er es nannte, zum »theoretischen Egoismus«. Er behauptete, daß dieser theoretische Egoismus, obwohl er niemals widerlegt werden kann, in Wirklichkeit nicht mehr als ein skeptisches Sophisma sei, welches man nicht ernstzunehmen brauche. Trotz dieser Zurückweisung gibt es aber viele Stellen bei Schopenhauer, bei denen schwer zu verstehen ist, wie der Solipsismus vermieden werden kann. So zum Beispiel:

> die ganze Natur außer ihm [dem erkennenden Subjekt], also auch alle übrigen Individuen, existieren nur in seiner Vorstellung, er ist sich ihrer stets nur als seiner Vorstellung, also bloß mittelbar und als eines von seinem eigenen Wesen und Dasein abhängigen bewußt ...
> ... jedes in der grenzenlosen Welt gänzlich verschwindende und zu Nichts verkleinerte Individuum macht sich dennoch zum Mittelpunkt der Welt ... (*WWV* I S. 391 f.).

Derartige Stellen[15] schlugen offensichtlich bei Wittgenstein eine zutiefst empfängliche Saite an. Gleichermaßen aber wird man nicht erwarten, daß ein Purist wie Wittgenstein sich mit Schopenhauers zungenfertigem Abtun des Solipsismus zufriedengibt.

Schopenhauers Lehren vom Menschen als Mikrokosmos sind von großer Bedeutung in seinen Erörterungen des Todes. »Das Verständnis der Unzerstörbarkeit unseres Wesens fällt mit dem der Identität des Makrokosmos und Mikrokosmos zusammen« (*WWV* II S. 556). Wie bei Schopenhauer finden sich auch bei Wittgenstein interessante Bemerkungen zum Tod, sowohl im *Tractatus* wie in den *Tagebüchern 1914–16*. Sie sind wie so vieles andere dunkel und mysteriös. Diese Bemerkungen sollen zuerst untersucht und dann mit Schopenhauers Schriften verglichen werden, um sie zu erhellen und unsere Untersuchung der Haltung Wittgensteins gegenüber dem Solipsismus weiterzubringen.

Die Bemerkungen des *Tractatus* über den Tod stehen in 6.431 bis 6.4312:

> 6.431 Wie auch beim Tod die Welt sich nicht ändert, sondern aufhört.
> 6.4311 Der Tod ist kein Ereignis des Lebens. Den Tod erlebt man nicht.
> Wenn man unter Ewigkeit nicht unendliche Zeitdauer, sondern Unzeitlichkeit versteht, dann lebt der ewig, der in der Gegenwart lebt.
> Unser Leben ist ebenso endlos, wie unser Gesichtsfeld grenzenlos ist.

15 Siehe auch *WWV* II S. 506. Es gibt viele ähnliche Bemerkungen überall im Buch.

6.4312 Die zeitliche Unsterblichkeit der Seele des Menschen, das heißt also ihr ewiges Fortleben nach dem Tode, ist nicht nur auf keine Weise verbürgt, sondern vor allem leistet diese Annahme gar nicht das, was man immer mit ihr erreichen wollte. Wird denn dadurch ein Rätsel gelöst, daß ich ewig fortlebe? Ist denn dieses ewige Leben dann nicht ebenso rätselhaft wie das gegenwärtige? Die Lösung des Rätsels des Lebens in Raum und Zeit liegt *außerhalb* von Raum und Zeit.
(Nicht Probleme der Naturwissenschaft sind ja zu lösen.)

Diese apokalyptische Stelle folgt auf den bereits untersuchten Abschnitt, in dem Wittgenstein sagt, daß die gute oder schlechte Ausübung des Willens nur die Grenzen der Welt und nicht ihren Inhalt ändern kann; sie läßt die Welt als Ganzes abnehmen oder zunehmen. So ändern sich auch beim Tod nicht die Inhalte der Welt, ändert sich nicht ein Gegenstand unter den vielen. Vielmehr hört die Welt als ganze auf. Die Lösung des Rätsels liegt außerhalb von Raum und Zeit. Das sind mysteriöse Behauptungen, und sie werden gewöhnlich als Dichterfreiheit oder mystische Metaphern abgetan. Es lohnt sich jedoch, tiefer als nur soweit zu sondieren.
Die Behauptung, daß der Tod nicht ein Gegenstand oder eine Weise der Erfahrung ist, ist selbst für einen nüchternen Empiristen leicht einsichtig. Aber der Hinweis, daß beim Tod die Welt aufhört, ist verwirrend. Einiges Licht darauf werfen Schopenhauers Lehren über den Tod und das ewige Leben. Tatsächlich kann man überhaupt nur im Hinblick auf sie Wittgensteins Bemerkungen einen begrenzten Grad von Verständlichkeit zusprechen. Wir haben schon Schopenhauers These betrachtet, daß die Identität von Mikrokosmos und Makrokosmos wesentlich für das Verständnis der Unzerstörbarkeit unseres Wesens ist. Ein Teil von Schopenhauers Erklärung unserer Unzerstörbarkeit enthält einen wesentlichen Bezug zum transzendentalen Idealismus. Die Rätsel des Lebens, der Existenz der Welt vor unserer Geburt und der Fortdauer der Welt nach unserem Tod lassen sich nur mit Hilfe von Kants Lehre von der transzendentalen Idealität der Zeit lösen (*WWV* II S. 534). Denn Kant, so erklärt Schopenhauer, zeigte, daß die Zeit die Form aller Erscheinungen ist, Noumena dagegen, die Dinge, wie sie an sich sind, »außerhalb« der Zeit sind. Nicht nur ist die Zeit die Form der empirischen Erscheinungen, sondern sie ist ein Teil der Struktur des menschlichen Bewußtseins. Die Zeit liegt in uns, vor aller Erfahrung, sie liegt, in Schopenhau-

ers Worten, »in unserer Auffassung präformiert«. Das erkennende Subjekt »ist nicht in der Zeit, denn die Zeit ist erst die nähere Form alles seines Vorstellens« (*WWV* II S. 18). Der Tod ist, so sagt Schopenhauer, das Aufhören einer zeitlichen Erscheinung. Sobald wir aber die Zeit wegnehmen, welche ein Aspekt der Konstitution unseres Bewußtseins ist, wird der Begriff eines *Endes* sinnlos. Wenn die Zeit auf transzendentale Weise ideal ist, dann ist es von einem metaphysischen Standpunkt aus sinnlos davon zu reden, daß das Leben mit dem Tod endet oder daß die Welt fortbesteht, nachdem das Leben aufgehört hat. Der Begriff eines ewigen Lebens in seinem gewöhnlichen Verständnis ist leer: Er hat keine Grundlage in der Erfahrung. Er hat jedoch einen negativen Inhalt, wenn man ihn als »zeitloses Dasein« interpretiert (*WWV* II S. 554). Es ist die Gegenwart, was wirklich zeitlos ist. Empirisch aufgefaßt ist sie gänzlich flüchtig, aber sie »stellt dem metaphysischen Blick, der über die Formen der empirischen Anschauung hinwegsieht, sich als das allein Beharrende dar, das *Nunc stans* der Scholastiker« (*WWV* I S. 329).

Wittgensteins Bemerkungen über den Tod kommen nun erkennbar von Schopenhauer her. Am wichtigsten ist dabei die Tatsache, daß man seinem Denken dieser Gedanken wenig Sinn abgewinnen kann, wenn man nicht annimmt, daß er eine tiefe Wahrheit in der Schopenhauerschen metaphysischen Einsicht und der transzendentalen Idealität der Zeit sah. Nichts, was bisher gesagt wurde, legt jedoch nahe, daß es möglich ist, das, *was* er dachte, sinnvoll zu verstehen. Das dürfte nicht überraschend sein.

Ein letztes Beweisstück könnte dazu dienen, die Interpretation zu verstärken. Es besteht kein Zweifel, daß das, was Wittgenstein »das Mystische« nannte, für ihn von größter Bedeutung war. Aber was er damit meinte, ist unklar. In *Tractatus* 6.45 schrieb er:

> Die Anschauung der Welt *sub specie aeterni* ist ihre Anschauung als – begrenztes – Ganzes.
> Das Gefühl der Welt als begrenztes Ganzes ist das mystische.

Es wäre vorschnell, die zutiefst ernsten und leidenschaftlichen Ansichten eines Menschen über das Mystische zu erklären oder zu rechtfertigen zu versuchen. Aber man kann doch mit viel weniger Kühnheit versuchen, der Entwicklung seines Gedankens nachzugehen. In den *Tagebüchern* hat Wittgenstein am 7. Oktober 1916 einige seiner wenigen Bemerkungen über die Ästhetik eingetragen:

Das Kunstwerk ist der Gegenstand *sub specie aeternitatis* gesehen; und das gute Leben ist das Leben *sub specie aeternitatis* gesehen. Dies ist der Zusammenhang zwischen Kunst und Ethik (*TB* S. 176).

Der behauptete Zusammenhang zwischen Kunst und Ethik findet sich kühn im *Tractatus* 6.421 in Klammern ausgesagt: »Ethik und Ästhetik sind Eins«. Beides läßt sich nicht aussprechen, beides ist transzendental. Es gibt jedoch noch einen weiteren Verbindungsfaden zwischen dem, was Wittgenstein in den *Tagebüchern* über Ästhetik notierte, und den Lehren des *Tractatus*. Unmittelbar vor der Stelle, die wir gerade betrachten, in 6.44, schrieb er: »Nicht *wie* die Welt ist, ist das Mystische, sondern *daß* sie ist.« In den *Tagebüchern* ist dieser Gedanke nicht auf den mystischen, sondern auf den ästhetischen Standpunkt bezogen. Am 20. Oktober 1916 bemerkte er: »Das künstlerische Wunder ist, daß es die Welt gibt. Daß es das gibt, was es gibt.« In der Tat kommt der Terminus »das Mystische« in den *Tagebüchern* nur ein einziges Mal vor (S. 142). Aber wir haben jetzt zwei Beweisstücke, um den ästhetischen und den mystischen Standpunkt zu verbinden. Weitere wichtige Anhaltspunkte lassen sich in Schopenhauers Theorie der Ästhetik entdecken.

Schopenhauer sagt, daß man sich nur in der künstlerischen Anschauung von der Knechtschaft gegenüber dem Willen befreien kann. Nur die ästhetische Erfahrung kann den Intellekt vom Dienst für Wünsche und Neigungen befreien und ihn von den einschränkenden Kategorien des Denkens emanzipieren, unter denen wir die phänomenale Erfahrung zu sehen gezwungen sind. Durch diese Emanzipation können wir zu einer Anschauung der platonischen Formen oder Ideen in einer willenlosen Freiheit kommen und damit ein tiefes Verständnis des inneren Wesens der Wirklichkeit erreichen. Das künstlerische und das philosophische Temperament sind nach Schopenhauers Ansicht eng verbunden: »Der hohe Beruf dieser beiden hat seine Wurzel in der Besonnenheit, die zunächst aus der Deutlichkeit entspringt, mit welcher sie der Welt und ihrer selbst inne werden« (*WWV* II S. 437). Die Phänomenologie der ästhetischen Anschauung wird von Schopenhauer ziemlich ausführlich beschrieben, und sie scheint eine mysteriöse Transformation des Ich einzuschließen. Man muß sich von den gewöhnlichen Kategorien des Denkens befreien, aufhören, »das Wo, das Warum und das Wozu an den Dingen« zu betrachten und statt dessen das »Was« betrachten. Man muß sich vom Willen freimachen, von jeder Leitung, die durch die kategorialen Formen des Satzes vom zureichenden Grund gegeben ist, und sich in die anschauliche Erfahrung versenken. Man muß sein ganzes Bewußtsein mit dem Gegenstand der Kontemplation ausfüllen und dabei seine Individualität verlieren. Man existiert dann nur noch als reines Subjekt, als klarer Spiegel des Gegenstandes; man steht außerhalb von Raum und Zeit, man wird ein »*reines*, willenloses, schmerzloses, zeitloses Subjekt der Erkenntnis«. Das war, so behauptet Schopenhauer,

> was dem Spinoza vorschwebte, als er niederschrieb: *Mens aeterna est, quatenus res sub aeternitatis specie concipit* (*WWV* I S. 211)[16].

Daß diese auffallende Anwendung von Spinozas[17] dritter Form der Erkenntnis auf die ästhetische Anschauung bei Wittgenstein wieder erscheint, kann kaum ein bloßer Zufall sein. Was jedoch besonders wichtig ist, ist, daß die so interpretierte ästhetische Erfahrung dem solipsistischen Standpunkt zugeordnet wird. Geradeso, wie Schopenhauer den philosophischen und künstlerischen Geist mit dem Selbstbewußtsein verband, so legte auch Wittgenstein, wie wir gesehen haben, die Ursprünge von Religion, Wissenschaft und Kunst in das Bewußtsein von der Einzigkeit des Lebens. Dieses Bewußtsein sollte identisch mit dem Leben sein. Der Übergang vom ästhetischen auf den solipsistischen Standpunkt tritt im Verlaufe der Fortsetzung derselben Eintragung in den *Tagebüchern* für den 7. Oktober 1916 auf, die wir untersucht haben. Nachdem er durch den Bezug auf eine Anschauung der Dinge *sub specie aeternitatis* die Verbindung zwischen Ethik und Ästhetik hergestellt hat, schlägt Wittgenstein dann vor, daß der Unterschied zwischen der gewöhnlichen Betrachtungs-

16 Schopenhauer bezieht sich auf Spinozas *Ethik:* »Der Geist ist ewig, insofern er die Dinge unter der Form der Ewigkeit denkt.« (Buch V, Prop. XXXI, Anm.)
17 Das gibt, nebenbei bemerkt, Moores Spinozistischem Titel der englischen Übersetzung der *Logisch-philosophischen Abhandlung* eine gewisse historische Rechtfertigung. Siehe Odgens Brief an Russell vom 5. November 1921, in Russell, *The Autobiography of Bertrand Russell 1914–1944*, London 1968, II.121.

weise der Dinge und der Betrachtung *sub specie aeternitatis* darin liegt, daß erstere die Dinge aus ihrer Mitte sieht, letztere dagegen von außerhalb, so daß sie die ganze Welt als Hintergrund haben. Wenn sie ihn so sieht, »sieht sie«, sagt Wittgenstein, »den Gegenstand *mit* Raum und Zeit statt *in* Raum und Zeit« (geänderte Wortstellung, d. Ü.), sieht ihn »mit dem ganzen logischen Raum«. Am nächsten Tag, dem 8. Oktober 1916, ist die metaphysische, solipsistische Anwendung der zuvor diskutierten fragmentarischen Schopenhauerschen Lehren über Ästhetik sogar noch auffälliger:

Habe ich den Ofen kontempliert, und es wird mir nun gesagt: jetzt kennst du aber nur den Ofen, so scheint mein Resultat allerdings kleinlich. Denn das stellt es so dar, als hätte ich den Ofen unter den vielen, vielen Dingen der Welt studiert. Habe ich aber den Ofen kontempliert, so war *er* meine Welt, und alles andere dagegen blaß ...
Man kann eben die bloße gegenwärtige Vorstellung sowohl auffassen als das nichtige momentane Bild in der ganzen zeitlichen Welt als auch als die wahre Welt unter Schatten (*TB* S. 176).

Damit ist der Großteil der Evidenz zur Unterstützung der These, daß Wittgenstein zwischen 1915 und 1919 einer Form von Solipsismus anhing, welcher in den *Tagebüchern* und im *Tractatus* hervorstechend ist, abgeschlossen. Die Argumentation hat eine genetische Route zu diesem Schluß verfolgt. Wittgensteins Solipsismus war von Schopenhauers Lehren des transzendentalen Idealismus inspiriert. Diese machte er zu seiner eigenen besonderen Form des »theoretischen Egoismus« zurecht, den Schopenhauer beiseitegeschoben hatte. Was der Solipsist meint und zu Recht denkt, ist, daß die Welt und das Leben eins sind, daß der Mensch der Mikrokosmos ist, daß ich meine Welt bin. Diese Gleichungen haben nichts mit traditioneller Mystik zu tun und sind nicht Beschreibungen mystischer Erfahrungen. Sie hängen auch nicht mit dem ethischen Stoizismus zusammen, so daß sie eine Weigerung enthalten würden, sich mit einem Teil der Welt zu identifizieren[18]. Sie drükken eine Lehre aus, die ich als transzendentalen Solipsismus be-

18 Diese Interpretation gibt B. F. McGuinness, »The Mysticism of the *Tractatus*«, *The Philosophical Review* 75 (1966), S. 305–328. McGuinness legt nahe, daß die Erkenntnis, daß die Welt meine Welt ist, ein wesentlicher Teil des Glücks ist, daß »ich bin meine Welt« eine Weigerung darstellt, sich mit den physiologischen und psychologischen Besonderheiten und dem Leben eines ein-

zeichnen möchte. Sie enthalten einen Glauben an die transzendentale Idealität der Zeit[19] (und vermutlich des Raumes), eine ziemlich verkehrte Interpretation der Kantischen Lehre von der Einheit der Apperzeption zusammen mit der Übernahme von Schopenhauers Verdinglichung der Einheit des Bewußtseins, sowie andere verwandte und unverdaute Theorien über Ethik, den Willen, Ästhetik und Religion. Die Originalität dieser Lehren bei Wittgenstein ist geringfügig, ihre Abstammung ist von zweifelhafter Legitimität, und ihre Gültigkeit nicht nur ein wenig fraglich. Wittgensteins Originalität in dieser Sache liegt in seinem Versuch, diese Lehren genau in die komplizierte Bedeutungstheorie zusammenzupassen, mit der sich der größte Teil des *Tractatus* beschäftigt. Anders als Kant und Schopenhauer dachte Wittgenstein, daß seine transzendental-idealistischen Lehren zwar von größter Wichtigkeit sind, sich aber nicht wörtlich ausdrücken lassen. Obwohl das, was der Solipsist meint, richtig ist, läßt es sich nicht sagen; es zeigt sich. Diesem Aspekt der Lehre müssen wir uns jetzt zuwenden und der schwachen semantischen Route zum Solipsismus nachzugehen versuchen, welche mit der idealistischen Route konvergiert.

zelnen Individuums zu identifizieren. Er unterstützt diese Interpretation hauptsächlich durch Bezugnahme auf *TB* S. 175 Absatz 5, *TB* S. 175 Absatz 6 und 7, und *TB* S. 177 Absatz 2, und bringt sie mit der traditionellen Mystik in Verbindung. An den letzten beiden Stellen geht es um eine Bekämpfung von Schopenhauers Lehre, daß wir die noumenale Wirklichkeit über unsere Erkenntnis unserer intentionalen Handlungen erkennen. Die erste befaßt sich mit der Identifikation des philosophischen Ich mit dem transzendentalen Subjekt. Diese Lehren haben nichts damit zu tun, daß Teilen der Welt Wichtigkeit zugeschrieben würde, und auch nichts mit dem Glück der Stoischen Haltung.

19 Es findet sich, was ziemlich überraschend ist, in den frühen Schriften sehr wenig über das Wesen der Zeit. Daß der Lehre, daß Raum und Zeit Formen der Anschauung sind, eine Interpretation gegeben werden kann, wird in den »Aufzeichnungen, die G. E. Moore nach Diktat niedergeschrieben hat« von 1914 zu verstehen gegeben (*TB* S. 252). Daß Raum und Zeit relativ sind, wird im Brief Nr. 25 an Russell vom Januar 1914 nahegelegt (*TB* S. 273). Die schon untersuchten Ansichten über den Tod, die Bedeutung des Lebens und die Lösung seines Rätsels ebenso wie die Konzeption der ästhetischen oder mystischen Anschauung binden Wittgenstein an irgendeine Form der Lehre von der Idealität der Zeit.

4. »Die Grenzen der Sprache bedeuten die Grenzen meiner Welt«

Wir haben im vorhergehenden Kapitel gesehen, daß die Bedeutungstheorie, die Wittgenstein im *Tractatus* vorlegt, einerseits streng egozentrisch ist und sich andererseits mit einer »Sprache des Augenblicks« beschäftigt. Alles, was ich als eine Sprache verstehen kann, muß gewissermaßen sowohl eine Substanz als auch eine Erscheinung haben. Die Erscheinung ist das gesprochene oder geschriebene Satzzeichen. Die Substanz ist die mentale Begleiterscheinung. Die Substanz der Sprache muß von mir geliefert werden. Der Satz »›Bedeutung‹ bekommen die Dinge erst durch ihr Verhältnis zu meinem Willen« ist nicht nur ein ethisches Prinzip, sondern auch ein semantisches. Wittgenstein fügt die mysteriöse Bemerkung hinzu: »Jedes Ding ist, was es ist, und kein ander Ding[20].« Satzzeichen sind nur »Schriftbilder«, nur durch ihr Verhältnis zu *meinem Willen* stellen sie Symbole dar. Die metaphysische Route zum Solipsismus schließt den Versuch ein, das Bewußtsein »von innen« zu erfassen. Die semantische Route versucht, die Sprache von innen zu erfassen. Von diesem Standpunkt aus ist die Sprache *meine* Sprache. Wenn ein Satzzeichen Sinn haben soll, muß ich die Projektionsmethode denken. Was ich nicht projizieren kann, ist keine Sprache. Ohne die Begleiterscheinung meines Bewußtseins ist die Sprache nichts als eine Hülse. »*Ich* habe die Welt zu beurteilen, die Dinge zu messen« (*TB* S. 175), und das Maß der Welt ist der Satz, dessen Sinn *ich* denke.

Diese dünne semantische Route zum sprachlichen Solipsismus, d. h. die Gleichsetzung der Sprache mit meiner Sprache, hat eine Parallele in der semantischen Route zur sprachlichen Seele als dem Analogon zum metaphysischen Ich. Denn das Ich, welches die Projektionsmethode denkt, kann, so könnte es scheinen, nicht durch die Sprache erfaßt werden, die es erzeugt. Die metasprachliche Seele ist gleichsam der blinde Fleck auf dem Netzhautbild, dem nichts im Wahrnehmungsbild entspricht. Die Grenzen des blinden Flecks bestimmen das Wahrnehmungsbild (*TB* S. 192; siehe oben S. 95). Ohne ihn ist der Vergleich zwischen Sprache und Wirklich-

20 Für eine ähnlich orakelhafte Behauptung von Butlers Ausspruch siehe auch *PB* § 163.

keit unmöglich. Ein ähnlicher Vorschlag findet sich in einem Aufsatz von Wiggins[21]. Man könnte argumentieren (wobei es sich, wie Wiggins nahelegt, aber um einen Fehlschluß handelt), daß ein Bewußtsein *B*, welches sich einer Tatsache ‹x. y. z.› bewußt ist und die Wahrheit des sie beschreibenden Satzes weiß, irgendwie eine Struktur annehmen muß, welche ‹x. y. z.› mittels einer Reihe psychischer Elemente ‹t. u. v.›, welche die passende Anzahl von Elementen in einer analogen Verkettung enthält, durch eine gegebene Projektionsmethode spiegelt. Das Argument, das Wiggins widerlegt, verläuft nun so, daß ein Bewußtsein *B* nicht selbst sowohl eine Zustandsbeschreibung Z darstellen als auch gleichzeitig *B* selbst innerhalb einer solchen Zustandsbeschreibung darstellen kann, so daß es sowohl die Zustandsbeschreibung als auch seinen eigenen Zustand weiß. Denn darin liegt, so scheint es, ein infiniter Regreß – wie ein Stadtplan nicht eine Darstellung des Stadtplans enthalten kann, der in der Hochstraße steht.

Die Evidenz für diese semantische Route ist, gelinde gesagt, dürftig. Sie stellt jedoch die einzige Möglichkeit dar, wie man die Erörterung des philosophischen Ich und von Tod und Unsterblichkeit mit dem übrigen Inhalt des Buches verbinden kann. Es ist üblich, den *Tractatus* als ein vollständiges und völlig einheitliches Werk zu betrachten und folglich zu denken, daß die sogenannten »mystischen« Teile des Buches »ein Gipfelpunkt des Werkes sind, der auf alles Vorausgehende zurückstrahlt[22]«. Das ist jedoch meines Erachtens bestenfalls irreführend und schlimmstenfalls irrtümlich. Es stimmt, daß diese Abschnitte des *Tractatus* mit dem Vorausgehenden in Zusammenhang stehen, obwohl der Zusammenhang dünn ist. Es stimmt auch, daß sie von großer Wichtigkeit für Wittgenstein waren. Es stimmt jedoch nicht, daß sie aus den früheren Abschnitten des Buches folgen, daß man die Semantik nicht akzeptieren kann, ohne den Solipsismus, den ethischen Agnostizismus und die Theorie von der Nichtaussprechbarkeit der Ästhetik anzunehmen. Die Zusammenhänge lassen sich als etwas enger sehen, wenn man auf zwei weitere Überlegungen Bezug nimmt. Die

21 D. Wiggins, »Freedom, Knowledge, Belief and Causality«, in *Knowledge and Necessity*, Royal Institute of Philosophy Lectures, 3 (1968–1969), hrsg. von G. N. A. Vesey, London 1970, S. 150–151.

22 E. Zemach, »Wittgenstein's Philosophy of the Mystical«, in *Essays on Wittgenstein's Tractatus*, hrsg. von I. M. Copi und R. W. Beard, S. 359.

erste betrifft die Lehre von der Manifestation des nicht ausdrückbaren, aber doch richtigen Solipsismus.
Der Abschnitt 5.5561 bringt einen schon erwähnten Punkt zum Ausdruck – daß die empirische Wirklichkeit durch die Gesamtheit der Gegenstände begrenzt ist. Da Gegenstände weder entstehen noch vergehen, sind alle möglichen Welten durch die Gesamtheit der Gegenstände und ihre möglichen Verkettungen bestimmt. Diese Grenze der empirischen Wirklichkeit, diese Menge aller möglichen Welten, manifestiert sich in der Gesamtheit der Elementarsätze. Daß es Elementarsätze gibt und in der Tat geben muß, wissen wir aus apriorischen Gründen (siehe oben, Kap. II S. 65). Die Logik kann jedoch nicht ein Beispiel eines Elementarsatzes hervorbringen; denn das würde heißen, die Erfahrung und die Anwendung der Logik zu antizipieren. Die Logik ist vor jeder Erfahrung (*TLP* 5.552). Sie erfordert nur, daß etwas existiert. Sie ist, so bemerkt Wittgenstein, wobei er vielleicht auf Schopenhauer anspielt[23], vor der Frage »Wie?«, nicht vor der Frage »Was?«. Wie die Substanz der Welt angeordnet ist, ist eine aposteriorische Sache, daß die Welt eine Substanz hat, dagegen nicht. Die Grenzen der Logik sind die Form der Welt, und was zu ihrem Inhalt gehört, ist Sache der Anwendung der Logik, d. h. der Erfahrung und ihrer Analyse.
Diese Bemerkungen bilden den Hintergrund, auf dem Wittgenstein zur Darlegung seiner Ansichten über den Solipsismus übergeht. Die bisher erreichten Folgerungen können jetzt für die Erörterung wirksam gemacht werden. Die Abschnitte unter 5.6 beginnen mit der Gleichsetzung der Grenzen *meiner* Sprache mit den Grenzen meiner Welt. Die folgende Bemerkung setzt die Grenzen *der* Welt mit den Grenzen der Logik gleich. Erklärt wird das durch Bezug auf die vorhergehenden Behauptungen, daß die Logik nicht die Inhalte der Welt antizipieren kann. Die Erklärung schließt mit der These von der Nicht-Ausdrückbarkeit des Undenkbaren, welche, wie Abschnitt 5.62 behauptet, den Schlüssel für das Problem liefert, inwieweit der Solipsismus eine Wahrheit ist. Die Antwort lautet, daß das, was der Solipsist meint, richtig ist, daß es sich nur nicht sagen läßt; es zeigt sich. Was der Solipsist meint, ist, daß *die* Welt *meine* Welt ist. Diese nicht ausdrückbare Wahr-

23 *WWV* I S. 145.

heit zeigt sich in der Tatsache, daß »die Grenzen *der* Sprache (der Sprache, die allein ich verstehe) die Grenzen *meiner* Welt bedeuten« (*TLP* 5.62)[24].

Daß die Grenzen meiner Sprache mit den Grenzen meiner Welt identisch sind, ist durch Bezug auf das Vorhergehende leicht verständlich. Die Grenzen der Sprache und damit die Grenzen meiner Sprache werden vom Nicht-Kontingenten gebildet. Die Sprache kann nur kontingente Wahrheiten ausdrücken, sie kann nur dann sagen, daß es sich so und so verhält, wenn es sich auch anders verhalten könnte. Nur sinnvolle Sätze sagen etwas. Tautologien und Kontradiktionen sagen nichts, – sie sind sinnlos. Sie zeigen die Struktur und somit die Grenzen der Welt. Denn Tautologien und Kontradiktionen, die wahr bzw. falsch in allen möglichen Welten sind, zeigen die Grenzen der empirischen Wirklichkeit, die durch die Gesamtheit der Elementarsätze gebildet wird, die wiederum durch die Gesamtheit der Gegenstände bestimmt sind. Daß die Grenzen der Logik die Grenzen der Welt sind, ist ebenfalls offensichtlich. Die Logik ist auf das Nicht-Kontingente beschränkt, auf das notwendig Wahre oder notwendig Falsche. Sie kann nicht die Erfahrung antizipieren. Sie kann nicht ihre Grenzen überschreiten, um uns zu sagen, welche aller möglichen Welten diese Welt ist, ebenso wie die Erfahrung – die Welt – uns nicht sagen kann, was notwendig so oder anders ist. Daß die Welt meine Welt ist, daß die Welt und das Leben eins sind, daß ich meine Welt bin, sind alles Ausdrücke der Lehren des bereits untersuchten transzendentalen Solipsismus. Diese Lehren lassen sich nicht ausdrücken. Denn die Tatsache, daß die Welt meine Welt ist, ist keine kontingente Wahrheit, die anders sein könnte. Das Ich, dessen Vorstellung die Welt ist, ist nicht eines unter anderen. Daß die Erfahrung allgemein, die einzige Erfahrung, die ich antreffen kann, die meine ist, – ist nicht etwas, das auch anders sein könnte. »Alles, was wir überhaupt beschreiben können, könnte auch anders sein« (*TLP* 5.634), und daher läßt sich dieses nichtkontingente Besitzverhält-

24 Der hitzige Streit über die richtige Übersetzung dieser Stelle (ins Englische, und damit die Wortbeziehungen im Deutschen, d. Ü.) ist inzwischen durch Verweis auf Wittgensteins Verbesserungen von Ramseys Kopie der ersten Auflage des *Tractatus* beigelegt. Es ist jetzt klar, daß sich »allein« auf »Sprache« und nicht auf »ich« bezieht. Siehe C. Lewy, »A Note on the Text of the *Tractatus*«, *Mind* 76 (1967), S. 419.

nis nicht beschreiben. Weiterhin enthalten die solipsistischen Lehren einen wesentlichen Bezug auf das metaphysische Ich. Das metaphysische Ich aber ist weder ein Gegenstand, der in einer vollständig analysierten Sprache die Referenz eines Namens bildet, noch ist es eine zusammengesetzte Struktur, die aus derartigen Gegenständen besteht. »Das Ich des Solipsismus schrumpft« daher »zum ausdehnungslosen Punkt zusammen«, über den sich nichts sinnvoll sagen läßt. Aber die Sprache spiegelt die Notwendigkeiten, die die Wirklichkeit begrenzen, in ihrer Struktur. Daß die Welt meine Welt ist, zeigt sich in der Identität der Grenzen der Sprache – die meine Sprache ist – und der Grenzen der Welt – die meine Welt ist.

Das führt uns zu der letzten solipsistischen Lehre des *Tractatus*. »[Hier sieht man, daß] der Solipsismus, streng durchgeführt, mit dem reinen Realismus zusammenfällt. Das Ich des Solipsismus schrumpft zum ausdehnungslosen Punkt zusammen, und es bleibt die ihm koordinierte Realität« (*TLP* 5.64). Wittgensteins Lehren haben natürlich die Implikationen des Solipsismus weiter verfolgt. Wie zeigen sie, daß der Solipsismus – auf paradoxe Weise – mit dem reinen Realismus zusammenfällt? Die Analyse von Sätzen über das Bewußtsein anderer wird das metaphysische Ich nicht erwähnen, auch keine Cartesische *res cogitans*. Es ist einleuchtend zu denken, daß sie auf irgendeine Weise in der Begrifflichkeit von Namen, die auf Elemente meiner Erfahrung referieren, analysiert werden[25]. Wenn also der erkenntnistheoretische Realismus grob gesagt die *commonsense* Auffassung der Welt ist, wie sie in Sätzen wie »*A* hat Zahnschmerzen«, »der Baum wirft seine Blätter ab« zum Ausdruck kommt, dann leugnet der transzendentale Solipsismus nicht, daß solche Sätze manchmal wahr sind. Und in der Tat behauptet er auch nicht, daß »Ich bin die einzige Person, die existiert« wahr ist. Was er behauptet, ist, daß die Analyse solcher

25 Das wird von vielem des bereits analysierten Materials nahegelegt. Weitere Stützung findet sich in Wittgensteins Aufsatz »Some Remarks on Logical Form«. Eine interessante Debatte über Wittgensteins Solipsismus entstand aus S. Stebbings Vortrag »Logical Positivism and Analysis«, *Proceedings of the British Academy*, 19 (1933), S. 53–88, und wurde von R. B. Braithwaite, J. O. Wisdom, M. Cornford und S. Stebbing in *Analysis* 1 (1933) verfolgt. Natürlich hatte Wittgenstein bis dahin seine Position radikal geändert, daher sein wütender Brief an *Mind* in Beantwortung von Braithwaites Aufsatz in *University Studies, Cambridge 1933* (siehe *Mind* 42 [1933] S. 415 f.).

Sätze in Elementarsätze auf eine bestimmte Weise auszuführen ist. Die Wahrheit des Solipsismus wird sich in der Tatsache zeigen, daß sich die Analyse von »Ich habe Zahnschmerzen« in wichtigen Hinsichten von der Analyse von »*A* hat Zahnschmerzen« (wo *A* nicht ich selbst bin) unterscheidet. Die erstere wird eine Referenz auf das Erlebnis von Zahnschmerzen einschließen. Die letztere wird nur auf das Verhalten referieren, welches andere zeigen, wenn von ihnen gesagt wird, daß sie Zahnschmerzen haben. Aber selbst in der Analyse von »Ich habe Zahnschmerzen« wird das metaphysische Ich, das Ich des Solipsismus, nicht auftreten. Es wird die konstante Form aller Erfahrung sein, die in der idealen Notation durch die Variable oder Variablen dargestellt wird, deren Werte Namen nicht-analysierbarer Elemente der Erfahrung oder vielleicht allgemein Namen von Gegenständen sind.

Somit läßt sich alles, was der Realist sagen will, sagen. Und über nichts, was der Wittgensteinsche Solipsist sagen will, läßt sich reden. Es wird keine praktische Meinungsverschiedenheit zwischen ihnen geben, und sie werden sich auch nicht über die Wahrheitswerte von Sätzen der gewöhnlichen Sprache streiten. Aber die Analyse solcher Sätze wird die transzendentalen Wahrheiten zeigen, die sich nicht sagen lassen. Wittgensteins Lehre im *Tractatus* läßt sich am besten als Empirischer Realismus und Transzendentaler Solipsismus beschreiben.

5. Spätere Jahre

Wenn wir uns Wittgensteins Schriften nach 1929 zuwenden, finden wir natürlich große Veränderungen. Sicherlich wollte er »nur kein transzendentales Geschwätz[26]«. Jedoch gibt es in seinen Schriften viel Evidenz dafür, daß sich interessante Kontinuitäten in der Veränderung durchhielten. Sowohl die Unterschiede als auch die Ähnlichkeiten werden uns in den folgenden Kapiteln beschäftigen. Im Augenblick verdienen zwei Punkte die Aufmerksamkeit. Der erste betrifft die Anführung von weiterer Evidenz *ex post facto* für die bisher vorgelegte transzendental-solipsisti-

26 Die Wendung stammt von Wittgenstein, wenn sie auch in einem anderen Kontext gebraucht wird, in dem unklar ist, worauf sie sich bezieht. Sie wurde geschrieben in einem Brief an Engelmann im Jahr 1918. Siehe *LLW* S. 10 f.

sche Interpretation. Beim zweiten handelt es sich um einen ethischen Exkurs.

G. E. Moore berichtet in seinen Aufzeichnungen von Wittgensteins Vorlesungen in den Jahren 1930–33, daß Wittgenstein in den Vorlesungen von 1932–33 sagte, daß er selbst oft versucht war zu sagen, daß alles, was wirklich und gewiß ist, die Erfahrung des gegenwärtigen Augenblicks sei. Jeder, der überhaupt versucht ist, an die Wahrheit des Solipsismus oder Idealismus zu glauben, kennt, so sagte er weiter, die Versuchung zu sagen, daß die einzige Wirklichkeit meine gegenwärtige Erfahrung ist. Unter Voraussetzung unserer vorhergehenden Erörterung ist jetzt die Annahme einleuchtend, daß Wittgenstein nicht nur versucht war, sondern der Versuchung erlag. Der Gedanke, daß *dieser* Augenblick allein wahre Wirklichkeit besitzt, steht erkennbar in Zusammenhang mit der These der *Tagebücher,* daß man die »bloße gegenwärtige Vorstellung« als die »wahre Welt unter Schatten« auffassen kann. Er steht auch in Beziehung zu Schopenhauers Behauptung, daß »die *Gegenwart* allein die Form alles Lebens ist« (*WWV* I S. 328). Es ist daher kein bloßer Zufall, daß er in seinen vielen späteren Argumenten gegen den Solipsismus und Idealismus die Sache seines Gegners in Begriffen, Metaphern und Gleichnissen formuliert, die stark an seine eigenen jugendlichen Gedanken erinnern. Wir haben ein Element dieser Entsprechung schon in den »Notes for Lectures« gesehen, und es ist kein einzelnes. Wittgenstein brachte die Phänomenologie der solipsistischen Gemütsverfassung wiederholt mit dem Starren in Verbindung (siehe z. B. *BB* S. 105, NFL S. 309, *PU* § 398). Ähnlich erscheint der Schopenhauersche Bezug auf das Ich als das »Zentrum der Welt«, mittels dessen Wittgenstein seine Sache in den *Tagebüchern* darstellte, in der ausführlichen Kritik am Solipsisten in den »Notes for Lectures«, S. 299, wieder. »Aber ich bin in einer begünstigten Stellung«, bemerkt Wittgensteins Gegner, »ich bin das Zentrum der Welt.« Wie wir in den folgenden Kapiteln sehen werden, sind viele seiner bekanntesten Erörterungen in seinem späteren Werk gegen seine früheren Meinungen und einige ihrer Folgen, die er erst hinterher erkannte, gerichtet.

Ich habe nahegelegt, daß die hauptsächliche Inspiration für die sogenannten »mystischen« Abschnitte des *Tractatus* außerhalb des Buches liegt. Sicherlich passen einige Aspekte der transzendentalen

Thesen genau in die Bedeutungstheorie, was den zusätzlichen Vorteil hat, daß sie aus dieser Vereinigung als nicht-ausdrückbar hervorgehen. Das impliziert natürlich keinerlei Schmälerung der Wichtigkeit, die diese Lehren für Wittgenstein haben. Im Gegenteil könnte die Tatsache, daß sich die beiden Gedankenstränge auf diese Weise verweben lassen, Wittgenstein als eine teilweise Bestätigung für jeden von ihnen erschienen sein. Denn es besteht kein Zweifel, daß ihm, als er den *Tractatus* zusammenstellte, gerade die Tatsache, daß die vorgelegte Philosophie der Logik die Grenzen der Sprache an der Grenze von allem, was »höher« ist, zog – also Ethik, Ästhetik und Religion ebenso wie die Philosophie selbst und die begleitenden Lehren des transzendentalen Solipsismus – die Haupterrungenschaft des Buches schien. In einem Brief an Ludwig von Ficker, der offenbar im Oktober 1919 verfaßt ist, schrieb Wittgenstein:

... der Sinn des Buches ist ein ethischer. Ich wollte einmal in das Vorwort einen Satz geben, der nun tatsächlich nicht darin steht, den ich Ihnen aber jetzt schreibe, weil er Ihnen vielleicht ein Schlüssel sein wird. Ich wollte nämlich schreiben, mein Werk bestehe aus zwei Teilen: aus dem, der hier vorliegt, und aus alledem, was ich *nicht* geschrieben habe. Und gerade dieser zweite Teil ist der wichtige. Es wird nämlich das Ethische durch mein Buch gleichsam von innen her begrenzt; und ich bin überzeugt, daß es, *streng*, NUR so zu begrenzen ist. Kurz, ich glaube: Alles das, was *viele* heute *schwefeln*, habe ich in meinem Buch festgelegt, indem ich darüber schweige ... Ich würde Ihnen nun empfehlen, das *Vorwort* und den *Schluß* zu lesen, da diese den Sinn am Unmittelbarsten zum Ausdruck bringen[27].

Natürlich sind es das Vorwort und der Schluß, die hervorheben, wie wichtig es ist, dem Denken Grenzen zu ziehen. Ferner betonen die Stellen unmittelbar vor der Schlußbemerkung die Nicht-Ausdrückbarkeit des »Höheren«. Trotz dieses Bekenntnisses darf man nicht vergessen, daß die Begründung für die Unaussprechlichkeit der Ethik, um es gelinde zu sagen, dürftig ist. Sie hängt allein an der Nicht-Kontingenz des Ethischen, ein Punkt, der mehr behauptet als begründet wurde. Logisch notwendige Wahrheiten aber sind ausdrückbar, nämlich durch die sinnlosen Sätze der Logik. Kategoriale Notwendigkeiten werden in den Bildungsregeln der

27 Zitiert im Anhang des Herausgebers zu *LLW*, deutsche Ausgabe, S. 121. Vgl. *Ludwig Wittgenstein, Briefe an Ludwig von Ficker*, S. 35, hrsg. von G. H. von Wright unter Mitarbeit von W. Methlagl.

Sprache widergespiegelt, aber können nicht in der Sprache ausgedrückt werden. Jeder Versuch, sie auszudrücken, involviert den Gebrauch formaler Begriffe und damit eine Verletzung von Regeln der logischen Syntax. Ethische Pseudo-Sätze aber sind nicht Tautologien oder Kontradiktionen, und es ist gewiß nicht offensichtlich, daß ethische Prädikate formale Begriffe sind. Wären sie es, dann würde aber ebenfalls gelten, daß sie Variablen darstellen, die eine Reihe von Gegenständen einer gegebenen Kategorie als Werte annehmen. Wir erhalten jedoch keinen Hinweis, was diese sein könnten. Kurz, Wittgensteins Brief an von Ficker ist entweder eine Selbsttäuschung oder unaufrichtig.

1929 stürzte Wittgenstein seine frühere semantische Theorie um und ließ sich auf die doppelte Aufgabe ein, zum einen die Semantik des *Tractatus* zurückzuweisen und ihre irrigen Voraussetzungen zu enthüllen, zum anderen eine neue Bedeutungstheorie mit ganz anderen Implikationen zu konstruieren. Mit dem Zusammenbruch der logischen Unabhängigkeit der Elementarsätze stürzte der Hauptteil der Lehren der Bedeutung im *Tractatus* wie eine Reihe von Dominosteinen zusammen. Mit ihnen fiel die spezielle Form des Solipsismus und der implizite Transzendentalismus, der ihn begleitete und unterstützte. Es ist jedoch interessant, daß die ethischen Theorien – jedenfalls während der Zeit von 1929–30 – aufrechterhalten wurden. Im *Tractatus* erhielten die ethischen Ansichten von der Semantik und Metaphysik schwache Unterstützung. In der Übergangsperiode scheinen dieselben Lehren vollständig in der Luft zu hängen. Die Evidenz dafür findet sich in Waismanns Aufzeichnungen von Gesprächen mit Wittgenstein und in Wittgensteins Vortrag über Ethik[28], der in Cambridge innerhalb des Zeitraums gehalten wurde, über den sich Waismanns Aufzeichnungen erstrecken.

Die Identität von Ethik und Ästhetik wird nochmals bestätigt (S. 4); daß die Ethik transzendental ist, wird nicht nochmals in denselben Worten gesagt. Wittgenstein sagt jetzt, daß sie übernatürlich ist. Die Lehre, daß die Welt nur aus Tatsachen besteht und daß der Wert nicht innerhalb der Welt existiert, wird ganz explizit dargelegt. Wenn ein allwissender Mensch alles, was er weiß, in ein Buch schreiben würde, dann würde dieses Buch, so

28 Veröffentlicht in *The Philosophical Review* LXXIV (1965), S. 3–12. Die Seitenangaben im Text beziehen sich auf diesen Band.

legt Wittgenstein nahe, eine vollständige Weltbeschreibung enthalten. Es würde jedoch kein Urteil über Ethik enthalten. Eine Folge dieser Ansicht ist wie zuvor ein radikaler Nicht-Naturalismus. In der Weltbeschreibung würde nicht einmal etwas ein ethisches Urteil implizieren, denn eine Tatsachenaussage kann nie ein Werturteil sein oder implizieren (S. 6). Die Nicht-Aussprechbarkeitsthese des *Tractatus* wird ebenfalls bekräftigt. Unsere Wörter können nur Tatsachen ausdrücken, nicht das Übernatürliche. Wenn man das Wesen des Ethischen durch eine Theorie erklären könnte, dann hätte das Ethische keinen Wert (*WWK* S. 116 f.). Der Versuch, ethische Urteile auszudrücken, kann nur zu etwas führen, was wörtlich genommen unsinnig ist. Es gehört zu ihrem Wesen, daß sie sich so verhalten. Denn der Versuch, das Ethische auszusagen, besteht darin zu versuchen, »über die Welt hinauszugehen«, und damit auch über die sinnvolle Sprache. Der Gedanke oder die Erfahrung des ethischen Wertes kann, so betont Wittgenstein, – paradoxerweise – durch Gleichnisse vermittelt werden, obwohl auch die Gleichnisse wörtlich genommen unsinnig sind. Wittgenstein greift drei Erfahrungen heraus, die ihn, wie er sagt, in die Lage versetzen, sein Bewußtsein auf das zu richten, was er mit ethischem oder absolutem Wert meint. Die erste ist Verwunderung und Staunen über die Existenz der Welt[29]. Die zweite ist die Erfahrung, sich absolut sicher zu fühlen[30], die letzte die Erfahrung von Schuld. Die erste ist natürlich identisch mit dem, was in den *Tagebüchern* »das künstlerische Wunder« und im *Tractatus* »das Mystische« heißt. Das zweite Phänomen, das Gefühl einer absoluten Sicherheit, steht wahrscheinlich im Zusammenhang mit den Überlegungen in den *Tagebüchern* zu dem Thema, sich »unabhängig von der Welt« zu machen (*TB* S. 165; 11. Juni 1916 usw.). Die Beschreibungen der ersten beiden Erfahrungen (er verweilt nicht bei der dritten) sind unsinnig, weil es nicht sinnvoll ist, über die Existenz der Welt zu staunen, denn, so sagt er, es ist unvorstellbar, daß sie nicht existiert. Man kann nur dann darüber

29 Diese Erfahrung scheint weitgehend dieselbe zu sein wie diejenige, die von Schopenhauer als der Ursprung der Philosophie allgemein beschrieben wird – nämlich eine »Verwunderung über die Welt und unser eigenes Dasein«, – eine Ansicht, die letztlich auf Platon zurückgeht (siehe *WWV* II S. 188).

30 Es ist interessant, das mit Lichtenbergs »Amintors Morgenandacht« zu vergleichen.

staunen, daß das-und-das der Fall ist, wenn das-und-das auch nicht der Fall sein könnte. Ähnlich ist es unsinnig, von »sicher, was auch immer geschieht« zu reden. Das sind nur mehr oder weniger wirkungslose Versuche, das Nicht-Ausdrückbare auszudrücken. Sie sind Manifestationen der tiefen Neigung des menschlichen Verstandes, gegen die Grenzen der Sprache anzurennen:

[Der Ausgang aller dialektischer Versuche der reinen Vernunft bestätigt nicht allein ...] daß alle unsere Schlüsse, die uns über das Feld möglicher Erfahrung hinausführen wollen, trüglich und grundlos sind; sondern lehrt uns zugleich dieses Besondere: daß die menschliche Vernunft dabei einen natürlichen Hang habe, diese Grenze zu überschreiten, daß transzendentale Ideen ihr ebenso natürlich seien, als dem Verstande die Kategorien ...[31].

Die Kantische Vorstellung klingt bei Wittgenstein nach.

31 Kant, *Kritik der reinen Vernunft*, A 642, B 670.

IV Desintegration und Rekonstruktion

1. Das Problem des Sich-Ausschliessens von Farben

Die im *Tractatus* vorgelegte Philosophie schien Wittgenstein zumindest den Entwurf für die Lösung aller Probleme der Philosophie zu enthalten. Zwischen der Vollendung des Werks im Jahr 1918 und dem Jahr 1929 gab Wittgenstein die philosophische Forschung auf. Seine Arbeit nach seiner Rückkehr zur Philosophie im Jahr 1929 schloß die Verfolgung von zwei allgemeinen Zielen in sich. Die kritische und destruktive Aufgabe betraf die Demontage des größten Teils der Philosophie des *Tractatus* sowie ein ausführliches Sondieren nach den tiefen Irrtümern, die im Bild der Sprache, das der *Tractatus* gibt, enthalten sind. Das positive und konstruktive Ziel war, eine ebenso umfassende Menge von Antworten auf ziemlich dieselbe Reihe philosophischer Probleme, die der *Tractatus* aufstellt, wiederaufzubauen. Die Auffassung von Philosophie blieb relativ konstant[1]; Die Auffassung von Sprache änderte sich tiefgreifend. Dieses Kapitel befaßt sich als erstes mit der Desintegration der Philosophie des *Tractatus* und als zweites mit einer kurzen Skizze der Inspiration für die Rekonstruktion in den 1930er Jahren und ihrer allgemeinen Richtung.
Mit den Qualifikationen, die sich implizit oder explizit aus den letzten beiden Kapiteln ergeben, ist der *Tractatus* eine wohlintegrierte Philosophie. Es ist daher plausibel zu vermuten, daß man die Demontage der Struktur von mehr als einem Punkt aus beginnen könnte. Für Wittgenstein selbst jedoch stellte sich die Schwäche an einem Punkt heraus, der als eine Detailfrage erscheinen könnte. Ebenso wie eine große wissenschaftliche Theorie *in besonderen Umständen* durch eine einzige entscheidende Art von Beobachtung bestätigt oder falsifiziert werden könnte (z. B. die Relativitätstheorie und die Präzession des Perihel des Merkur), so brach Wittgensteins erste Philosophie an ihrer Unfähigkeit zusammen, ein einziges Problem zu lösen – das Sich-Ausschließen von Farben. Sobald die Widerspenstigkeit dieses Problems einmal deutlich wurde, brachen die Hauptstützen des ganzen Systems zusammen. Unser erstes Geschäft besteht darin, die Unlösbarkeit des Problems der Unvereinbarkeit von Farben zu untersuchen.

1 Siehe unten Kap. V.

Die Ausgangsmenge relevanter Lehren des *Tractatus,* an die man in diesem Kontext denken sollte, sind die folgenden. Elementarsätze bestehen aus einer wohlgeformten Anordnung von Namen, die auf ewige, elementare, nicht-zusammengesetzte Gegenstände referieren. Gegenstände, die in einer elementaren Tatsache verkettet sind, werden durch einen gleichgestaltigen Elementarsatz beschrieben, dessen logische Unabhängigkeit von anderen Elementarsätzen die logische Unabhängigkeit atomarer Tatsachen spiegelt. Die spezifischen Formen von Elementarsätzen sind eine Sache, die später herauszufinden ist. Die Wahrheit wird bestimmt, indem man jeden Elementarsatz wie einen Maßstab an die Wirklichkeit anlegt; der Satz ist bipolar, so daß er der Wirklichkeit nur für eine Ja- oder Nein-Antwort Raum läßt. Nicht-elementare Sätze sind wahrheitsfunktionale Zusammensetzungen, die durch gegenstandsneutrale logische Junktoren verbunden sind, deren Bedeutung durch die Wahrheitstafeln gegeben ist. Alle Ableitungen ergeben sich aus dem Prinzip der Tautologie.

Das Problem des Sich-Ausschließens von Farben wird in *Tractatus* 6.3751 eingeführt, um ein Beispiel für die Behauptung anzugeben, daß jede Notwendigkeit eine logische Notwendigkeit ist. Dem Anschein zum Trotz ist die Unmöglichkeit dessen, daß zwei Farben gleichzeitig an derselben Stelle sind, keine *synthetische* Wahrheit *a priori*, sondern eine logische Wahrheit. Die Behauptung, daß »*A* ist rot, und *A* ist blau« widersprüchlich ist (wobei »*A*« auf einen Punkt im Gesichtsfeld zu einer gegebenen Zeit referiert), impliziert im System des *Tractatus*, daß die zwei Teilsätze keine Elementarsätze sind und daß »rot« und »blau« nicht Namen von einfachen Bestandteilen sind. Denn Elementarsätze sind logisch unabhängig, folglich kann ihre Konjunktion nicht widersprüchlich sein. Das in 6.3751 enthaltene Programm soll zeigen, daß die Wahrheit von »*A* ist rot«, wenn es vollständig in seine Bestandteile analysiert ist, implizieren wird, daß *A* nicht blau ist. »Wenn graduelle Aussagen analysierbar wären – wie ich zu denken pflegte«, so erklärte Wittgenstein später[2], »könnten wir diesen Widerspruch erklären, indem wir sagten, daß die Farbe *R* alle Grade von *R* und keine von *B* und die Farbe *B* alle Grade von *B* und keine von *R* enthält.«

2 Diese Bemerkung ist aus RLF, S. 168 ff., entnommen und bezieht sich auf das Programm des *Tractatus*.

Wittgensteins erste philosophische Schrift nach dem *Tractatus*, »Some Remarks on Logical Form«, wandte sich diesem Problem wieder zu. In ihr stellt er klar die Unangemessenheit der im *Tractatus* vorgeschlagenen Lösung fest. Die vorgeschlagene Lösung schiebt nämlich das Problem nur um eine Stufe zurück. Die ursprüngliche Vorstellung war die, Grade einer Qualität in ein logisches Produkt einzelner Quantitätsaussagen zusammen mit einer ergänzenden Klausel – »und nichts sonst« – zu analysieren. Während das zeigt, daß »*A* ist rot« »*A* ist nicht blau« impliziert, führt es dasselbe Problem von neuem ein. Denn entweder sind die Grade der Helligkeit, in die »*A* ist rot« analysierbar ist, identisch, und in diesem Fall wird das logische Produkt nichts anderes als den spezifischen Grad liefern, genauso, wie das logische Produkt »*A* ist 20° C & *A* ist 20° C« nicht »*A* ist 40° C« ergibt; oder die Grade sind nicht identisch. Wenn sie aber nicht identisch sind, dann schließt ein Grad wieder den anderen aus – was unser ursprüngliches Problem auf der Ebene der Farben war. Es bleiben offensichtlich zwei Lösungen[3]: Entweder man modifiziert die Syntax und die Semantik des *Tractatus*, oder aber man gibt die Vorstellung von einfachen Bestandteilen als den Korrelaten der logischen Eigennamen und als der Grundlage der Sprache auf. In »Remarks on Logical Form« optiert Wittgenstein für die erste Alternative und hält damit an der Idee der Analyse und der Konzeption einer idealen Notation fest. Die Option enthält zwei unabhängige Aspekte. Der erste ist der Vorschlag, daß Zahlen in Elementarsätze eingehen müssen, damit die irreduziblen Sätze, die Grade einer Qualität zuschreiben (sei es Farbe, Tonhöhe, Länge, Temperatur oder was immer), dieselbe logische Vielheit haben wie die Qualität, die sie zuschreiben. Der zweite und entscheidende Aspekt besteht in der Modifikation der WF-Notationsregeln für logische Junktoren. Es konnte nicht gezeigt werden, daß das wechselseitige Sich-Ausschließen von Aussagen über Grade einer Qualität eine Folge des logischen Produkts logisch unabhängiger Bestandteile des Analysans ist; daher könnte es einleuchtend erscheinen, daß man zu zeigen versucht, daß die Konjunktion unvereinbarer bestimmter Werte in einer bestimmten Hinsicht nicht wohlgeformt ist. Wittgensteins Vorschlag läuft auf die These hin-

3 Siehe E. B. Allaire, »›Tractatus‹ 6.3751«, abgedruckt in *Essays on Wittgenstein's Tractatus*, hrsg. von I. M. Copi und R. W. Beard, S. 192.

aus, daß logische Junktoren nicht gegenstandsneutral sind und daß die im *Tractatus* angegebenen Junktoren-Regeln unvollständig waren. Der Bedeutung der Junktoren wird durch Wahrheitstafeln Rechnung getragen werden, die für Arten von Sätzen spezifisch sind. So sind für die Konjunktion von zwei Sätzen, die den Besitz von Graden einer bestimmten Qualität ausdrücken, FF, WF und FW wohlgeformt, WW aber muß als nicht wohlgeformt ausgeschlossen werden; es ist eine unsinnige Konstruktion, die aus einer vollkommenen Notation ausgeschlossen werden muß. Somit *widerspricht* »*A* ist rot« nicht »*A* ist blau«, denn Elementarsätze können sich nicht widersprechen; sie *schließen* einander *aus* (RLF S. 168). Was ist der außersprachliche Status dieses Sich-Ausschließens? Das, was einer Funktion, die raum-zeitliche Koordination enthält und Farbnamen als ihre Argumente annimmt, in der Wirklichkeit entspricht, *läßt* für nur eine Entität, z. B. Rot, an einem gegebenen Ort und einer gegebenen Zeit *Platz*, nicht für zwei, z. B. Rot und Blau. Es ist in demselben Sinn kein Platz für zwei, so betont Wittgenstein, in dem wir sagen, daß auf einem Stuhl nur für eine Person Platz ist (RLF S. 169)[4]. Das wechselseitige Sich-Ausschließen unvereinbarer bestimmter Werte wird in einer angemessenen Notation dadurch dargestellt, daß die Regeln für die logischen Junktoren im Kontext der Verbindung von zwei solchen Sätzen modifiziert werden. Die syntaktischen Regeln einer vollkommenen Notation werden Kombinationen wie »*A* ist rot, und *A* ist blau« verbieten (RLF S. 171). Aber die endgültige Formulierung solcher Regeln muß die endgültige aposteriorische Analyse der fraglichen Phänomene abwarten.

Wittgenstein war verständlicherweise mit diesem versuchten Zusammenflicken unzufrieden. Der Gedanke, daß die Struktur von Elementarsätzen in gewissem Sinn eine aposteriorische Angelegenheit ist, die noch durch logische Analyse herausgefunden werden muß, war in der Tat ein Teil der Vorstellung des *Tractatus*, obwohl Wittgenstein ihn später heftig als Dogmatismus verurteilen wird (*WWK* S. 182). Aber die Vorstellung, daß die WF-Nota-

4 Auch Russell hatte dargelegt, daß Farben – wie Stoffe – »Undurchdringlichkeit besitzen, so daß keine zwei Farben zur selben Zeit an der gleichen Stelle sein können«, obwohl sie sich von Stoffen dadurch unterscheiden, daß dieselbe Farbe das Vermögen hat, gleichzeitig an vielen Stellen zu sein (*Principles of Mathematics*, § 440, S. 467).

tionsregeln, die die Bedeutung der logischen Junktoren angeben, aposteriorische Forschungen abwarten müssen, nimmt dem Geist des *Tractatus* seinen Sinn. Überdies gab die Strategie, die logische Unabhängigkeit der Elementarsätze beizubehalten und auf diese Weise die Vorstellung von Analyse und idealer Notation und damit die Metaphysik einfacher Gegenstände und atomarer Tatsachen zu retten, keine adäquate umfassende Beschreibung der Relationen zwischen den bestimmten Werten eines Bestimmbaren. Die fragmentarische Beschreibung, die gegeben wird, erzeugt tatsächlich mehr Probleme, als sie löst.

Im *Tractatus* wird die kühne Aussage gemacht, daß jede Notwendigkeit eine logische Notwendigkeit ist. Die logische Notwendigkeit wird elegant und einfach in der Begrifflichkeit der Wahrheit oder Falschheit in allen möglichen Welten beschrieben, wobei starkes Vertrauen in das Entscheidungsverfahren durch Wahrheitstafeln für den Satzkalkül und auf die behauptete Reduzierbarkeit quantifizierter Sätze gesetzt wird. Die logische Notwendigkeit wird durch Tautologien und Kontradiktionen gezeigt, d. h. durch sinnlose, aber wohlgeformte Sätze. Aber unter der kühnen Fassade liegen ernste Schwierigkeiten verborgen. Kategoriale Relationen und Züge werden wie logische Wahrheiten gezeigt und lassen sich nicht sagen. Aber anders als die logischen Wahrheiten werden sie nicht nur von den sinnlosen Sätzen der Logik gezeigt, sondern auch von wohlgeformten sinnvollen Sätzen, deren Bestandteile Werte der Variablen sind, die den betreffenden formalen Begriff ausdrücken. Streng genommen werden sie in der Tat nicht wie logische Wahrheiten von Sätzen als solchen gezeigt, sondern von Zügen des Symbolismus, mittels dessen Sätze ausgedrückt werden. Die grammatischen Kategorien der logischen Syntax der Sprache zeigen kategoriale Züge. Daß gezeigt werden kann, daß Gegenstände einfach sind, daß sie in der Verkettung in Tatsachen existieren, daß visuelle Gegenstände farbig sind usw., wird durch die syntaktischen Regeln ermöglicht, die den Gebrauch einer Variable und damit den Bereich ihrer möglichen Werte bestimmen. Der Versuch, das, was auf diese Weise gezeigt wird, auszudrücken, ist nutzlos und resultiert in etwas, was wörtlich genommen unsinnig ist, denn er muß auf illegitime Weise formale Pseudo-Begriffe so anwenden, als ob sie echte Begriffe wären. Wie schon erwähnt, ist der Begriff einer grammatischen Kategorie, mit dem hier gearbeitet wird, zu sehr vereinfacht. Zwei Namen gehören zu einer gegebenen Kategorie dann und nur dann, wenn sie *salva significatione* wechselseitig ersetzbar sind, d. h. verschiedene Werte derselben Variable sind. Aber wir erhalten kein Kriterium dafür, wie bei einer Ersetzung der Sinn bewahrt wird.

Vom metaphysischen Standpunkt aus liegt jedoch die schwerwiegende Verwirrung im Fehlen einer Beschreibung der Art und Weise der Einschränkungen für die Kombinationsmöglichkeiten von Gegenständen, die in der Syntax der Sprache widergespiegelt werden. Wenn wir das Problem des Sich-Ausschließens von Farben für einen Augenblick beiseite lassen, ist es evident, daß dem *Tractatus* zufolge Kombinationsmöglichkeiten und -Unmöglichkeiten einfacher Gegenstände notwendig sind (*TLP* 2.0121). Jeder Gegenstand ist »in einem Raume möglicher Sachverhalte«, und jede mögliche Kombination ist notwendigerweise möglich. So sind visuelle Gegenstände von einem Farbenraum umgeben, Töne von einem Raum der Tonhöhe usw. Ein räumlicher Gegenstand kann nicht außerhalb des Raumes sein, ein Ton kann keine Farbe haben und ein Geruch keinen Geschmack. Die Substanz der Welt bestimmt eine Form (*TLP* 2.0231), d. h. eine Reihe von Kombinationsmöglichkeiten. Was aber ist das Wesen dieser Bestimmung? Welche Notwendigkeit hindert eine Farbe daran, in eine Verkettung mit einem Ton einzutreten? Warum kann ein Ton nicht ebensogut, wie er hoch sein kann, auch hart sein? Die Antwort muß natürlich lauten, daß diese Fragen unsinnig sind. Sie verletzen die Grenzen der Sprache. Die einzigen notwendigen *Wahrheiten* sind logische Wahrheiten. Logische Notwendigkeiten können explizit von der Sprache erfaßt werden. Sie werden von besonderen, nämlich logischen Sätzen gezeigt. Natürlich sind diese sinnlos, aber sie sind nicht unsinnig. Ihr ganzer Sinn, insoweit sie überhaupt einen haben, ist es, logische Notwendigkeiten zu zeigen, die die Welt begrenzen. Trotzdem ist es irreführend zu sagen, daß jede Notwendigkeit eine logische Notwendigkeit ist. Kategoriale oder metaphysische Notwendigkeiten können kein unikes Gegenstück in Sätzen finden, deren primäre Funktion darin besteht, sie auszudrücken. Es gibt keine metaphysischen Wahrheiten, die die Einschränkungen für die Kombinationen von Gegenständen beschreiben, weil es keine diese Notwendigkeiten beschreibenden Sätze geben kann, denen Wahrheitswerte zugewiesen werden können. Die einzige Weise, auf die diese Einschränkungen in der Sprache erfaßt werden können, besteht darin, sie durch Bildungsregeln und Variablen zu erfassen. Trotzdem haben diese nicht-ausdrückbaren kategorialen Notwendigkeiten tatsächlich eine gewisse Realität, sie sind die logischen Eigenschaften der Welt (*TB* S. 226). Die Super-Physik der Gegenstände bestimmt gewissermaßen die Form der Welt. Die stillschweigende Zulassung metaphysischer Notwendigkeiten wurde unter den Teppich gekehrt, was von der Lehre von den formalen Begriffen und formalen Eigenschaften herrührte. Das aber ließ sich nicht leicht mit dem Problem der Unvereinbarkeit von Farben tun.

Der *Tractatus* schlug vor, daß die Unvereinbarkeit von Farben dadurch zu behandeln sein sollte, daß man zeigt, daß die Konjunktion »*A* ist rot, und *A* ist blau« logisch widersprüchlich und damit sinnlos ist. Der Aufsatz »Remarks on Logical Form«, der das Fehlschlagen der Lösung des *Tractatus* erkennt, versucht mit der anscheinenden Notwendigkeit dadurch fertigzuwerden, daß er sie nicht als sinnlose logische Wahrheit, sondern als unsinnig und damit anderen metaphysischen Notwendigkeiten gleich abweist. Aber während der kategoriale Unsinn früherer Philosophen immer den Gebrauch formaler Begriffe enthielt, enthält der unsinnige Satz »*A* ist rot, und *A* ist blau« keinen formalen Begriff. Und die allgemeine kategoriale Wahrheit, daß zwei Eigenschaften aus einer Dimension einander ausschließen, wird auch nicht durch Züge der betreffenden grammatischen Kategorien gezeigt. Überdies gehören »rot« und »blau« zur selben grammatischen Kategorie. Eine Modifikation der WF-Bildungsregeln für die logischen Junktoren macht die einfache Beschreibung dessen zunichte, was es heißt, zur selben grammatischen Kategorie zu gehören, denn der Satz »wenn dies scharlachfarben ist, dann ist es rot« wird unsinnig, wenn wir für »rot« »blau« einsetzen. Schließlich können wir erklären, daß »*A* ist rot« logisch »*A* ist nicht blau« impliziert, wenn »*A* ist rot, und *A* ist blau« logisch widersprüchlich ist. Wenn aber »*A* ist rot, und *A* ist blau« unsinnig ist, kann man nicht zeigen, warum *A*'s Rotsein impliziert, daß es nicht blau ist.

In Kapitel VIII der *Philosophischen Bemerkungen* kehrte Wittgenstein zu diesem Thema in einem ungewöhnlich langen Stück einer durchgehaltenen Argumentation zurück. Ein Satz *p*, der einem Gegenstand einen Grad einer Qualität zuschreibt, z. B. »*A* ist 5*R*«, ist entweder elementar oder zusammengesetzt. Wenn *p* zusammengesetzt ist, dann muß es eine Konjunktion von Elementarsätzen sein, von denen jeder *A* eine »Quantität« von *R* zuschreibt und deren Konjunktion impliziert, daß *A* 5*R* besitzt. Das aber ist unmöglich. Denn wie wir gesehen haben, wird die Konjunktion von fünf identischen Elementarsätzen »*A* ist 1*R*« nicht »*p*« implizieren, sondern nur »*A* ist 1*R*«. Wenn andererseits *p* in »*A* ist 1*R* & *A* ist 2*R* & ... & *A* ist 5*R*« analysierbar ist, was ist dann erstens mit dem gleichzeitigen Vorhandensein dieser Grade gemeint – wie sind sie zu unterscheiden? Werden wir nicht zu der Behauptung veranlaßt werden, daß Weiß in jedem Vorkommen von Schwarz vorhanden ist? Zweitens ist »*A* ist 5*R*« genau der Satz, den wir analysieren sollten. Drittens schließen sich die verschiedenen Grade wiederum gegenseitig aus, sie können nicht gleichzeitig vorhanden sein. Schließlich geschieht die vorgeschlagene Analyse von *p* in der Begrifflichkeit einer Konjunktion von fünf Graden, aus denen *R* angeblich besteht. Sie erfordert außerdem, wie Wittgenstein in »Remarks on Logical Form« vorschlug, eine ergänzende Klausel, die angibt, daß das alles *R* ist, welches vorhanden ist. Das aber ist, wie Wittgenstein jetzt sagt, unsinnig. Denn das logische »und« ist ein Zeichen der Konjunktion, und nicht der Addition. Man kann nicht »*A* ist 3 Meter lang« in »*A* ist 2 Meter lang, und *A* ist auch ein Meter lang« analysieren. Wenn es keinen Sinn ergibt, davon zu reden, weitere Grade von *R* mittels einer Konjunktion hinzuzufügen, dann ergibt es keinen Sinn festzulegen, daß kein weiteres *R* hinzugefügt werden kann.

Wenn *p* ein Elementarsatz ist, dann ist die Summe der Grade, aus denen *R* besteht, *p* intern. Man könnte sie sich in der Begrifflichkeit der Metaphysik des *Tractatus* als »Gegenstände« denken, »die sich in gewisser Weise aneinanderreihen wie Glieder einer Kette« (*PB* § 80). Selbst so müssen »*A* ist 5*R*« und »*A* ist 6*R*« in einer logischen Relation zueinander stehen, obwohl sie elementar sind. »A ist *nR*« könnte »nur *n*« oder »auch *n*« bedeuten. Unter dem Gesichtspunkt der Bewahrung der Unabhängigkeitslehre ist das gleichgültig. Wenn es »nur *n*« bedeutet, dann ist jeder andere Grad oder jede andere Quantität logisch ausgeschlossen. Wenn es »auch *n*« bedeutet, dann ist jeder Grad oder jede Quantität, die kleiner als *n* ist, logisch impliziert.

Wittgensteins Folgerungen sind demgemäß, daß Elementarsätze nicht logisch unabhängig sind. Es scheint nicht-wahrheitsfunktionale logische Relationen zu geben (*PB* § 76). Elementarsätze gehören zu einem System von Sätzen, derart, daß, obwohl zwei Elementarsätze aus verschiedenen Systemen oder Dimensionen logisch unabhängig sind, zwei solche Sätze aus ein und derselben Dimension es nicht sind. Wittgenstein denkt immer noch wie in »Remarks on Logical Form«, daß die Regeln in der WF-Notation unvollständig sind und für verschiedene Kombinationen von Arten von Elementarsätzen angepaßt werden müssen, aber wir warten nicht auf »die logische Analyse der Phänomene selbst«, um sie zu vervollständigen. Das geeignete Gleichnis für einen Satz ist nicht ein Bild oder Maßstab mit einer bloßen Ja- oder Nein-Antwort; ein Maßstab mit vielfachen Graden aber ist analog einem System von Sätzen, zwischen denen syntaktische Relationen bestehen. Wir vergleichen den ganzen Maßstab, d. h. das ganze System von Sätzen, mit der Wirklichkeit, und wenn man einen einzelnen Punkt auf ihm bestimmt, z. B. »dies ist scharlachfarben«, bestimmt man gleichzeitig alle anderen Punkte auf ihm, z. B. »dies ist rot, dies ist nicht grün, nicht blau, nicht gelb usw.«. In der Auffassung des Elementarsatzes im *Tractatus* hatte es keine Bestimmung des Wertes einer »Koordinate«, d. h. eines bestimmten Wertes eines Bestimmbaren, gegeben, aber, wie Wittgenstein richtig sagt, seine Bemerkung, daß ein farbiger Körper in einem Farbenraum liegt (*TLP* 2.0131), hätte ihn dahin bringen sollen, das zu sehen.

Es könnte durchaus sein, daß irgendeine Rekonstruktion der Philosophie des *Tractatus* möglich ist, die Elementarsätze mittels einer Theorie vielfacher Dimensionen behandeln wird, um mit dem Problem der Relation bestimmter Wert-Bestimmbares fertigzuwerden. Stenius entwirft in seinem Buch über den *Tractatus* das Fragment einer solchen Theorie[5]. Es besteht kein Zweifel, daß Wittgenstein nicht der Meinung war, daß das System des *Tractatus* einer Aufpolierung wert war. Eine kurze Zeit scheint er gedacht zu haben, daß eine Beschreibung eines Satzes in der Begrifflichkeit eines Systems von Sätzen möglich sei. In seinen Diskussionen mit Waismann wies er der Philosophie nur die Aufgabe

5 E. Stenius, *Wittgenstein's Tractatus,* Oxford 1960, Kap. IV.

zu, die sprachlichen Regeln, die wir unwissentlich gebrauchen, zu tabulieren (*WWK* S. 184). Die richtige Formulierung einer solchen Regel ist niemals eine Überraschung. Wenn ich weiß, was »groß« bedeutet, dann weiß ich, daß ein Mann, wenn er 1,60 Meter groß ist, nicht 2 Meter groß ist. In den *Bemerkungen* betont Wittgenstein, daß die Aufgabe der Philosophie darin besteht, die grammatischen Konventionen zu beschreiben, welche die Relationen zwischen bestimmten Werten und Bestimmbarem für die verschiedenen Arten von Bestimmbarem regieren. Die Kapitelüberschriften unserer philosophischen Grammatik werden, so sagt er (*PB* § 3) »Farbe«, »Ton«, »Zahl« sein, aber wie die formalen Begriffe des *Tractatus* werden diese Termini nicht im Text erscheinen. Daß Rot eine Farbe ist, wird durch die Tatsache gezeigt, daß »rot« ein Wert der Variable »Farbe« ist. Er scheint sowohl gedacht zu haben, daß man alle empirischen Prädikate auf bestimmte Werte zurückführen könnte, als auch, daß die Unterscheidung des *Tractatus* zwischen Zeigen und Sagen mehr oder weniger intakt bleiben könnte. Er kam jedoch zunehmend zu der Überzeugung, daß die Entdeckung der Unlösbarkeit des Problems des Sich-Ausschließens von Farben und die entsprechende Nicht-Unabhängigkeit von Elementarsätzen die Demontage der meisten Lehren des *Tractatus* erforderlich machte. In der Tat hielt er nicht lange an der Meinung fest, daß man seine Bemühungen auf die Erläuterung von nach dem obigen Muster verstandenen Satzsystemen richten sollte. Als er die *Philosophische Grammatik* schrieb, war dieser Begriff fast verschwunden, und im *Blauen Buch* ist er ganz aus dem Blickfeld geraten. Zu guter Letzt wurde er natürlich durch den Begriff eines Sprachspiels ersetzt, der ganz andere Arten von Erwägungen und begrifflichen Relationen einschließt als die zwischen bestimmtem Wert und Bestimmbarem. Im Augenblick jedoch geht es uns nicht um eine Antizipation von Wittgensteins späterer Bedeutungstheorie, sondern um die Implikationen, die das Problem des Sich-Ausschließens von Farben enthält.

2. Demontage

Die Zurückweisung der Auffassung des *Tractatus*, daß Elementarsätze Sätze sind, die nicht nur hinsichtlich ihrer Wahrheit direkt mit der Wirklichkeit verglichen werden, sondern auch logisch voneinander unabhängig sind, hatte weitreichende Konsequenzen. Daß sich Sätze, die Grade einer Qualität zuschreiben, nicht auf Sätze reduzieren lassen, in denen nur von logisch unabhängigen Quantitäten die Rede ist, machte erforderlich, daß entweder die Lehre, daß jede Notwendigkeit eine logische Notwendigkeit ist, geopfert werden mußte oder daß die Konzeption von Gegenständen als der Substanz der Welt, als den Bestandteilen logisch unabhängiger atomarer Tatsachen und als den Bedeutungen logischer Eigennamen aufgegeben werden mußte. Wäre Wittgenstein bereit gewesen, eine ausdrückbare nicht-logische Form von Notwendigkeit zuzulassen, ob sie nun der Welt[6] oder der Konstitution des Bewußtseins zuzuschreiben wäre, so wäre es vielleicht möglich gewesen, viel von der Struktur des *Tractatus* festzuhalten. Man könnte dann die logischen Relationen zwischen Sätzen, die zu ein und demselben Satzsystem gehören, unterbringen, indem man sie den Relationen des Sich-Ausschließens oder -Einschließens zwischen den einfachen Bestandteilen zuschreibt, die zu derselben Kategorie gehören[7]. Daß *A* sowohl *R* als auch *B* ist, wobei *»R«* und *»B«* einfache Bestandteile derselben Kategorie benennen, ist widersprüchlich, und daß *A*'s *R*-Sein impliziert, daß *A* nicht *B* ist, ließe sich dann notwendigen Relationen zwischen einfachen Bestandteilen ein und derselben Kategorie zuschreiben. Den *Tractatus* um den Preis zu retten, ausdrückbare metaphysische Notwendigkeiten oder synthetische Wahrheiten *a priori* in seine strenge Struktur einzulassen, wäre jedoch gleichbedeutend damit gewesen, ihn von hinten zu erstechen, um ein Erstechen von vorn zu verhindern. Daß alle notwendigen Wahrheiten logische Wahrheiten sind, ist eine der wenigen Lehren, an die Wittgenstein während seines ganzen Lebens gebunden blieb, obwohl ihre Beibehaltung nach 1930 natürlich nur durch eine tiefgehende Modifikation seiner Auffassung der Logik und des ihr eigentümlichen Bereichs möglich war. Warum mußte dann die Vorstellung von einem Gegenstand, wie

6 Kneale argumentiert, wie ich es oben getan habe, daß Wittgenstein im *Tractatus* unbeabsichtigt eine Form nicht-logischer Notwendigkeit zuließ, obwohl er sie anderswo lokalisiert; siehe W. und M. Kneale, *The Development of Logic*, S. 633.

7 Siehe z. B. die Erörterung durch Chisholm, *Theory of Knowledge*, New Jersey 1966, Kap. 5.

sie der *Tractatus* hatte, aufgegeben werden, und was wurde in ihrem Kielwasser sonst noch mitgezogen?

Die Rolle der einfachen Gegenstände im *Tractatus* ist weit gespannt, und sie ist weit gespannt, weil die Rolle der logischen Eigennamen weit gespannt ist. Vom Standpunkt der Metaphysik bestimmt die Gesamtheit der Gegenstände die Grenze aller möglichen Welten. Eine mögliche Welt besteht aus einer bestimmten Verkettung aller Gegenstände. Vom semantischen Standpunkt sichern Gegenstände der Sprache die geforderte Bestimmtheit des Sinns, dadurch, daß sie die Bedeutungen von Namen in der idealen Notation sind. Sie liefern außerdem ein wesentliches Element der Bildertheorie, indem ihre Verkettung in einer Tatsache mit der Anordnung von Namen in einem Satz gleichgestaltig ist und die Kontingenz ihrer Verkettung einen Teil der Erklärung der Bipolarität von Elementarsätzen bildet. Wenn man sich bei seiner Bemühung, Grade von Qualitäten und ihre Relationen zu erklären, weigert, eine nicht-logische Notwendigkeit einzuführen (die verschieden von den stillschweigenden Notwendigkeiten ist, die nicht-ausdrückbar in formalen Begriffen, d. h. den Variablen der idealen Notation gespiegelt werden, dann muß man nicht nur auf die Annahme der Unabhängigkeit von Elementarsätzen, die zur selben Dimension gehören, verzichten, sondern dann kann auch die Vorstellung von einem Elementarsatz als einer wohlgeformten Reihe von Namen, die eine Bedeutung, aber keinen Sinn haben, nicht mehr aufrechterhalten werden. Denn das schließt eine Beschreibung des Sich-Ausschließens oder -Einschließens von Graden von Qualitäten aus. Um den Namen eines Grades einer Qualität zu verstehen, genügt es nicht mehr, mit seinem Träger bekannt zu sein. Auch eine Erklärung seiner Syntax, d. h. seiner grammatischen Kategorie, zusammen mit einer Erläuterung im Sinne des *Tractatus* (*TLP* 3.263), kann nicht zu seiner Erklärung hinreichen. Die Syntax kann nicht länger eine Schablone der Welt sein, und logische Eigennamen können sie nicht an die Welt nageln. Einen Satz, der einen Grad einer Qualität zuschreibt, kann man nicht verstehen, ohne daß man seine Stellung innerhalb eines Systems von ähnlichen Sätzen versteht. Man muß verstehen, daß die Exemplifizierung eines Grades einer Qualität alle anderen Grade der Qualität ausschließt. Entsprechend erfordert das Wissen, daß *A nR* ist, daß man weiß, daß *A* nicht 1*R* ... (*n*-1)*R* ist. Die

Bedeutung von *nR* hängt nicht von der fehlgeleiteten Vorstellung einer vorherbestimmten Zahl von Gegenständen der gegebenen Kategorie ab, die die Welt zufällig enthält, sondern vom Reichtum und der logischen Vielfalt der Sprache, die bestimmte Werte von *R* festlegt. Jede Sprache ist vollständig, obwohl die eine eine größere Vielfalt haben mag und sich so für den Ausdruck stärkerer Differenzierung eignen kann. Ein Zahlensystem »1, 2, 3, viele« ist nicht weniger vollständig als das unsrige, obwohl es relativ arm ist. Ob ein Mann, der sein Leben in einem roten Zimmer verbracht hat, weiß, daß es rot ist, hängt, so sagte Wittgenstein zu Schlick (*WWK* S. 65 ff. und S. 88 ff.), davon ab, ob seine Sprache ein Farbvokabular enthält, in dem »rot« und damit »grün«, »gelb«, »blau« usw. vorkommen; es kann in einer Farbsprache keine Lükken geben, nur größere oder geringere Ausdrucksmöglichkeiten für Farbdifferenzierungen. Wenn das richtig ist, dann kann die hinweisende Definition, obwohl sie keineswegs illegitim ist, nicht die zentrale Rolle spielen, die der *Tractatus* ihr stillschweigend zuwies. Ihre Rolle wird nicht darin bestehen, ein Verbindungsglied zwischen Sprache und Wirklichkeit zu liefern und so die Grundlage der Sprache zu legen. Sie wird unter anderem darin bestehen, Muster in die Sprache einzuführen[8]. Auch die atomistische Bildertheorie des Satzes konnte das Ableben des einfachen Gegenstandes und des logisch unabhängigen Elementarsatzes nicht überleben[9]. Die Gleichgestaltigkeit, die der Bildertheorie eigen ist, konnte das Problem des Sich-Ausschließens von Farben nicht erklären, ohne explizit nicht-logische Notwendigkeiten zuzulassen, und die Vorstellung, daß das Bild des einzelnen Elementarsatzes mit der Wirklichkeit im Hinblick auf Übereinstimmung oder Nicht-Übereinstimmung verglichen wird, läßt sich nicht leicht auf die Vorstellung des Vergleichs eines Satzsystems mit der Wirklichkeit anpassen. Es ist auf dem Hintergrund der Bildertheorie des *Tractatus* nicht leicht zu sehen, warum Schlicks Mann in einem roten Zimmer sich nicht ein Bild der Tatsache machen sollte, daß

8 Siehe unten Kap. VI § 3.

9 Im Januar 1930 legte Wittgenstein noch dar, daß das Wesen eines Satzes darin besteht, daß er ein Bild ist (*WWK* S. 90), aber damals bestand sein Anliegen nur darin darzulegen, daß ein Satz wesentlich gegliedert ist, aus Funktion und Argument zusammengesetzt ist. Dieser Fregesche Punkt läßt sich von der Semantik und Metaphysik der atomistischen Bildertheorie trennen.

das Zimmer rot ist. Schließlich muß die Konzeption einer bestimmten sprachunabhängigen Gesamtheit möglicher Welten, wie sie im *Tractatus* verstanden wird, über Bord geworfen werden. Denn der Begriff der Grenzen der Welt ist im *Tractatus* vom Begriff der ewigen Substanz der Welt, d. h. der Gesamtheit der einfachen Bestandteile, abhängig. Das Aufgeben des Begriffs der einfachen Bestandteile schließt aus, diese bündige Beschreibung von möglichen Welten zu geben, und die Frage des Sich-Ausschließens von Farben legt, sobald sie einmal zu der Wittgensteinschen Antwort auf das Problem des Mannes im roten Zimmer geführt hat, stark eine Erklärung von Notwendigkeiten nahe, die vollständig sprach-relativ sein wird.

Da diese zentralen Elemente der Struktur des *Tractatus* zusammenstürzten, ist es nicht überraschend zu sehen, daß Wittgenstein einen kritischen Blick gerade auf die Konzeption eines Gegenstandes wirft, die der *Tractatus* enthält. Sein allgemeines Vorgehen bei der Kritik im Anhang zu den *Bemerkungen* (Juni 1931) und im Anhang zu Teil I der *Grammatik* besteht darin zu behaupten und zu zeigen, daß sein Gebrauch des Ausdrucks »Gegenstand« verworren, irreführend und die Wurzel für weitreichenden Irrtum gewesen war. Die verwandten Begriffe des Komplexes und der Tatsache waren, so sagt er, ebenso fehlgeleitet gewesen. Ein Komplex ist nicht identisch mit einer Tatsache. Ein Komplex kann sich von einem Ort zu einem anderen bewegen. Tatsachen sind nicht beweglich. Während ein Komplex, z. B. ein Haus, aus Teilen wie Ziegeln zusammengesetzt ist, ist eine Tatsache, z. B. daß dieser Kreis rot ist oder daß ich müde bin, kein aus Teilen gebildeter Komplex, wie z. B. aus Kreisförmigkeit und Röte oder Kreis und Röte, oder dem Ich und der Müdigkeit. Allgemeiner gilt, daß eine Tatsache weder ein Komplex ist, der aus einer Verkettung von Eigenschaften besteht, noch ein Komplex, der aus einem Einzelding oder einer Substanz und ihren Attributen besteht. Die Relationen (z. B. räumlichen Anordnungen) der Teile eines Komplexes, welche entscheidend für die Beschreibung des Komplexes sind, sind nicht selbst Teile des Komplexes. Die Tatsache, daß die Teile auf diese Weise angeordnet sind, um einen solchen Komplex zu bilden, ist überhaupt nicht aus etwas »zusammengesetzt«. Der Teil ist kleiner als das Ganze, aber es ist unsinnig zu denken, daß ein »Bestandteil einer Tatsache« kleiner als die Tatsache ist. Wir werden Wittgensteins frühe Kritik der Mißbräuche der Sprache im *Tractatus* nicht weiterverfolgen. Als er die *Philosophischen Untersuchungen* schrieb, war seine Kritik des Begriffs des Gegenstandes und des Komplexes zu einem umfassenden und verheerenden Tadel der Gebrauchsweise dieser Begriffe im *Tractatus* und einer ebenso sorgfältigen Kritik der entsprechenden Konzeption der Namen ausgearbeitet. Einige Aspekte dieser Vorwürfe sollen später untersucht werden.

Da sich die Notwendigkeit einfacher Gegenstände, wie Wittgenstein erklärte, daraus ergab, die Forderung der Bestimmtheit des Sinns und der Sicherheit der Referenz zu erfüllen, machte die Zurückweisung dieser Konzeption eines einfachen Gegenstandes, wie sie sich im *Tractatus* findet, es notwendig, entweder eine alternative Stütze für die Bestimmtheit des Sinns zu finden oder auf diese Forderung ganz zu verzichten. Die Forderung der Bestimmtheit des Sinns war nichts anderes als eine besondere Form der Bindung an das Gesetz vom ausgeschlossenen Dritten. Dies war eine Bindung an die grundlegenden »Denkgesetze« der klassischen Logik. Es aufzugeben erfordert eine tiefgreifende Revolution der Philosophie – und genau das war es, was Wittgenstein unternahm. Schon Ende 1929 sehen wir Wittgenstein seine Enttäuschung über die symbolische Logik als eine vollkommene Notation ausdrücken, die den Unterbau aller möglichen Sprachen bloßlegt. Der Symbolismus der formalen Logik ist »sehr im Nachteil ... gegenüber unserer wirklichen Sprache«, so bemerkte er zu Waismann am 22. Dezember 1929. Frege, Peano und Russell hatten bei der Entwicklung ihrer künstlichen Sprachen die Mathematik im Sinn, sie dachten letztlich, daß sich dieser erfundene Symbolismus, wenn er sich nicht auf die Wirklichkeit anwenden läßt, wenigstens auf die Mathematik anwenden läßt (*WWK* S. 46). Auch das jedoch war, so betont Wittgenstein, eine Täuschung, denn heute können wir sehen, daß sich das System nicht einmal auf die Mathematik anwenden läßt. Die Annahme ist einleuchtend, daß diese vollständige Enttäuschung über die ideale »Begriffsschrift«, an die der *Tractatus* gebunden war, ebenso wie die Zurückweisung der formalen Logik als der Verkörperung der Struktur aller möglichen Formen der Darstellung zum Teil durch Wittgensteins Begegnung mit Brouwers Vorstellungen herbeigeführt wurde, die wir unten untersuchen werden.

Die Aufgabe des Begriffs einfacher Gegenstände und atomarer Tatsachen und zusammen damit der parallelen Begriffe der logischen Eigennamen und Elementarsätze schloß eine Zurückweisung der Vorstellung einer logischen Analyse ein, wie sie vom *Tractatus* zu verstehen gegeben und in den »Remarks on Logical Form« beschrieben wurde. Die Absicht der Klärungen durch logische Analyse war es, die logische Struktur zu enthüllen, die von der gewöhnlichen Sprache verborgen wird, die Illegitimität von Pseudo-Sätzen – besonders solchen der Philosophie – zu zeigen, Zweideutigkeiten und offenbare Vagheiten zu eliminieren und Mißverständnisse zu verhindern, die aus diesen und anderen Gründen entstehen. Wenn aber die Umgangssprache, so wie sie ist, in Ordnung ist und wenn ideale begriffliche Notationen keinen privilegierten Status haben, wie nützlich sie auch für begrenzte Zwecke sein mögen (*WWK* S. 46), wenn sie im Verhältnis zur gewöhnlichen Sprache mangelhaft sind, dann kann die Klärung der gewöhnlichen Sprache, aus der die Verwechslungen und Mißverständnisse entstehen, nicht mittels einer Analyse in eine ideale Notation geschehen. Wenn die Hauptfunktionen der Philosophie diejenigen sind, die der *Tractatus* angab, dann müssen wir eine andere Art und Weise finden, sie zu erfüllen.

3. Eine neue Inspiration

Im Gegensatz zur üblichen Meinung wird eine Theorie, sei es eine wissenschaftliche oder – in einem anderen Sinn des Wortes »Theorie« – eine philosophische, normalerweise nicht schon deswegen verworfen, weil sie falsifiziert ist[10]. Wenn alles übrige gleich bleibt, spornen die Falsifikation und Entdeckung von Gegenbeispielen und Ausnahmen nur zu größerem Scharfsinn an, entweder darin, die Theorie zu modifizieren, um das Ärgernis unterzubringen, oder darin zu zeigen, daß sich das scheinbare Gegenbeispiel wegerklären läßt. Wenn es zum Schlimmsten kommt, kann es in das Rechnungsbuch als eine Schuld eingetragen werden, die in der Zukunft zurückzubezahlen ist, und dann bequem zu den Akten gelegt werden. Diejenigen, die nach Erkennt-

10 Siehe T. S. Kuhn, *The Structure of Scientific Revolutions*, Chicago ²1970, dt: *Die Struktur wissenschaftlicher Revolutionen*, Frankfurt 1967, Kap. VIII.

nis dürsten, werden ihre einzige Tasse nicht schon deswegen wegwerfen, weil sie einen Sprung hat. Eine umfassende Theorie wird nur aufgegeben, wenn sich eine bessere ankündigt, die sie ersetzen kann.

Obwohl Wittgenstein während seiner latenten Periode in den 1920er Jahren philosophischer Kontakte nicht vollständig beraubt war (z. B. Russell, Ramsey, Waismann, Feigl, Carnap, Schlick), taten seine Kollegen nicht viel mehr, als den Typus von philosophischem System, den Wittgenstein im *Tractatus* entworfen hatte, zu entwickeln oder an seinem Oberbau herumzubasteln. Zweifellos war einiges dieses Entwickelns und Bastelns äußerst wichtig in der Entwicklung der Philosophie im allgemeinen und in seinem Einfluß auf Wittgenstein im besonderen. Das gilt besonders vom Verifikationismus der Mitglieder des Wiener Kreises, mit denen Wittgenstein in Kontakt kam. Aber während der Verifikationismus Carnaps, Feigls und Schlicks ganz bewußt eine Anwendung und Entwicklung der realistischen Semantik Freges, Russells und Wittgensteins war, war der Verifikationismus, mit dem Wittgenstein von 1929–32 kurz experimentierte, ein Sprungbrett zu einer neuen Art von Semantik. Die Inspiration dafür muß man anderswo finden. Im Jahr 1928 wurde Wittgenstein auf einen ganz neuen und vollkommen revolutionären Zugang zu den Problemen der Kritik der Sprache aufmerksam, die sein Hauptanliegen in der Philosophie waren. Am 10. März 1928 kam L. E. J. Brouwer, der Hauptvertreter der intuitionistischen Philosophie der Mathematik, nach Wien, um einen Vortrag mit dem Titel »Mathematik, Wissenschaft und Sprache«[11] zu halten. Wittgenstein besuchte diesen Vortrag zusammen mit Feigl und Waismann. Feigl berichtet, daß Wittgenstein in einem Zustand großer Erregung und intellektueller Gärung aus dem Vortrag kam. Nach seiner Meinung »markierte dieser Abend Wittgensteins Rückkehr zu starken philosophischen Interessen und Betätigungen[12]«. Bis mehr biographisches Material ans Licht kommt, wird es schwierig sein, das Ausmaß der unmittelbaren Einwirkung von Brouwers Vortrag zu bewerten. Was man tun kann, ist, Brouwers Vorstellungen

11 L. E. J. Brouwer, »Mathematik, Wissenschaft und Sprache«, *Monatshefte für Mathematik und Physik* 36 (1929), S. 153–164.

12 Siehe G. Pitcher, *The Philosophy of Wittgenstein*, S. 8 Anm., wo Feigl zitiert wird.

zu umreißen, um drei Dinge zu zeigen. Erstens ist der grundsätzliche Geist des Brouwerschen Zugangs vom Standpunkt des Typus einer Kriktik aus, wie sie im *Tractatus* enthalten ist, gänzlich revolutionär. Zweitens gibt es Elemente in Brouwers allgemeinem Zugang, die Wittgenstein wahrscheinlich ansprechen könnten, obwohl er dem System der klassischen Logik des *Tractatus* diametral entgegengesetzt ist. Drittens gibt es viele Punkte, an denen einige der allgemeinen Ansichten Brouwers und Wittgensteins spätere Philosophie konvergieren.

Anders als die meisten seiner anderen Schriften beschränkt sich Brouwers Vortrag nicht auf die Philosophie der Mathematik. Er ist ein in einen dichten undurchsichtigen deutschen Stil gekleideter Daumennagel-Entwurf einer umfassenden intuitionistischen Philosophie, deren Ziel es ist, das Wesen und die Grenzen des Denkens zu erforschen. Mathematik, Wissenschaft und Sprache sind die Hauptfunktionen der Aktivität der Menschheit, durch die der Natur Ordnung und Verständlichkeit auferlegt werden. Der Wille zum Leben manifestiert sich auf drei Weisen: (a) in der »mathematischen Betrachtung«; (b) in der mathematischen Abstraktion; (c) in der Willensauferlegung durch Laute. Die zwei grundlegenden Weisen der Apprehension, die der Wille der Welt auferlegt, sind Zeit und Kausalität. Vom Standpunkt Wittgensteinschen Denkens ist es interessant, daß die kategorialen Formen, die Brouwer angibt – Zeitlichkeit und der Satz vom zureichenden Grund – ihn fest in die Schopenhauersche Tradition stellen[13]. Brouwer betont jedoch, daß die einzige äußere Rechtfertigung für diese »Phasen der mathematischen Betrachtung« ihre Zweckmäßigkeit dafür ist, uns in die Lage zu versetzen, die Natur zu beherrschen. Es gibt keinen objektiven Kausalnexus, Kausalität ist nur unser Mittel, die Phänomene zu ordnen, uns in die Lage zu

13 Es ist merkwürdig, Brouwers seltsame Bemerkungen über den willentlichen Charakter der Auferlegung der Kategorien auf die phänomenale Erfahrung zur Kenntnis zu nehmen, wodurch letztere geordnet und »stabilisiert« wird. »Es kann jedermann die innere Erfahrung machen«, schrieb Brouwer, »daß man nach Willkür entweder sich ohne zeitliche Einstellung und ohne Trennung zwischen Ich und Anschauungswelt verträumen, oder die letztere Trennung aus eigener Kraft vollziehen und in der Anschauungswelt die Kondensation von Einzeldingen hervorrufen kann« (a. a. O., S. 154). Man vergleiche das mit Schopenhauers Ansichten zur Idealität der Zeit und mit Wittgensteins Bemerkungen über die Wirklichkeit der bloßen gegenwärtigen Vorstellung (*TB* S. 176).

versetzen, subjektive Erfahrung von der phänomenalen Welt zu unterscheiden. Die Annahme der hypothetischen objektiven raumzeitlichen und phänomenalen Welt ist das hauptsächliche Resultat der kollektiven Betrachtung der Menschheit. Die mathematische Abstraktion schließt eine Abstraktion von zeitlicher Reihenfolge und kausaler Zuordnung auf den bloßen Begriff der Verschiedenheit oder »Zweiheit« ein, aus dem sich die ganze Reihe der natürlichen Zahlen und letztlich die ganze reine Mathematik konstruieren läßt. Sie hat keine Grundlage in ewigen Wahrheiten, sondern ist eine Konstruktion, die den Menschen in die Lage versetzt, seine Herrschaft über die Natur auszudehnen, indem sie die theoretische Wissenschaft mit dem sie begleitenden praktischen Nutzen ermöglicht. Das Wesen der natürlichen Sprache liegt darin, daß sie ein Mittel der Willensäußerung oder der »Willensübertragung« ist. Ihr Ursprung in der primitiven Gesellschaft liegt in Gesten und Schreien. In einer entwickelten Gesellschaft sind komplexere Kommunikationssysteme erforderlich, die komplexe grammatische Regeln einer organisierten Sprache enthalten. Die Sprache ist durchweg eine Funktion der gesellschaftlichen Aktivität des Menschen. Nicht-kommunikative Gebrauchsweisen der Sprache (z. B. in der Einsamkeit Erinnerungen festzuhalten) hängen parasitär von ihren gesellschaftlichen Verwendungen ab.

Gewißheit und Exaktheit lassen sich, so behauptet Brouwer, nicht in der Sprache oder in der Mathematik finden. Mißverständnisse im Gespräch und Fehler bei der Erinnerung (z. B. die Verwechslung einer mathematischen Entität mit einer anderen) lassen sich nie gänzlich im Prinzip eliminieren. Die formalistische Bemühung, eine Metasprache zu konstruieren, in der Gewißheit und Klarheit vollständig gesichert sind, ist nutzlos. Sie ist eine Täuschung, die auf einem gedankenlosen Vertrauen in die klassische Logik beruht. Die Gesetze der klassischen Logik sind die spezifischen Ableitungsformen, die sich aus einer Sprache ergeben, die mittels einer mathematischen Betrachtung endlicher Gruppen konstruiert ist. Die Anwendung dieser logischen Prinzipien, desjenigen des ausgeschlossenen Dritten, der Nicht-Widersprüchlichkeit, der Identität usw., bewährte sich in der gewöhnlichen Sprache – normalerweise stimmen sprachlich kompetente Sprecher in ihrem Gebrauch dieser Prinzipien überein. Aber diese Übereinstimmung war nicht das Ergebnis des autonomen Vermögens der Prinzipien, sondern das Ergebnis von zwei ganz anderen Faktoren: erstens wurde im Falle anscheinend falscher Ergebnisse bei Überlegungen über die Welt dadurch eine Erklärung gegeben, daß man die fraglichen Tatsachen neu formulierte oder den Irrtum irreführend konstruierten Naturgesetzen zuschrieb, und nicht dadurch, daß man die Prinzipien der Logik modifizierte. Zweitens zeigt die phänomenale Welt zufällig genügend Konstanz, um die nützliche Anwendung dieser Prinzipien auf sie zu erlauben. Das aber ist, wie durch Implikation folgt, ein nur kontingenter Umstand.

Klassische Denker (und Formalisten), so erklärt Brouwer, merken nicht, daß das Wort den ausschließlichen Charakter eines Mittels der Willensäußerung oder der Willensübertragung hat. Statt dessen faßten sie Wörter so auf, daß sie Begriffe ausdrücken – abstrakte Entitäten, die unabhängig von Kausalgesetzen sind, – und sie betrachteten logische Prinzipien als die Beschreibungen der apriorischen Verbindungen dieser Begriffe. Geradeso, wie man der Anwendung der Logik auf die Wirklichkeit nie *erlaubt* hat, logische Prinzipien zu falsifizieren, so hat man auch anscheinenden Inkonsistenzen in der Logik selbst nie *erlaubt*, Zweifel auf die Verläßlichkeit der logischen Prinzipien zu werfen, sondern sie wurden so aufgefaßt, daß sie eine Modifikation der Axiome notwendig machen, die zu Inkonsistenzen führten. Daß logische Prinzipien durch die Duldung und auf Gnaden des menschlichen Willens diesen offenbar privilegierten Status hatten, wurde erst klar, und die Irrtümer der Formalisten entsprechend erst hervorgehoben, als die Mathematiker die Mengenlehre entwickelten. Die Prinzipien der klassischen Logik, die aus einer Betrachtung von Teilmengen einer bestimmten endlichen Menge abstrahiert waren und dann einen unabhängigen apriorischen Status erhalten hatten, wurden gedankenlos und auf nicht gerechtfertigte Weise auf die Mathematik der unendlichen Mengen angewandt. Hier aber erhoben sich Widersprüche, die sich nicht unter den Teppich kehren ließen. Das Heilmittel für diese tiefwurzelnden Verwechslungen liegt in einer im großen durchgeführten Rekonstruktion der Mathematik auf der Grundlage intuitionistischer Prinzipien. Diejenigen Teile der Mathematik, die sich dadurch rechtfertigen lassen, sind genehmigt, diejenigen, die es nicht sind, müssen aufgegeben werden. Logische Prinzipien, die in einer konstruktivistischen mathematischen Ableitung die Bewahrung der Bedeutung erlauben, werden beibehalten, diejenigen, die das nicht tun, müssen aufgegeben werden. Brouwer verfolgte natürlich dieses entmutigende Programm nicht in seinem Wiener Vortrag von 1928. Er veranschaulichte seinen Zugang, indem er zeigte, daß nicht alle logischen Prinzipien, die für die Mathematik einer bestimmten endlichen Menge gelten, für die Mathematik unendlicher Mengen gelten. Insbesondere muß das Gesetz vom ausgeschlossenen Dritten verworfen werden.

Brouwers ganzer Zugang widerstreitet der hauptsächlichen intellektuellen Tradition europäischen Denkens. Sein anti-rationalistischer Voluntarismus ist eine Zurückweisung des Hauptstroms mathematischen und philosophischen Denkens. Bei jemandem wie Wittgenstein, der bei Schopenhauer Inspiration wie auch Einsicht fand[14], besteht eine *prima facie* Wahrscheinlichkeit, daß Brouwers Betonung des Primats des Willens einen inneren Reiz für ihn haben würde. Die grundlegende Vorstellung, daß weder die Sprache noch die Mathematik noch die Logik irgend etwas anderes sind als freie Schöpfungen des menschlichen Willens, der der Wirklichkeit eine Ordnung auferlegt, könnte leicht als eine zutiefst befreiende Konzeption erschienen sein. Die Vorstellung, daß die Mathematik und die Logik durch nichts gerechtfertigt sind, daß sie nicht Widerspiegelungen der apriorischen Struktur der Wirklichkeit sind, sondern daß vielmehr der Anschein einer solchen apriorischen Struktur nichts als ein Schatten ist, der von unseren willentlich geschaffenen Formen der Darstellung oder »mathematischen Betrachtung« auf die Welt geworfen wird, ist eine philosophische Vermutung, die voll von Entwicklungsmöglichkeiten ist.

Brouwers Skizze seiner Haltung zur Sprache, Logik und Mathematik stand in Widerstreit zu einigen der grundlegendsten Lehrsätze des *Tractatus* und der realistischen Semantik, die er von Frege her entwickelt hatte. Zwei der tiefsten Lehren des *Tractatus* werden angegriffen durch die Behauptung, daß weder die natürliche Sprache noch eine Kunstsprache oder Metasprache Gewißheit, vollkommene Klarheit und Unzweideutigkeit sichern kann, sowie durch die Behauptung, daß rein hypothetische Wahrheits-

14 Daß Wittgenstein Schopenhauer weiterhin hochachtete, wird von Carnap bezeugt, »Intellectual Autobiography«, in *The Philosophy of Rudolf Carnap*, hrsg. von P. Schilpp, Illinois 1963, S. 27.

werte unabhängig von konstruktivem Denken sinnlos sind und daher das Gesetz vom ausgeschlossenen Dritten nicht allgemein gültig ist. Weiterhin ist impliziert, daß die Forderung der Bestimmtheit des Sinns – ein Grundstein der Fregeschen Theorie ebenso wie der des *Tractatus* – nutzlos ist. Von dieser Denkrichtung ist ebenfalls eine andere Facette des zentralen Kerns des *Tractatus* bedroht, nämlich sein Realismus und seine erkenntnistheoretische Indifferenz. Die grundlegende Lehre, daß es für jeden Satz einen von unserer Erkenntnis unabhängigen Sachverhalt in der Wirklichkeit geben muß, der ihn entweder wahr oder falsch macht, kann nicht länger mit ganz dem gewohnten Elan festgehalten werden.

Brouwers schematischer Entwurf seiner Ansichten zweifelte nicht nur die Schlüssel-Lehren der Denktradition an, in die der *Tractatus* fest eingebettet war, er wies den Weg zu einer diametral entgegengesetzten Theorie nicht nur der Mathematik, sondern der allgemeinen kritischen Philosophie. Die Formen der Darstellung, die – in Brouwers Jargon – durch »mathematische Betrachtung« geschaffen werden, haben weder eine Grundlage in der Konstitution des Bewußtseins noch in einer apriorischen Struktur der Welt. Sie werden uns nicht aufgezwungen, sondern werden von uns bei unserem Bestreben, die Welt zu beherrschen, geschaffen, und ihre einzige Rechtfertigung liegt in ihrer Zweckmäßigkeit. Die Sprache ist durchweg gesellschaftlich, ihr Wesen liegt darin, ein Mittel der Willensäußerung oder der Willensübertragung darzustellen. Sie ist grundsätzlich ein Mittel der Kommunikation und ihre nichtgesellschaftliche Verwendung ist parasitär. Die Logik und ihr Gegenstandsbereich sind gegenüber der übrigen Sprache in keiner Weise privilegiert. Die »Härte des logischen Muß«, wie Wittgenstein es nennt, wird von Brouwer so aufgefaßt, daß sie nur so hart ist, wie wir erlauben. Die Logik ebenso wie die Sprache sind von unseren Bedürfnissen geformt und durch den relativ hohen Grad an Konstanz bedingt, den wir in der Welt finden.

Wieviele der Entwicklungsmöglichkeiten von Brouwers embryonalen Vorstellungen Wittgenstein 1928 genau einfielen, kann man unmöglich ohne biographische Evidenz wissen. Daß das Hören des Vortrags ihn dazu anregte, zur Philosophie zurückzukehren, ist von einigem biographischen Interesse und bei diesem Inhalt des Vortrags leicht verständlich. Die Schrift »Remarks on Logical

Form« aus dem Jahr 1929, die sehr stark in der Stimmung des *Tractatus* steht, legt jedoch nahe, daß es einige Zeit dauerte, bis die neuen Ideen Frucht trugen. Natürlich sprang die spätere Semantik, die auf der Vorstellung von Kriterien als Bestimmungen des Sinns begründet ist, nicht voll ausgewachsen aus Wittgensteins Verstand. Ebenso entwickelte sich die spätere Erkenntnistheorie, die auf der Vorstellung von Kriterien als nicht-induktiver Evidenz gegründet ist, erst, nachdem Wege versucht und verworfen worden waren. Wittgenstein spielte mit dem Verifikationismus und flirtete mit dem Phänomenalismus, ehe die neuen Konzeptionen ungefähr im Jahr 1933 mit einer erkennbaren Ähnlichkeit mit ihrer endgültigen Form zum Vorschein zu kommen begannen. Was jedoch wichtiger ist als biographische Spekulation oder genetische Exegese, ist die offensichtlich tiefgehende Verwandschaft zwischen Wittgensteins späterer Philosophie und Brouwers Skizze der konstruktivistischen Weltanschauung. Die allgemeine Konvergenz von Vorstellungen in Brouwers Skizze und Wittgensteins Spätwerk ist, ob sie kausal erklärbar ist oder nicht, von entscheidender Wichtigkeit im Hinblick auf die Interpretation von Wittgensteins bekanntlich kontroverser späterer Philosophie der Sprache. Denn sie legt nahe, daß wir die Transformation Wittgensteins, des Theoretikers der formalen Semantik, in Wittgenstein, den Theoretiker der Kommunikation-Intention[15], als nur einen Aspekt einer tieferen und allgemeineren Transformation betrachten sollten. Die Konvergenz und Verwandtschaften legen nahe, daß wir Wittgensteins spätere Philosophie als eine verallgemeinerte intuitionistische Theorie und daß wir seine Transformation als eine Transformation vom Realismus in der Semantik zu einer Position, die wichtige Verwandtschaften zum Konstruktivismus zeigt, betrachten. Einer solchen Interpretation Wittgensteins hat M. Dummett[16] in einer Reihe von Aufsätzen den Weg gebahnt, und

15 Siehe P. F. Strawson, »Meaning and Truth«, *Inaugural Lecture*, Oxford 1970, S. 4–5.

16 M. Dummett, »Truth«, in *Proceedings of the Aristotelian Society 54* (1958 bis 1959), S. 141–162; »Wittgenstein's Philosophy of Mathematics«, *The Philosophical Review* 68 (1959), S. 324–348; »The Philosophical Significance of Gödel's Theorem«, *Ratio* 5 (1963), S. 140–155; »The Reality of the Past«, *Proceedings of the Aristotelian Society* 69 (1968–1969), S. 239–258. Man muß jedoch hervorheben, daß Dummetts Konstruktivismus von demjenigen Wittgensteins verschieden ist.

G. P. Baker[17] hat sie wesentlich gefördert und ihr eine vorläufige Systematisierung gegeben. Es gibt keine fruchtbareren Aufgaben in der Wittgenstein-Exegese als die Ausarbeitung dieser Interpretation.

4. Das positivistische Zwischenspiel

Es wurde schon festgestellt, daß die neue Philosophie nicht sofort zum Vorschein kam. Nicht *alle* Auffassungen des *Tractatus* wurden zurückgewiesen, und außerdem wurden nicht alle Lehren, die letztlich verworfen wurden, in der Zeit von 1929–30 verworfen. Ein gründliches Studium der Übergangsperiode müßte das Alte vom Neuen freimachen, die Fäden der Kontinuität von den verfallenden Überresten der Philosophie des *Tractatus* und die Anfänge der neuen Philosophie von den vorübergehenden Improvisationen des Übergangs. Hier werden nur die Themen berührt, die für die Klärung derjenigen Themen, die das zentrale Anliegen dieser Untersuchung darstellen, notwendig sind. Eine kurze Untersuchung der Wittgensteinschen Konzeption von Bedeutung während seiner verifikationistischen Phase wird seine Ansichten über den Solipsismus während desselben Zeitraums erhellen[18], und damit seine spätere Widerlegung des Solipsismus und Idealismus. Sie wird auch eine Teilerklärung des Auftauchens von Wittgensteins späterer Konzeption von Kriterien als der bestimmenden Faktoren des Sinns liefern, die entscheidend für das Verständnis seiner späteren Philosophie im allgemeinen und seiner Metaphysik der Erfahrung im besonderen ist.

In späteren Jahren leugnete Wittgenstein, daß er jemals das Verifikationsprinzip vertreten hatte[19]. Obwohl es zutrifft, daß Wittgensteins Ansichten über Bedeutung sich selbst während der Zeit engen Kontakts mit Mitgliedern des Wiener Kreises von denen der logischen Positivisten hinsichtlich einiger ganz entscheidender Dinge unterschieden, ist die Leugnung unaufrichtig. Selbst eine

17 G. P. Baker, unveröffentlichte Dissertation mit dem Titel »The Logic of Vagueness«, 1970 der Universität in Oxford eingereicht.

18 Siehe unten, Kap. VII S. 258 ff.

19 Siehe »Wittgenstein as a Teacher«, von D. A. T. Gasking und A. C. Jackson, abgedruckt in *Ludwig Wittgenstein: The Man and his Philosophy*, hrsg. von K. T. Fann, New York 1967, S. 54.

kursorische Prüfung von Waismanns Gesprächsaufzeichnungen, Moores Vorlesungsnotizen und Wittgensteins *Philosophischen Bemerkungen* zeigt, daß Wittgenstein zwischen 1929 und 1932 einen extremen Verifikationismus annahm.

Wittgenstein war anscheinend von Weyls Bemerkung[20] beeindruckt, daß die Formalisten die Axiome der Mathematik analog zu den Regeln des Schachspiels auffassen. Natürlich kann man das Schachspiel nicht anwenden, während es ein kennzeichnender Zug der Mathematik ist, daß sie angewandt wird. Eine der hervortretenden Schwierigkeiten für die Formalisten besteht darin, eine überzeugende Erklärung für die Möglichkeit angewandter Mathematik zu geben. Trotzdem ist die Analogie zwischen Mathematik und Schachspiel oder, noch allgemeiner, zwischen Sprache und Schachspiel fruchtbar. Denn das »Wesen« des Schachspiels findet man nicht in den Holzstücken auf dem Schachbrett, auch nicht in idealen, abstrakten Gegenständen, die man sich als von ihnen dargestellt denken könnte, sondern vielmehr in den Regeln des Schachspiels, die die Bedeutung der Figuren bestimmen (*WWK* S. 134). Man versteht das Schachspiel, wenn man die Figuren richtig bewegen kann; das Spiel ist eine Art von Kalkül, eine Geometrie. Obwohl die Sprache kein Kalkül ist, ist die Analogie stark, obwohl sie von Disanalogien begleitet wird. Die Frage »was ist ein Wort?« ist analog der Frage »was ist eine Schachfigur?« (*PB* § 18). Unser Verständnis des Schachspiels zeigt sich in der Richtigkeit unseres Umgehens mit Schachfiguren gemäß der Schachregeln. Unser Verständnis eines Satzes zeigt sich darin, daß wir ihn anwenden (*WWK* S. 167). Verstehen ist nicht ein mentaler Zustand oder Vorgang, sondern die Fähigkeit, einen Satz zu gebrauchen. Verstehen ist das »Operieren« mit Sätzen, der Satz ist dazu da, daß wir mit ihm »operieren«. Was ein Holzstück zu einem König im Schachspiel macht, sind die Regeln, die seine möglichen Bewegungen bestimmen. Was Lautreihen zu einer Sprache macht, ist ihr Gebrauch oder ihre Anwendung, in demselben Sinn, in dem es die Anwendung eines Stockes mit Kerben ist, die ihn zu einem Maßstab macht, nämlich die Weise, auf die er an die Wirklichkeit angelegt wird (*PB* § 54). Es ist treffend, daß Wittgenstein diese Metapher aus dem *Tractatus* bei der Darlegung seines Verifika-

20 *WWK* S. 103 f. und Anmerkung 54.

tionismus wiederverwendet, denn die Weise, auf die das »Anlegen der Sprache an die Wirklichkeit« geschieht, ist die Methode der Verifikation, die den Sinn von Sätzen ausmacht.

Moore berichtet, daß Wittgenstein an einer frühen Stelle seiner Vorlesung von 1938 die Bemerkung machte, daß der Sinn eines Satzes die Weise ist, auf die er verifiziert wird (M S. 266)[21]. Dieser positivistische Ausspruch wird immer wieder in den Gesprächen mit Waismann wiederholt[22]. In den *Philosophischen Bemerkungen* legt Wittgenstein seine Position ganz deutlich dar: »Wie ein Satz verifiziert wird, das sagt er ... Die Verifikation ist nicht *ein* Anzeichen der Wahrheit, sondern *der* Sinn des Satzes. (Einstein: Wie eine Größe gemessen wird, das ist sie.)« (*PB* § 166). Der Punkt wird häufig wiederholt und ausgedehnt: »Der Sinn einer Frage ist die Methode ihrer Beantwortung ... Sage mir, *wie* du suchst, und ich werde dir sagen, *was* du suchst.« (*PB* § 27), und nochmals:

> Ich will sagen: Einer Frage entspricht immer eine *Methode* des Findens. Oder man könnte sagen: Eine Frage *bezeichnet* eine Methode des Suchens ... Den Sinn eines Satzes verstehen, heißt, wissen, wie die Entscheidung herbeizuführen ist, ob er wahr oder falsch ist ... Man kann ein Bild nicht mit der Wirklichkeit vergleichen, wenn man es nicht als Maßstab an sie anlegen kann. Man muß den Satz auf die Wirklichkeit auflegen können (*PB* § 43).

Man kann nicht etwas glauben, was man sich nicht irgendwie verifiziert denken kann (*PB* § 59), und es kann keinen Irrtum geben, der prinzipiell nicht entdeckt werden kann (*PB* § 75). Ein Satz, der nicht verifizierbar ist, hat keinen Sinn (*PB* § 34). Gleichheit der Verifikation impliziert Gleichheit des Sinns, Verschiedenheit der Verifikation impliziert Verschiedenheit des Sinns (z. B. *WWK* S. 53, 70), denn für einen echten Satz gibt es nur *eine*

21 Man muß immer daran denken, daß Wittgenstein in seinen englischen Vorlesungen und Aufzeichnungen dazu neigt, den Terminus »*proposition*« ebenso ununterschieden zu verwenden, wie er »Satz« verwendete, eine Tatsache, die Moore erläutert (M S. 263). In den folgenden Übersetzungen aus Werken der Übergangsperiode habe ich »Satz« mit »*proposition*« übersetzt, um die Bemerkungen aus *PB* und *WWK* in Übereinstimmung mit Wittgensteins eigenen Wörtern aus den Vorlesungen von 1930–1933 zu halten (siehe Anmerkung 21 auf S. 26 oben). Wenn ich von seiner späteren kriteriellen Semantik rede, werde ich jedoch Sätze (*sentences*) als Träger des Sinns auffassen.

22 Z. B. *WWK* S. 47–48, 53, 79, 97–98, 159 usw.

Verifikation (*WWK* S. 159), und die Verifikation muß vollständig und definitiv sein (*WWK* S. 47 f., M S. 261, *PB* § 228 [mittels Implikation]).

Es ist interessant, daß Wittgenstein weiterhin die Metaphern von Bild und Maßstab verwendet, um das Wesen des echten Satzes zu erhellen. Die Metaphern können nicht länger die gewichtige Ladung tragen, für die sie ursprünglich entworfen waren. Denn wie wir gesehen haben, hat die atomistische Bildertheorie nicht überlebt. Der Satz wird nicht so aufgefaßt, daß er aus Namen zusammengesetzt ist, die eine Bedeutung, aber keinen Sinn haben, seine Bestandteile werden nicht einfachen, bestehenden Gegenständen zugeordnet, und daher kann die strenge mathematische Gleichgestaltigkeit der atomistischen Bildertheorie nicht gelten. Ähnlich ist der Maßstab, der an die Wirklichkeit angelegt wird, jetzt strenggenommen repräsentativ für ein »System« von Sätzen, denn die Vorstellung von *logisch unabhängigen* Sätzen, die direkt mit der Wirklichkeit verglichen werden, wurde ebenfalls verworfen. Die Metaphern dienen jetzt nur dazu, die übrigbleibenden Züge der ursprünglichen Konzeption zu erfassen. Ein echter Satz ist wesentlich gegliedert (und damit auch der Gedanke, daß *p*, die Erwartung, der Wunsch oder der Befehl, daß *p* [*PB* § 32]). Er bestimmt einen Ort in einem logischen Raum und ist wesentlich bipolar. Schließlich wird er hinsichtlich seiner Wahrheit oder Falschheit direkt mit der Wirklichkeit verglichen (*WWK* S. 73 ff.).

Die Verbindung des strikten Verifikationismus, der Zurückweisung der Eliminierbarkeit quantifizierter Sätze durch Reduktion auf logische Summen und Produkte und der obigen bleibenden Lehren des *Tractatus* führte zu einer Unterscheidung zwischen Sätzen und Hypothesen. Wittgenstein unterschied drei Arten von Sätzen (M S. 261), die in zwei Klassen fallen. Erfahrungssätze setzen sich aus zwei Unterklassen zusammen: echten Sätzen und Hypothesen. Neben Erfahrungssätzen unterschied er mathematische Sätze. Echte Sätze erfüllen die obigen Forderungen des Verifikationismus und der Abbildung. Solche Sätze werden durch Phänomene oder unmittelbare Erfahrung verifiziert. Erfahrungssätze, die nicht auf solche Weise direkt und definitiv durch Bezug auf phänomenale Erfahrung verifizierbar sind, sind Hypothesen. Sätze über »objektive Einzeldinge«, über die Vergangenheit, über Naturgesetze usw. sind Hypothesen. Hypothesen sind nicht definitiv verifizierbar, und sie sind nicht in demselben Sinn wahr oder falsch, in dem es echte Sätze sind; sie sind wahrscheinlich. Hypothesen sollte man als Formen der Darstellung der Wirklichkeit betrachten, die echte Sätze vereinheitlichen. Wenn man echte Sätze als Punkte auffassen kann, dann sind Hypothesen die Kurven, die die Punkte verbinden. Das leitende Prinzip bei der Bildung von Hypothesen ist induktiv, nämlich immer die einfachste verbindende Kurve zu finden, die mit der Erfahrung vereinbar ist. Hypothesen kann man daher als Regeln für die Bildung von Aussagen (*WWK* S. 99) oder für die Bildung von Erwartungen (*PB* § 228) auffassen. Zwei Hypothesen sind dem Sinn nach identisch, wenn alle mögliche Erfahrung, die die eine stützt oder bestätigt, auch die andere stützt oder bestätigt (*PB* § 65, § 225). Echte Sätze sind damit »Schnitte« durch Hypothesen (*WWK* S. 100; *PB* §§ 227 bis 8). Die Phänomene sind verschiedene Facetten, die von einer Hypothese vereinheitlicht werden. Ein Satz, der eine Hypothese stützt, ist ein »Symptom« für die Hypothese (*WWK* S. 159). Die Beziehung ist eine hypothetisch-deduktive, eine Hypothese impliziert die Wahrheit ihrer Symptome, und ein Symptom bestätigt eine gegebene Hypothese oder macht sie wahrscheinlich.

Soweit waren Wittgensteins Auffassungen im allgemeinen[23] im Einklang mit denjenigen seiner positivistischen Wiener Kollegen. Als es zur Interpretation mathematischer Sätze kam, war die Lage jedoch ganz anders. Anders als seine Partner entnahm Wittgenstein die Inspiration für seinen Verifikationismus derselben Quelle wie die Einsichten seiner neuen Philosophie der Mathematik. Die Prinzipien, die er auf die Analyse mathematischer Sätze anwandte, waren den Prinzipien verwandt, die er auf die zwei Gruppen von Erfahrungssätzen anwandte. Die Bedeutung eines Satzes ist allgemein mit den Bedingungen zu identifizieren, die seinen Gebrauch rechtfertigen. Genauso wie die Verifikation eines echten Satzes nicht nur ein Anzeichen der Wahrheit ist, nicht ein Weg zu etwas, was jenseits von ihr selbst liegt, sondern der wahre Sinn des Satzes, so ist aufgrund derselben Überlegung der Beweis eines mathematischen Satzes nicht ein Vehikel, um zu einer weiteren unabhängigen Sache zu kommen, sondern ist die Sache selbst

23 Es gab natürlich beträchtliche Unterschiede im Detail, z. B. hinsichtlich der Rolle der hinweisenden Definition, der Verbindung zwischen Sprache und Wirklichkeit usw.

(*WWK* S. 109). Ein mathematischer Satz sagt, was sein Beweis beweist, und nicht mehr (*PB* § 154). Die Bedeutung einer mathematischen Gleichung muß aus ihrem Beweis hervorgehen, die Bedeutung des Satzes ist, was der Beweis beweist (*PB* § 122 Anmerkung)[24]. Dieser konstruktivistische Zugang zu den Problemen der Bedeutung mathematischer Sätze macht Wittgensteins Verifikationismus zu einer viel allgemeineren Bedeutungstheorie als denjenigen der logischen Positivisten. Der Gegensatz ist am auffälligsten, wenn man Hahns Auffassungen des Status der Mathematik mit derjenigen Wittgensteins vergleicht. Hahn, der 1933 schreibt, akzeptiert das logistische Programm der Reduktion der Arithmetik auf die Logik als im Prinzip unbestreitbar richtig. Mathematische Sätze sind, so behauptet er, Tautologien. Poincarés Einwände, daß die Mathematik eine Art unikes apriorisches Prinzip enthalten muß, erwidert Hahn damit, daß er sagt, daß das unsere intellektuelle Schwäche übersieht:

Ein allwissendes Wesen freilich wüßte unmittelbar, was alles bei Behauptung einiger Sätze mitbehauptet ist, es wüßte unmittelbar, daß aufgrund der Verabredungen über den Gebrauch der Zahlzeichen und des Zeichens $\times$ mit 24×31 und 744 dasselbe gemeint ist; ein allwissendes Wesen braucht keine Logik und keine Mathematik. Wir aber müssen uns dies erst durch sukzessive tautologische Umformung bewußt machen, und so kann es für uns sehr überraschend sein, daß wir durch Behaupten einiger Sätze einen von diesen anscheinend gänzlich verschiedenen Satz mitbehauptet haben ...[25]

Diese logische Haltung, die mathematische Wahrheiten so auffaßt, daß sie unabhängig von unserer Erkenntnis oder möglichen Erkenntnis und unabhängig von unserer Fähigkeit existieren, einen Beweis zu konstruieren, steht in dramatischem Gegensatz zu Wittgensteins Einstellung:

Es wäre eine gute Frage für die Scholastiker gewesen: ›Kann Gott alle Stellen von π kennen?‹ Die Antwort lautet in allen solchen Fällen: Die Frage ist sinnlos (*PB* § 128).

Obwohl dieser kurze Überblick äußerst schematisch ist, ist er, denke ich, eine ganz angemessene Darstellung von Wittgensteins

24 Es ist wichtig, zur Kenntnis zu nehmen, daß Wittgensteins neue Ansichten über das Wesen der Mathematik später ebenso wie seine verifikationistischen Theorien tiefgreifende Veränderungen erfahren.

25 H. Hahn, »Logik, Mathematik und Naturerkennen«, *Einheitswissenschaft* Heft 2, Wien 1933, S. 18.

Ausgangspunkt zu Beginn der 1930er Jahre. Von da an unterliegen seine Ansichten rascher Veränderung und Entwicklung. Aus Moores Vorlesungsnotizen würde es scheinen, daß die entscheidende Entdeckung im Hinblick auf das Aufgeben des logischen Positivismus den Status der zwei Arten von Erfahrungssätzen betraf, die er früher unterschieden hatte. Die sogenannten »echten Sätze« bildeten den Grundstein von Wittgensteins Verifikationismus, indem sie durch Vergleich mit der Wirklichkeit definitiv verifizierbar sind. Im Studienjahr 1932-33 jedoch kam Wittgenstein auf den Gedanken, daß die Vorstellung, daß ein Satz wie »ich sehe Rot« mit der nackten begriffsfreien Erfahrung verglichen wird, die ihn verifiziert, absurd ist. »Echte Sätze« haben keine Verifikation, die Frage »Wie weißt du, daß du Zahnschmerzen hast?« ist sinnlos (M S. 266). Es gibt keine *Art und Weise* des Wissens und keine *Methode* der Verifikation. Das Problem hat ein großes Gewicht in den »Notes for Lectures on ›Private Experience‹ and ›Sense Data‹«. »Wenn ich sage, was es ist, das ich sehe, wie vergleiche ich«, so fragt Wittgenstein, »das, was ich sage, mit dem, was ich sehe, um zu wissen, ob ich die Wahrheit sage?« (NFL S. 280). Findet immer ein Vergleichen statt? Der Punkt wird ausführlich diskutiert, und Wittgenstein kommt zu dem Schluß, daß bezüglich der fraglichen Art von Sätzen gilt: »Wir haben hier keinen Vergleich des Satzes mit der Wirklichkeit! (Kollationieren)« (NFL S. 294). Diese schwierige und umstrittene Frage liegt an der Wurzel von Wittgensteins berüchtigter nicht-kognitiver Lehre der Bekundungen. Sie wird in Kapitel IX dieser Studie ausführlich untersucht werden. Die Veränderung in seiner Auffassung »echter Sätze« brachte eine entsprechende Veränderung in seiner Auffassung der zweiten Gruppe von Erfahrungssätzen mit sich, die er »Hypothesen« genannt hatte. Nicht alles, was eine sogenannte »Hypothese« bestätigt, gehört zu ihrer Bedeutung. Ein Zeitungsbericht des Resultats des Bootsrennens bestätigt die Tatsache, daß So-und-so gewonnen hat, aber es gehört nicht zur Bedeutung von »So-und-so gewann das Bootsrennen«, daß ein bestimmter Bericht in der *Times* vorkam. Die Verifikation, der Grund dafür, einen Satz zu behaupten, trägt nur insoweit zu seiner Bedeutung bei, als der verifizierende Satz grammatisch, d. h. nicht induktiv, sondern *a priori*, in einer Relation zu dem verifizierten Satz steht. Induktive Evidenz ist etwas, was wir entdekken, nicht etwas, was wir verfügen. Nicht-induktive Evidenz andererseits ist von uns festgesetzt. Während sie das, wofür sie brauchbare Evidenz ist, nicht impliziert, ist die Tatsache, daß sie brauchbare Evidenz ist, trotzdem eine apriorische Angelegenheit.

Während seiner positivistischen Phase ist der Sinn von »echten Sätzen« durch die Verifikation und der Sinn von Hypothesen durch ihre Symptome bestimmt. Als Wittgenstein das *Blaue Buch*[26] schrieb, hatten sich seine Ansichten beträchtlich geändert. Die Vorstellung vom Gebrauch eines Satzes hat ein noch größeres Gewicht als vorher, und es wird angenommen, daß der Sinn eines Satzes durch die Bedingungen bestimmt ist, die den Gebrauch oder die Anwendung des Satzes auf nicht-induktive Weise rechtfertigen. Diese Bedingungen sind die Gründe dafür, einen Satz zu behaupten; sie sind konventionell als solche festgelegt. Die Gründe für einen Satz sind Teil dessen, was Wittgenstein seine »Grammatik« nennt. Die nicht-induktive Evidenz für eine Behauptung wird als »ein Kriterium« bezeichnet, und der Sinn des behaupteten Satzes ist durch seine Kriterien bestimmt. Wie im Falle der induktiven Rechtfertigung ist die Wahrheit der nicht-induktiven Evidenz mit der Falschheit des Satzes vereinbar, dessen Behauptung sie rechtfertigt. Anders als die induktive Rechtfertigung sind kriterielle Relationen durch grammatische Konventionen festgelegt, nicht durch empirische Forschung entdeckt. Der Begriff eines Kriteriums und der kriteriellen Verbindung ist dunkel, komplex und umstritten. Wittgensteins Bemerkungen über Kriterien und sein Gebrauch des Terminus sind undurchsichtig und offensichtlich inkonsistent. Dennoch liegt dieser Begriff im Zentrum seiner späteren Philosophie und spielt eine entscheidende Rolle bei seiner Widerlegung

26 In der Erörterung von Kriterien im *Blauen Buch* (z. B. S. 84 ff.) verwendet Wittgenstein den Terminus *»proposition«* weiterhin so wie zuvor. Wenn ich ihn zitiere, werde ich mich an seine Verwendung halten. In Zitaten aus seinen späteren übersetzten Werken werde ich mich an die Version von »Satz« halten, die seine Übersetzer verwenden. Dagegen werde ich, wenn ich seine Bemerkungen umschreibe und seine kriterielle Semantik erörtere, Sätzen (*sentences*) Sinn zuschreiben und daher davon sprechen, daß Kriterien den Sinn von Sätzen (*sentences*) bestimmen. Wenn ich seine Ansichten im *Tractatus* und der Übergangsperiode erörtere und sie mit seiner späteren Auffassung von Sprache vergleiche, werde ich mich nach der vorhergehenden Vereinbarung (siehe Anmerkung 21 S. 26 und Anmerkung 21 S. 148 oben) für die frühen und mittleren Werke richten.

des Solipsismus und Idealismus und seiner eigenen konstruktiven Erklärung der Struktur unseres Denkens über die Welt und unsere Erfahrung von ihr. In den folgenden Kapiteln, besonders in den Kapiteln VII–IX, wird der Begriff häufig anzutreffen sein. Ich werde jedoch eine detaillierte Untersuchung von Wittgensteins Ansichten über die kriterielle Verbindung bis zum letzten Kapitel zurückstellen, da ich es vorziehe, den Gebrauch, den der Begriff erhält, und die Ergebnisse, die seine Anwendung liefert, im Feld der kritischen Metaphysik der Erfahrung zu zeigen. Dann und erst dann wird ein vorläufiger Versuch unternommen werden, eine Exegese des Wittgensteinschen Begriffs eines Kriteriums zu geben, seine allgemeinen Implikationen für die Erkenntnistheorie auszuarbeiten und Linien anzuzeigen, entlang derer weiterer Fortschritt in der Lösung der großen Probleme gemacht werden könnte, die dieses schwierige logische Werkzeug umgeben.

V Wittgensteins spätere Auffassung von Philosophie

Die zwei Auffassungen von Philosophie im *Tractatus* zeigen in einem durchaus weiten Bereich von Fragen beträchtliche Verwandtschaften mit Wittgensteins späterer Auffassung von Philosophie, die sich von 1929 an entwickelte und ihren endgültigen und verfeinerten Ausdruck in den *Philosophischen Untersuchungen* fand. Es bestehen jedoch auch tiefgreifende Unterschiede, welche in Wittgensteins halb-ironischer Verwendung ähnlicher Schlagwörter in beiden Werken verborgen liegen. Sein orakelhafter epigrammatischer Stil gibt sich für Zweideutigkeiten her. Sein Gefallen an solchen Meistern der Ironie, des Paradoxen und von Wortspielen wie Lichtenberg, Kierkegaard, Kraus, ganz zu schweigen von Frege, sollte dem oberflächlichen Leser eine Warnung sein. Seine Wiederholung von Schlagwörtern des *Tractatus* stellt häufig eine Wiederverwendung alter Flaschen zur Aufnahme neuen Weines dar. Es ist eher irreführend als aufschlußreich, wenn man sagt, daß er oft erst später die Wahrheit in früheren Bemerkungen erkannte. Der Autor des *Tractatus* war nach der Meinung des Autors der *Untersuchungen* den meisten Arten tiefer philosophischer Täuschungen erlegen. Man berichtet, daß Wittgenstein auf das Vorsatzblatt von Schlicks Exemplar des *Tractatus* geschrieben hat: »Jeder dieser Sätze ist der Ausdruck einer Krankheit.[1]« Die allgemeine Auffassung von Philosophie war demgemäß in vielen Hinsichten verkehrt, die eine Neuinterpretation und Korrektur erforderlich machten. Jeder Versuch, Kontinuität und Gegensatz zwischen dem früheren und dem späteren Werk im Hinblick auf die Auffassung von Philosophie aufzuspüren, muß immer an die Tatsache denken, daß die Bezugsachse der ganzen Untersuchung um einen Fixpunkt gedreht worden ist (*PU* § 108). Das Bedürfnis, begriffliche Strukturen zu erfassen, bleibt bestehen, aber sie werden jetzt *sub specie humanitatis* betrachtet.

Im Verlauf der Vorlesungen von 1931–33 behauptete Wittgenstein, daß die Philosophie, wie er sie jetzt praktizierte, nicht nur eine Stufe in der kontinuierlichen Entwicklung des Gegenstands darstellte, sondern einen neuen Gegenstand (M S. 322). Unter

1 Siehe A. Maslow, *A Study in Wittgenstein's Tractatus*, Berkeley, California 1961, S. X.

Verwendung eines Gleichnisses, das an Russells extravagante Behauptungen über den logischen Atomismus erinnert, erklärt Wittgenstein, daß mit dem Auftreten seines neuen Stils des Philosophierens ein »Sprung« in der Evolution der Philosophie stattfinde, der mit demjenigen vergleichbar sei, der eintrat, als Galilei die Dynamik erfand. Er wiederholt diesen Punkt etwas bescheidener im *Blauen Buch* (*BB* S. 53). Sein Werk ist, so sagt er, einer der Erben des Gegenstandes, den man Philosophie zu nennen pflegte. Der wichtige Punkt war, so behauptete er in seinen Vorlesungen, nicht, ob seine Ergebnisse wahr oder falsch waren, sondern daß eine neue Methode gefunden wurde[2], wie es geschehen war, als sich aus der Alchemie die Chemie entwickelte. Als ein Ergebnis der Entdeckung dieser Methode ist es jetzt möglich, nicht nur große Philosophen zu haben, sondern auch gelernte. Die neue Methode hat die Philosophie auf eine Fertigkeit reduziert. Ob sich diese weitreichenden Thesen rechtfertigen lassen, soll im Verlaufe der Untersuchung der neuen Philosophie, ihrer Ziele und Methoden, ihres Status gegenüber anderen Wissenschaften und anderen Auffassungen des Gegenstandes und ihres Verhältnisses zu ihrem Vorfahr *Tractatus* bewertet werden.

Die Ziele der Philosophie werden von Wittgenstein verschiedenartig angegeben, manchmal in einer leicht positiven Weise, öfter aber in einer negativen Stimmung. Positiv besteht das Ziel der Philosophie darin, unsere Vorstellungen darüber, was sich über die Welt sagen läßt, in Ordnung zu bringen (M S. 323), sie ist wesentlich eine Neuordnung von etwas, was wir schon wissen, wie das Ordnen von Büchern in einer Bibliothek (*BB* S. 75). Die Absicht der Philosophie ist es, eine Ordnung (nicht DIE Ordnung) in unserem Wissen des Gebrauchs der Sprache herzustellen (*PU* § 132). Sie sucht nach den Notionen des gesunden Menschenverstandes (*BGM* S. 302). Die allgemeinste und am häufigsten wiederkehrende positive Formulierung der Aufgabe der Philosophie ist die Be-

2 Die Bemerkung erfordert eine geringe Modifikation. Wenn es keine »philosophischen Sätze« gibt, dann wird eine offensichtliche Spannung erzeugt, wenn man davon redet, daß die Ergebnisse philosophischer Untersuchung wahr oder falsch sind. Ein ähnliches Problem entstand, so wird man sich erinnern, mit Bezug auf das Vorwort zum *Tractatus* (siehe oben Kapitel I, S. 54). Eine weitere Modifikation ist erforderlich, um die Behauptung, daß *eine* Methode gefunden wurde, konsistent mit *PU* § 133 zu machen (siehe unten S. 188 f.).

hauptung, daß ihr Zweck darin liegt, uns eine »Übersicht«[3] zu geben. In den Untersuchungen sagt Wittgenstein unzweideutig:

Der Begriff der übersichtlichen Darstellung ist für uns von grundlegender Bedeutung. Er bezeichnet unsere Darstellungsform, die Art, wie wir die Dinge sehen. (Ist dies eine »Weltanschauung«?) (*PU* § 122).

Eine Übersicht versetzt uns in die Lage, die Struktur unserer Weise der Darstellung oder irgendeinen Ausschnitt von ihr, der gerade für ein gegebenes philosophisches Problem relevant ist, zu erfassen. Der Begriff einer Übersicht hat in Wittgensteins Spätphilosophie eine zentrale Stellung. Er ist der Erbe der »richtigen logischen Auffassung« des *Tractatus* (*TLP* 4.1213). Aber während der *Tractatus* eine richtige logische Auffassung durch »geologische« Mittel zu erreichen gesucht hatte, dadurch, daß er unter den Erscheinungen der Sprache grub, um ihre latente Struktur zu entdecken, sucht Wittgensteins spätere Philosophie eine richtige logische Auffassung durch »topographische« Mittel.

Man betrachte die Geographie eines Landes, für das wir keine Karte haben oder andernfalls eine Karte in kleinen Stücken. Die Schwierigkeit damit ist die Schwierigkeit mit der Philosophie; es gibt keine Übersicht. Hier ist das Land, über das wir reden, die Sprache, und die Geographie ist die Grammatik. Wir können ganz gut über ein Land wandern, aber wenn wir eine Karte anfertigen sollen, gehen wir in die Irre (Vorlesungen, Herbst 1933)[4].

Die Hauptquelle der Mißverständnisse, wie sie für die Philosophie charakteristisch sind, ist die Schwierigkeit, unseren Gebrauch der Sprache zu übersehen (*PU* § 122). Die Sprache ist das Mittel der Darstellung. Ihre innere Struktur, die durch die Regeln gebildet wird, die den Gebrauch und damit die Bedeutung von Sätzen und ihren Bestandteilen bestimmen, ist die Form der Darstellung, das Gewirr begrifflicher Verbindungen, mittels derer wir uns die Welt denken. Wir erreichen eine geeignete Übersicht unserer Form der Darstellung, wenn wir die Grammatik der Sprache verstehen[5]. Das

3 Der Ausdruck wird auf signifikante Weise von Frege in *Die Grundlagen der Arithmetik* § 5 gebraucht: »... dem Bedürfnisse der Vernunft nach Übersichtlichkeit der ersten Grundlagen«.

4 Berichtet von A. Ambrose, »Wittgenstein on Universals«, in *Ludwig Wittgenstein, The Man and his Philosophy*, hrsg. von K. T. Fann, S. 336.

5 Für eine detaillierte Untersuchung von Wittgensteins Auffassung von Grammatik siehe unten Kapitel VI.

Verstehen eines mathematischen Beweises z. B. besteht im Verstehen der Grammatik des bewiesenen Satzes, denn das Akzeptieren eines Theorems in der Mathematik bedeutet das Akzeptieren einer neuen grammatischen Regel. Das wiederholte Insistieren darauf, daß der Beweis in der Mathematik übersichtlich sein muß (*BGM* S. 143–153), ist gleichbedeutend mit dem Anspruch, daß die Grammatik übersichtlich sein muß. Ein angeblicher Beweis, der nicht übersichtlich ist, z. B. ein Beweis einer Multiplikation in der Russellschen Notation, der Tausende von Zeichen enthält, könnte nicht als Beweis akzeptiert werden. Obwohl man der Grammatik im allgemeinen – in Wittgensteins Sinn des Terminus – nicht erlauben wird, sich über eine bestimmte Ebene von Komplexität zu erheben, fällt sie doch selten, wenn überhaupt jemals, auf eine Ebene schlicht unzweideutiger und offensichtlicher Übersichtlichkeit. Eine ideal einfache Übersicht über einen Ausschnitt der Grammatik würde durch die Konkretisierung der Regeln gebildet, z. B. durch eine räumliche Darstellung der normativen Modalitäten, welche den Gebrauch sprachlicher Zeichen regieren. Ein Beispiel hierfür, auf das Wittgenstein sich in den frühen dreißiger Jahren wiederholt bezog, ist das Farboktaeder als eine konkrete Darstellung eines Teils der Grammatik von Farbwörtern. Das ist jedoch nicht generell möglich. Unserer Grammatik fehlt es vor allem an Übersichtlichkeit (*PB* § 1; *PU* § 122). Ferner bilden einige Ausschnitte unserer Sprache, z. B. psychologische Termini, größere Hindernisse für eine geeignete Übersicht als andere, z. B. Termini aus der Mechanik (*Z* § 113). Die Grammatik ist nicht in einem statischen, in einem Augenblick übersehbaren Medium verkörpert, sondern ist die Struktur unserer dynamischen sprachlichen Praxis. Wir können im allgemeinen eine Übersicht nur durch eine geduldige Prüfung der Annahmen über den Gebrauch von Sätzen und Ausdrücken (Z § 272), ihrer regelgeleiteten Relationen zu anderen Sätzen und Ausdrücken erreichen. Die vollständige Übersicht über alle Quellen der Unklarheit mittels einer Beschreibung aller Anwendungen, Erläuterungen und Konzeptionen eines Ausschnitts der Sprache (z. B. des Übergangs von der Mathematik des Endlichen zur Mathematik des Unendlichen [Z § 273]) wird ein Verständnis logischer Verbindungen erzeugen, welches Verwirrungen auflöst.

Wie man aus der letzteren Bemerkung ersehen wird, erhält sogar die Formulierung der Aufgabe der Philosophie als Geben einer Übersicht eine negative Sichtweise. Denn der Zweck der Herstellung einer Übersicht besteht darin, philosophische Täuschung zu beseitigen. Die anscheinend positiven Formulierungen der Ziele der Philosophie sind fast immer mit einer negativen Tönung gefärbt. Obwohl wir zu den Notionen des gesunden Menschenverstandes kommen wollen, müssen die Philosophen von vielen Krankheiten des Verstandes geheilt werden, ehe sie das tun können (*BGM* S. 302). Die Ordnung, die wir aufstellen wollen, ist eine Ordnung, welche erforderlich ist, um philosophische Beunruhigungen zu verbannen. Die vorherrschende Auffassung des Zwecks der Philosophie ist negativ – die Beseitigung von Verwechslungen, das Verschwinden philosophischer Probleme (*PU* § 133). Die Philosophie zielt darauf, philosophische Probleme aufzulösen, die sich aus der Sprache ergeben (*PU* § 90); sie ist ein Kampf gegen die Faszination, die von den Formen der Sprache ausgeübt wird (*BB* S. 51; *PU* § 109). Sie bringt diejenigen Kartenhäuser zum Einsturz, welche in der Philosophie immer interessant, groß und bedeutend erscheinen, nämlich angebliche Einsichten in die wirkliche, metaphysische Struktur der Welt, in das Wesen der Welt. Die Bedeutung der neuen Weise des Philosophierens liegt in der Desillusionierung, darin, das philosophische Denken von der Verrücktheit zu heilen, die es umgibt.

Die Auffassung von Philosophie ist vorherrschend therapeutisch. Es stimmt, daß wir, wenn die Täuschung einmal durch eine richtige Übersicht beseitigt ist, eine richtige logische Auffassung haben werden. Aber wir suchten sie Wittgenstein zufolge nicht um ihrer selbst willen, sondern eines Heilmittels wegen. Demgemäß ist das Ziel der Philosophie nicht Vollkommenheit oder Vollständigkeit (*PU* II, XI S. 510; *Z* § 465); wo Klassifikationen gegeben werden, sollen sie uns nur in die Lage versetzen, die Knoten in unserem Denken zu entwirren. Das Ziel ist auch nicht Exaktheit (*Z* § 464). Wittgensteins Philosophie zielt nicht auf eine systematische Beschreibung unserer Form der Darstellung, sondern nur auf eine Übersicht über diejenigen Teile, die Täuschungen erzeugen. Es mag sein, daß eine vollständige Beschreibung möglich sein wird, sobald einmal eine geeignete Übersicht erreicht ist, aber der Zweck beim Geben einer Übersicht besteht darin, Täuschungen zu beseitigen.

Man wird sich erinnern, daß Wittgenstein in seinem frühesten Kredo über Philosophie, im ersten Abschnitt der »Aufzeichnungen über Logik«, erklärte, daß die Philosophie rein deskriptiv sei; anders als die Naturwissenschaften, mit denen Russell sie verglichen hatte, enthält sie keine Deduktionen. Sie wurde als die Beschreibung der logischen Form aufgefaßt. Dem *Tractatus* zufolge hatte die Philosophie, wie sie in dem Buch praktiziert wurde, den *de facto*-Status einer Beschreibung der logischen Form, aber *de jure* den Status von Unsinn. Die zukünftige Philosophie, deren Grundlage vom *Tractatus* gelegt wird, ist rein erläuternd. Die einzig streng richtige Methode in der Philosophie ist die, nichts zu sagen, als was sich sagen läßt, d. h. empirische, nicht-philosophische Sätze, und immer, wenn jemand etwas Metaphysisches zu sagen versucht, ihm mittels einer Analyse nachzuweisen, daß er gewissen Zeichen in seinen Sätzen keine Bedeutung gegeben hat (*TLP* 6.53). Die Behauptung, daß die Philosophie rein deskriptiv ist, durchzieht Wittgensteins späteres Werk (z. B. *PG* § 30; *BB* S. 39, 179; *PU* § 124 usw.). Die Philosophie ist eine Beschreibung des Arbeitens der Sprache (*PU* § 109). Sie löst gewisse nicht-empirische Probleme durch eine ruhige Erwägung sprachlicher Tatsachen (*Z* § 447). Die Philosophie ist eine begriffliche Untersuchung (*Z* § 458), sie beschreibt unsere begrifflichen Strukturen von innen her. Sie zeigt, wie wir in der Philosophie, oder in der Psychologie oder Mathematik, dadurch fehlgehen, daß wir unsere Begriffe falsch auffassen – sie tut das, indem sie unsere Aufmerksamkeit auf die Anwendung von Wörtern lenkt (*Z* § 463).

Der deskriptive Status der Philosophie wurde also in einem gewissen Sinn festgehalten, erhielt aber eine Drehung weg von dem jetzt zurückgewiesenen Begriff der logischen Form hin zu dem ihn ersetzenden Begriff der Gebrauchsweisen der Sprache und der sogenannten »grammatischen Regeln«, die den Gebrauch der Sprache regieren. Ähnlich wird an der »richtigen Methode der Philosophie«, die so offensichtlich unbefriedigend und unphilosophisch ist (*TLP* 6.53), festgehalten, aber sie wird wiederum in Richtung auf Regeln des Gebrauchs, die den Sinn bestimmen, und weg von der logischen Analyse modifiziert. In einer Diskussion mit Waismann im Dezember 1931 bemerkte Wittgenstein:

Ich habe einmal geschrieben: Die einzig richtige Methode des Philosophierens bestünde darin, nichts zu sagen und es dem anderen zu überlassen, etwas zu behaupten. Daran halte ich mich jetzt. Was der andere nicht kann, das ist, die Regeln schrittweise und in der richtigen Ordnung auseinanderzusetzen, so daß sich alle Fragen von selbst auflösen (*WWK* S. 183 f.).

Dieses modifizierte Programm philosophischer Klärung bestimmt die dialektische Art und Weise, die Dialogform und die interrogative Methode der Spätphilosophie Wittgensteins. Die Aufgabe des Philosophen ist es nicht, Sprachregeln festzulegen (*PU* § 124; *WWK* S. 184), sondern die Regeln aus dem Bewußtsein des Verwirrten hervorzuholen: »Ich mache also den anderen nur darauf aufmerksam, was er eigentlich tut, und enthalte mich einer jeden Behauptung« (*WWK* S. 186). Wenn man durch Befragung herausfindet, daß jemand verschiedene und sich widerstreitende Regeln für ein und dasselbe Wort gebraucht, dann bringt man ihn dahin, eine Quelle der Verwechslung und die Notwendigkeit einer Entscheidung zu sehen. Die Entscheidung aber sollte die seine, nicht die des Therapeuten sein.
Der deskriptive Status der Philosophie wurde ursprünglich von Wittgenstein dem theoretischen Status der Wissenschaften gegenübergestellt. Trotz der Verschiebung dessen, was mit »die Philosophie ist rein deskriptiv« gemeint war, blieb der Gegensatz fest und wurde der Widerstand gegen Russells Vergleich der Philosophie mit der Wissenschaft aufrechterhalten. Wissenschaftliche Untersuchungen sind für die Philosophie irrelevant. Die Entdeckung neuer Tatsachen, die Erfindung neuer Theorien kann nichts zu der Lösung oder Auflösung der nicht-empirischen Probleme der Philosophie beitragen. »Richtig war«, so bemerkt Wittgenstein, wobei er sich auf *Tractatus* 4.111 bezieht, »daß unsere Betrachtungen nicht wissenschaftliche Betrachtungen sein durften. Die Erfahrung, ›daß sich das oder das denken lasse, entgegen unserem Vorurteil‹ – was immer das heißen mag – konnte uns nicht interessieren« (*PU* § 109). Ebenso können keine Entdeckungen in der Mathematik philosophische Lösungen in der Philosophie der Mathematik weiterbringen (*PU* § 124). Daß Gödels Theorem als eine Lösung und endgültige Antwort für das logistische Programm für die Mathematik erscheinen kann, ist nur ein Maß für die Verwirrung, in der sich die Logistiker hinsichtlich des Status der Mathematik und des mathematischen Beweises befinden, ebenso wie z. B. die Ansicht, daß die Relativitätstheorie eine ausschlaggeben-

de *empirische* Antwort auf die Kontroverse zwischen Leibnizianern und Newtonianern über die Substantialität von Raum und Zeit lieferte, nur die Tiefe der Mißverständnisse zeigt, die in einer wesentlich philosophischen, begrifflichen Auseinandersetzung enthalten sind. Solche gewichtigen Entdeckungen haben gleichwohl eine große Einwirkung auf die Philosophie, nicht für die Lösung alter philosophischer Probleme, sondern vielmehr als Veränderungen in unserer Form der Darstellung, die neue Probleme bilden, die eine geeignete Übersicht erfordern. Die Naturwissenschaft könnte in der Tat die Ursachen der Begriffsbildung erforschen, aber die begrifflichen Untersuchungen des Philosophen sind nicht wissenschaftliche (*PU* II, XII). Der Begriff des Sehens von Aspekten ist von höchster Bedeutung für die Untersuchung der Relation zwischen Denken und Erfahrung, aber die Probleme, die dieser Begriff darbietet, lassen sich nicht vom experimentellen Psychologen lösen. Womit es die Philosophen zu tun haben, sind begriffliche Verbindungen. Es ist die Aufgabe des Psychologen, nicht des Philosophen, kausale Verknüpfungen zu studieren (*PU* S. 503). Probleme in der Bewußtseinsphilosophie, z. B. solche, die das Denken betreffen, sind nicht wissenschaftliche. Die Seltsamkeit im Zusammenhang mit dem Denken, welche Wittgenstein, wie wir gesehen haben, im *Tractatus* dazu veranlaßte, es stillschweigend so vielen wundersamen verborgenen Operationen zuzuschreiben, kommt nicht von einem Mangel an kausalem Wissen. Die Merkwürdigkeit, die das Mentale zu haben scheint, kommt vom Fehlen einer geeigneten Übersicht über mentale Begriffe. Die Konstruktion von Bewußtseinsmodellen oder »*black boxes*« in der psychologischen Theorie kann nichts zur Lösung philosophischer Probleme beitragen (*BB* S. 21). Die Philosophie steht nicht auf einer Ebene mit den Naturwissenschaften, der Philosoph ist nicht Bürger einer Denkgemeinde (*Z* § 455). Die Naturwissenschaft ist durch Theoriebildung charakterisiert, was häufig eine Idealisierung der Wirklichkeit einschließt (z. B. Newtonsche Mechanik). Sie konstruiert charakteristischerweise Hypothesen, die sich bestätigen oder falsifizieren lassen, manchmal durch Bezug auf neue Tatsachen, deren Existenz, die man bisher nicht vermutete, durch die Theorie nahegelegt wird. Die Wissenschaft erklärt Phänomene durch Deduktion aus allgemeinen Gesetzen, die in ihren Theorien enthalten sind; kurz gesagt, die Wissenschaft ist geschichtet.

Im Gegensatz dazu, so dachte Wittgenstein weiterhin, ist die Philosophie flach. In dieser Behauptung ist natürlich nicht enthalten, daß es keine deduktiven Folgerungen innerhalb philosophischer Therapie gibt; man könnte durchaus behaupten, daß die Richtigkeit des Arguments gegen die Möglichkeit einer Privatsprache die Falschheit aller Formen des dogmatischen Idealismus impliziert. Es gibt in der Philosophie keine Theorie im wissenschaftlichen Sinn, und es gibt auch keine Idealisierung, die analog derjenigen wäre, die in der Physik auftritt (*PG* § 36). Wittgenstein betont wiederholt, daß die Philosophie nichts erklärt (*PG* § 30, *BB* S. 179, *PU* § 109); sie beschreibt nur. Ich vermute, daß der Erklärungsbegriff, mit dem hier gearbeitet wird, der einer deduktiv-nomologischen Erklärung ist, wie er für die fortgeschrittenen Naturwissenschaften charakteristisch ist. Auf etwas andere Weise könnte man jedoch sagen, daß die Philosophie erklärt, denn es ist Teil von Wittgensteins Prognose für philosophische Täuschung, daß wir zur Vernunft gebracht werden sollen, indem wir Grenzfälle untersuchen, um Verbindungen zu erfassen. Das Aufzeigen begrifflicher Verbindungen, welche bisher nicht explizit oder ausgesprochen waren, obwohl sie ein integraler Bestandteil unserer sprachlichen Praxis sind, scheint ein ebenso legitimer Sinn von »erklären« zu sein wie jeder andere. Zudem erklärt Wittgenstein nicht nur – in diesem weiten Sinn –, um uns von Täuschung zu befreien. Er erklärt auch mit großer Ausführlichkeit und Gründlichkeit die mannigfaltigen Quellen und Vorgänge, welche philosophische Täuschung erzeugen. Da es keine Hypothesen gibt, die zu bestätigen oder falsifizieren wären, wird keine neue Information benötigt. Wir beschäftigen uns mit der Untersuchung der Begriffe, die wir haben, nicht derjenigen, die wir nicht haben, und unser Besitz der Begriffe besteht in unserem unausgesprochenen Wissen des Gebrauchs von Wörtern.

Die zwei Aspekte der Behauptung, daß die Philosophie rein deskriptiv ist, daß sie es nämlich mit der Beschreibung des Gebrauchs der Sprache zu tun hat und daß sie nicht die geschichtete Struktur einer Theorie besitzt, treffen sich in der Behauptung, daß alles, was für ein philosophisches Problem relevant ist, offen zutage liegt (*BB* S. 22). Daß es etwas Neues herauszufinden gibt, ist das Zeichen einer fehlgeleiteten, Theorie-verführten Philosophie. In der oben erwähnten Diskussion mit Waismann rügt Wittgenstein sich selbst dafür, daß er im *Tractatus* irrtümlich dachte, daß es neue Entdeckungen in der Philosophie geben könnte. Er hatte gedacht, daß es die Aufgabe der logischen Analyse sei, die Elementarsätze aufzufinden, und während er zu Recht dachte, daß man nicht Annahmen oder Hypothesen darüber machen kann oder aus apriorischen Gründen voraussagen kann, welches die Form von Elementarsätzen sein würde, war er zutiefst irregeleitet, sofern er dachte, daß man sie später entdecken würde. Es gibt in der Philosophie nichts Neues zu finden (*WWK* S. 182–3). Neue bisher unbekannte Information ist sachgemäß für die Naturwissenschaft und ihre Methode, nicht aber für die Philosophie. Was man in der Philosophie benötigt, ist einfach eine Neuordnung, die eine Übersicht über das liefert, was wir schon wissen (*PU* § 109, M S. 323). Wenn irgend etwas verborgen ist, z. B. psychologische Tatsachen über Denken und Wahrnehmung, ist es eine Angelegenheit des Wissenschaftlers, aber irrelevant für uns, denn es kann, wie seine Verborgenheit anzeigt, keine Rolle in unserer regelgeleiteten Anwendung von Begriffen spielen (*PU* § 153). Die psychologischen Mechanismen des Meinens können keine der philosophischen Probleme bezüglich des Meinens lösen[6] (*PG* § 63), denn diese unbekannten Mechanismen können nicht Teil der Bedingungen sein, welche auf konventionelle Weise die Behauptung rechtfertigen, daß *A p* meint, und damit einen Teil des Sinns des psychologischen Satzes bilden. Das Wesen unserer Begriffe liegt in unserer sprachlichen Praxis offen zutage. Was sich hier nicht sehen läßt, kann kein Aspekt der Begriffe sein. Bedeutungen werden Wörtern durch nichts anderes als durch den menschlichen Willen und Konvention zugewiesen, ein Wort hat diejenige Bedeutung, die wir ihm gegeben haben (*BB* S. 51 f.), und wir können nicht mehr aus dem Wort herauspressen, als wir in es legen. Daher ist ein zweiter Punkt, an dem die beiden Aspekte des deskriptiven Status der Philosophie zusammenkommen, Wittgensteins scharfer Widerstand gegen logische Analytiker, ob sie wie Russell (und das Programm des *Tractatus* für die zukünftige Philosophie) atomistisch sind oder wie

6 Der *Tractatus* hatte nichts anderes nahegelegt, denn er bestand wie alle späteren Werke auf der Unabhängigkeit der Philosophie von der Psychologie. Was er jedoch tat, war zu behaupten, daß gewisse Probleme, die in Wirklichkeit zur Philosophie gehören, z. B. die Unterschiede zwischen den Begriffen des Meinens und der Vorstellung oder des Wunsches, Sache der Psychologie sind.

Moore nicht-atomistisch. Es kann keine wissenschaftliche Untersuchung darüber geben, was ein Wort *wirklich* bedeutet, die unabhängig von der Bedeutung ist, die ihm durch die Praxis eines normalen Sprechers gegeben wird (*BB* S. 52). Die Vorstellung, die Moore anzunehmen geneigt war, daß nämlich die logische Analyse Leuten erklärt, was sie meinen, wenn sie etwas sagen, und ob sie tatsächlich überhaupt etwas meinen, ist eine höllische Idee (*WWK* S. 129 f.). Wir warten nicht auf die Philosophie, um herauszufinden, ob unsere gewöhnlichen Sätze eine Bedeutung haben. Eine solche Verwirrung beruht auf einer fehlgeleiteten Analogie zwischen philosophischer Analyse und chemischer oder physikalischer Analyse und einem tiefwurzelnden Mißverständnis des Wesens der Bedeutung. Bedeutungen werden irrtümlich als der Wert von Wörtern aufgefaßt, wie das Geld und die Kuh, die man damit kaufen kann, anstatt daß die Relation als analog zu der vom Geld und seinem Gebrauch aufgefaßt wird (*PU* § 120).
Es bleiben immer noch beträchtliche Probleme. Wenn ein Aspekt der Lehre, daß die Philosophie rein deskriptiv ist, der ist, daß die Philosophie unseren Gebrauch der Sprache beschreibt, daß sie einfach die Regeln tabuliert und klar ausdrückt, die wir unwissentlich gebraucht haben (*WWK* S. 184), macht das nicht die Philosophie zu einer empirischen Wissenschaft und die Wahrheit in der Philosophie zu einer Sache, die den letzten Schiedsspruch roher Faktizität erfordert? Erfordert es nicht, daß die Philosophen sich von ihren Lehnstühlen erheben und sich der Lexikographie hingeben? Könnte nicht die Philosophie mit unrichtig tabulierten Regeln des Gebrauchs der Sprache durchsetzt sein? Die Fragen beruhen auf einem Mißverständnis. Philosophische Probleme sind begriffliche, nicht empirische. Ihre Antworten liegen nicht in der Erzeugung empirischer Behauptungen über den Gebrauch der Sprache, auch nicht in der Erzeugung spezieller »philosophischer Sätze«. Oder, insofern sie es tun, sind die »philosophischen Sätze« unbestreitbare und unverkleidete grammatische Binsenwahrheiten. Die Philosophie ist eine Tätigkeit, deren hauptsächliches Erzeugnis das Verschwinden philosophischer Probleme ist. Ein wesentlicher Teil der Tätigkeit ist in der Tat das Hervorholen und Ordnen offensichtlicher Regeln des Gebrauchs. Aber die sprachliche Untersuchung erhält ihren Zweck von begrifflichen Problemen der Philosophie, nicht von empirischen Problemen der Sprachwissenschaft

(*PU* § 109). Sicherlich sind die Beschreibungen empirisch – aber ihre Richtigkeit wird durch die Tatsache garantiert, daß sie aus der Person herausgeholt wurden, deren Verwirrung in Frage steht. Die typische Form einer philosophischen Frage ist modal: Wie ist es möglich, daß es sich auf diese oder jene Weise verhält? Es muß sich so verhalten, und dennoch kann es sich nicht so verhalten? Es ist unvorstellbar, daß es sich anders verhält! Derartige Fragen und Behauptungen sind begriffliche. Sie entstehen, wie wir sehen werden, aus Verwechslungen mit Bezug auf Aspekte unserer Form der Darstellung. Sie können durch eine Übersicht aufgelöst werden, die der Philosoph dadurch zu erreichen bemüht ist, daß er die grammatischen Regeln ordnet, die er aus demjenigen hervorholt, der an der Verwirrung leidet. Der Prüfstein für die Richtigkeit der Regeln, die er auf diese Weise hervorholt, ist derjenige, der die Sprache gebraucht, nicht das unabhängige Urteil des Philosophen (*WWK* S. 186). Die begriffliche Verwicklung kam von der intuitiven Beherrschung der Begriffe durch ersteren, und jede intuitive Bewertung der Richtigkeit oder Unrichtigkeit, die er gibt, muß für die Übersicht über seinen Begriff relevant sein. Wie der Psychoanalytiker tut der Philosoph nichts anderes, als den Patienten auf das aufmerksam zu machen, was er tut (*WWK* S. 186). Natürlich wird das philosophische Interesse des Problems im allgemeinen von gemeinsamen sprachlichen Praktiken abhängen, die eine gemeinsame Form der Darstellung widerspiegeln. Wenn jemand behauptet, daß eine Kombination von Wörtern für ihn einen vollkommen guten Sinn hat, während wir keinen erkennen können, können wir nur annehmen, daß er die Sprache anders gebraucht als wir oder daß er gedankenlos redet (*PB* § 7). Wenn das erstere der Fall ist, dann müssen wir, wenn wir weitermachen wollen, dazu übergehen, seinen neuen Gebrauch hervorzuholen[7]. Dieser Vorgang erfordert Fertigkeit, die im Dialog ausgeübt werden muß, Fertigkeit darin, die richtigen Fragen zur richtigen Zeit zu stellen, um die begrifflichen Verbindungen zu erhellen, die in

7 Eine Bestätigung für diese Interpretation läßt sich finden in F. Waismann, *The Principles of Linguistic Philosophy*, hrsg. von R. Harré, London 1965, S. 34 f. Dieses Buch ist, wenn es verständig verwendet wird, eine wichtige Hilfe für die Wittgensteinexegese. (Vgl. auch die veränderte deutsche Fassung *Logik, Sprache, Philosophie*, hrsg. von G. P. Baker und B. F. McGuinness unter Mitwirkung von J. Schulte, Stuttgart 1976).

unseren sprachlichen Praktiken enthalten sind. Aber das Endergebnis der gelernten philosophischen Debatte ist Wittgenstein zufolge nur das Verschwinden eines philosophischen Problems.
Im *Tractatus* hatte Wittgenstein dargelegt, daß die gewöhnliche Sprache »in Ordnung ist, wie sie ist«. In § 98 der *Untersuchungen* zitiert er den *Tractatus* mit Billigung und geht dann dazu über, die Konzeption des *Tractatus* von der vollkommenen logischen Ordnung, die als der gewöhnlichen Sprache zugrundeliegend zu finden ist, zu kritisieren. Die Übereinstimmung zwischen den beiden Büchern hinsichtlich der Richtigkeit der gewöhnlichen Sprache ist in einem gewissen Sinn oberflächlich. Denn die vollkommene logische Ordnung, die der *Tractatus* in der gewöhnlichen Sprache fand, fand er nicht in den Erscheinungen der Sprache, sondern trotz der Erscheinungen. Die vollkommene Ordnung war das verborgene Wesen der Sprache, welches nur durch Analyse enthüllt wird. Die vorgefaßten Meinungen des *Tractatus*, insbesondere die Forderung der Bestimmtheit des Sinns, zwangen der Sprache ein Ideal auf. Indem er unter der Täuschung litt, daß dieses Ideal in der Sprache gefunden werden muß, hatte der *Tractatus* die Logik sublimiert und ihre zentralen Begriffe des Wortes und der Bedeutung jeder Erkenntnis entzogen, um die Erfordernisse eines Vorurteils zu erfüllen.
Natürlich ist die gewöhnliche Sprache in guter Ordnung. Aber daß sie gut in Ordnung ist, liegt offen zutage. Wir streben nicht nach einer Idealsprache, welche, wie uns eine philosophische Mythologie überzeugt, innerhalb der gewöhnlichen Sprache liegt. Wir suchen eine Übersicht über die gewöhnliche Sprache. Denn was sollte eine solche Idealsprache ausdrücken? Dasselbe wie das, was wir in der gewöhnlichen Sprache ausdrücken? Dann muß die Logik die gewöhnliche Sprache untersuchen, und nicht etwas anderes (*PB* § 3, *PU* § 120). Denn gäbe es etwas anderes, wie sollten wir erkennen, was es ist? Die logische Analyse ist die Analyse von etwas, was wir haben, nicht von etwas, was wir nicht haben, sie ist die Analyse von Sätzen, wie sie sind. Sicherlich lassen sich einige philosophische Mißverständnisse dadurch beseitigen, daß man eine Ausdrucksform durch eine andere ersetzt (*PU* § 90). Russells Verfahren der Elimination von Kennzeichnungen ist wirkungsvoll in der Beseitigung Meinongscher Beunruhigungen. Ein solcher Vorgang erscheint als ein Zerlegen von Dingen und wurde daher

mit gewissem Recht als Analyse aufgefaßt. Das aber führte zu der Täuschung, daß es eine Form der Sprache gibt, die aus vollständig analysierten Ausdrücken besteht, und damit ein Ideal einer analysierten Sprache. Da der Vorgang der Analyse ein Vorgang zu sein schien, bei dem Mißverständnisse dadurch beseitigt werden, daß Ausdrücke präzisiert werden, führte der Erfolg des Russellschen Verfahrens zu einer weiteren Täuschung von einer ideal exakten Sprache. Und diese Ideale suchte man nicht in etwas, was wir alle wissen und das durch eine Neuordnung übersichtlich wird, sondern in unbekannten und verborgenen Tiefen.

Die Philosophie der Logik redet von Sätzen und Wörtern in einem ganz gewöhnlichen Sinn. Man muß den Standpunkt des gesunden Menschenverstandes einnehmen, so sagt Wittgenstein in den *Bemerkungen* (*PB* § 18), und genau hier liegt der Wechsel in der Auffassung. »Sprache«, »Wort«, »Satz« sind nicht, wie der *Tractatus* zu verstehen gibt, Super-Begriffe, zwischen denen eine Super-Ordnung gilt, die die Quintessenz der Sprache enthält. Sie sind gewöhnliche Wörter, die einen irdischen Gebrauch wie alle anderen Wörter haben (*PU* § 108). Wir reden in der Logik von dem raumzeitlichen Phänomen der Sprache, nicht von einem nichträumlichen und unzeitlichen Unding. Unser Reden über die Sprache und ihre Elemente ist analog der Rede von Schachfiguren bei der Erklärung der Regeln des Schachspiels, und wir müssen die Versuchung vermeiden, die Sprache zu idealen Wesenheiten zu sublimieren. Wir würden den König im Schachspiel nicht als ein abstraktes Wesen betrachten, und wir sollten uns Sätze nicht als ideale Wesenheiten denken, als Klassen von Sätzen mit äquivalenten Bedeutungen (*PG* § 77; *PU* § 108). Die Skrupel des Autors des *Tractatus* sind, so sagte Wittgenstein, selbst Mißverständnisse. Ebenso wie die Analyse nach Russellschem Typ nicht illegitim ist, solange sie uns nicht behext, so ist auch das Konstruieren von Idealsprachen nicht illegitim. Für gewisse Zwecke mag es gute Dienste leisten (*WWK* S. 45 ff.). Aber man darf zwei Punkte nicht vergessen: erstens, wir *konstruieren* sie, und zweitens, solche Sprachen sind nicht *Verbesserungen* gegenüber der gewöhnlichen Sprache, die dazu bestimmt sind, sie zu ersetzen, sondern sind ihr gegenüber im Nachteil.

Philosophische Probleme entstehen aus der gewöhnlichen Sprache und sind im allgemeinen dadurch aufzulösen, daß man sich das

Arbeiten der Sprache ansieht, indem man die verschiedenen Gebrauchsweisen von Ausdrücken betrachtet. Der *Tractatus* hatte nach der wirklichen logischen Form des Satzes gesucht. Die neue Methode der Philosophie verlangt eine Klärung des Gebrauchs der Sprache, aber nicht, um zum erstenmal ein Verständnis zu erreichen, sondern um Mißverständnisse zu eliminieren. Wir gebrauchen Wörter, ohne zuerst die Regeln ihres Gebrauchs zu geben oder sogar geben zu können (*PG* § 72), genau wie wir das Geld als ein Tauschmittel und als Wertvorrat gebrauchen, ohne in der Lage zu sein, die zugrundeliegenden Konventionen, Regeln und Gesetze zu beschreiben, die es in die Lage versetzen, diese Funktionen zu erfüllen (Z § 525). Man kann sich in einer Stadt zurechtfinden, obwohl man außerstande sein könnte, einen Plan von ihr zu zeichnen (Z § 121). In der Lage zu sein, Wörter richtig zu gebrauchen sowie ihren richtigen und unrichtigen Gebrauch zu erkennen, heißt sie verstehen, ihre Bedeutung kennen. Aber bei der Verfolgung unseres Bedürfnisses, gegen die Grenzen der Sprache anzudrängen, beim Versuch, unseren natürlichen Hang zur Metaphysik zu befriedigen, erzeugen wir Täuschungen. In den Wissenschaften werden Begriffe häufig und fruchtbar für theoretische Zwecke erweitert, aber dieser Vorgang zieht oft Verwirrung nach sich, weil nicht verstanden wird, daß solche Erweiterungen auf Änderungen der Grammatik der betreffenden Begriffe hinauslaufen und daß daher für die erweiterten Begriffe nicht alle zuvor akzeptierten logischen Verbindungen unter denselben Interpretationen zu gelten brauchen. In beiden derartigen Kontexten müssen wir den Gebrauch klären, um eine Übersicht zu erhalten, nicht um ein Verstehen von Wörtern zu erreichen, die wir zuvor gebrauchten, ohne sie zu verstehen, sondern um irrige Vorstellungen auszurotten oder um ein Verstehen unseres Verstehens zu erreichen (Z § 454).

Wittgenstein betont, daß die Philosophie alles läßt, wie es ist (*PU* § 124). Sie gibt nicht der Mathematik eine Grundlage, wie die Logistiker es zu tun versucht hatten (*BGM* S. 378). Sie gibt nicht der Sprache eine Grundlage, wie der *Tractatus* auf fehlgeleitete Weise zu tun versucht hatte, indem er seine Metaphysik und Ontologie konstruierte. Sie mischt sich auch nicht in den wirklichen Gebrauch der Sprache ein, sie legt keine neuen sprachlichen Regeln fest (*PU* § 133), sondern beschreibt nur existierende Regeln für ihre eigenen Zwecke. Das bedeutet nicht, wie einige Philosophen vorgeschlagen haben, daß Wittgenstein gebunden war, die Richtigkeit der Empfehlung oder Herbeiführung sprachlicher Veränderungen zu leugnen. Seine Auffassung der Sprache ist organisch und dynamisch. Wie wir sehen werden, war seine Auffassung von Formen der Darstellung durch und durch geschichtlich. In der Tat war er so überzeugt von der Veränderbarkeit *jedes* Elements in unseren Formen der Darstellung, daß sein späteres Werk – wie dasjenige Brouwers – trotz all seines beibehaltenen Kantischen Beigeschmacks dem Kantischen Glauben an die notwendige Konstanz unseres kategorialen Rahmens zutiefst zuwiderläuft. Wittgenstein hat nichts gegen Vorschläge für eine Reform der Sprache für praktische Zwecke einzuwenden; ».. ., die Verbesserung unserer Terminologie zur Vermeidung von Mißverständnissen im praktischen Gebrauch, ist wohl möglich« (*PU* § 132). Nichts in Wittgensteins Philosophie schließt es aus, Explikationen für den Zweck weiterer Klarheit und wissenschaftlicher Fruchtbarkeit zu geben. Für seine eigenen philosophischen therapeutischen Zwecke ist es im ganzen nicht notwendig, eine neue technische Terminologie einzuführen oder sich mit dem existierenden Gebrauch zu schaffen zu machen. Das kommt zum Teil von seiner Abneigung gegen Abhandlungen in einem formalen Stil, zum Teil von der Beschränktheit seines Anliegens. Aber sicher führt er einige halbtechnische Termini wie z. B. »Begriffe mit Familienähnlichkeit«, »Sprachspiele«, und, was vielleicht am wichtigsten von allen ist, »Kriterium« ein.

Obwohl diese Verteidigungen von Wittgensteins Ausspruch »Die Philosophie läßt alles, wie es ist« in der Tat einige der handelsüblichen Einwände widerlegen, ist der Ausspruch trotz alledem höchst irreführend. Sicherlich wird die Sprache im großen und ganzen belassen, wie sie ist. Und die Philosophie entdeckt auch nicht neue Tatsachen über die Welt. Aber diejenigen Bereiche unseres Denkens, die uns vorher dunkel waren und nun klar übersehen werden, bleiben nicht dieselben. Oder, wenn man so will, die Tatsache, daß wir sie nun anders sehen, wird dazu führen, daß wir sie anders behandeln. Für einen Mathematiker wie Hilbert, der glaubte, daß Cantor die Pforten des Paradieses geöffnet hatte, wird die Welt nicht dieselbe bleiben, nachdem Wittgenstein ihm gezeigt hat, daß das, was er gesehen hat, nur eine Fata Morgana in einer wasserlosen Wüste war[8]. Wenn man dachte, daß etwas einen guten Sinn hat, und es durch eine Übersicht als Unsinn entlarvt wird, ist es bestenfalls irreführend zu sagen, daß deswegen, weil es vorher Unsinn war und immer noch Unsinn ist, die Philosophie alles läßt, wie es ist. Auch die Psychologie kommt nicht ungeschoren davon, weder die Psychologie alten Stils von William James[9] noch die experimentelle Psychologie[10]. In einer Wissenschaft, die aus experimentellen Methoden und Begriffsverwirrung besteht (*PU* II, XIV), wird nicht alles dasselbe bleiben, nachdem es einer philosophischen Untersuchung unterzogen wurde. Auf der Autonomie der Philosophie zu insistieren erfordert nicht, daß man glaubt, daß die Philosophie, sei sie der Hilfsarbeiter oder die Königin der Wissenschaften, *alles* läßt, wie es ist.

2. Die Phänomenologie und die Quellen philosophischer Täuschung

Kein Philosoph hat der Phänomenologie der Sprache größere Aufmerksamkeit gezollt oder ihr gegenüber größere Empfindsamkeit gezeigt als Wittgenstein. Die Weise, auf die wir uns in einer Sprache »zu Hause fühlen«, die Aura und die »Seele« von Wörtern ist nicht nur in sich von großem Interesse, sondern von beträchtlicher philosophischer Relevanz, insofern sie dem Verstand, der der richtigen logischen Auffassung beraubt ist, große Fallen stellt. Wittgenstein war gleichermaßen von der Phänomenologie der philosophischen Täuschung selbst fasziniert, die zum Teil ein Ergebnis der Phänomenologie des Gebrauchs der Sprache ist. In gewissem Ausmaß ist der Grund hierfür ein autobiographischer, aber deswegen ist es nicht weniger wichtig oder tiefgehend. »Wenn man sich über philosophische Probleme Klarheit verschaffen will«, so schrieb er (*BB* S. 105), »dann ist es nützlich, sich die scheinbar unwichtigen Details der bestimmten Situationen, in der wir eine

8 Siehe R. Rhees, *Discussions of Wittgenstein,* London 1970, S. 46.

9 Für vergleichende Verweise siehe *A Wittgenstein Workbook,* hrsg. von C. Coope, P. Geach, T. Potts, R. White, Oxford 1970, Anhang II; dt.: *Wittgenstein-Übungsbuch,* Frankfurt a. M. 1972.

10 Siehe z. B. A. J. P. Kennys Kritik an Woodworth, Hebb, Flugel, Watson und anderen in *Action, Emotion and Will,* London 1963, Kapitel II.

gewisse metaphysische Aussage zu machen geneigt sind, vor Augen zu halten«. Diese Aufforderung gilt nicht nur für metaphysische Irrtümer. Wittgenstein gibt eine Reihe von Beispielen, von denen die meisten aus seinen eigenen jugendlichen philosophischen Erforschungen ausgelesen sind. Die Lehre des Solipsisten »Nur *dieses* wird wirklich gesehen« wird in Kapitel VII ausführlich untersucht werden. Die Versuchung, die Bemerkung zu machen, die das enthält, was Russell »Solipsismus des Augenblicks« nannte, entsteht, so legt Wittgenstein nahe, wenn wir auf eine unveränderliche Umgebung starren. Wir sind beträchtlich weniger dazu versucht, wenn wir uns während des Gehens umsehen (*BB* S. 105). Es ist kein bloßer Zufall, daß Wittgensteins Vorschlag in dem Tagebuch von 1916, daß es möglich ist, die bloße gegenwärtige Vorstellung als die wahre Welt unter Schatten aufzufassen, auf eine Erörterung der visuellen Betrachtung eines Ofens als einer Welt folgt (*TB* S. 176). Ein ähnliches Phänomen begleitet die Täuschung, der neben anderen Frege erlag[11], daß es einen gewissen Sinn gibt, in dem Farben wesentlich privat für jeden Wahrnehmenden sind. Für den vorstellungstheoretischen Idealisten wird das, was anfangs ein allgemein zugängliches Element in einer öffentlichen Welt zu sein scheint (und es in der Tat ist), durch einen seltsamen Kunstgriff des Verstandes zu einem subjektiven Eindruck, den wir wie ein Häutchen von der Welt abtrennen (*PU* § 276). Wenn man sich versichert, daß man weiß, wie grün für einen selbst aussieht, dann richtet man seine Aufmerksamkeit auf etwas, das allein einem selbst zu gehören scheint. Man versenkt sich gewissermaßen in einen Farbeindruck; und es ist leichter, diesen abweichenden Bewußtseinszustand zu erzeugen, wenn man eine helle Farbe oder ein eindrucksvolles Farbschema betrachtet. Im Zusammenhang damit steht ein weiterer tiefer und weitreichender Fehler, der sich besonders auf das Privatsprachenargument bezieht, das in Kapitel VIII untersucht werden soll. Im Fall seiner eigenen Empfindungen z. B. bringt man Fälle unter Begriffe, ohne ein Identitätskriterium zu gebrauchen. Es ist eine leichte und naheliegende Täuschung, daß man den Umstand, daß man dem Gegenstand selbst gegenübersteht, so auffaßt, daß er ein Identitätskriterium für den Ge-

11 Frege, *Grundlagen der Arithmetik*, S. 35–36; und seine Rezension von Husserls *Philosophie der Arithmetik*, abgedruckt in *Kleine Schriften*, hrsg. von I. Angelelli, Darmstadt 1967, S. 179–192, dort S. 182.

genstand liefert. Wenn man seine eigene subjektive Erfahrung betrachtet, scheint die Erfahrung selbst eine Rolle im Denken zu spielen. Aber was hier vonnöten ist, ist ein Begriff und eine Übersicht seines Gebrauchs, nicht ein Gegenstand. Bei diesen drei Arten der Täuschung spielen das Starren oder das Aufmerken eine hervorstechende Rolle, wie sie es in der Verwechslung von Muster und Beschreibung tun[12]. Es gehört natürlich nicht zu Wittgensteins Behauptung, daß alle Idealisten, Phänomenalisten oder Solipsisten ihre Lehren solcher Erfahrungen wegen annahmen. Gleichwohl sind die Erfahrungen aufschlußreich, wenn auch nur, weil sie zeigen, wie die Sprache »feiern« kann.

Wittgenstein gibt viele Beispiele für den Bewußtseinszustand des Philosophen, der durch seine eigenen Formen der Darstellung versteinert wurde. Unzufriedenheit mit der Grammatik oder, was wahrscheinlicher ist, Ärger über seine Unfähigkeit, eine Übersicht über sie zu erreichen, drückt sich oft in einem Gefühl der Inadäquatheit der Sprache aus. Man neigt stark zu dem Gefühl – wie William James es tat –, daß man die innere Komplexität und Vielfältigkeit der Welt und des Stroms der Erfahrung weiß, erlebt, begreift, aber daß das in der gewöhnlichen Sprache nicht ausdrückbar ist. Die Sprache, die wir haben, ist zu grob, um den Reichtum und die Feinheit der Erfahrung zu beschreiben (*PU* § 436 und § 610). Man könnte dann nach einer idealen Sprache verlangen, die auf ideale Weise genau und reich ist. Das Verlangen ist jedoch ein Ersatz für einen Wunsch nach einer Absurdität. Der Reichtum, den man in der Erfahrung zu finden meint und von dem man glaubt, daß er sich nicht diskursiv einem anderen vermitteln läßt, rührt nur von der Nicht-Übertragbarkeit der Erfahrung her, nicht vom Unvermögen des Denkens. Was als die Armut der Sprache erscheint, ist der Tatsache zuzuschreiben, daß Begriffe nicht Intuitionen sind; beides ist für diskursive Erkenntnis erforderlich. Die Unruhe der philosophischen Besessenheit wird von Wittgenstein im Zusammenhang mit dem *Tractatus* beschrieben. Gefangengehalten von einem Bild, einer vorgefaßten Auffassung von Form, denkt der Philosoph, daß er ein Wesen erfaßt hat. Mit Widersprüchen konfrontiert empfindet er sowohl »Es ist doch nicht so« als auch »es muß doch so sein« (*PU* § 112). So hatte

12 Siehe unten, Kapitel VI §3.

in der Tat Wittgenstein selbst reagiert, als er sich abmühte, die Sprache und das Denken in das Prokrustesbett zu zwingen, das er für sie hergestellt hatte (*TB* S. 106). Der Konflikt und das Dilemma sind Symptome eines inadäquaten Verständnisses begrifflicher Relationen.

Der *Tractatus* hatte eine Mythologie des Symbolismus und der Psychologie hervorgebracht. Seine Irrtümer jedoch waren weder trivial noch unwichtig, sondern tief und bedeutend. Sie entstammen verschiedenen Quellen, auf die wir nur durch sorgfältiges Philosophieren im neuen Stil aufmerksam werden können (*BGM* S. 132). Obwohl die metaphysischen Irrtümer, die in der früheren Philosophie enthalten sind, durch den neuen Stil der Untersuchung ausgerottet werden müssen, darf man nicht vergessen, daß sie viel Wahres enthielten, wenn sie auch dunkel durch ein Glas gesehen waren. Sobald das täuschende Pathos und der unike Charakter der Sprache als eines Spiegels der Struktur der Wirklichkeit einmal beseitigt ist, fällt das Pathos auf die Täuschungen selbst zurück (*PU* § 110). Der Autor des *Tractatus* bemühte sich aufzuzeigen, daß die Struktur der Welt sich nicht sagen, sondern nur zeigen läßt. Der Autor der *Untersuchungen* richtete seine Anstrengungen darauf aufzuzeigen, wie das, was sich zu zeigen schien, eine optische Täuschung war. Der vorherrschende Ton der Spätphilosophie ist mehr kritisch als konstruktiv. In der Aufdeckung von Irrtümern ist sie umfassender und systematischer als in ihrem positiven Beitrag zu unserem Verständnis unserer Form der Darstellung. Letzteres muß man mühsam aus vielen Hunderten von fragmentarischen Äußerungen zusammenstücken, ersteres ist überwältigend in seinem Reichtum und seiner Gründlichkeit.

Wittgenstein gibt uns keine Klassifikationsprinzipien für Quellen von Irrtum in der Philosophie. Vielleicht läßt sich das gar nicht auf fruchtbare Weise tun; der Geist von Kants transzendentaler Dialektik und Methodenlehre war Wittgenstein sicherlich ganz fremd. Die folgende fünffache Klassifikation ist daher nur dazu gedacht, ein repräsentatives Muster der Diagnosen Wittgensteins zusammenzustellen, und enthält keine Ansprüche auf Vollständigkeit oder Ausschließlichkeit. Wittgenstein lokalisiert die Wurzeln von Täuschungen in (1) oberflächlichen Analogien in der Oberflächengrammatik der Sprache, (2) der Phänomenologie des Gebrauchs der Sprache, (3) in in die Sprache eingebetteten Bildern oder Archetypen, (4) dem Modell der Präsentation und Lösung von Problemen in den Naturwissenschaften, (5) natürlichen Verlangen und Neigungen der Vernunft.

(1) Wittgenstein unterscheidet zwischen der Oberflächengrammatik und der Tiefengrammatik des Gebrauchs von Ausdrücken (*PU* § 664). Obwohl die Metapher mehr für die im *Tractatus* gegebene Beschreibung der Sprache paßt, ist sie auch auf die spätere Auffassung der Sprache leicht anwendbar. Die Oberflächengrammatik eines Wortes ist der oberflächliche Eindruck von seiner syntaktischen Kategorie, der durch die Art und Weise gegeben ist, auf die es in der Konstruktion des Satzes gebraucht wird, ist derjenige Teil seines Gebrauchs, der, wie Wittgenstein sagt, mit dem Ohr aufgenommen werden kann. Die Oberflächengrammatik veranlaßt uns häufig dazu, den Gebrauch von Wörtern mißzuverstehen. Wenn wir eine Analogie zwischen Formen von Wörtern in der Oberflächengrammatik sehen, nehmen wir auf fehlgeleitete Weise eine Analogie in der Tiefengrammatik an. Aber das braucht nicht so zu sein. Begriffe mit sehr verschiedenen Formen, die grundlegend verschiedene begriffliche Relationen zu anderen Begriffen besitzen, könnten eine Oberflächenähnlichkeit zeigen. Das Kleid unserer Sprache läßt, so bemerkt Wittgenstein in einer Wendung, die an den *Tractatus* erinnert (*TLP* 4.002), alles ähnlich aussehen. Folglich ist uns die große Verschiedenheit der Sprache nicht bewußt (*PU* S. 537). Der Gedanke ist in der Tat ein ähnlicher, aber die Therapie liegt nicht in der Analyse, sondern darin, sorgfältig den Gebrauch und die Umstände, die den Gebrauch von Ausdrücken rechtfertigen, aufzuzeichnen, um zu unterscheiden, was auf den ersten Blick ähnlich erschien. Oberflächlich erscheinen »Denken«, »Schreiben« und »Reden«, »Gedanke«, »Schrift« und »Rede« grammatisch ähnlich. Das ist, so legt Wittgenstein nahe, einer der vielen Gründe, warum wir dem Denken einige der Züge der Rede und der Schrift, z. B. eine Lokalität, zuzuschreiben geneigt sind (*BB* S. 23 f.). Schreiben und Reden sind Tätigkeiten, die durch die Hand und durch den Kehlkopf ausgeübt werden; wir fassen daher das Denken als eine Tätigkeit des Bewußtseins auf und vergessen dabei, daß die Tätigkeit des Bewußtseins, ebenso wie seine Substantialität, gänzlich verschieden von der der Hand ist. Da das Schreiben Schriftbilder und das Reden Phoneme hervorbringt, schließen wir leicht, daß Gedanken analoge Produkte

des Denkens sind, nur in einem ätherischen Medium. Eine ähnlich wirkungsvolle Quelle von Verwechslungen liegt in unserem Verlangen nach Substanzen. Unser Begriff eines substantivischen Ausdrucks ist, wie sein Name nahelegt, nach dem Paradigma eines Namens einer Substanz gebildet. Daher gibt es in uns eine natürliche Neigung, nach einer Substanz für jedes Substantiv zu suchen. Wir verschärfen diese Neigung, wenn wir unsere philosophischen, begrifflichen Fragen in die Form von Fragen über Entitäten kleiden, z. B. »Was ist Länge? Was ist Bedeutung? Was ist Zahl?«, anstelle von »Was ist eine Erklärung der Bedeutung? Wie werden Längen gemessen? Wie werden Zahlausdrücke gebraucht?« Folglich nehmen wir auf platonistische Weise die Existenz besonderer Gegenstände an, die den substantivischen Ausdrücken entsprechen sollen, für die wir keine gewöhnlichen Gegenstände finden können. Wir reden von Zahlen als von idealen Gegenständen und verdecken dadurch die Tatsache, daß alles, was damit kohärent gemeint sein kann, ist, daß der Gebrauch von Zahlausdrücken in gewissen Hinsichten ähnlich dem von Zeichen ist, die Gegenstände haben, obwohl Zahlausdrücke keine haben (*BGM* S. 262 f.). Anschließend konstruieren wir dann aus unserem Märchen eine Metaphysik.

(2) Die dauernde Versuchung, den Begriff davon, etwas mit einem Ausdruck zu meinen, in der Begrifflichkeit von mentalen Handlungen und Vorgängen zu erklären, die offenkundige Äußerungen begleiten, hat ihre Wurzeln zumindest teilweise in bestimmten phänomenologischen Zügen des Redens, Lesens, Schreibens und Hörens. So fühlen wir uns z. B. in unserer Muttersprache zu Hause. Ihre »Atmosphäre« ist uns vertraut, der Klang eines Wortes in der Rede, sein Erscheinen in der Schrift sind »angenehm«. Wenn wir mit groben Rechtschreibefehlern, falscher Aussprache oder unsinnigem Geschriebenen wie »&8§ $?+%« konfrontiert werden, veranlaßt uns die starke Empfindung der Abnormität und Entfremdung zu der Annahme, daß ein positives Empfinden der Vertrautheit einen besonderen Beitrag zu einem hypostasierten inneren Vorgang leistet, der angeblich eine notwendige Bedingung für das verständnisvolle Lesen oder Hören ist. Ähnlich sind wir geneigt, grammatische Unterschiede auf die hypothetischen Mechanismen des Bewußtseins zu projizieren und sie in der Begrifflichkeit von mentalen Handlungen zu beschreiben zu versuchen.

In dem Satz »Herr Schweizer ist kein Schweizer« (*PU* S. 487; siehe zum Vergleich *TLP* 3.323) ist das erste Vorkommen von »Schweizer« ein Eigenname, das zweite ein Gattungsname. Wir können leicht ein Gefühl herbeiführen, daß der Unterschied zwischen den identischen Zeichen einem besonderen mentalen Beitrag zuzuschreiben ist. Denn man versuche, so sagt Wittgenstein, das erste Vorkommen als Gattungsnamen zu meinen und das zweite als Eigennamen. Man blinzelt vor Anstrengung, indem man versucht, die Bedeutungen auf diese Weise vor seinem Bewußtsein vorbeiziehen zu lassen, und der Sinn scheint zu zerfallen. Daher nimmt man an, daß der Satz gewöhnlich bedeutet, was er bedeutet, weil man die Bedeutungen leicht in der vertrauten Ordnung vorbeiziehen lassen kann. Das ist irregeleitet. Nichts dieser Scharade affiziert den Sinn dessen, was man sagt, das Gefühl angenehmer Vertrautheit ist nicht eine Parade von Bedeutungen im Bewußtsein. Es mag stimmen, daß Wörter, oder manche Wörter, eine spezielle psychologische »Korona« mit sich führen. Philosophen haben in der Tat versucht, die Bedeutungen logischer Junktoren in der Begrifflichkeit von Gefühlen, z. B. Zögern (für Disjunktion) oder Ablehnung (für Negation) oder wenn-Gefühl (für Implikation) zu erklären. Aber die Identität des Begriffs ist unabhängig von den Gefühlen, die mit seiner Anwendung verbunden sind, das Gefühl des Zögerns ist ganz unabhängig von der Disjunktion (was für Gefühle begleiten »nicht sowohl nicht *p* als auch nicht *q*«?), und das sogenannte wenn-Gefühl ist nicht ein Gefühl, welches das Wort »wenn« begleitet und das von dem Wort unabhängig identifiziert werden könnte (*PU* S. 491–94). Wittgenstein versucht nicht, die Erlebnisse herabzusetzen, die wir mit der Sprache verbinden. Erstens ist die »Seele« der Sprache, die wir erleben, eng mit unserer Kulturgeschichte verbunden und wesentlich für das Vermögen der Sprache in Metapher und Dichtung, Beschwörung und Assoziation. Zweitens steht unsere Ausdruckskraft in unserem Gebrauch der Sprache in engem Zusammenhang mit unseren verschiedenen Erlebnissen der Bedeutung, obwohl die Verschiedenheiten der Bedeutung weder eine Funktion des Erlebens noch eine Funktion der Ausdruckskraft sind (*PU* S. 487, 526). Was am wichtigsten von allem ist, unsere dunkle Vorstellung vom Erleben der Bedeutung eines Wortes ist eine Widerspiegelung einer absolut entscheidenden Fähigkeit von Wesen, die

Sprache gebrauchen, nämlich der Empfindsamkeit für die Aspekte der Bedeutung von Wörtern (*PU* S. 525 f.). Denn ohne die Fähigkeit, ein Wort so zu sehen, daß es seinen Bereich sprachlicher Potentialitäten in sich trägt, es ohne Nachdenken so zu sehen, daß es in dem einen Kontext offensichtlich die eine Funktion erfüllt, in einem anderen offensichtlich eine andere, könnten wir nicht mit unserer Sprache operieren. Das gilt nicht nur für ein Wort wie »ist«, das in verschiedenen Kontexten als Identitätszeichen, Kopula und Existenzquantor fungieren kann, sondern auch für zweideutige Ausdrücke wie »Bank«, »Mark«, »Rasen« und ähnliche.

(3) Der Terminus »Bild« wird von Wittgenstein mit großer Laxheit gebraucht. Eine der vielen verschiedenen Bedeutungen, die der Ausdruck erhält, ist analog Benthams Konzeption eines Archetypus[13], der in die Sprache eingelagert ist. Bentham legte dar, daß unsere Begriffe fiktiver Entitäten mit archetypischen Bildern verbunden sind, die den Operationen der Gegenstände der physikalischen Welt entnommen sind und analog im Kontext der fiktiven Entität angewandt werden. Er legte nahe, daß Archetypen eine Quelle sowohl von Verwirrung als auch von Erhellung sein können. Sie verwirren, wenn sie wörtlich genommen werden[14], und erhellen, wenn die Analogie zwischen dem archetypischen Bild und dem Sinn des Ausdrucks, von dem es ein Archetypus ist, aufgezeigt wird. Wittgenstein legte ähnlich dar, daß unsere Sprache lebende Bilder enthält, die uns in der Philosophie ständig irreführen. Bestimmte Ausdrucksformen, Metaphern und Gleichnisse, die unsere Sprache absorbiert hat, täuschen uns, indem sie uns zwingen zu denken, daß die Tatsachen den Bildern entsprechen müssen, die so in die Sprache eingelagert sind. Die Richtigkeit solcher Bilder qua Bilder ist nicht strittig; es ist vielmehr ihre Anwendung, die strittig ist. Denn normalerweise ist die Anwendung mit dem Bild gegeben (*PU* § 423–5). In den philosophisch inter-

13 Bentham, *Works*, hrsg. von J. Bowring, Edinburgh 1843, viii.246, »Essay on Logic«, Kap. VII, Abschnitt 7.

14 Ein Beispiel für eine solche Verwirrung läßt sich in den Schriften der skandinavischen realistischen Rechtstheoretiker, z. B. A. Hagerstrom oder K. Olivecrona, finden, die den Archetypus der Verpflichtung wörtlich nahmen, anstatt seinen Gebrauch zu untersuchen, und dachten, daß sie durch den Hinweis darauf, daß Verpflichtungen nicht okkulte Ketten oder Gewichte sind, metaphysische Täuschungen beseitigten, nicht, daß sie vielmehr nur einen Strohmann niederschlugen.

essantesten und verwirrendsten Fällen aber ist das nicht so. Ein Bild zwingt sich einem auf, aber der Sinn des fraglichen Ausdrucks wird verdunkelt. Die Anwendung und damit das Wesen der begrifflichen Verbindungen, die den Sinn des Ausdrucks bestimmen, ist nicht durch das Bild gegeben und ist nicht leicht zu übersehen. Sowohl in der Mathematik als auch in den Naturwissenschaften sind solche Bilder im Überfluß vorhanden, denn klarerweise geben uns die Vorstellung eines *Rings* von Kohlestoffatomen (*PU* § 422) und das Gesetz vom ausgeschlossenen Dritten in der Mengenlehre (*PU* § 352, § 426) Bilder, deren Anwendung äußerst unklar ist. Wittgensteins Lieblingsbeispiele sind jedoch der Bewußtseinsphilosophie und der psychologischen Sprache entnommen. Wir verlangen zu wissen, was in jemandes Kopf vorgeht, wir offenbaren anderen, was in uns vorgeht. Wir glauben, daß Menschen eine Seele haben. Wittgenstein behauptet, daß solche Ausdrücke uns Bilder liefern. Diese Bilder scheinen auf einen speziellen Gebrauch hinzuweisen, und so führen sie uns irre. Man muß der falschen Erscheinung widerstehen, denn obwohl das Bild fruchtbare oder wesentliche Analogien enthalten mag, zeigen mag, was für eine Vorstellung wir uns von einem gegebenen Begriff machen (*ÜG* § 90), wird es uns irreführen, wenn wir nicht den Gebrauch des Ausdrucks durch eine Übersicht seiner Grammatik verstehen. Wenn wir wissen wollen, was in jemandes Kopf vorgeht, wollen wir im Effekt wissen, was er denkt. Aber das Bild des »Inneren« und »Äußeren«, welches in unserer Sprache enthalten ist, verdunkelt den Gebrauch der psychologischen Sprache und bildet eine reiche Quelle für Täuschungen. Wir kommen leicht dahin zu denken, daß wahre Erkenntnis des Bewußtseins eines anderen nur dadurch zustandekommen könnte, daß man in seinen Kopf sieht, oder besser, daß man mit seinen Augen sieht. Um das zu vermeiden, muß das Bild vom »Inneren« und »Äußeren« und die Metapher vom Offenbaren dessen, was »innen« ist, geklärt werden. Andernfalls, so warnt Wittgenstein, »werden wir versucht sein, nach einem Inneren hinter dem zu suchen, was in unserer Metapher das Innere ist«, werden wir einen inneren Vorgang hypostasieren, aus dem wir das Innere *ablesen* (NFL S. 280). So erliegen wir in der Tat der Versuchung, wenn wir zulassen, daß das Bild des Denkens als eines Vorgangs in unserem Kopf unsere Auffassung des Mentalen beherrscht. Wir erzeugen die Täuschung von einem verborgenen Vorgang in einem abgeschlossenen Raum, wir fassen das Denken als eine Tätigkeit des Bewußtseins auf, wie das Schreiben eine Tätigkeit des Körpers ist, und wir denken uns das Ausdrücken einer Vorstellung, die vor unserem Bewußtsein liegt, als einen Übersetzungsvorgang aus einem Medium (dem der Vorstellungen) in ein anderes (das der Wörter). Wir erliegen daher Bildern vom Mentalen auf eine Weise, auf die wir das für physikalische nicht zu tun träumen würden. Wir bitten jemanden, dem »ein Wort auf der Zunge liegt«, nicht, seinen Mund zu öffnen, um es uns sehen zu lassen. Wenn sie aber mit dem »Problem des Bewußtseins anderer« konfrontiert sind, haben Philosophen oft geglaubt, daß unsere Behauptungen über die mentalen Zustände anderer ungewiß seien, weil das Bewußtsein anderer uns *stricto sensu* unzugänglich ist. Wir werden von einem Bild getäuscht, weil wir die Grammatik von Ausdrücken, die mit »Bewußtsein« und »Denken« zusammenhängen, nicht verstehen.

Das Ätherische und das Okkulte sind in der natürlichen Dialektik psychologischer Begriffe die Analoga zu den abstrakten Gegenständen, die in der Dialektik der Logik und Mathematik hypostasiert werden. Nicht weniger typisch ist das Verlangen, Vermögen in bestehenden Zuständen zu begründen (*BB* S. 170). Wir sind stark geneigt, die Fähigkeit eines Gegenstandes oder einer Maschine, sich auf bestimmte Weise zu betätigen, als einen besonderen Zustand des Gegenstandes oder der Maschine aufzufassen. Gleicherweise faßt man menschliche Fähigkeiten, z. B. die, ein mathematisches Problem zu lösen, sich an Musik zu freuen usw., leicht als Bewußtseinszustände auf, als hypothetische mentale Mechanismen, welche bewußte mentale oder physische Phänomene erklären. So sprechen wir von unbewußten und unterbewußten mentalen Zuständen als Teilen eines solchen erklärenden Bewußtseinsmodells und finden es schwierig, der Lockeschen Versuchung zu widerstehen, das Gedächtnis als einen Speicher von Vorstellungen aufzufassen, oder der Verlockung des Materialisten des Zentralnervensystems zu widerstehen, alle mentalen Phänomene als seltsame Eigenschaften der Nerven aufzufassen (*BB* S. 170 f., Z §§ 605–15). Obwohl es der Wissenschaft gelingen könnte, alle Vermögen in der Begrifflichkeit von Zuständen und ihren Strukturen zu erklären, sind wir gegenwärtig weit von diesem Ziel entfernt. Insbesondere unsere Begriffe mentaler Fähigkeiten und Dispositionen sind gegenwärtig nicht auf solche Weise erklärbar. Daher müssen wir unserer Versuchung, eine Fähigkeit als einen Zustand aufzufassen und damit unseren *Begriff* einer Fähigkeit falsch zu konstruieren, widerstehen.

(4) Russells falsche Auffassung der Philosophie, wonach sie eine allgemeine Methode mit der Naturwissenschaft gemeinsam hat, war, wie wir gesehen haben, naheliegend. Die Fragemethode des Wissenschaftlers, seine Methode zur Lösung der Fragen gar nicht zu erwähnen, haben sich in den letzten vier Jahrhunderten als so fruchtbar erwiesen, daß es durchaus verständlich ist, daß wir ähnliche Bestrebungen für die Philosophie in Erwägung ziehen und wünschen, sie auf den sicheren und gewissen Pfad einer Wissenschaft zu führen. Für die Wissenschaft ist es charakteristisch, daß sie Phänomene auf nomologische Weise erklärt, und daher ist sie geschichtet. Sie bemüht sich, die Anzahl der Naturgesetze, durch die sie die Natur erklärt, auf ein Minimum zu reduzieren, und um das zu tun, zögert sie nicht, die Wirklichkeit zu idealisieren, indem sie untergeordnete Einflüsse außer Betracht läßt, um genaue und fruchtbare Gesetze hervorzubringen. Der wissenschaftlichen Methode in der Philosophie zu erliegen ist eine der Quellen der Metaphysik. Es ist naheliegend, sich die Logik als eine »Art von Ultra-Physik, die Beschreibung des ›logischen Baus‹ der Welt« (*BGM* S. 40) vorzustellen; naheliegend, aber fehlgeleitet. Die Annahme einer gemeinsamen Reduktionsmethode führte zu den Mythen des logischen Atomismus, die Methode der Idealisierung dient nur dazu, unsere Aufmerksamkeit von unserer Aufgabe abzulenken, eine Übersicht über die Sprache zu erreichen, wie sie ist. Die Verwechslung der Methoden resultiert in der Verdunklung der begrifflichen Natur philosophischer Probleme und führt zu demjenigen Verwischen der Grenzen zwischen empirischen und grammatischen Fragen, das charakteristisch für die Metaphysik ist (*BB* S. 39).

(5) Die letzte Quelle für Irrtum, die hier klassifiziert werden soll, liegt im Wesen des menschlichen Bewußtseins selbst. Wir haben bestimmte Arten natürlicher Verlangen der Vernunft und intellektuelle Strebungen, welche uns, wenn sie nicht durch eine Kritik kontrolliert werden, in Täuschungen führen. Über diese wurden bereits recht ausführliche Bemerkungen angeführt. Unser metaphysischer Drang führt uns zu einem fruchtlosen philosophischen

Forschen nach dem Wesen der Dinge. Wir zeigen eine seltsame Art von Ersatzverhalten im Bereich des Verstandes, indem wir gewissermaßen unsere Formen der Darstellung auf die Welt projizieren. Und wir erzeugen weitere Täuschungen, indem wir unserem Gebrauch der Wörter in der Metaphysik eine unechte Legitimität verleihen. Wie Kant betrachtete Wittgenstein die Täuschungen der Metaphysik als das Produkt eines tiefverwurzelten Bedürfnisses, gegen die Grenzen der Sprache anzudrängen. Im Zusammenhang mit diesen Neigungen steht ein Verlangen nach Allgemeinheit einerseits und nach ganz klaren Unterscheidungen andererseits. Freges Bestimmung von Begriffen durch »Merkmale« ist intellektuell befriedigender als die Ungenauigkeit und Unordentlichkeit von Familienähnlichkeitsrelationen, und die Erklärung des Begriffsbesitzes durch den psychologischen Logiker in der Begrifflichkeit von allgemeinen abstrakten Vorstellungen befriedigt unsere Vorliebe für Zustände gegenüber Vermögen in der Erklärung. Schließlich lenkt Wittgenstein, wieder in Analogie zu Kant, die Aufmerksamkeit auf das, was man sowohl als ein regulatives Prinzip der Wissenschaft, wenn nicht auch als einen eingewurzelten Zug des Verstandes auffassen kann, nämlich immer nach der vorhergehenden Bedingung für jedes bedingende Element zu suchen, das wir in unserer Erklärung von Phänomenen entdecken. Dieses Prinzip aber verzerrt unser Urteil in der Philosophie. Denn eine der Hauptschwierigkeiten in der Philosophie besteht darin zu wissen, wann man aufhören muß, darin, etwas als eine Lösung anzuerkennen, was aussieht, als sei es eine Vorstufe zu einer Lösung (Z § 314). Wir legen über unser wahres Urteil Rechenschaft ab, indem wir uns auf die Anwendung von Regeln beziehen. Aber Regeln sind nicht unzweideutig, und so gehen wir dazu über, nach einer Regel zu suchen, die uns bei der Anwendung einer Regel leiten soll, und geben uns erst zufrieden, wenn wir denken, daß wir eine unbedingte Regel erreicht haben, die sich nicht falsch anwenden läßt, z. B. eine mentale hinweisende Definition. Wir verwechseln die Tatsache, daß man unbeschränkt fortfahren *kann*, Interpretations- und Übersetzungsregeln zu geben, mit der Behauptung, daß man es tun *muß*. Und dann suchen wir nach einem notwendigen Endpunkt. Doch in Wirklichkeit muß die Erklärung von Begriffen nur soweit gehen, wie es für die Beherrschung des Begriffs erforderlich ist. Sie endet in gutem Urteilen, nicht in einer unzweideutigen Regel. Der Begriffserwerb ist eine Angelegenheit des Lernens einer Fertigkeit zum Gebrauch von Wörtern, und Erzieher sollten immer daran denken, daß »die Grundlage jeder Erklärung ... die Abrichtung« ist (Z § 419)[15].

3. »Eine Methode wurde gefunden ...«

So viel also zur allgemeinen Pathologie des Verstandes. Die Prognosen für bestimmte Krankheiten des Verstandes werden in einiger Ausführlichkeit in folgenden Kapiteln beschrieben werden. Die allgemeine Art und Weise Wittgensteins grammatischer Therapien sollte jedoch aus der vorhergehenden Erörterung klar sein. In diesem Abschnitt wird daher nur eine kurze Zusammenfassung der allgemeinen Methode und ein knapper Überblick der besonderen Verfahren gegeben werden.

Was war die »neue Methode«, die Wittgenstein in den Vorlesungen von 1930 so triumphierend verkündete? Eine mögliche Interpretation einer dunklen Metapher in *Zettel* könnte die Richtung seines Denkens erhellen:

> Die Unruhe in der Philosophie, könnte man sagen, kommt daher, daß wir die Philosophie falsch ansehen, nämlich gleichsam in (endlose) Längsstreifen zerlegt, statt in (begrenzte) Querstreifen. Diese Umstellung der Auffassung macht die *größte* Schwierigkeit. Wir wollen also gleichsam den unbegrenzten Streifen erfassen und klagen, daß es nicht Stück für Stück möglich ist. Freilich nicht, wenn man unter einem Stück einen endlosen Längsstreifen versteht. Wohl aber, wenn man einen Querstreifen darunter versteht. – Aber dann kommen wir ja mit unserer Arbeit wieder nicht zu Ende! – Freilich nicht, denn sie hat keins. (Statt der turbulenten Mutmaßungen und Erklärungen wollen wir ruhige Erwägung sprachlicher Tatsachen setzen.) (Z § 447).

15 Hier läßt sich ein interessanter Vergleich mit Kant anbringen: »Wollte sie [die Logik] nun allgemein zeigen, wie man unter diese Regeln subsumieren, d. i. unterscheiden sollte, ob etwas darunter stehe oder nicht, so könnte dieses nicht anders, als wieder durch eine Regel geschehen. Diese aber erfordert eben darum, weil sie eine Regel ist, aufs neue eine Unterweisung der Urteilskraft; und so zeigt sich, daß zwar der Verstand einer Belehrung und Ausrüstung durch Regeln fähig, Urteilskraft aber ein besonderes Talent sei, welches gar nicht belehrt, sondern nur geübt sein will ... [Jemand kann in der Anwendung einer Regel verstoßen] weil er nicht genug durch Beispiele und wirkliche Geschäfte zu diesem Urteile abgerichtet worden ... So sind Beispiele der Gängelwagen der Urteilskraft.« *Kritik der reinen Vernunft* A 133–134, B 172–173.

Die Philosophie so zu sehen, als ob sie in endlose Längsstreifen zerlegt wäre, ist die Fregesche Konzeption und die des *Tractatus*. Die Philosophie wird als eine Suche nach *der* letzten Ordnung in der Sprache betrachtet, nach der apriorischen Struktur der Welt. Diese Ordnung und Struktur offenbaren die ewigen Formen des Denkens, die im voraus bestimmt und unveränderlich sind. Das Denken muß sich entlang fester Linien bewegen, andernfalls hätten wir eine »bisher unbekannte Art der Verrücktheit«[16]. Hier sind die stückweisen Methoden der Wissenschaft nicht anwendbar, die Struktur muß in ihrer Gesamtheit erfaßt werden, und jeder Irrtum wird alles andere affizieren. Wie schwierig auch immer die Philosophie ist, sie ist wesentlich abschließbar. Im Gegensatz dazu betrachtet der Zugang zur Philosophie in den *Untersuchungen* die Formen des Denkens als aus begrenzten Querstreifen zusammengesetzt. Jeder Streifen kann vollständig beschrieben werden, obwohl seine Dauerhaftigkeit nicht gesichert ist. Neue Formen des Denkens sind nicht vorhersagbar; es gibt kein Ende für begriffliche Neuerung, und die Aufgabe der Philosophie hört nie auf. Die Philosophie beschreibt geduldig jeden Streifen aus dem Gebäude des Denkens, indem sie turbulente Mutmaßungen und Erklärungen über die letzten Formen des Satzes und die notwendigen Denkgesetze durch eine Beschreibung sprachlicher Tatsachen ersetzt. Die unbekannten Arten der Verrücktheit, gegen die Frege protestiert, sind nach Wittgensteins Auffassung einfach verschiedene Formen des Denkens, die auf verschiedenen Lebensformen gründen. Die Notwendigkeit einer Kette, auf der man den Einschlag weben kann, ist hier wie auch sonst bei Wittgenstein nicht deutlich[17].

Die neue Methode ist also der neue Stil philosophischer Klärung, die nicht durch Analyse geschieht, sondern durch eine Beschreibung der Grammatik, die nicht darauf abzielt, die Struktur der Welt zu offenbaren, sondern darauf, die Struktur unseres Denkens aufzuzeigen, die nicht auf ewige metaphysische Wahrheiten gerichtet ist, sondern auf diejenigen Tatsachen der Naturgeschichte des Bewußtseins, die Verwechslungen beseitigen werden. Unser Ziel ist die Erreichung einer Übersicht, aber ihr Sinn und ihre Richtig-

16 Frege, *Die Grundgesetze der Arithmetik*, S. XVI, von Wittgenstein kommentiert in *BGM* S. 89 f., S. 95 und nochmals in *ÜG* § 494.

17 Siehe unten, Kapitel VI, S. 231.

keit läßt sich nur würdigen, wenn wir begreifen, in welchem Maß es uns an explizitem Wissen der Grammatik der Sprache fehlt, von der wir ein vollkommenes stillschweigendes Wissen besitzen. Descartes empfahl aus ähnlichen Gründen seinen Lesern, bei den Dilemmata und Paradoxa der Ersten Meditation für Monate oder mindestens Wochen zu verweilen, ehe man weitergeht[18]. Mit ähnlicher Tendenz betonte Wittgenstein die Wichtigkeit einer langsamen Heilung, daß es wichtig ist, eine Denkkrankheit ihren vollen Lauf gehen zu lassen (*Z* § 382). Seine Praxis bei der Widerlegung philosophischer Thesen großen Stils wie des Solipsismus und Idealismus oder der Semantik des Privatsprachentheoretikers, welche eine solche Metaphysik untermauert, besteht darin, sich niemals mit der Aufdeckung von ein oder zwei Mängeln zufriedenzugeben, sondern immer wieder von verschiedenen Ecken her zu demselben Irrtum zurückzukehren und immer mehr trügerische Voraussetzungen aufzudecken. Es sind die verborgenen Wurzeln unseres Denkens, die uns unbeweglich und unflexibel machen, daher Wittgensteins Vorliebe, die gelegentlich bis zur Langweiligkeit betrieben wird, Fragen mit Fragen zu beantworten (*BGM* S. 147). Denn während weitere Fragen die Gründe und Annahmen aufdecken könnten, auf denen die ursprüngliche Frage beruhte, wäre eine verständliche Antwort unfair gegenüber der ursprünglichen Frage, insofern sie nicht auf einem gemeinsamen Grund, über den man sich geeinigt hat, beruhen würde. Die neue Philosophie ist dem holistischen Stil des *Tractatus* unerbittlich entgegengesetzt. Obwohl sie sich gegen die »wissenschaftliche Methode in der Philosophie« wendet, ist sie in hohem Maße stückweise und tentativ. Die Philosophie ist ein Bemühen, eine besondere Art von Ordnung, nämlich eine übersichtliche, von Dingen zu finden, die wir schon wissen, vergleichbar mit dem Ordnen von Büchern in einer Bibliothek. Eine Errungenschaft in der Philosophie ist nicht mit Endgültigkeit gleichzusetzen, sondern mit dem Aufdecken von Verwandtschaften und Unterschieden, die wichtig sind. Sie ist damit vergleichbar, daß man zwei bisher getrennte Bücher zusammenstellt oder zwei bisher nebeneinanderstehende Bücher auf getrennte Regale stellt. Nichts hinsichtlich der Stellungen braucht

18 Descartes, *Meditationen über die Grundlagen der Philosophie mit den sämtlichen Einwänden und Erwiderungen*, übers. und hrsg. von A. Buchenau, Hamburg 1965, S. 118 f.

endgültig zu sein, außer daß das, was zusammengehört, vereinigt wird, und daß das, was auseinander gehört, getrennt wird.
Der neue Stil der Klärung in der Philosophie enthält viele spezielle Methoden. Es gibt in der Philosophie nicht eine einzige unike Weise, Probleme zu lösen und uns zu einer richtigen Übersicht zu bringen (*PU* § 133). Vielmehr gibt es viele verschiedene Weisen, die verschiedenen Quellen von Verwirrung zu bekämpfen, die uns daran hindern, zu den Notionen des gesunden Menschenverstandes zu kommen. Wo Analogien in der Sprache uns irreführen, sollten wir ihren Wirkungen entgegenwirken, indem wir die Grammatik der fraglichen Ausdrücke beschreiben und neue Gebrauchsweisen erfinden, manchmal absurde Gebrauchsweisen, um den Griff der gewöhnlichen Formen der Sprache lockern zu helfen (*BB* S. 52). Wo unsere Form der Darstellung unvermeidlich und gänzlich korrekt erscheint, sollten wir uns Veränderungen der Naturgeschichte derart vorstellen, daß sie die Bedingungen verletzen würden, unter denen unsere gewöhnlichen Begriffe einen Gebrauch und Sinn haben. Wenn uns Bilder, die in unsere Sprache eingelagert sind, eine irreführende Neigung zu einer gegebenen Ausdrucksform geben, sollten wir den Gebrauch des Ausdrucks in verschiedenen Umständen prüfen, spezielle Fälle untersuchen, künstliche Sprachspiele als Vergleichsobjekte konstruieren, um zu sehen, daß wir es mit Konventionen zu tun haben, nicht mit Naturgesetzen oder metaphysischen Notwendigkeiten. Gegen unsere natürliche Versuchung, nach Wesenheiten zu suchen, setzt Wittgenstein eine sorgfältige Prüfung zahlreicher konkreter Fälle, die möglicherweise nicht mehr Einheit hinsichtlich eines Begriffs aufweisen, als es einen einzelnen Faden für ein Seil gibt. Die Mythologie des Mentalen, die wir erfinden, läßt sich nicht nur durch die schon erwähnten Verfahren als fiktiv erweisen, sondern auch durch andere wirkungsvolle Methoden. Unseren Versuchen, mentale Phänomene in der Begrifflichkeit des Ätherischen und Unsagbaren zu erklären, die verschiedenen schon beschriebenen Quellen entstammen, läßt sich durch eine Konkretisierung des Mentalen entgegenwirken. Wo wir mentale Mechanismen hypostasieren, um bestimmte philosophische Probleme zu lösen, empfiehlt Wittgenstein, daß wir sie durch physikalische Mechanismen ersetzen (*BB* S. 19). Denn dann werden wir klar sehen, wie leer die angebliche Erklärung ist. Gegen unsere Neigung, die Bedeutung in der

Begrifflichkeit von mentalen Begleiterscheinungen der Rede zu erklären, sollten wir uns vorstellen, das angeblich in einer Zuordnung stehende Paar von Phänomenen zu trennen, denn dann werden wir erkennen, daß das eine Glied ein stiller Partner ist (*BB* S. 72). Solche Verfahren werden in Wittgensteins Spätphilosophie mit eindrucksvoller Kraft gebraucht. Ihre Exemplifikation wird in den folgenden Kapiteln beschrieben werden.

Wittgensteins Ansprüche für seine neue Methode der Philosophie waren äußerst ehrgeizig. Seine Methode war, so sagte er, ein Erbe des Gegenstandes, wie er durch frühere Philosophen wie Platon oder Berkeley ausgeübt wurde, und war sicherlich von ihren Unternehmen sehr verschieden. Er behauptete, daß es jetzt zum erstenmal möglich sei, nicht nur große Philosophen, sondern auch gelernte zu haben. Ich möchte Wittgensteins Errungenschaft nicht schmälern. Sein Werk beherrscht die Philosophie des zwanzigsten Jahrhunderts, wie Descartes' Philosophie die des siebzehnten Jahrhunderts beherrschte. Aber seine Ansprüche sind übermäßig aufgebläht, sein Gefühl von Originalität, eines vollständigen Bruchs mit der ganzen vorhergehenden Tradition war, obwohl es ebenso leidenschaftlich war wie das Descartes', ebenso übertrieben. Denn während beide große Neuerer waren, argumentieren sie unvermeidlich innerhalb einer bestimmten Art von philosophischer Tradition, selbst wenn sie es nur in einer negativen Weise getan haben sollten. Sie lehnten auch nicht alles in der Tradition ab, gegen die sie argumentieren. Wittgensteins anti-metaphysische Leidenschaft war keine Neuheit, obwohl ihr Ausmaß und ihre Heftigkeit ebenso gründlich waren wie irgendeine zuvor. Sein extremer Voluntarismus ist nicht ohne Vorgänger, obwohl er ein gedämpftes Thema in der Geschichte westlichen Denkens darstellt. Seine Behauptungen, daß philosophische Irrtümer von Unklarheiten über die Sprache kommen, sind sicher nicht neu. Sie lassen sich sicherlich sowohl bei Platon als auch bei Berkeley finden, denen er sein Werk gegenüberstellt. Daß philosophische Verwechslungen durch eine Prüfung des Gebrauchs von Wörtern beseitigt werden können, ist eine These, die, würde sie mit ein wenig mehr Bescheidenheit als bei Wittgenstein vertreten, die Zustimmung vieler früherer Philosophen gebieten würde, obwohl wenige, wenn überhaupt jemand, das als das einzige Werkzeug im philosophischen Werkzeugkasten betrachtet hätten. Obwohl sein sorgfältiges Entwirren von Irrtümern durch grammatische Therapie sicherlich einen Raum für Fertigkeit eröffnet, ist seine Art von Philosophie nicht die erste, die das tut. Fertigkeit ist in der Philosophie wie in jeder anderen kreativen Bemühung anwendbar, wenn der Gegenstand in das eintritt, was man eine »scholastische« Phase nennen könnte, in der die grundlegenden Voraussetzungen der Untersuchung eine Zeitlang unstrittig sind. Von den fünf Philosophen, die Wittgenstein hauptsächlich beeinflußten, nämlich Hertz, Frege, Russell, Schopenhauer und vielleicht Brouwer, waren zumindest drei zutiefst Kant verpflichtet. Es ist daher nicht überraschend, daß Wittgensteins Philosophie tiefste Verwandtschaften zu derjenigen Kants zeigt, trotz der Tatsache, daß er nie Kant studiert hat, und trotz der Tatsache, daß die Ergüsse des Kantischen Barock durch einen strengen Bauhaus-Stil ersetzt werden.

4. Die Vernachlässigung architektonischer Erwägungen

Der Überblick über Wittgensteins spätere Auffassung von Philosophie in diesem Kapitel soll die Bühnenausstattung liefern, vor der man seine kritische Metaphysik der Erfahrung fruchtbar auftreten lassen kann. Ehe aber zu dieser Aufgabe übergegangen wird, lohnt es sich, eine Unterbrechung für eine kurze kritische Wertung seiner Ansichten über das Wesen der Philosophie einzulegen. Die Hauptkritik an Wittgensteins allgemeiner Auffassung von Philosophie in den Jahren nach 1930 kommt von einer Kantischen Quelle. In der Vorrede zur zweiten Kritik schrieb Kant:

Aber es ist noch eine zweite Aufmerksamkeit, die mehr philosophisch und *architektonisch* ist: nämlich die *Idee des Ganzen* richtig zu fassen und aus derselben alle jene Teile in ihrer wechselseitigen Beziehung auf einander ... ins Auge zu fassen[19].

Die Oberfläche des Spätwerks Wittgensteins ist von Hinweisen und Andeutungen der Absurdität einer systematischen Philosophie durchsetzt. Aber nirgends werden gute Gründe angeführt, um zu zeigen, daß sie entweder absurd oder unmöglich ist, und es werden auch in der Tat kaum Gründe angedeutet, warum ein solches Bemühen unerwünscht oder zwecklos sein soll. In der Tat erklärt

19 Kant, *Kritik der praktischen Vernunft*, Vorrede S. 10.

Wittgenstein an einer Stelle, daß sein Ziel immer noch darin besteht, das Wesen der Sprache zu verstehen – ihre Funktion und Struktur (*PU* § 92). Der *Tractatus* war vom architektonischen Geist durchtränkt, verächtlich gegenüber dem Einzelfall und zuhause nur in den abstraktesten und allgemeinsten Erklärungen über Denken und Wirklichkeit. Wittgensteins späteres Werk stellt, so würde ich vorschlagen, eine übermäßige Reaktion auf die Fehler seines ersten Buches dar. Denn es ist keineswegs offensichtlich, daß man nicht sowohl der Unbestimmtheit des Sinns, der Offenheit von Begriffen und der Flexibilität der Sprache gerecht werden als auch systematisch und umfassend sein kann. Philosophen, die die Tatsache, daß es Wittgenstein nicht gelang, mehr als ein Album von Landschaftsskizzen hervorzubringen (*PU* S. 285), als ein Anzeichen der Unmöglichkeit oder Sinnlosigkeit des Versuchs auffassen, ein endgültiges Bild hervorzubringen, verweisen gewöhnlich auf eine Anzahl von verwandten Themen bei Wittgenstein. Es wird hervorgehoben, daß seine Behauptung, daß die Philosophie weder eine Theorie noch eine Lehre ist, eine systematische Philosophie ausschließt[20]. Es wird manchmal behauptet, daß Wittgensteins Aussage, daß die Philosophie nicht nach Wesenheiten suchen soll oder kann, eine umfassende Beschreibung irgendeines Elements unseres begrifflichen Schemas ausschließt. Es wurde vorgeschlagen, daß es deswegen, weil nach seiner Auffassung der Zweck einer bestimmten Beschreibung der Grammatik darin liegt, eine bestimmte Verwirrung zu beseitigen, und weil das, was uns zu Verwechslungen und Verwirrungen über den Gebrauch eines Ausdrucks führen kann, keine Grenzen hat, keine vollständige Beschreibung seiner Grammatik geben kann[21].

Solche Behauptungen sind fehlgeleitet. Die Behauptung, daß die Philosophie keine Theorie ist, stammt aus Wittgensteins frühesten Schriften über den Gegenstand. Der gemeinte Gegensatz ist nicht der zwischen einem systematischen und einem unsystematischen Philosophieren (z. B. ein Gegensatz zwischen Kant und Nietzsche), sondern zwischen Wissenschaft und Philosophie. Der de-

20 Z. B. J. J. Thomas, »Private Languages«, in *American Philosophical Quarterly* 1 (1964), S. 31.

21 Z. B. N. Malcolm, »Wittgenstein on the Nature of Mind«, in *American Philosophical Quarterly Monograph*, Nr. 4: *Studies in the Theory of Knowledge* (1970), S. 29.

skriptive nicht-geschichtete Status der Philosophie schloß das systematische Unternehmen des *Tractatus* nicht aus. Die Verneinung der Existenz von Thesen oder Lehren in der Philosophie läuft, so scheint es, auf nicht mehr hinaus als auf die Behauptung, daß eine Klärung der Grammatik immer offensichtlich sein muß (*WWK* S. 183), keine Überraschungen enthalten darf, auch nicht eine Sache sein darf, bei der es Bedenken oder Streit gibt. Überraschungen, Bedenken oder Streit sind nach Wittgensteins Meinung ein Zeichen von mangelnder Fertigkeit in der Aufdeckung begrifflicher Strukturen, ein Zeichen dafür, daß man eine Anzahl von Schritten übersprungen hat oder sie nicht klar ausgedrückt hat. Ob das richtig ist oder nicht, es schließt in keiner Weise umfassende Übersichten über Ausschnitte der Grammatik aus; nicht nur das, was unvollständig ist, ist unstrittig und offensichtlich. Wittgensteins anti-Fregesche Bemerkungen bezüglich der Unmöglichkeit, Begriffe in der Begrifflichkeit von ihren charakteristischen Merkmalen zu definieren, implizieren in keiner Weise, daß eine vollständige Beschreibung von zugegebenermaßen vagen und ungenauen Begriffen unmöglich ist. Die Tatsache, daß Wittgenstein den Hauptzweck des Erreichens einer Übersicht darin sah, eine metaphysische Täuschung zu beseitigen, hindert in keiner Weise andere daran, nach einer umfassenden Übersicht über einen Ausschnitt der Grammatik zu suchen, der weit über das, was für rein therapeutische Zwecke erforderlich ist, hinausgeht. Man sollte ferner immer daran denken, daß Wittgenstein sicherlich nicht mit dem »Album von Skizzen«, das er hervorbrachte, zufrieden war. Waismanns Versuch einer Systematisierung von Wittgensteins Werk in *The Principles of Linguistic Philosophy* mag letztlich ein Mißerfolg sein, sowohl in seiner Darstellung des Denkens Wittgensteins als auch in seiner Integration der verschiedenen Elemente, die es enthält. Aber er ist sicherlich ein Schritt in die richtige Richtung und zeigt, daß der Stil, in »Bemerkungen« zu schreiben, und die Schnipsel-Büchsen-Methode der Komposition keine unvermeidlichen Folgen der Philosophie Wittgensteins sind. Wie sich unten zeigen wird, lassen sich in der Tat viele Aspekte der kritischen Philosophie Wittgensteins systematisch darstellen und können sie leicht die Gründlichkeit und den umfassenden Charakter seines Werks zeigen. Was wichtiger ist, es ist alles andere als offensichtlich, daß sich seine späteren Auffassungen über

Semantik nicht kohärent so darstellen lassen, daß sie etwas ergeben, was die meisten Philosophen als eine umfassende Bedeutungstheorie bezeichnen würden[22].

Nichts außer einer oberflächlichen Interpretation der Philosophie Wittgensteins zeigt die Unmöglichkeit einer architektonischen Bemühung. Man mag sie im Vergleich zur Pathologie des Verstandes, die Wittgenstein so sehr beschäftigte, uninteressant finden. Aber der Pathologe des Verstandes besitzt kein Interessenmonopol gegenüber dem Anatomen. Vollständigkeit und Umfassendheit sind vollkommen verständliche Ziele für einen Philosophen, und man sollte hervorheben, daß, obwohl Wittgenstein betonte, daß in seiner Untersuchung psychologischer Begriffe *seine* Absicht weder Exaktheit noch Vollständigkeit war (Z § 464–5), der Plan für die Behandlung psychologischer Begriffe, den er in *Zettel* § 472 umriß und in den folgenden Paragraphen auszuführen begann, eine gewisse Anzeige der umfassenden Möglichkeiten gibt, die offenbleiben. Man könnte jedoch argumentieren, daß die eindrucksvolle Kantische Architektonik eine saubere Einheit und Kohärenz bei unserem begrifflichen Schema voraussetzt, die aller Wahrscheinlichkeit nach nicht vorhanden ist. Es ist eine Tatsache des Lebens, auf die Wittgenstein unsere Aufmerksamkeit zu richten sich bemühte, daß wir es fertigbringen, mit Widersprüchen zu leben. Unser begriffliches Schema als ganzes ist mit größerer Wahrscheinlichkeit mit einer bunten wackligen Struktur verwandt, die von vielen Händen über viele Generationen hinweg hervorgebracht wurde, die hier und da bröckelt, durch willkürliche Improvisationen gestützt und verstärkt wurde, als mit einem großen einheitlichen, sich in gutem Gleichgewicht befindenden Gebäude. Das aber scheint mir, weit entfernt davon, ein Argument gegen den Versuch darzustellen, eine gründliche und systematische Übersicht über unsere Denkformen zu erreichen, gerade ein wirkungsvolles Argument dafür darzustellen. Denn nicht nur würden durch eine solche »deskriptive Metaphysik«[23], die sicherlich in sich von einigem Interesse wäre, Widersprüche und Inkohärenzen genau und gründlich aufgedeckt, sondern es würde einer

22 Wie von G. P. Baker versucht wurde, »The Logic of Vagueness«.

23 P. F. Strawson, *Individuals – An Essay in Descriptive Metaphysics*, London 1959; dt.: *Einzelding und logisches Subjekt. Ein Beitrag zur deskriptiven Metaphysik*, Stuttgart 1972, S. 9 ff.

möglicherweise fruchtbaren spekulativen Metaphysik die Tür geöffnet. Daß ich nicht mit Wittgensteins Behauptung übereinstimme, daß die Philosophie alles läßt, wie es ist, wurde bereits oben gesagt. Man sollte in diesem Kontext erwähnen, daß jedenfalls historisch die Eule der Minerva oft um 12 Uhr mittags aufgeflogen ist. Außerdem, wie ein hervorragender Wissenschaftstheoretiker kürzlich bemerkt hat: »Eine Gesellschaft, die sich nicht für Metaphysik interessiert, wird keine theoretische Wissenschaft haben.«[24]

Wenn ein systematisches Philosophieren einer konstruktiven Art auf solche Weise möglich ist, dann ist überhaupt nicht mehr klar, daß der Philosoph im Verlaufe des Aufzeigens der Struktur unserer Begriffe nicht viele nicht-offensichtliche Dinge über diese Struktur behaupten wird. Es mag zutreffen, daß die Philosophie unser Wissen über die Welt weder zunehmen noch abnehmen lassen wird, aber insofern sie Behauptungen über begriffliche Relationen macht, ist nicht klar, daß alle solchen Behauptungen unstrittig sind, nicht überraschend sind, wenn sie einmal verstanden sind, und grundsätzlich trivial sind. Es ist auch nicht offensichtlich, daß der Ausdruck solcher Einsichten ein zweifelhaftes Anrecht auf einen kognitiven Status hat und nur zweifelhaften Sinn ergibt. Die Behauptung, daß es kein Ding wie das, daß etwas überall rot und grün ist, oder wie das Aufzählen aller Kardinalzahlen gibt, mag trivial und unbestreitbar erscheinen, sobald sie einmal verstanden ist. Aber die Erklärung dieser Behauptungen braucht weder offensichtlich noch trivial zu sein. Und insofern die Erklärung nicht-trivial ist, könnte man durchaus behaupten, daß die äußere Erscheinung der philosophischen Folgerung in dieser Hinsicht trügerisch ist. Weiterhin sind die allgemeinen Behauptungen über begriffliche Strukturen, die Wittgenstein macht, z. B. daß innere Zustände äußerer Kriterien bedürfen, weit davon entfernt, unstrittig zu sein. Von der These, daß das Gesetz vom ausgeschlossenen Dritten in bestimmten Bereichen des Denkens keine Anwendung hat, kann man nur sehr irreführend sagen, daß es sich um etwas handelt, was wir alle ohnehin wußten. Schließlich wird das, was man sich traditionell als philosophische Theorien großen Stils dachte, z. B. Empirismus und Rationalismus, Phänomenalismus und Realismus, von Wittgenstein direkt oder implizit verteidigt

24 M. B. Hesse, *Forces and Fields*, London 1961, S. 303.

oder widerlegt. Seine Kantische These, daß es keine Erkenntnis von Gegenständen geben kann, die jede mögliche Erfahrung transzendieren (weil es nicht sinnvoll ist, von solchen Gegenständen zu reden), kann kaum eine Binsenwahrheit und Trivialität sein, insofern sie gewöhnliche kognitive Ansprüche ausschließt oder eine drastische Neuinterpretation solcher Ansprüche erzwingt.
Schließlich veranlaßte Wittgensteins intensive Beschäftigung mit der Kritik der Sprache und mit den zentralen philosophischen Themen, die Einwirkungen auf sie haben, z. B. der philosophischen Logik und der Bewußtseinsphilosophie, ihn dazu, Zweige der Philosophie zu übersehen, in denen die festsetzende und erklärende Aufgabe der Philosophie umfangreicher ist als in den Gebieten, die für ihn von größerem Interesse waren. Während die Behauptung einleuchtend ist, daß eine gereinigte Metaphysik der Erfahrung wesentlich deskriptiv ist, läßt sich das z. B. nicht von der Rechtsphilosophie sagen. Eine strukturelle Analyse des Gesetzes[25] schließt die Suche nach Erhellung und fruchtbaren kanonischen Formen für normative Gesetzesaussagen ein, welche die logischen Relationen zwischen verschiedenen Gesetzesnormen oder Teilen von Gesetzesnormen darstellen. Es gehört nicht zur strukturellen Analyse zu denken, daß das nur auf eine einzige unik richtige Weise getan werden kann. Außerdem sind die verschiedenen Möglichkeiten, die ins Auge gefaßt werden, vergleichbar und können im Hinblick auf die Absichten einer Rechtstheorie bewertet werden. Ähnlich ist die Explikation wichtiger Rechtsbegriffe, z. B. derjenigen von Rechten, Pflichten, Vollmachten usw., ein zentraler Bestandteil in einer adäquaten Rechtsphilosophie. Hier extrahiert der Rechtsphilosoph nicht nur eine Übersicht des Gebrauchs, den diejenigen, die die Rechtssprache gebrauchen, haben, sondern legt einen Begriff fest, indem er einen neuen Begriff expliziert, der für juristische und metajuristische Zwecke fruchtbar sein wird[26]. Obwohl Wittgenstein eine solche begriffliche Gesetzgebung zuläßt, veranlaßten ihn seine eigenen beschränkten Anliegen dazu, ihre Wichtigkeit für Zweige der Philosophie zu unterschätzen, die ihm nicht vertraut oder nicht sympathisch waren.

25 J. Raz, *The Concept of a Legal System*, Oxford 1970, *passim*.
26 Z. B. die Explikation des Begriffs eines gesetzl. Rechts, vom Werk Benthams über das von Salmond und Hohfeld, gipfelnd im Werk von Hart und Raz.

VI Metaphysik als der Schatten der Grammatik

Verglichen mit den philosophischen Idealen des jungen Wittgenstein könnte der Standpunkt des reifen Wittgenstein wohl trüb und desillusioniert erscheinen. Die dramatische Veränderung seines Standpunkts führte zu einer Neuzuteilung des Metaphysischen weg vom Bereich der Unaussprechlichkeit, in dem es durch einen Halbschatten notwendigen Schweigens geschützt lag, zum Bereich philosophischer Täuschung, einem geeigneten Gegenstand für die Pathologie des Verstandes. Das erscheint als Bild einer in Ungnade gefallenen Philosophie, die nicht mehr Königin der Wissenschaften mit einem Anspruch darauf ist, die Grundstruktur der Welt zu untersuchen, und die Autorität besitzt, unfehlbare Äußerungen über sie zu machen, sondern die bestenfalls eine bloße Magd ist. Eine tiefere Erklärung dieser Umwandlung läßt sich geben, wenn man Wittgensteins spätere Auffassung der Grammatik und ihrer Relation zur Wirklichkeit untersucht. Das wird auch eine weitere Klärung der therapeutischen Auffassung der Philosophie liefern. Obwohl die Veränderung tiefgreifend ist, ist es instruktiv, sie nicht als eine Ersetzung, sondern vielmehr als eine Umformung zu verstehen, als eine Angelegenheit davon, daß die Achse der Untersuchung um einhundertachtzig Grad um den Fixpunkt unseres wirklichen Bedürfnisses gedreht wird (*PU* § 108). Im *Tractatus* lieferte die Struktur der Sprache oder des Denkens die Einsicht in die Struktur der Wirklichkeit. In den *Untersuchungen* ist die Struktur der Sprache immer noch der Gegenstand der Untersuchung. Ferner ist sie immer noch mit der Struktur der Wirklichkeit gleichgestaltig, nicht, weil die Sprache die logische Struktur der Welt spiegeln muß, sondern weil das, was als die »Struktur der Wirklichkeit« erscheint, nur der Schatten der Grammatik ist.

Gegen Ende des *Tractatus* führt Wittgenstein eine kurze Erörterung des Status wissenschaftlicher Theorien durch. Die allgemeinsten Sätze einer wissenschaftlichen Theorie sind, so behauptet Wittgenstein, alle »Einsichten *a priori* über die mögliche Formgebung der Sätze der Wissenschaft« (*TLP* 6.34). Die Newtonsche Mechanik bringt die »Weltbeschreibung auf eine einheitliche Form«. Wittgenstein vergleicht sie mit einem Netz mit einer gewählten Form und Feinheit der Maschen. Daß *eine* Art wissenschaftlicher Theorie, *eine* Art von Netz, gewählt wird, und nicht vielmehr eine andere, hat nichts damit zu tun, daß die eine wahr und die andere falsch wäre. Es ist teils durch die Einfachheit bestimmt, teils durch den Grad von Widerspenstigkeit, den die Welt zeigt, wenn sie unter das Netz gepaßt wird. Die allgemeinsten Gesetze der Newtonschen Mechanik, z. B. das Trägheitsgesetz, der Impulserhaltungssatz usw. sind nicht als empirische Sätze über die Welt zu verstehen, sondern »handeln vom Netz, nicht von dem, was das Netz beschreibt« (*TLP* 6.35)[1]. Sie sind Formen der Darstellung, mittels derer echte Erfahrungssätze innerhalb des Rahmens, der durch die Theorie erstellt wird, ausgedrückt werden können[2]. Sie sind nicht durch Erfahrung widerlegbar oder falsifizierbar, sondern durch andere Formen der Darstellung ersetzbar. So ersetzt z. B. die Einsteinsche Physik nicht einfach falsifizierte Newtonsche Gesetze durch andere genauere Gesetze. Und Newtonsche Gesetze sind auch nicht Spezialfälle von Einsteinschen Gesetzen und somit aus ihnen ableitbar, indem man die Parameter der Variablen einschränkt. Die Einsteinsche Physik ersetzt die Begriffe des Newtonschen Netzes durch neue und befriedigendere Begriffe. Die Begriffe von Raum, Zeit, Masse usw. bleiben durch eine Theorieveränderung hindurch nicht dieselben.

Es ist in vielen Hinsichten erhellend, Wittgensteins späteres Werk als eine Verallgemeinerung des Begriffs einer »Form der Weltbe-

1 Es ist alles andere als klar, wie Wittgensteins Behauptungen in den logischen Atomismus des Buchs passen. Es ist unklar, welches der Status solcher allgemeiner wissenschaftlicher Sätze ist; lassen sie sich auf atomare Sätze oder auf logische Wahrheiten reduzieren? Black legt dar, daß die Erörterung wissenschaftlicher Theorien nur dürftig im Buch integriert ist (a. a. O., Kap. LXXXI). Für eine andere Ansicht siehe F. Griffin, a. a. O., Kap. VIII Abschnitte 4–6, und B. F. McGuinness, »Philosophy of Science in the *Tractatus*«, in *Wittgenstein et la problème d'une philosophie de la science* (Colloques Internationaux du Centre National de la Recherche Scientifique) Paris 1970.

2 Wittgenstein gibt keine Beispiele der Umwandlungsvorgänge. Aber ein nützliches Beispiel der Anfangsstadien solcher Umwandlungen wird gegeben von T. S. Kuhn, *Die Struktur wissenschaftlicher Revolutionen*, »Postskriptum«. Newtons zweites Bewegungsgesetz $f = ma$ ist, schlägt er vor, ein Gesetzesschema. Damit es in verschiedenen Kontexten gebraucht werden kann, z. B. für den freien Fall, die einfache Pendelbewegung, ein Paar wechselwirkender harmonischer Oszillatoren usw., erfordert es eine mehr oder weniger komplexe Umformung.

schreibung« vom Bereich der wissenschaftlichen Theorie auf den der Sprache im allgemeinen zu betrachten. Die atomistische Bildertheorie wird verworfen, die platonistische Konzeption versteinerter, notwendigerweise gleichgestaltiger Strukturen des Denkens, der Sprache und der Wirklichkeit wird umgewandelt. Der Begriff der »Form der Abbildung« wird stark gelockert und wird auf radikale Weise konventionalistisch. Die Konzeptionen der strengen Gleichgestaltigkeit und der Zusammensetzung aus einfachen Bestandteilen werden fallengelassen, und die Theorie von der Struktur der Sprache als dem Spiegel der Struktur der Wirklichkeit wird auf den Kopf gestellt. Auf diese Weise wird die Abbildtheorie so weit gelockert, bis sie die Flexibilität und den optionellen Charakter des Netzes einer Form der Weltbeschreibung hat. Wenn Brouwers Vorstellungen tatsächlich einen kausalen Einfluß auf die Entwicklung des Denkens Wittgensteins hatten, dann stellten sie zweifellos einen Anstoß für einen Schritt in gerade diese Richtung dar.

Die Aufgabe der Philosophie ist es, falsche Auffassungen auszurotten, indem sie uns eine übersichtliche Darstellung unserer Grammatik gibt, die Art zu bezeichnen, wie wir die Dinge sehen, – unsere Form der Darstellung (*PU* § 122). Wie wir sehen werden, ist eine Form der Darstellung ebenso willkürlich wie die Form und die Feinheit der Maschen im Netz einer wissenschaftlichen Theorie, wie sie im *Tractatus* verstanden wird. Ebenso wie die allgemeinsten Gesetze einer wissenschaftlichen Theorie nicht durch Erfahrung falsifizierbar sind, so scheinen auch bestimmte allgemeine Behauptungen in nicht-wissenschaftlicher Rede Behauptungen über die Welt zu sein, handeln aber in Wirklichkeit nur »vom Netz, nicht von dem, was das Netz beschreibt«. Sie sind *a priori*, jedoch spiegeln sie nur unsere Form der Darstellung wider, die begrifflichen Verbindungen, die den Sätzen, mittels derer wir die Welt beschreiben, Sinn verleihen. Die Unveränderlichkeit und der unike Charakter der Form der Abbildung, auf die im *Tractatus* hingewiesen wird, treffen nicht auf die spätere Konzeption der Form der Darstellung zu. Unsere Form der Darstellung, die Weise, wie wir die Wirklichkeit sehen, ist ein Teil unserer Geschichte. Sie ändert sich, wie wir uns ändern, und sie läßt sich ändern; aber nicht mit Argumenten, die innerhalb des Netzes betroffener Begriffe liegen, auch nicht mit Argumenten, deren Legitimität durch eine alternative Struktur von Begriffen garantiert ist. Man kann nicht *beweisen,* daß die eine Form der Darstellung »richtiger« ist als eine andere. »Ein Grund läßt sich nur *innerhalb* eines Spiels angeben«, bemerkt Wittgenstein, »Die Kette der Gründe kommt zu einem Ende und zwar an der Grenze des Spiels« (*PG* § 55). Hier besteht eine starke Analogie zu den Formen der Weltbeschreibung, die durch eine wissenschaftliche Theorie gegeben werden. Um zu dem zuvor verwendeten Beispiel zurückzukommen, die Ersetzung der Newtonschen Mechanik durch die Einsteinsche Theorie war ein Übergang von einem Begriffssystem der Physikwissenschaft zu einem anderen. Die Wahl zwischen zwei solchen Paradigmata läßt sich, wie Kuhn gezeigt hat[3], nicht durch gewöhnliche Maßstäbe eines wissenschaftlichen Verfahrens bestimmen, denn die Bestimmung solcher Maßstäbe ist eine Funktion eines wissenschaftlichen Paradigmas, und die Argumente zwischen den Vertretern der beiden Paradigmata werden häufig aneinander vorbeigehen. Die Art und Weise der Überzeugung, den neuen Rahmen anzunehmen, muß verschieden sein. Ähnliche Erwägungen gelten für Wittgensteins spätere Auffassung einer Form der Darstellung.

Der Begriff einer Form der Darstellung in Wittgensteins späteren Schriften wird nie erläutert oder mit einer genauen Bedeutung versehen. Er weist einige offensichtliche Verwandtschaften mit der Kantischen Vorstellung eines kategorialen Rahmens auf, die durch zeitgenössische Philosophen auf verschiedenartige Weisen ausgebeutet wird[4], obwohl er nicht auf den sehr allgemeinen Charakter dieses Begriffs beschränkt zu sein braucht. Er ist ähnlich dem ebenfalls ungenauen Begriff eines begrifflichen Systems oder begrifflichen Schemas, der in gängigem philosophischem Jargon häufig angewandt wird. Wittgenstein gebraucht eine Reihe eng verwandter Begriffe, um die Richtung seines Denkens zu vermitteln. Der zweideutige Begriff eines Sprachspiels wird in seinem einen Sinn explizit mit unserer »Darstellungsweise« (*PU* § 50) gleichgesetzt. Der Begriff eines Weltbilds, der in den letzten Aufzeichnungen, die als *Über Gewißheit* veröffentlicht wurden, hervorsticht, schließt die Vorstellung einer Form der Darstellung ein,

3 Siehe T. S. Kuhn, a. a. O., Kap. IX.

4 Siehe besonders S. Körner, *What is Philosophy?*, London 1969, Teil 4, und *Categorial Frameworks*, Oxford 1970.

aber umfaßt mehr als nur die hervortretenden Begriffe und logischen Relationen, welche »die Art, wie wir die Dinge sehen« ausmachen. Ähnlich wie beim Begriff eines Sprachspiels wird von einem Weltbild gesagt, daß es der Hintergrund ist, auf dem Wahrheit und Falschheit unterschieden werden. Ein Sprachspiel wie z. B. das induktive Argumentieren beruht, so behauptet Wittgenstein, nicht auf Gründen. Es ist, sagt er, nicht vernünftig oder unvernünftig, es steht einfach da – wie unser Leben (*ÜG* § 559). Es stellt die Maßstäbe der Vernünftigkeit auf und bestimmt die Grenzen des logischen Raums, innerhalb dessen Wahrheit und Falschheit unterschieden werden können. Ähnlich erwirbt man ein Weltbild nicht dadurch, daß man sich von seiner Richtigkeit überzeugt (*ÜG* § 94). Es ist der ererbte Rahmen, innerhalb dessen man zu argumentieren lernt, das Substrat alles Forschens und Behauptens (*ÜG* § 162).

Die Begriffsbildung ist ein Teil der Konstitution eines Weltbilds. Die Begriffsbildung leitet unsere Erfahrung in bestimmte Kanäle, die die Weisen bestimmen, auf die wir die Dinge sehen (*BGM* S. 241). Sie bildet daher die Grenze der Empirie (*BGM* S. 237). So stellt z. B. ein mathematischer Beweis die *Bildung* eines Begriffs oder von Begriffen dar. Nach Wittgensteins konstruktivistischer Philosophie ist das etwas, was wir annehmen oder ablehnen, es wird uns nie aufgezwungen. Insoweit wir es akzeptieren, leitet es unsere Erfahrung in bestimmte Kanäle. Denn das Akzeptieren eines Beweises und die folgende Unverletztlichkeit des sich ergebenden Theorems – seine Zuteilung zu den Archiven (*BGM* S. 165) – ist einfach eine Bestimmung, das Theorem so zu behandeln, daß es durch Erfahrung unangreifbar ist, wie wir nach Brouwers Vorschlag die Gesetze der Logik behandeln. Ferner ist die Unangreifbarkeit nicht faktisch, sondern normativ. Das Akzeptieren eines Beweises ist somit eine Bestimmung, die Erfahrung durch den Rahmen des Theorems zu sehen. Denn eine auftretende Widerspenstigkeit wird man nicht dadurch behandeln, daß man das Theorem aufgibt, sondern dadurch, daß man unsere Beobachtungen oder Instrumente tadelt, dadurch, daß man die Widerspenstigkeit als ein neues Phänomen betrachtet, das eine Herausforderung für die Wissenschaft darstellt, vielleicht sogar dadurch, daß man eine Modifikation der wissenschaftlichen Theorie erzwingt oder es einer Täuschung oder Halluzination zuschreibt.

Diese Grenzen der Empirie sind weder unverbürgte Annahmen noch intuitiv erkannte Wahrheiten, sondern Arten und Weisen des Vergleichens und Handelns (*BGM* S. 387).

Es ist aber nicht nur das Netz unserer Begriffe, welches unser Weltbild konstituiert, indem es unsere Erfahrung in Kanäle leitet. Wir müssen in es eine große Reihe unangreifbarer eingewurzelter Erfahrungssätze einschließen. Diese könnte man sich, schlägt Wittgenstein vor, als eine Art Mythologie denken. Die Rolle dieser Sätze ist analog der von Spielregeln, die nicht durch eine explizite Aufstellung von Regeln, sondern praktisch gelernt werden können. Solche Sätze stellen gewissermaßen das Flußbett der Gedanken dar:

... das Flußbett der Gedanken [kann] sich verschieben. Aber ich unterscheide zwischen der Bewegung des Wassers im Flußbett und der Verschiebung dieses; obwohl es eine scharfe Trennung der beiden nicht gibt ...

... Ja, das Ufer jenes Flusses besteht zum Teil aus hartem Gestein, das keiner oder einer unmerkbaren Änderung unterliegt, und teils aus Sand, der bald hier bald dort weg- und angeschwemmt wird. (*ÜG* § 97, 99).

Die Metapher weist offensichtliche Verwandtschaften (ebenso wie Unterschiede) zu Quines bekannter Metapher des Kraftfelds auf[5]. Die Wasser des Flusses sind unsere Erfahrungssätze. Einige offensichtlich empirische Sätze wie »Die Welt ist viele Jahre alt«, »Menschen haben zwei Eltern« usw. fallen in eine besondere Kategorie. Man könnte sie mit Eis vergleichen, durch das sich die Wasser des Flusses ihren Weg bahnen müssen. So schlägt Wittgenstein vor:

Man könnte sich vorstellen, daß gewisse Sätze von der Form der Erfahrungssätze erstarrt wären und als Leitung für die nicht erstarrten flüssigen Erfahrungssätze funktionierten; und daß sich dies Verhältnis mit der Zeit änderte, indem flüssige Sätze erstarrten und feste flüssig würden (*ÜG* § 96).

Solche Sätze, z. B. die meisten Sätze von der Art, die Moore[6] mit Gewißheit zu wissen behauptet hatte und die den Hauptgegenstand von *Über Gewißheit* darstellen, sind in die Struktur unseres Wissens eingelagert. Solche Behauptungen gehören zu dem

5 W. O. Quine, »Two Dogmas of Empiricism«, abgedruckt in *From a logical Point of View,* New York 1963, S. 42 ff.

6 G. E. Moore, »Proof of an External World« und »A Defence of Common Sense«, abgedruckt in *Philosophical Papers,* London 1959.

Kern von Urteilen, die mit allen anderen Urteilen, die wir lernen, verwoben sind. Ihre Wahrheit gehört zu unserem Bezugssystem (*ÜG* § 83). Die Behauptung aufzugeben, daß die Welt schon viele Jahre existiert, würde den größten Teil unseres Erfahrungswissens mit sich ins Verderben ziehen. Ein ernsthafter Zweifel darüber, ob ich einen Körper habe, ist ein ernsthafter Grund für einen Zweifel an meiner geistigen Gesundheit oder daran, ob ich verstehe, was ich sage. Einige Meinungen dieser Kategorie ändern sich jedoch tatsächlich, wie sich unser Weltbild ändert. Die Flachheit der Erde, der Animismus, der anthropozentrische Charakter der Welt, die große Kette des Seins – dies sind Meinungen oder Systeme von Meinungen, die »in die Wasser des Flusses eingegangen sind«. Die Implikationen, die die Existenz solcher eingelagerter Sätze für die philosophische Logik und Erkenntnistheorie hat, wurden von Wittgenstein nie vollständig ausgearbeitet.
Die Ufer des Flusses – in Wittgensteins Metapher – könnte man als unsere Form der Darstellung verstehen. Auch hier gibt es keine Einheitlichkeit, es gibt sowohl hartes Gestein als auch Sand. Einige Begriffe und begriffliche Verbindungen sind im großen und ganzen durch die Geschichte der Menschheit hindurch stabil. Andere ändern sich in Reaktion auf eine Vielheit von Faktoren. Obwohl der Versuch, unsere Form der Darstellung für die klärenden Zwecke der Philosophie zu erfassen und zu übersehen, keine Übung in Naturgeschichte ist, ist unsere Form der Darstellung, ihre Umwandlungen, Veränderungen und ihr ungeordnetes Wachstum Teil unserer Naturgeschichte. Diese Tatsache ist von großer Wichtigkeit für die Philosophie. Denn nur indem wir sie würdigen, können wir einen der tiefsten und wirkungsvollsten Irrtümer in der Philosophie vermeiden, nämlich von der Welt zu prädizieren, was in unserer »Darstellungsweise« liegt (*PU* § 104). Wir werden zu diesem Punkt später zurückkehren.

2. Grammatik

Obwohl der Begriff einer Form der Darstellung in Wittgensteins Schriften relativ wenig Erläuterung erhält, wird der Begriff der Grammatik ausführlich erörtert. Er ist, in seinem einen Sinn, eng mit der Vorstellung einer Form der Darstellung verbunden. Unser

Verständnis des letzteren Begriffs läßt sich daher durch eine Untersuchung von Wittgensteins Begriff der Grammatik verbessern. Er wendet diesen Terminus zweideutig an[7].

Wie der Ausdruck »Logik«, den wir sowohl dann gebrauchen, wenn wir die Wissenschaft von den logischen Strukturen meinen, als auch dann, wenn wir die Strukturen meinen, die diese Wissenschaft studiert, so wird auch der Ausdruck »Grammatik« von Wittgenstein gebraucht, um sowohl das Studium und die Beschreibung der Regeln der Sprache (in erster Linie der semantischen) als auch das Netz der Regeln selbst zu bezeichnen. Wenn er von der Philosophie sagt, daß sie eine grammatische Untersuchung ist, gebraucht er den Terminus im ersten Sinn (*PU* § 90); auf Bemerkungen über begriffliche Verbindungen wird als auf grammatische Anmerkungen (*PU* § 232) oder Bemerkungen (*PU* § 574) Bezug genommen; logische Probleme werden solchen der Erfahrung gegenübergestellt und als eigentlich grammatische bezeichnet (*Z* § 590). Die so verstandene Grammatik ist, sagt Wittgenstein, das Geschäftsbuch der Sprache (*PG* § 44), sie enthält die Sprachregeln und beschreibt den Gebrauch der Wörter (*PU* § 23). Sie ist das Geschäftsbuch der Sprache in dem Sinn, daß das Hervorholen der Sprachregeln bestimmen wird, welche Kombinationen von Wörtern legitim sind. In der Beschreibung der Sprachregeln, insbesondere derjenigen, die den Sinn von Sätzen bestimmen, wird klarwerden, daß bestimmte Arten von Ausdrücken und Sätzen unsinnig sind und daher aus dem Verkehr gezogen werden und aus der Sprache ausgeschlossen werden (*PU* §§ 498–500). Wird die Grammatik nicht als die Beschreibung der Struktur unserer Sprache verstanden, sondern als die dadurch beschriebene Struktur, ist sie, so möchte ich nahelegen, mit dem Begriff einer Form der Darstellung identisch. Denn alles, was bisher über Formen der Darstellung, ihre Willkürlichkeit, Veränderbarkeit usw. gesagt wurde, gilt auch für die Grammatik, wo sie als das Netz der Begriffe und begrifflichen Verbindungen verstanden wird, die durch die Regeln gebildet werden, die den Gebrauch der Sprache bestimmen, ebenso wie für diese Regeln selbst.

7 Siehe E. K. Specht, *The Foundations of Wittgenstein's Late Philosophy*, Manchester 1969, für eine erhellende Erörterung des Ausdrucks »Grammatik« in Wittgensteins späteren Werken (dt. Ausgabe: *Die sprachphilosophischen Grundlagen im Spätwerk Ludwig Wittgensteins*, Habilitationsschrift Bonn 1963).

Wittgenstein spricht von der Grammatik von Wörtern (*BB* S. 47; *PU* S. 308 Anm.; *PU* §§ 187, 257), von Ausdrücken (*BB* S. 41, 159; *PU* § 660), von Wendungen (*BB* S. 111 [*phrases*, in der dt. Übersetzung ebenfalls »Ausdrücke«, d. Ü.]) und von Sätzen (*BB* S. 84 f., 87; *PU* § 353). Er redet gelegentlich auch von der Grammatik von Zuständen (*PU* § 572) und Vorgängen (*PG* § 41). Ich werde die letzteren Gebrauchsweisen als lockere betrachten (wie »die Logik von Zuständen und Vorgängen«) und nur sprachliche Entitäten als Gegenstände der Grammatik betrachten. Der Sinn von Wörtern, Ausdrücken, Wendungen und Sätzen ist durch die Regeln für ihren Gebrauch bestimmt. Jede Veränderung der Regeln impliziert eine Veränderung des Sinns, ebenso wie für Frege eine Veränderung der Merkmale eine Veränderung des Begriffs darstellt (*PB* § 154; *PU* S. 456 Anm.). Was ist eine grammatische Regel, und was für Arten von Regeln gibt es? Im Einklang mit seinem Vorurteil gegen Umfassendheit versucht Wittgenstein nie, grammatische Regeln zu klassifizieren oder uns wenigstens eine kanonische Form entsprechender Regeln angebender Sätze zu geben[8]. In Übereinstimmung mit seiner Abneigung gegen Allgemeinheit und Abstraktion macht er sehr selten explizite Aussagen über grammatische Strukturen im allgemeinen. Das behindert sehr das Verständnis. Die zwei Arten von Regeln, an denen er am meisten interessiert ist (abgesehen von der Mathematik), betreffen die hinweisende Definition, wenn sie als Regel verstanden wird, die ein Muster in die Sprache einführt, und Regeln, die kriterielle Relationen zwischen Sätzen bestimmen. Ob ein Wort durch Hinweis definiert werden kann oder nicht, ist selbst ein wichtiger grammatischer Zug des Wortes[9]. Die Zuordnung eines Wortes und eines Musters mittels hinweisender Definition enthält jedoch nur eine von vielen Regeln, die den Sinn des Wortes bestimmen. Der Grund für Wittgensteins tiefes Interesse ist hier durch pathologische Überlegungen bestimmt, denn die Rolle der hinweisenden Definition war im *Tractatus* eine Quelle von Irrtümern und wird

8 Vgl. G. H. von Wright, *Norm and Action*, London 1963, Kap. 6, für die Begriffe der normativen Aussage, des Normsatzes und deontischen Satzes.

9 Siehe den Bericht von A. Ambrose über Wittgensteins Vorlesungen in den frühen 1930er Jahren, in A. Ambrose, »Wittgenstein on Universals«, abgedruckt in *Ludwig Wittgenstein: The Man and his Philosophy*, hrsg. von K. T. Fann, S. 343.

in den *Untersuchungen* als ein zentraler Zug in den Verwechslungen aufgezeigt, die das Privatsprachenproblem umgeben. Die tiefe Beschäftigung mit den Regeln, die kriterielle Relationen bestimmen, ist einer von Wittgensteins hauptsächlichen konstruktiven Beiträgen zur gegenwärtigen Philosophie. Die Erklärung des Sinns in der Begrifflichkeit der Wahrheitsbedingungen, die den *Tractatus* beherrschte, wird in Wittgensteins späterem Werk (vom *Blauen Buch* an) durch eine Erklärung in der Begrifflichkeit der Kriterien ersetzt: »[auf dieselbe Weise] gebe ich eine grammatische Erklärung des Wortes ›Zahnschmerzen‹«, schreibt Wittgenstein (*BB* S. 47), »wenn ich mein Kriterium für die Zahnschmerzen einer anderen Person erkläre, und in diesem Sinn gebe ich damit eine Erklärung, die die Bedeutung des Wortes ›Zahnschmerzen‹ betrifft«. Arten von Sätzen lassen sich, so schlägt Wittgenstein vor, durch die Art und Weise der kriteriellen Evidenz charakterisieren, die ihre Behauptung stützt. So ist die Grammatik von Sätzen über materielle Gegenstände dadurch charakterisiert, daß sie eine vielfache kriterielle Evidenz besitzen, die von Sätzen bereitgestellt wird, welche die subjektive Erfahrung beschreiben (*BB* S. 84)[10]. Die Grammatik von Sätzen, die mentale Zustände betreffen, ist durch die Tatsache charakterisiert, daß Sätze, die ein Verhalten in bestimmten Umständen beschreiben, als Kriterien für solche Sätze festgelegt sind. Die fraglichen Regeln sind nicht-induktive, nicht-deduktive Ableitungsregeln, welche es uns ermöglichen, von einer Behauptung kriterieller Evidenz zu einer gerechtfertigten, wenn auch nicht notwendigerweise wahren Behauptung dessen überzugehen, was sie stützt. Diese Regeln werden von uns festgelegt, sie sind grammatische Konventionen (*PU* §§ 354–5). Beide dieser Arten von Regeln werden uns später bei unseren Untersuchungen über Wittgensteins Widerlegung des Idealismus beschäftigen.

Einige der Bemerkungen Wittgensteins sind von wirklich metasprachlicher Natur, und es dürfte nicht überraschend sein, sie »grammatisch« zu titulieren. So weist er darauf hin, daß, wenn es ein Verbum mit der Bedeutung »fälschlich meinen« gäbe, es keine erste Person Indikativ Präsens hätte (*PU* S. 500). Aber Sätze, die Wittgenstein selbst »grammatische Sätze« nennt, sind hiervon sehr

10 Wittgenstein hat seine Ansicht hierüber später geändert. Siehe unten Kap. X, S. 406 ff.

verschieden. Sie werden von einer gemischten Menge von Sätzen exemplifiziert: »Jeder Stab hat eine Länge«, »Dieser Körper hat eine Ausdehnung« (*PU* §§ 251–2),»die Klasse der Löwen ist nicht ein Löwe, die Klasse der Klassen aber eine Klasse« (*BGM* S. 401). »Weiß ist heller als Schwarz« (*BGM* S. 75). Eine andere Art bilden die mathematischen Sätze. Diese sind, trotz der irreführenden Form des verbalen Ausdrucks mathematischer Beweise, grammatische Sätze. Sie zeigen uns, was zu sagen Sinn hat (*BGM* S. 164). Von der Behauptung »dreimal vierzig Zentimeter passen nicht in einen Meter« sagt Wittgenstein, daß sie eine grammatische Regel ist und eine logische Unmöglichkeit aussagt (*BB* S. 91). Die Form dieses Satzes führt zu der Klasse grammatischer Sätze, die Wittgenstein am meisten faszinierte. Dies sind grammatische Sätze, die in metaphysische Gestalt gekleidet sind. Sie sind von mindestens zwei Arten. Die ersten sind grammatische Sätze, die in modaler Form ausgedrückt sind, die charakteristischerweise in Aussagen angewandt werden, daß etwas sich so oder anders verhalten kann oder nicht kann oder muß oder nicht darf. Das Vorkommen solcher Aussagen ist für die Philosophie typisch, z. B. »Man kann nicht alle Kardinalzahlen aufzählen«, »Ich kann meine Empfindung nicht vorzeigen« (Z § 134), »Grün und blau können nicht gleichzeitig an derselben Stelle sein« (*BB* S. 91). Schließlich gibt es eine Reihe vollständig verkleideter grammatischer Sätze. »Natürlich weiß ich, was ich wünsche« *kann*, so sagt Wittgenstein, als grammatische Aussage *interpretiert werden* (*BB* S. 56). Bei dieser Art von Sätzen handelt es sich um einen »metaphysischen Satz«, der »grammatische Regeln verbirgt« (*BB* S. 90).

Keine dieser Sätze haben eine erkennbare kanonische Form eines Regelsatzes. Ihre Wahrheit hängt jedoch nicht von Tatsachen in der Welt ab, sondern von sprachlichen Konventionen. Einen trivialen analytischen Satz wie »Alle Junggesellen sind unverheiratete Männer« kann man durch eine Einsetzung als logisch wahr erweisen, die durch eine Definition gutgeheißen wird. In diesem Sinn hängt er für seine Wahrheit von einer Konvention ab, welche wechselseitig füreinander einsetzbare Ausdrücke festlegt[11]. Analoge Erwägungen gelten für alle der sogenannten »grammatischen Sätze« Wittgensteins, obwohl die Abhängigkeit von sprach-

11 Siehe Specht, a. a. O., Kap. VI, Abschnitt II.

lichen Regeln oft komplexer und weniger offensichtlich als im trivialen analytischen Fall ist. Wie der analytische Satz werden die grammatischen Sätze, die Wittgenstein anführt, auf fehlgeleitete Weise »Regeln« genannt, sind aber angemessen als etwas zu verstehen, was »Regeln verbirgt« oder hinsichtlich seiner Wahrheit von sprachlichen Konventionen statt von Tatsachen in der Welt abhängt, die es scheinbar beschreibt.

Die erste Klasse von Fällen gleicht Sätzen im *Tractatus*, die Wittgenstein ursprünglich als unsinnig und als etwas, was eine Verletzung der Regeln der Sprache darstellt, abgetan hatte. Sie alle betreffen interne Relationen und Eigenschaften. Seine spätere Auffassung war weniger dogmatisch, denn er wollte solche Sätze nicht mehr als Unsinn betrachten, sondern als rechte Sätze, wenigstens dann, wenn man sie richtig auffaßt, d. h. nicht so wie im *Tractatus* (*BGM* S. 403). Sicherlich bezeichnet er solche Sätze gelegentlich immer noch als unsinnig (*PU* § 252), aber nicht mehr mit derselben heftigen Verurteilung. Denn wir fassen solche Sätze so auf, wie wir sollten, wenn wir erkennen, daß sie hinsichtlich ihrer Wahrheit nicht vom Wesen der Welt abhängen, sondern von sprachlichen Regeln. Und so aufgefaßt haben auch solche Sätze einen Gebrauch. »Alle Stäbe haben eine Länge« ist ein grammatischer Satz, dessen Wahrheit aus den Konventionen folgt, die den Sinn der Ausdrücke »Stab« und »Länge« bestimmen. »Ein Stab sein« impliziert »eine Länge haben«, da die Kriterien, die uns in der Behauptung rechtfertigen, daß etwas ein Stab ist, auch Kriterien sind, die uns rechtfertigen, von demselben Gegenstand auszusagen, daß er eine Länge hat. Daß eine Farbe zu einer anderen in der »internen Relation« von heller und dunkler steht (*TLP* 4.123), ist eine Folge der Tatsache, daß die Regeln, die den Farbausdrücken Sinn zuteilen, uns erlauben, ein und dasselbe Paar von Mustern als Paradigmata einzuführen, wie es auch die Regeln tun, die den Ausdrücken »heller« und »dunkler« Sinn zuteilen. Die Verbindung zwischen Paradigmata und Ausdrücken ist in unserer Sprache hergestellt (*BGM* S. 74–76)[12].

Der angebliche normative Status mathematischer Sätze enthält höchst komplexe und strittige Fragen. Er wird hier nicht unter-

12 Für eine ausführlichere Erörterung dieses Punktes siehe Specht, a. a. O., S. 161–163.

sucht werden. Aber die These, daß der Satz »drei mal vierzig Zentimeter passen nicht in einen Meter« eine grammatische Regel angibt, kann kurz erklärt werden. Es ist irreführend, ihn eine Regel zu nennen. Jedoch ist seine Wahrheit wie bei den vorhergehenden Sätzen eine Folge von Regeln und nicht von Tatsachen. Denn sie beruht auf der Definition eines Meters als hundert Zentimeter zusammen mit Gleichungen der elementaren Arithmetik, die man als Einsetzungsregeln auffassen kann. Sein apodiktischer Status schützt ihn vor einer Falsifikation durch die Erfahrung, obwohl er natürlich nicht garantiert, daß wir nicht drei Vierzig-Zentimeter-Abschnitte eines gegebenen Materials finden könnten, welche, wenn man sie Ende an Ende zusammensetzt, nur einen Meter messen. Aber wenn das vorkommt, werden wir nach einer Ursache in der Welt statt nach einem Fehler in den Gesetzen der Arithmetik suchen.

Auch für die in metaphysische Gestalt gekleideten grammatischen Sätze wird gezeigt, daß ihre Wahrheit auf mehr oder weniger komplexe Weise von sprachlichen Konventionen abhängt. Eine kurze Skizze muß für den Augenblick genügen, weitere ausführlichere Exemplifikationen der Methode werden in einem späteren Kapitel erörtert werden. Die grammatische Interpretation von »Natürlich weiß ich, was ich wünsche« (wann ich Schmerzen habe, was ich glaube usw.) muß den Satz zuerst in einen modalen umformen, z. B. »Ich kann nicht bezweifeln, was ich wünsche«. Diese Form kann man dann neu interpretieren als »es gibt nicht so etwas wie ...«. So sollte man anstelle von »Man kann nicht alle Kardinalzahlen aufzählen« sagen »es gibt nicht so etwas wie das Aufzählen aller Kardinalzahlen«. Anstelle von »Grün und Blau können nicht gleichzeitig an derselben Stelle sein« sollte man darauf hinweisen, daß es nicht so etwas gibt, wie daß etwas überall grün und blau ist. Denn das wird helfen, unseren starren Blick von hypostasierten Grenzen in der Welt auf Falschgeld in der Sprache zu verlagern. Die Unmöglichkeit liegt nicht in irgendeiner Barriere, sondern darin, daß ein Ausdruck aus dem Verkehr ausgeschlossen wird. Zu sagen, daß es kein Ding derart gibt, daß ..., ist in solchen Fällen gleichbedeutend mit der Behauptung, daß der fragliche Ausdruck keinen Sinn hat. »Überall grün und blau zu sein« oder »alle Kardinalzahlen aufzuzählen« sind unsinnige Ausdrücke. Daß sie unsinnig sind, muß nun gezeigt werden. Das kann dadurch geschehen, daß man die Regeln aufweist, die den Gebrauch der betreffenden Ausdrücke bestimmen. So zeigt der Fall des Sich-Ausschließens von Farben nicht eine metaphysische Grenze, die Grün und Blau daran hindert, an derselben Stelle zu liegen, sondern Konventionen, die den Gebrauch der Farbnamen regieren. Diese Konventionen schließen den Gebrauch von Mustern als Paradigmata ein, und die Existenz dieser Konventionen innerhalb einer Sprachgemeinschaft schließt eine Gleichförmigkeit der Reaktion auf solche Paradigmata ein. Wir *fassen* ein Paradigma für »grün« *nicht* ebenfalls als Paradigma für »blau« *auf*. Natürlich könnten wir es[13], aber dann würden die Ausdrücke nicht mehr dasselbe bedeuten. Unsere Paradigmata für »blau« schließen sowohl das ein, was wir »hellblau« nennen, als auch das, was wir »dunkelblau« nennen. Sie haben die Tatsache gemeinsam, daß sie beide blau sind. Aber *goluboj* und *sinij* haben für einen Russen[14] nur die Tatsache gemeinsam, daß sie Farben sind. In der deutschen Farbgrammatik ist eine Oberfläche überall blau, auch wenn sie teils hellblau und teils dunkelblau ist, denn ein paradigmatisches Muster für »blau« könnte entweder hellblau oder dunkelblau sein. Dies ist die Weise, auf die metaphysische Sätze grammatische Regeln verbergen:

> Das einzige Korrelat in der Sprache zu einer Naturnotwendigkeit ist eine willkürliche Regel. Sie ist das einzige, was man von dieser Naturnotwendigkeit in einen Satz abziehen kann (*PU* § 372).

Die Willkürlichkeit der Grammatik ist die Willkürlichkeit der Autonomie, und die notwendigen Wahrheiten, die der Metaphysiker bei seinen Untersuchungen über das Wesen der Welt sucht, sind bloße Widerspiegelungen der Grammatik.

3. Die Autonomie der Grammatik

Zwei verschiedene Lehren können den Titel »Wittgensteins Lehre der sprachlichen Autonomie« tragen. Sie stehen in Zusammenhang miteinander, jedoch ist die eine von beträchtlich größerer Bedeu-

13 Siehe F. Waismann, *The Principles of Linguistic Philosophy*, Kap. III, Abschnitt 3.

14 Siehe J. Lyons, *Introduction to Theoretical Linguistics*, Cambridge 1968, S. 56 ff.

tung als die andere. Ich werde die erste und weniger bedeutende These als »Die Lehre von der Autonomie der Sprache« bezeichnen, um eine Verwechslung mit der zweiten These zu vermeiden, die ich »Die Lehre von der Autonomie der Grammatik« nennen werde.

Die Lehre von der Autonomie der Sprache ist einfach die Zurückweisung des durch den *Tractatus* unternommenen Versuchs, die Grundlage der Sprache aufzudecken. Der *Tractatus* hatte eine Auffassung von Sprache dargeboten, derzufolge die Sprache eine apriorische Struktur besitzt, die dann einer gegebenen Wirklichkeit angepaßt wird wie eine Schablone, die mittels einfacher Namen, die »eine Verbindung zwischen Sprache und Wirklichkeit herstellen«, an die Welt genagelt wird (*TB* S. 144). Diese nichtanalysierbaren, logisch irreduziblen Namen sind die Bestandteile, aus denen Elementarsätze gebildet sind. Solche Sätze stellen die Grundlage der Sprache dar, insofern alle anderen Sätze angeblich in wahrheitsfunktionale Zusammensetzungen solcher Sätze analysierbar sind; die Elementarsätze selbst jedoch sind nicht in einfachere Sätze analysierbar, sondern stehen in einer direkten und unmittelbaren Beziehung zur Wirklichkeit. Wir kommen zu einem Verständnis solcher Elementarsätze durch Erläuterungen (*TLP* 3.263), welche, wie oben in Kapitel II vermutet wurde, hinweisende Definitionen der Form »Dies ist *A*« sind. Wenn »*A*« als Name eines einfachen Bestandteils aufgefaßt wird, dann könnte es leicht scheinen, daß man im Besitz einer Sprachform ist, die sowohl einen wahren Satz ausdrückt (denn natürlich ist dies *A*!) als auch die Bedeutung von »*A*« erklärt, indem sie eine direkte Verbindung mit der Wirklichkeit herstellt. Während Nominaldefinitionen innerhalb der Sprache eingeschlossen bleiben, reichen Erläuterungen in die Wirklichkeit hinaus. Natürlich werde ich diesen wahren Satz nicht verstehen, ehe ich verstehe, was »*A*« bedeutet. Aber mein Lernen der Bedeutung des Wortes und mein Verstehen des Satzes scheinen ein und dieselbe mentale Handlung darzustellen.

Ob das eine richtige Interpretation einer Erläuterung von Urzeichen in der Weise des *Tractatus* ist oder nicht, ist für die jetzigen Zwecke von geringerer Bedeutung. Was wichtig ist, ist, daß dieser Irrtum Wittgenstein in den 1930er Jahren faszinierte und als eine der Wurzeln für den Glauben betrachtet wurde, daß die Sprache eine Grundlage hat, ein Glaube, der zweifellos einer der Grundsteine des *Tractatus* ist. In der Tat schreibt er, wie wir gesehen haben, seinen im *Tractatus* vorhandenen Glauben an eine Verbindung zwischen Sprache und Wirklichkeit seinen Verwechslungen bezüglich der logischen Analyse auf der einen und der hinweisenden Definition auf der anderen Seite zu (*WWK* S. 209–10). Hier sind zahlreiche Irrtümer enthalten, im Augenblick sollen aber nur zwei Aspekte der Verwechslung, die Wittgenstein diagnostizierte, erörtert werden. Erstens kann »Dies ist *A*« entweder ein Satz oder eine hinweisende Definition, aber nicht beides gleichzeitig sein. Wenn es ein Satz ist, dann muß man daran denken, daß es falsch sein könnte. Es würde seinen Sinn behalten, selbst wenn es geäußert würde, während auf einen »Gegenstand« *B* gezeigt wird. Wie eine Erläuterung im Sinn des *Tractatus* könnte es nicht verstanden werden, ohne daß die Bedeutung von »*A*« schon bekannt wäre. Aus demselben Grund erklärt es nicht die Bedeutung von »*A*«. Wenn es jedoch eine hinweisende Erklärung oder Definition ist, ist es nicht mehr ein Satz, der etwas über die Welt sagt und die Fähigkeit hat, wahr oder falsch zu sein. Ferner ist es qua Definition nicht unzweideutig. Derselbe Hinweis kann eine Menge verschiedener Wörter erklären, die zu verschiedenen Kategorien gehören, z. B. Form, Farbe, Zahl usw., und in jedem Fall spielt die hinweisende Erklärung in der Grammatik des erklärten Wortes eine andere Rolle (*PG* § 25). Weiterhin gibt der Hinweis in jedem Fall nur *ein* Element der komplexen Grammatik des Wortes. Um den mehrdeutigen Hinweis zu verstehen, muß schon ein großer Teil der Grammatik verstanden sein, z. B. die grammatische Kategorie des Ausdrucks und damit der kategoriale Status des Gegenstandes, der durch die Geste herausgegriffen wird.

Zweitens mag es einem, wenn »*A*« z. B. der Name einer einfachen Farbschattierung ist, wenn man auf eine Ausdehnung einer solchen Schattierung starrt und zu sich sagt »dies ist *A*«, durchaus so scheinen, daß man etwas Wahres sagt, während man sich gleichzeitig erklärt und sich dadurch davon überzeugt, daß man die Bedeutung von »*A*« weiß. Dies ist der Punkt, an dem man Muster und Beschreibung verwechselt. Dieser Irrtum kommt teils daher, daß man die erste Unterscheidung nicht richtig einschätzt, teils von einer zu engen Auffassung von Sprache, die Muster nicht als einen Teil der Sprache in diese einschließt, teils von der Besessenheit von

den phänomenologischen Besonderheiten einer Situation, in der die Sprache leerläuft (*BB* S. 267–8), indem sie in einem Kontext angewandt wird, in dem sie keine echte Funktion erfüllen kann. Eine solche hinweisende Definition einer Schattierung liefert keine Verbindung zwischen Sprache und Wirklichkeit. Sie führt gewissermaßen ein Fragment der Wirklichkeit in die Sprache ein. Die Ausdehnung der Schattierung, auf die man zeigt, wird durch »dies ist *A*« nicht beschrieben. Sie ist der Sprache als ein Muster einverleibt, um als Paradigma zu dienen. Ein Muster, welches durch eine hinweisende Definition mit einem Wort verbunden ist, ist, so behauptet Wittgenstein provokativ, ebensosehr ein Teil der Sprache – wenn auch ein Teil von sehr verschiedener Art – wie ein Wort, das mit einem anderen Wort oder Wörtern durch eine Nominaldefinition verbunden ist. Es ist nicht etwas, das dargestellt wird, sondern ein Mittel der Darstellung (*PU* § 50), obwohl natürlich ein gegebener Farbfleck (anders als das Urmeter in Paris) häufig jetzt als Muster und später als etwas zu Beschreibendes gebraucht wird. Die Möglichkeit des »Farbensprachspiels«, wie Wittgenstein sich ausdrückt, hängt von zwei Arten durchgängiger Regelmäßigkeiten ab. Erstens davon, daß Farbeigenschaften von Gegenständen über Zeit hinweg einigermaßen konstant bleiben (NFL S. 306), zweitens davon, daß die Weise, auf die Mitglieder der Sprachgemeinschaft auf farbige Gegenstände im allgemeinen und auf Muster im besonderen reagieren, hinsichtlich der Farbe in allgemeiner Übereinstimmung ist und daß die Anwendung von Mustern ebenfalls übereinstimmt. Daß man ein Farbvokabular erwirbt, heißt, daß man eine Fähigkeit der Differenzierung und eine sprachliche Fähigkeit erwirbt. Das Lernen der Bedeutung eines einfachen Prädikats besteht nicht darin, daß man gewissermaßen einen Reißnagel erwirbt, mittels dessen man, durch die Gnade Gottes, ein Element der Struktur der eigenen Sprache an denselben Punkt in der Wirklichkeit nagelt, auf den dieselben Elemente der Sprachen anderer Leute genagelt sind. Man erwirbt eine Technik zum Gebrauch eines Wortes, deren Richtigkeit durch Bezug auf ein intersubjektives Paradigma und Muster, auf die man sich geeinigt hat, bestimmt ist. Die Erklärung hat ihre Grundlage nicht in den letzten Bestandteilen der Wirklichkeit, sondern in der Abrichtung (Z § 419).

Hinweisende Erklärungen liefern also nicht eine Verbindung zwischen Sprache und Wirklichkeit vermittels des Nexus zwischen Namen und Gegenständen. Auch Elementarsätze können uns nicht mit einer Grundlage für die Sprache versehen, denn ihr Sinn läßt sich nicht durch Bezug auf eine angebliche direkte Verbindung zwischen den Elementen, aus denen sie bestehen, und der Wirklichkeit erfassen. Die Sprache kann einen nie mit einem Mittel versehen, sich aus der Sprache herauszuziehen. Jede Weise der Erklärung von Sprache setzt schon eine Sprache voraus, und der Gebrauch der Sprache läßt sich *in einem gewissen Sinn* nicht lehren, d. h. er läßt sich nicht auf die Weise durch Sprache lehren, auf die man Klavierspielen durch Sprache lernen kann (*PB* § 6). Die ewige Substanz der Welt, die unzerstörbaren Gegenstände des *Tractatus*, mit denen die Sprache vermittels von Namen verbunden war, sind, wie wir unten sehen werden, nichts als metaphysische Täuschung. Diese unveränderlichen einfachen Bestandteile, die jenseits von Existenz und Nicht-Existenz liegen, sind nur Muster, die in der Sprache verkörpert sind. »Die Verbindung zwischen ›Sprache und Wirklichkeit‹ ist durch die Worterklärungen gemacht, – welche zur Sprachlehre gehören, so daß die Sprache in sich geschlossen, autonom, bleibt« (*PG* § 55).

Die Lehre von der Autonomie der Grammatik hängt eng mit der Lehre von der Autonomie der Sprache zusammen. Wenn die Sprache eine Grundlage in metaphysischen einfachen Bestandteilen hätte, könnte die Grammatik nicht autonom sein. Die Lehre von der Autonomie der Sprache ist eine Zurückweisung der im *Tractatus* vertretenen Auffassung der Verbindung zwischen Sprache und Wirklichkeit. Die folgende Lehre von der Autonomie der Grammatik ist eine dramatische Umformung früherer Ansichten. Denn sie ist der Erbe der Lehre der Nicht-Beschreibbarkeit der Grenzen des Denkens, der Nicht-Ausdrückbarkeit von Wesenheiten und der Unterscheidung zwischen Zeigen und Sagen. Das Ganze des *Tractatus* wird, so wird man sich erinnern, als Unsinn verurteilt, weil er zu sagen versuchte, was sich nur zeigen läßt. Er versucht die Grenzen des Denkens von außen zu beschreiben, eine Bemühung, die nur nutzlos sein kann, da sie die Grenzen des Sinns verletzt. Die formale Gleichgestaltigkeit zwischen Sprache und Wirklichkeit, die Tatsache, daß die Sprache der große Spiegel des Wesens der Welt ist, läßt sich nur in der Sprache zeigen, aber nicht mittels ihrer ausdrücken. Die Lehre der Autonomie ist für Witt-

gensteins spätere Philosophie ebenso zentral, wie es die Lehre vom Zeigen und Sagen für seine frühere war.
Das Problem, auf das diese Lehre eine negative Antwort darstellt, könnte man so ausdrücken: wenn unsere Grammatik unsere Form der Darstellung bildet, die Weise, wie wir die Welt sehen, sind es nicht Tatsachen in der Welt, die uns rechtfertigen, die grammatischen Regeln anzunehmen, die wir haben, diejenige besondere Art von begrifflicher Brille zu tragen, die wir tragen? Ist es nicht die Tatsache, daß die Welt die Struktur hat, die sie hat, unabhängig von unserer Erkenntnis oder Möglichkeit der Erkenntnis, die uns darin rechtfertigt, die Begriffe und Prinzipien zu haben, die wir tatsächlich haben? Wir haben ein Farbsystem, wie wir ein Zahlsystem haben. Liegen diese Systeme im Wesen der Zahlen und Farben oder in *unserem* Wesen (Z § 357)? *Nicht* im Wesen der Zahlen oder Farben, ist Wittgensteins emphatische Antwort. Wir sind ständig versucht, unsere Grammatik als eine Projektion der Wirklichkeit aufzufassen, anstatt daß wir unsere Konzeption der Struktur der Wirklichkeit als eine Projektion unserer Grammatik auffassen würden. Denn wir wollen unsere Grammatik durch Bezug auf angebliche Tatsachen über die Welt rechtfertigen, z. B. »Aber es gibt wirklich vier primäre Farben«. So denken wir uns unsere Farbbegriffe als gerechtfertigte, weil sie die Welt charakterisieren, wie sie ist. Denn ich *würde* vergeblich nach einer fünften primären Farbe suchen; wir stellen die vier primären Farben zusammen, weil sie ähnlich sind, und wir stellen den Farben Formen und Töne gegenüber, weil sie verschieden sind (Z § 331). Es ist die Konzeption dieser Art von Rechtfertigung, die analog der Vorstellung ist, daß ein Satz durch Hinweis auf das gerechtfertigt wird, was ihn verifiziert, gegen die sich die These, daß die Grammatik willkürlich ist, richtet (ebenda). Der entsprechende Sinn, in dem die Grammatik willkürlich ist, ist die Lehre der Autonomie der Grammatik.
Der zentrale Gedanke der Lehre ist schwierig, und Wittgenstein rang mit ihm ebenso beharrlich wie mit der Lehre vom Zeigen und Sagen, die ihr Vorfahr ist. Er kehrt in praktisch allen seinen späteren Werken wieder[15], mit gelegentlichen Bemerkungen über die Schwierigkeit, ihn auszudrücken. Die Aufgabe, Licht auf diese

15 Z. B. M S. 277; *PB* §§ 4, 7; *PG* § 55; *PU* §§ 496–500; Z § 320 ff.

Lehre zu werfen zu versuchen, kann passend mit einer Untersuchung der oben erwähnten Analogie mit der Verifikation beginnen, obwohl das eine vorzeitige Erwähnung von Lehren aus Wittgensteins späteren Ansichten über Bedeutung und gerechtfertigtes Urteil erforderlich macht, die erst in folgenden Kapiteln erklärt werden sollen.

Wenn ich von einem Ding in einer Sammlung behaupte, daß es rot ist, ist es nicht die Tatsache, daß es rot ist, die ein Kriterium für sein Rotsein ist und somit meine Behauptung rechtfertigt, obwohl es diese Tatsache ist, die sie wahr macht. Denn die Tatsache, daß es rot ist, ist für mich nur als eine Evidenz und damit als ein Grund für meine Behauptung verfügbar, wenn ich schon weiß, daß es rot ist. Daher setzt die These, daß das, was einen Satz verifiziert, auch das sein kann, was seine Behauptung rechtfertigt, voraus, was sie erklären soll. Wie weiß ich dann, daß dies, was ich sehe, rot ist? Die Frage ist außer in Kontexten abnormer Wahrnehmungsbedingungen irreführend – aber die richtige Antwort bestünde darin, einfach zu sagen »Ich habe Deutsch gelernt« (*PU* § 381)[16]. Ich habe ein Recht, Behauptungen ohne Rechtfertigung auszusprechen, d. h. ohne weitere Gründe zu haben, kraft einer Fähigkeit oder eines Beherrschens einer Technik (*PU* § 289 und § 386). Ferner kann ich das beweisen, indem ich die Regel für den Gebrauch von »rot« angebe, d. h. indem ich ein Muster von Rot zeige (*NFL* S. 301), vorausgesetzt daß ich nicht dasjenige, was ich beschreibe, gleichzeitig in der Funktion eines Musters gebrauchen will. Daher die oben erwähnte Unentbehrlichkeit der Übereinstimmung in der Reaktion auf farbige Gegenstände und Muster. Das Kriterium dafür, daß zwei Leute dasselbe mit »rot« meinen, ist, daß sie den Farben von Gegenständen dieselben Namen geben und Muster auf dieselbe Weise gebrauchen.

Dieser Punkt läßt sich allgemeiner in der Begrifflichkeit der Semantik Wittgensteins ausdrücken. Das Paradigma eines echten Satzes war für verifikationistische Bedeutungstheorien und für Wittgenstein von 1930–31 während seines kurzen Flirts mit dem Verifikationismus ein Erfahrungssatz, der so verstanden wird, daß er von seinem Subjekt durch Bezugnahme auf das Erlebnis, das er

16 Es besteht die weitere Möglichkeit des Rückgangs auf »Ich sehe, daß es rot ist«. Das ist für das gegenwärtige Argument gleichgültig (siehe unten Kap. IX, S. 370 ff. und Kap. X S. 406 ff.).

beschreibt, definitiv verifizierbar ist. Die Trennung der Rechtfertigung oder des Grundes für einen Satz von dem, was ihn verifiziert, hat weitreichende Folgen. Denn was als das Paradigma eines verifizierbaren Satzes betrachtet wurde, wird zum Paradigma eines Satzes, bezüglich dessen man nicht von Verifikation sprechen kann. Der zugrundeliegende Gedanke ist das Insistieren darauf, daß das, was einen Satz wahr macht, nicht identisch mit dem sein kann, was ihm Sinn verleiht[17]. Wittgenstein nahm dieses Prinzip in seinen frühesten Schriften an und hielt an ihm (*PB* § 23), wenn auch mit einer besonderen Qualifikation, sein ganzes Leben lang fest. Denn nur wenn man dieses Prinzip annimmt, ist, so scheint es, die Möglichkeit, falsche, aber sinnvolle Sätze auszudrücken, auf adäquate Weise garantiert. In den »Aufzeichnungen über Logik« wurde das Prinzip durch die Bipolaritätsthese ausgedrückt. Dasselbe Prinzip ist offensichtlich in der Betonung der Unabhängigkeit des Sinns vom Wahrheitswert im *Tractatus* (2.22–2.225). Der Preis, der für die Sicherung der semantischen Flanke bezahlt wurde, war jedoch gewissermaßen die Öffnung einer breiten Kluft in der erkenntnistheoretischen. Denn wie sich in Kapitel II zeigte, setzt die Korrespondenztheorie der Erkenntnis voraus, was sie erklären soll. Wegen der untergeordneten Rolle der Erkenntnistheorie im *Tractatus* kam diese Schwäche nicht zum Vorschein. In den 1930er Jahren jedoch wurde sie entscheidend. Denn Wittgensteins spätere Auffassung der Bedeutung verlagert sich von einer Erklärung des Sinns von Sätzen in der Begrifflichkeit ihrer Wahrheitsbedingungen zur Erklärung ihres Sinns in der Begrifflichkeit ihrer Kriterien, d. h. der Gründe, die als Rechtfertigung für ihre wahre Behauptung festgesetzt oder konventionell bestimmt sind. Denn erkenntnistheoretische Erwägungen sind jetzt, weit entfernt davon, peripher zu sein, zumindest für einige Arten von Sätzen *in die Erklärung der Bedeutung eingebaut.* Wenn der Sinn eines Satzes dadurch anzugeben ist, daß man die Kriterien für seine Wahrheit angibt, dann wird von der verifikationistischen Auffassung, daß das, was den Satz »ich habe Schmerzen« oder »ich sehe Rot« rechtfertigt, das Erlebnis ist, das ihn verifiziert, impliziert, daß das, was dem Satz Sinn gibt, auch das

17 Siehe A. J. P. Kenny, »The Verification Principle and the Private Language Argument«, in *The Private Language Argument,* hrsg. von O. R. Jones, London 1971, S. 219–222.

ist, was ihn wahr macht. Auf diese Weise fallen Sinn und Wahrheit ineinander zusammen. Natürlich braucht der Verifikationist darin keine Schwäche zu sehen, denn er könnte das als gleichbedeutend mit der These auffassen, daß Sinn und Wahrheit zusammen stehen oder fallen, und daher als Stützung der Nicht-Korrigierbarkeit von Protokollsätzen. Das Argument gegen eine Privatsprache ist dazu bestimmt, die Schwäche als verhängnisvoll zu erweisen[18].

Kehren wir von dieser Abschweifung zum Problem der Rechtfertigbarkeit der Grammatik durch Bezug auf Tatsachen zurück, so wird man sehen, daß die Analogie zu dem verifikationistischen Irrtum eng ist. Denn der hervortretende Zug jedes Versuchs, die Grammatik von z. B. Farbwörtern durch Bezug auf z. B. die angebliche Tatsache, daß es wirklich nur vier primäre Farben gibt, zu rechtfertigen, ist, daß solche Rechtfertigungen voraussetzen, was sie zu rechtfertigen versuchen. Ebenso wie ich die Tatsache, daß *A* rot ist, nicht als einen Grund dafür gebrauchen kann zu meinen, daß *A* rot ist, ohne gerade den Satz anzuwenden, dessen Behauptung sie stützen soll, so kann ich auch nicht Tatsachen als Rechtfertigungen der Richtigkeit der Grammatik anführen, ohne genau die Grammatik anzuwenden, die ich zu rechtfertigen suche. Sätze, die in einer existierenden »gerechtfertigten« Grammatik formuliert sind, sind entweder wahr oder falsch. Sie setzen die existierenden grammatischen Konventionen voraus und können sie daher nicht rechtfertigen (*PB* § 7). Denn jeder Versuch einer Rechtfertigung müßte Gründe angeben und dabei die Sprache gemäß der Grammatik gebrauchen. Die angegebenen Gründe müßten eine Beschreibung der Wirklichkeit sein, d. h. derjenigen Aspekte der Wirklichkeit, in deren Begrifflichkeit die Grammatik als richtig gerechtfertigt wird. Jede Beschreibung der Wirklichkeit aber muß falsch sein können (es sei denn, man läßt irgendeine Form der Naturnotwendigkeit zu, was Wittgenstein nicht tat). Wenn der rechtfertigende Satz in der Grammatik des gerechtfertigten Satzes angegeben wird, dann würde seine Falschheit jedoch implizieren, daß sich die Grammatik nicht rechtfertigen läßt. Also ist seine Wahrheit eine Bedingung seiner Sinnhaftigkeit. Und in diesem Fall kann er nicht mehr falsch sein und kommt daher nicht

18 Siehe unten Kap. VIII.

mehr als eine Beschreibung der Wirklichkeit in Frage (M S. 277 bis 280). Die Ähnlichkeit, die wir zwischen den vier primären Farben zu sehen glauben, ist durch nichts anderes als durch die Tatsache bestimmt, daß wir den Begriff der primären Farbe durch eine Disjunktion mit vier Termini definieren. Man ist geneigt, sich gegen die dadurch nahegelegte Willkürlichkeit aufzulehnen. Könnte man rot, grün und kreisförmig unter einen Begriff zusammenfassen? (Z § 331). Warum nicht, erwidert Wittgenstein: natürlich erscheinen Begriffe, die anders sind als die den unsrigen verwandten, seltsam (Z § 373), daher ist es in der Philosophie so wichtig, fiktive Naturgeschichten zu erfinden (*PU* II, XII). Denn die einzige Methode, unsere natürliche Neigung, unsere begrifflichen Strukturen als die absolut richtigen zu betrachten, zu bekämpfen, besteht darin, die Bildung von Begriffen einsehbar zu machen, die von den unsrigen sehr verschieden sind. Eine Art und Weise, auf die das geschehen kann, ist die, fiktive Naturgeschichten zu erzählen und alternative Formen der Darstellung zu erfinden.

Man könnte die Grammatik mit einer Meßmethode vergleichen. Eine Meßmethode geht Längenaussagen voraus. Die Absurdität des Versuchs, die Grammatik durch Bezug auf Aspekte der Wirklichkeit zu rechtfertigen, die mittels dieser Grammatik beschrieben werden, wird durch den Versuch veranschaulicht, unsere Anwendung der metrischen Skala durch Bezug auf die Tatsache zu rechtfertigen, daß ein Kilometer wirklich 1 000 Meter enthält. Natürlich folgt nicht, daß sich die Grammatik des metrischen Systems nicht in der Grammatik des Dezimalsystems rechtfertigen läßt, auch nicht, daß sich nicht von seiner Rechtfertigung mit Bezug auf seine relative Einfachheit reden läßt. Soweit ich sehen kann, erfordert nichts in der von Wittgenstein dargelegten Lehre der Autonomie, daß es unmöglich sein muß, eine grammatische Struktur vom Standpunkt einer anderen aus zu rechtfertigen, natürlich nicht als *richtig* kraft einer Korrespondenz mit der Wirklichkeit, aber als ökonomisch, erhellend, fruchtbar usw. Zugegebenermaßen macht er diesen Punkt nicht genügend deutlich und hebt ihn nicht genügend hervor.

Eine letzte Analogie, die Wittgensteins Lehre der Autonomie erhellt, ist die mit Berkeleys Kritik an Lockes Version der Kausaltheorie der Wahrnehmung. Berkeleys Kritik läuft auf die Behauptung hinaus, daß es keinen unabhängigen Standpunkt gibt, an dem ich mich aufstellen kann, um zu sehen, daß mein Wahrnehmen, daß *p*, und die Tatsache, daß *p*, in einer Kausalrelation stehen. Mein einziger »Zugang« zu der Tatsache, daß *p*, ist der mittels meiner Wahrnehmung. Folglich kann die Ableitung von »p« aus »ich nehme wahr, daß *p*« nicht induktiv sein. Analog gibt es keine Art und Weise, die Wirklichkeit zu »denken«, als diejenige, sie mittels einer Form der Darstellung zu denken. Dennoch ist es die Form der Darstellung, die wir anwenden, welche die Wirklichkeit und ihre Formen bestimmt. Man kann nicht konzeptualisieren ohne Begriffe, und daher kann man allgemein ein begriffliches Schema nicht durch Bezug auf die Wirklichkeit rechtfertigen, wie sie in der Begrifflichkeit dieses Schemas beschrieben ist. Was ich als Wirklichkeit betrachte, ist nicht unabhängig von meinem begrifflichen Schema, sondern hängt logisch mit ihm zusammen.

Ist die Grammatik dann willkürlich? Wittgenstein antwortet, daß sie sowohl mit Willkürlichem als auch mit Nichtwillkürlichem verwandt ist (Z § 358). Ihre Willkürlichkeit ist derjenigen einer Tätigkeit verwandt, die regelgeleitet ist, aber deren Zweck nur mit Bezug auf die Regeln verständlich ist, welche in diesem Sinn konstitutiv sind. Die Regeln der meisten Spiele sind auf solche Weise konstitutiv; der Zweck des Schachspiels, nämlich den Gegner schachmatt zu setzen, ist nur mit Bezug auf seine Regeln verständlich. Man könnte natürlich die Regeln ändern und das Ziel ändern, z. B. das Verlieren des Schachspiels zum Ziel machen. Aber wenn man das tut, spielt man nicht das alte Spiel falsch, sondern spielt ein neues Spiel (obwohl es natürlich Grenzfälle geben wird). Die Willkürlichkeit dieser Art regelgeleiteter Tätigkeit läßt sich regelgeleiteten Tätigkeiten gegenüberstellen, deren Zweck nicht durch ihre Regeln bestimmt ist. Die Anweisungen in einem Kochbuch bestimmen nicht den Begriff eines wohlschmeckenden Essens, das der Zweck des Kochens ist. Die Handlungen, die die Anweisungen befolgen, stehen nicht in einer begrifflichen, sondern in einer kausalen Relation zu dem Ziel, ein schmackhaftes Gericht herzustellen. Ein Mißlingen des Befolgens der Regeln wird häufig nicht zur Herstellung eines alternativen schmackhaften Gerichtes führen, sondern zu der eines ungenießbaren. Die Regeln der Grammatik sind den konstitutiven Spielregeln analog und sind auf diese Weise willkürlich (Z § 320). Wenn man die grammatischen Regeln ändert, dann erzeugt man eine alternative Form der Darstellung;

man geht von einem Sprachspiel zu einem anderen über. Eine Änderung der Grammatik ist eine Verschiebung des logischen Raumes, nicht eine Verschiebung eines Bewohners des logischen Raumes.

Die Quintessenz der Autonomiethese kommt in einer Stelle in der *Philosophischen Grammatik* zum Ausdruck:

> Das was so schwer einzusehen ist, kann so ausgedrückt werden: daß, *solange* wir im Bereich der Wahr-Falsch-Spiele bleiben, eine Änderung der Grammatik uns nur von *einem* solchen Spiel zu einem anderen führen kann, aber nicht von etwas Wahrem zu etwas Falschem. Und wenn wir anderseits aus dem Bereich dieser Spiele heraustreten, so nennen wir es nicht mehr »Sprache« und »Grammatik«, und zu einem Widerspruch mit der Wirklichkeit kommen wir wieder nicht (*PG* § 68).

Es gibt also zwei Aspekte der Autonomie der Grammatik. Erstens gibt es alternative Grammatiken. Diese sind wechselseitig autonom. Man ist hier geneigt zu fragen, ob wir, wenn wir nicht diese Grammatik hätten, *diese* Tatsache ausdrücken könnten, und damit das Angemessensein unserer Grammatik an die Dinge anzuzeigen. Das ist fehlgeleitet. Denn was bedeutet hier »könnten« (*PU* § 497)? Was logisch möglich ist, ist nicht außersprachlich bestimmt. In einer alternativen und auf relevante Weise verschiedenen Form der Darstellung ist das, was in unserer Grammatik wirklich und damit logisch möglich ist, unsinnig. Der Punkt ist nicht, daß die Newtonsche Physik die Relativität der Zeit oder die Krümmung des Raumes nicht ausdrücken kann. Der Punkt ist vielmehr, daß es im Newtonschen begrifflichen Schema keinen Sinn ergibt, von solchen Dingen zu reden. Wenn eine Person als Mitglied einer unik bestimmbaren Spezies aufgefaßt wird, die *per definitionem* eine unsterbliche Seele hat, dann ist der Vorschlag, daß eine Person von einem Affen abstammt, ebenso unsinnig wie die Vorstellung, daß ein Stuhl Schmerzen hat. Der zweite Aspekt der Autonomie der Grammatik bezieht sich nicht auf alternative Grammatiken, sondern auf die Wirklichkeit. An keinem Punkt kommt die Grammatik mit der Wirklichkeit in *Konflikt*.

So weit werden von Wittgenstein die Argumente für die Willkürlichkeit der Grammatik skizziert. Man muß sich jedoch erinnern, daß auch eine Verwandtschaft zum Nichtwillkürlichen besteht. Im Verlaufe ihrer Untersuchung könnte der schroffe Relativismus der zwei Aspekte der Autonomie der Grammatik ein wenig enthärtet und gemildert werden. Gegen die Autonomie der Grammatik ist man geneigt einzuwenden:

Ja aber hat denn die Natur hier gar nichts mitzureden!? Doch – nur macht sie sich auf andere Weise hörbar.
»Irgendwo wirst du doch an Existenz und nicht-Existenz anrennen!« Das heißt aber doch an *Tatsachen*, nicht an Begriffe (Z § 364).

Dieses Zugeständnis gibt dem Antirelativisten einen Hoffnungsstrahl und liefert eine Andeutung einer Synthese zwischen dem Relativismus der Lehre der Autonomie und dem zuversichtlichen rationalen Absolutismus der alternativen Tradition in der europäischen Philosophie. Die Weise, auf die die Natur sich hörbar macht, ist eine der Weisen, auf die eine begriffliche Veränderung veranlaßt wird und eine Form der Darstellung zugunsten einer anderen aufgegeben wird. Hier besteht eine Verwandtschaft zum Nichtwillkürlichen, die wir im folgenden Abschnitt untersuchen werden. Es gibt andere Verwandtschaften zum Nichtwillkürlichen. Eine ziemlich offensichtliche Tatsache, aber eine, die von Philosophen oft vernachlässigt wurde, ist die, daß man sich dadurch, daß man eine grammatische Regel annimmt, an eine bestimmte Form des Handelns sowohl sprachlicher als auch nichtsprachlicher Art bindet. Eine Regel existiert in der Sprache nicht durch einen Machtspruch. Humpty – Dumpty kann Wörter bedeuten lassen, was er will, aber nur sofern er hart daran arbeitet, mit einer gewissen Konstanz und Regelmäßigkeit. Eine einzelne Zuordnung eines Lautes und einer Tatsache erzeugt keine Regel; eine solche Zuordnung muß normative Folgen haben und muß eine Bindung an den zukünftigen Gebrauch des Zeichens einschließen und daher auch die Bedingungen der Möglichkeit der Bindung erfüllen (M S. 259, 277). Diese Bedingungen werden vom Privatsprachentheoretiker verletzt[19]. Diese Art von Nichtwillkürlichkeit könnte man teilweise dadurch erfassen, daß man sagt, daß die Sprache nicht eine Sache der Laune ist. Ein weiterer Aspekt von ihr wird herausgestellt, wenn man nicht die individuelle Bindung, sondern den gesellschaftlichen Aspekt der Sprache hervorhebt. »Hassen« als ein intransitives Verb aufzufassen wäre willkürlich. Denn als ein gemeinsames Wort in *unserer* Sprache ist es transitiv (M S. 277). Die Grammatik ist in unserer Sprache vor uns nieder-

19 Siehe unten Kap. VIII.

gelegt. Sie ist etwas, was wir mit der Sprache lernen, eine gesellschaftlich übermittelte Form der Darstellung, die ebenso tief in uns verwurzelt ist wie unsere Natur als gesellschaftliche Wesen; sie ist in der Tat ein herausragender Aspekt unserer gesellschaftlichen Natur. Ein dritter und verwandter Aspekt der Nichtwillkürlichkeit der Grammatik wird in einer ziemlich gefährlichen Analogie hervorgehoben, die Wittgenstein in den *Untersuchungen* anwendet. Die Grammatik ist nicht willkürlicher als ein Stil in der Malerei. Ein Malstil kann willkürlich sein, sofern er nicht von äußeren Faktoren diktiert wird, aber er ist nicht willkürlich, sofern er eine gut eingewurzelte Tradition darstellt, die nicht nur unsere Maßstäbe für Schönheit und Häßlichkeit, Richtigkeit und Unrichtigkeit, sondern auch gerade die Art und Weise leitet, auf die wir Dinge darzustellen vermögen[20]. Der interessanteste Aspekt der Nichtwillkürlichkeit der Grammatik ist der erste. Dieser kann geklärt werden, indem man Wittgensteins Auffassung der für eine begriffliche Veränderung bestimmenden Faktoren untersucht.

4. Bestimmende Faktoren der Grammatik und Begriffsbildung

Wittgensteins These der Autonomie der Grammatik ist kühn und radikal. Sie steht fest in der voluntaristischen Tradition europäischer Metaphysik, was ihr, was nicht überraschend ist, einen historischen Aspekt gibt. Sie ist daher entsprechend antirationalistisch. Denn ihr Hauptthema scheint zu sein, daß kein einziges Ding eine feste Stellung in allen begrifflichen Schemata hat, oder besser, daß etwas, wenn es eine feste Stellung hat, diese nicht zu haben braucht. Seine Konstanz ist willkürlich und nicht eine Widerspiegelung des Wesens der Welt. Auch kein konstantes Element aller begrifflichen Schemata, mit denen wir bekannt sind, wäre, so scheint es, eine Widerspiegelung der »Bewußtseinsstruktur« in einem nicht nur biologischen oder soziologischen Sinn. Die Kanti-

20 Vgl. E. Gombrich, *Art and Illusion*, London 1962, Kap. II. Es ist natürlich bezeichnend, daß das Malen, solange es als wesentlich darstellend verstanden wurde, als den Naturwissenschaften ähnlich und als ein Paradigma eines Bereichs menschlicher Tätigkeit verstanden wurde, in dem Fortschritt nicht nur möglich, sondern wirklich ist. Siehe z. B. Vasaris *Lives.*

sche Tönung, die den *Tractatus* als ein Werk der kritischen Philosophie kennzeichnete, ist in Wittgensteins späterem Werk bewahrt. Aber sie ist ihrer rationalistischen ahistorischen Züge beraubt. Sicherlich formt das Bewußtsein die Natur, aber die Formen, die es auferlegt, sind nicht Widerspiegelungen der notwendigen Bewußtseinsstruktur irgendeiner diskursiven Intelligenz. Die Gründe für unsere Form der Darstellung, sofern man hier von Gründen reden kann, enthalten keine Notwendigkeit; wir werden von der Natur nicht gezwungen, und wir erhalten von ihr auch keine Einsicht in das »Große und Wichtige« (*PU* § 118).

Die Bewertung der Behauptungen Wittgensteins ist hier besonders schwierig. Seine Bemerkungen sind dunkel, oft mehrdeutig und immer sowohl unsystematisch als auch unvollständig. Manchmal scheint es, daß er behauptet, daß die Grammatik sich nicht *tout court* rechtfertigen läßt, häufiger nimmt seine Behauptung die Form einer Verneinung der Möglichkeit an, daß die Grammatik sich durch Bezug auf eine Beschreibung des Dargestellten rechtfertigen läßt (*PB* § 7). Ähnlich wird der Begriff der Grammatik manchmal global gebraucht, um die Gesamtheit sprachlicher Regeln zu bezeichnen, und manchmal mehr lokal, um die Regeln eines bestimmten »Sprachspiels« zu bezeichnen. Der Terminus »Sprachspiel« ist in Wittgensteins späterem Werk bekanntlich mehrdeutig[21]. Er bezeichnet manchmal primitive vereinfachte Sprachformen, u. zw. natürliche Sprachformen oder Notationen. Gelegentlich bezeichnet er die Gesamtheit der Sprache und der Handlungen und Tätigkeiten, in die sie verwoben ist. Häufig wird er gebraucht, um einen Ausschnitt der Sprache oder sprachlichen Tätigkeit zu bezeichnen. Der letztere Gebrauch umfaßt eine höchst heterogene Klasse, von bestimmten Sprechhandlungen (sowohl illokutionären als auch perlokutionären) zu allgemeinen sprachlichen Tätigkeiten einerseits und dem, was man Teilsysteme nennen könnte, andererseits. Die letztere Art von »Sprachspielen« werden durch Wittgensteins Bemerkungen über z. B. die Sprachspiele mit Farbwörtern, mit Sinneseindrücken, mit physikalischen Gegenständen, mit induktivem Schließen, mit Kardinalzahlen exemplifiziert. Ein Begriff, der sich über so weitgestreute und ungleichartige Phänomene erstreckt, ist nicht offensichtlich klar und

21 Specht, a. a. O., Kap. III, Abschnitt 2.

nützlich. Wenn er auf seinen letzteren Gebrauch beschränkt ist, bedarf er einer wesentlichen Präzisierung. Die Wichtigkeit dieser Überlegungen für das Problem der Autonomie sollte offensichtlich sein. Denn wenn wir die Autonomiethese in ihrer Standardform nehmen, und wenn wir den Begriff der Grammatik statt global lokal auffassen dürfen, dann ist es überhaupt nicht klar, daß wir nicht vernünftige Kriterien dafür anführen können, warum wir eine lokale Grammatik statt einer anderen wählen oder sie ihr vorziehen. Wie Neuraths Seemann können wir nicht das ganze Schiff gleichzeitig neu aufbauen, aber wir können auf einer unbeschädigten leckfreien Planke stehen und eine anliegende berechnen und wiederaufbauen. Die Natur kann sich hörbar machen, auch wenn sie uns nicht gegen Begriffe, sondern nur gegen Tatsachen anrennen lassen kann, und unsere Antworten auf ihr Brodeln brauchen nicht jenseits von Vernunft und Unvernunft zu liegen.

Wittgensteins Hauptziel ist hier wie sonst in seiner späteren Philosophie, uns von metaphysischen Vorurteilen zu befreien. In diesem Kontext geht es ihm im besonderen darum, uns von unserer Überzeugung freizurütteln zu versuchen, daß unsere Begriffe absolut richtig sind.

Es besteht natürlich eine gewisse Korrespondenz zwischen allgemeinen Naturtatsachen und unseren Begriffen. Diese Korrespondenz ist jedoch nicht von einer metaphysischen Art, wie vom *Tractatus* nahegelegt wurde. Wenn wir uns Veränderungen in allgemeinen Naturtatsachen vorstellen, können wir sehen, wie wir veranlaßt werden könnten, Begriffe aufzugeben, und wir könnten sehen, wie alternative Begriffe einsehbar sind. Wittgenstein führt seine Therapie mittels einer Unzahl von Beispielen durch. Fast alle sind höchst speziell, extrem skizzenhaft und bewegen sich im kleinen. Sie sind außerdem fast ausschließlich vertrauten Bereichen weltlicher Erfahrung entnommen. So sind die Begriffe, zu denen wir Alternativen betrachten sollen, gewöhnlich nicht-wissenschaftliche Begriffe und sind darin grundlegend, daß sie sowohl vertraut als auch in das Gewebe unseres Lebens verwoben sind. Wir haben schon die Behauptung zur Kenntnis genommen, daß die Ähnlichkeit zwischen den vier primären Farben ein Ergebnis unseres Begriffs der primären Farbe, nicht ein Grund für ihn ist. Wir könnten eine Ähnlichkeit zwischen rot, grün und kreisförmig »erzeugen«. Der Punkt wird durch weitere Beispiele ausgebaut. Man kann sich vorstellen, daß Unterscheidungen gezogen werden, wo wir keine sehen, z. B. daß zwei Begriffe die Stellung unseres Begriffs des Schmerzes einnehmen – der eine reserviert für Körperverletzung und mit Mitleid verbunden, der andere reserviert für Magenschmerzen und mit Spott verbunden. Bemerken solche Leute nicht die Ähnlichkeit? Die wichtige Frage ist, ob sie wichtig für sie ist; wir haben nicht überall *einen* Begriff, wo wir eine Ähnlichkeit sehen (Z § 380). Man kann sich Leute vorstellen, die keine Unterscheidungen ziehen, wo wir es tun, z. B. nicht den Begriff der Bescheidenheit und der Prahlerei haben, obwohl es bescheidene Menschen und Prahler gibt. Es muß etwas an einem Unterschied liegen, damit es sich lohnt, ihn herauszugreifen (Z § 378). Unterschiedliche begriffliche Strukturen können implizieren, daß bestimmte Eigenschaften in verschiedenen kategorialen Termini betrachtet werden. Der Begriff »roter Kreis« könnte in einer Sprache durch eine Konjunktion zweier verschiedener Symbole ausgedrückt werden, ein Tätigkeitswort und ein Hauptwort (Z § 337), während in einer anderen Sprache kein solcher grammatischer Unterschied bestünde. Wenn wir Farben durch Adverbien statt durch Adjektive beschreiben würden, würden wir das, was wir jetzt Farbe nennen, nicht als eine Eigenschaft, einen Zustand eines Gegenstandes auffassen, sondern als einen Vorgang, eine Tätigkeit eines Gegenstandes[22]. Einige Begriffe haben Wurzeln, die so tief in unser Leben reichen, daß die Vorstellung, daß sie anders sind, praktisch einschließt, daß man sich andere Arten von Lebewesen vorstellt. So kann man sich einen Stamm vorstellen, der dazu erzogen ist, nie Gefühle auszudrücken. Sie hätten keinen Begriff der Schande und wären nicht in der Lage, einen Sinn darin zu sehen, einen solchen Begriff zu haben. Ihr Leben würde ganz anders verlaufen als das unsere. Was uns interessiert – was für uns bedeutend und wichtig ist –, wäre für sie irrelevant. Wir könnten sie kaum als menschlich anerkennen. Dennoch sind solche Verhaltensformen und eine solche Reihe von Begriffen vorstellbar (Z §§ 383–90).

Wie ein Rechtssystem (Z § 120, § 350) beruhen unsere Begriffe auf gewissen Normalbedingungen, obwohl sie nicht durch Bezug auf sie gerechtfertigt werden. Sie werden nicht auf die Weise von

22 Das Beispiel stammt von F. Waismann; siehe »Verifiability«, in *Logic and Language*, 1st series, hrsg. von A. Flew, Oxford 1951, S. 137 ff.

ihnen gestützt, daß sie eine Grundlage darstellen, auch nicht so, daß sie uns zwingen würden, bestimmte Begriffe anzunehmen. »Die Erfahrung rät uns nicht, etwas aus ihr zu entnehmen«, schrieb Wittgenstein in *Über Gewißheit* (*ÜG* § 130), »Nein, die Erfahrung ist nicht der Grund für unser Urteilsspiel. Und auch nicht sein ausgezeichneter Erfolg« (*ÜG* § 131). Denn die Erfahrung könnte nur ein Grund für unser Urteilssystem sein, wenn wir schon eines hätten, und der Erfolg unseres Urteilssystems könnte nicht ein Grund sein, es anzunehmen, denn sein Erfolg ist nur mit Bezug auf die Maßstäbe, die von dem System selbst gesetzt werden, bestimmbar. Es ist vielmehr so, daß in der Abwesenheit gewisser Arten von Regelmäßigkeiten und Konstanz spezieller Naturphänomene die Anwendbarkeit von Begriffen entweder ganz unmöglich würde oder daß der Sinn von Arten begriffsbeladener Tätigkeiten verlorenginge oder sich wesentlich ändern würde. Unsere Begriffe von Gewichten und Maßen haben nur in einer Welt mit relativ konstantem Gravitationsfeld und relativ stabilen festen Gegenständen Anwendung und Sinn (*NFL* S. 287 Anm.; *BGM* S. 200). Natürlich könnte man sich eine Tätigkeit ähnlich unserer Längenmessung vorstellen, obwohl die Maßstäbe sehr elastisch wären (*BGM* S. 38). Aber man könnte sich auch Umstände vorstellen, unter denen die Natur das Messen zwecklos machen würde. Das braucht mich nicht zu hindern, die »Bewegungen« des Wiegens und Messens durchzuführen. Es gibt einen Sinn, in dem ich im Sattel bleiben kann, wie sehr auch immer die Tatsachen bocken; aber das bedeutet nicht, daß ein Pferd unter dem Sattel dableiben wird. Denn ob wir die Bewegungen, die ich ausführe, immer noch »Wiegen und Messen« nennen würden, ist eine andere Frage (*ÜG* §§ 615–20). Es ist natürlich nicht nur die Konstanz der äußeren Natur, die in diesem Sinn unsere Formen der Darstellung bedingt, sondern auch die Konstanz der menschlichen Natur. Veränderungen in unserer Physiologie und Psychologie würden eine begriffliche Veränderung verursachen oder veranlassen. Wir haben schon gesehen, daß der Besitz eines gemeinsamen Farbvokabulars nicht nur eine Konstanz in der Natur der Dinge erfordert, sondern auch eine Übereinstimmung und Regelmäßigkeit der menschlichen Reaktionen auf sie. Unsere psychologischen Begriffe hätten keine Anwendung, wenn die menschlichen Verhaltensreaktionen auf innere und äußere Zustände nicht – als eine rohe

Naturtatsache – gemeinsam, regelmäßig und relativ gleichförmig wären.

Obwohl Wittgenstein ausführlich, wenn auch unsystematisch, über die Art von Korrespondenz geschrieben hat, die zwischen allgemeinen Naturtatsachen und unseren Begriffen besteht[23], hatte er relativ wenig über das Wesen der begrifflichen Veränderung zu sagen. Er dachte offensichtlich, daß sich die Wahl zwischen verschiedenen Arten von Begriffen manchmal durch mehr oder weniger pragmatische Überlegungen leiten, wenn auch nicht bestimmen läßt. Neue Tatsachen können aus theoretischen oder pragmatischen Gründen eine begriffliche Veränderung veranlassen, Verschiebungen von qualitativen zu quantitativen Differenzierungen oder eine Verschiebung in der Bedeutung, die man einem Phänomen zuteilt, erzeugen (*Z* § 352). Andererseits sind manche Begriffe, manche Prinzipien und mancher *Tatsachenglaube* zu tief in unserer Natur, in Zufälligkeiten der Erfahrung und in unserem derzeitigen Weltbild verwurzelt, um überhaupt Gegenstand einer geleiteten Wahl sein zu können. Wenn zwei Weltbilder einander gegenüberstehen, wenn Voraussagen, die auf einer wissenschaftlichen Physik gründen, Voraussagen gegenüberstehen, die auf einer Orakelbefragung beruhen, dann sind Beweis oder Richtigkeit unmöglich (*ÜG* § 609). Man vermittelt ein Weltbild durch Überredung (*ÜG* § 262). Experimente können nicht die Richtigkeit eines Weltbilds beweisen, obwohl sie unsere ganze Art und Weise, die Dinge zu betrachten, ändern, eine Umwandlung veranlassen könnten. Denn obwohl man Gründe angeben *kann*, steht am Ende der Gründe die Überredung (*ÜG* § 612).

Fragmentarische Bemerkungen wie diese geben Hinweise auf die allgemeine Denkrichtung Wittgensteins, aber wenig mehr. Sie erheben ebenso viele Probleme, wie sie lösen. Aus der weiten Reihe von Fragen, die in der Untersuchung der Beziehungen zwischen verschiedenen Formen der Darstellung und den sie begleitenden Weltbildern enthalten sind, scheinen mir in diesem Kontext die folgenden die interessantesten und wichtigsten zu sein. Erstens,

23 Er betont zu Recht die Tatsache, daß das Messen durch Abschreiten bei all seiner Grobheit ein Messen war. Es macht jedoch, könnte man entgegnen, nicht die quantitative Astronomie möglich. Fuß und Elle sind *natürliche* Maßeinheiten für die Menschheit, aber um Atomphysik zu betreiben, braucht man Einheiten wie Ångström oder Bohr-Radien.

welches ist die Art und Weise der Gründe, die zur Rechtfertigung dafür angeführt werden können, warum man eine Form der Darstellung oder Teil einer Form der Darstellung annimmt und nicht vielmehr eine andere? Wie weit können Vernunftargumente, jedenfalls im Prinzip, reichen, und welches ist die Art und Weise der Überredung, auf die wir zurückzugreifen haben? Zweitens, haben verschiedene Formen der Darstellung einen Kern gemeinsamer Ableitungsprinzipien und Begriffe? Wenn nicht, wie ist überhaupt irgendeine »überkategoriale« Kommunikation möglich? Wenn ja, ist die Existenz eines solchen Kerns ein kontingentes Ergebnis konstanter Züge der menschlichen Natur und der Regelmäßigkeiten in der Welt, oder läßt er sich einigen vereinheitlichenden kategorialen Prinzipien zuschreiben, die für jedes begriffliche Schema notwendig sind? Eine gründliche Antwort auf diese zwei Fragenkomplexe ist in diesem Kontext nicht möglich. Alles, was ich zu tun versuchen werde, ist, eine grobe Skizze der möglichen Antworten zu geben und eine substantielle Kritik an Wittgenstein nahezulegen.

Ein Bereich, in dem verschiedene Grammatiken oder Teilgrammatiken offensichtlich in Konflikt stehen, ist der der Naturwissenschaften. Das Wesen der Begriffsbildung, Theoriebildung und Zurückweisung von Theorien in der Geschichte der Naturwissenschaft wurde ausführlich von T. S. Kuhn untersucht[24]. Seine Ansichten zeigen eine merkliche Ähnlichkeit mit Wittgensteins unsystematischen Bemerkungen über die Grammatik. Obwohl sich, wie oben gezeigt, Konflikte zwischen wissenschaftlichen Paradigmata großen Stils nicht durch Beweise auflösen lassen, ist die Option kein existentieller Sprung. Es sind regulative Prinzipien[25] in Funktion, die Gründe, wenn auch nicht Beweise dafür liefern, warum die eine oder die andere wissenschaftliche Theorie oder begrifflicher Rahmen anzunehmen ist. Diese lassen sich ungefähr angeben, sie sind der Warenvorrat des Wissenschaftstheoretikers. Die Dimensionen, mit Bezug auf die eine Wahl zwischen in Konflikt stehenden Theorien geleitet sein sollte, sind Erwägungen wie

24 Z. B. T. S. Kuhn, a. a. O., und ebenfalls »Logic of Discovery or Psychology of Research« und »Reflections on My Critics«, in *Criticism and the Growth of Knowledge*, hrsg. von I. Lakatos und A. Musgrave, Cambridge 1970.

25 Der Terminus stammt natürlich von Kant, aber der spezielle Gebrauch hier ist von Waismann, ebenda S. 142.

relative Einfachheit, ästhetischer Wert, hoher Grad von Genauigkeit bei Voraussagen innerhalb der Maßstäbe der Epoche, die Bereitstellung eines festen Fehlerspielraums, der in einem gegebenen Feld konsistent erfüllt ist, Reichweite, innere Konsistenz, äußere Vereinbarkeit mit anderen gegenwärtig akzeptierten Theorien und Fruchtbarkeit darin, die Formulierung von Verwirrungen zu ermöglichen, die einer Lösung in der Begrifflichkeit gegenwärtig verfügbarer Techniken oder Techniken, die durch das betreffende neue begriffliche Schema verfügbar gemacht werden, fähig sind. Diese Bewertungsdimensionen sind natürlich nicht auf eine einheitliche Skala eines einzigen Wertes zurückführbar. Solche Überlegungen können nicht beweisen, daß eine Theorie einer anderen vorzuziehen ist, aber sie können es vernünftig erscheinen lassen, die eine statt der anderen anzunehmen, und können so dazu überreden[26]. Die Möglichkeit der Anwendung dieser verschiedenen Kriterien hängt von der Tatsache ab, daß normalerweise die wissenschaftliche Gemeinschaft wenigstens einige konkreten Forschungsergebnisse hervorbringen kann, die sich gegenüber Vertretern konkurrierender Theorien in wechselseitig verständlichen Termini beschreiben lassen, obwohl es sein könnte, daß sie sie nicht auf dieselbe Weise erklären. Das stellt einen gemeinsamen Grund bereit, auf dem man stehen kann. Kuhn ist sich der Beschränktheit seines Umfangs in Perioden wissenschaftlicher Krisen wohl bewußt. Aber letztlich haben Naturwissenschaftler gewöhnlich eine gemeinsame nicht-wissenschaftliche Sprache oder Sprachen, von der die Übersetzung, wie beschwerlich auch immer, ausgehen und daher ein Grad wechselseitiger Verständlichkeit erreicht werden kann.

Wittgensteins Interessen waren jedoch in der Hauptsache nicht solche an den Formen der Darstellung, die vom Überbau gebildet werden, der von den Wissenschaften über dem gewöhnlichen sprachlichen Unterbau errichtet wird. Seine Beschäftigung galt der Grammatik der gewöhnlichen Sprache und ihrer zweifachen

26 Die Wichtigkeit solcher Überlegungen wurde in der ersten Ausgabe des Buches von Kuhn nicht sehr deutlich, und das Gleichgewicht wird erst in dem Postskriptum zur zweiten Ausgabe und in »Reflections on My Critics« zurechtgerückt. Es ist natürlich entscheidend zu betonen, daß solche Prinzipien nur zu Zeiten wissenschaftlicher Revolution und Krise offensichtlich am Werk sind. Für die gewöhnliche Wissenschaft erhebt sich die Frage der Zurückweisung des Rahmens nicht.

Autonomie. Wenn hier alternative Grammatiken möglich sind – und Wittgenstein bemühte sich uns zu zeigen, daß die unsrige nichts Unikes an sich hat –, wie sind dann Wahl, Vergleich und Übersetzung möglich? Man kann in diesem Kontext nicht mehr tun, als mögliche Strategien und damit zusammenhängende Schwierigkeiten zu skizzieren. Ein Schritt ist der, eine strenge Unterscheidung zwischen Information und Erklärung zu machen und anzunehmen, daß es, während die Erklärung vom kategorialen Rahmen abhängig ist, einen Sinn von »Information« gibt, für den das nicht so ist[27]. Die hier enthaltene Schwierigkeit liegt darin, einen solchen Sinn von »rahmenfreier« Information herauszufinden. Wenn man den Begriff des kategorialen Rahmens bis zu dem Punkt lockert, an dem er mit Wittgensteins ungenauem Begriff von Grammatik verschmilzt, dann ist die Vorstellung von der Bewahrung der Identität des Sinns durch eine Veränderung der Grammatik hindurch unsinnig (*PB* § 154; *ÜG* § 65 usw.). Ein alternativer, aber ebenso radikaler Zug ist der, eine extreme Whorfsche These anzunehmen. Das aber bindet einen nicht nur an einen anthropologischen Relativismus, sondern an eine Form von gesellschaftlich-sprachlichem Solipsismus; jede Sprache wird notgedrungen *unsere* Sprache sein. Denn die Gründe, in deren Begrifflichkeit wir ein alternatives begriffliches Schema als ein begriffliches Schema identifizieren können, werden uns unter den Füßen weggefegt werden. Nicht nur werden alternative Grammatiken unvergleichbar sein, sie werden nicht einmal identifizierbar sein.
Der Weg, zwischen der »objektivistischen« Skylla und der Whorfschen Charybdis hindurchzusteuern, muß mit der Beachtung einer Reihe von Binsenwahrheiten beginnen. Wir sind Bewohner einer gemeinsamen einheitlichen raumzeitlichen Welt. Obwohl es periphere Unterschiede in der Wahrnehmung geben mag, die durch unsere wechselseitigen Grammatiken bedingt sind, können wir ein Wesen nicht als ein Begriffe anwendendes Lebewesen identifizie-

27 Diese Linie wird von S. Körner in *Categorial Frameworks* S. 64 eingeschlagen. Körner schlägt eine pragmatische, behavioristische Analyse der Identität des informativen Inhalts von Sätzen aus verschiedenen kategorialen Rahmen vor. Seine Bemerkungen sind jedoch zu kurz, als daß man erkennen könnte, ob die Standardeinwände gegen pragmatische Analysen des Meinens auf diesen Begriff des informativen Inhalts nicht anwendbar sind. Außerdem ist der Umstand, daß Körner anschließend dazu übergeht, von der *Information* als Rahmen-frei zu sprechen, höchst fragwürdig.

ren, wenn wir nicht einige Wahrnehmungsähnlichkeiten annehmen[28]. Folglich müssen wir einen Grad von gemeinsamer Natur annehmen, wenn wir in der Lage sein sollen, Wahrnehmungsreaktionen als das zu identifizieren, was sie sind. Sprachliche Begriffe beruhen auf einer weiten Reihe von Erkenntnisfähigkeiten, die sich in charakteristischen Reaktionen manifestieren. Nur durch Bezug auf solche Annahmen können wir *prima facie* einen Fall eines eine Sprache gebrauchenden Wesens identifizieren. Diese Behauptung ist natürlich nicht mit der Behauptung identisch, daß alle eine Sprache gebrauchenden Wesen sich nach Bedingungen richten müssen, die uns in die Lage versetzen werden, sie als solche zu identifizieren. Einen *prima-facie*-Fall als einen wirklichen zu bestätigen, erfordert, daß wir ein Verhalten der Zustimmung und Ablehnung identifizieren und daß wir postulieren, daß unsere Wesen dem zustimmen, was sie für wahr halten, und das ablehnen, was sie für falsch halten. Wir müssen außerdem annehmen, daß die meisten einfachen alltäglichen Meinungen des Typus »die Katze ist auf der Matte« wahr sind. Diese Postulate und Annahmen sind weder willkürlich noch entbehrlich; noch sind sie für unsere Zwecke hinreichend. Denn die Identität des Sinns eines Satzes hängt von den logischen Relationen ab, in denen er zu anderen Sätzen steht, und wir müssen nicht nur eine gemeinsame, wenn auch stillschweigende Auffassung von Wahrheit annehmen, sondern auch eine gemeinsame, wenn auch nicht ausdrückliche Auffassung von Logik. Die Annahmen der Gesetze der Nicht-Widersprüchlichkeit, der Identität, des Modus Ponens usw. sind nicht wahlfrei. Es muß einige solche begrenzende Annahmen geben, die bestimmen, was wir als ein begriffliches Schema auffassen könnten.

Natürlich sind solche Begrenzungen Begrenzungen dessen, was *wir* als ein begriffliches Schema auffassen. Es ist *unser* Begriff von Denken, Sprache und Darstellung, der so geformt ist. Wittgenstein selbst stellt diesen wichtigen Aspekt bei der Kritik an Freges Einleitung zu *Die Grundgesetze der Arithmetik* heraus. Frege tadelte die psychologischen Logiker, weil sie Gesetze des Wahrseins mit Gesetzen des menschlichen Fürwahrhaltens verwechseln. Gesetze der Logik beschreiben nicht, wie menschliche Wesen den-

28 Siehe M. Hollis, »Reason and Ritual«, in *Philosophy* 43 (1968), S. 231–247, woraus das folgende Argument entnommen ist.

ken, sondern schreiben vor, wie man denken soll. Ein Gesetz menschlichen Fürwahrhaltens würde das Identitätsprinzip so interpretieren: »Den Menschen ist es unmöglich ... einen Gegenstand als von sich selbst verschieden anzuerkennen.« Das entsprechende Gesetz der Logik lautet: »Jeder Gegenstand ist mit sich selbst identisch.« Gesetze des Wahrseins sind nicht psychologische Gesetze,

> sondern Grenzsteine in einem ewigen Grunde befestigt, von unserem Denken überflutbar zwar, doch nicht verrückbar. Und weil sie das sind, sind sie für unser Denken maßgebend, wenn es die Wahrheit erreichen will. Sie stehen nicht in dem Verhältnisse zum Denken, wie die grammatischen Gesetze zur Sprache, so daß sie das Wesen unseres menschlichen Denkens zum Ausdruck brächten und sich mit ihm änderten[29].

Warum soll man so denken, wie diese ewigen und unveränderlichen Gesetze vorschreiben? Die Logik kann nur antworten, entgegnet Frege, sofern sie ein Gesetz der Logik auf ein anderes zurückführen kann. Kann sie das nicht tun, dann kann sie keine Antwort geben. Wenn man aus der Logik heraustritt, ist es jedoch klar, daß Gesetze des Fürwahrhaltens mit Gesetzen der Logik übereinstimmen müssen, wenn man Wahrheit erhalten will. Die Annahme, daß es Leute geben könnte, für die andere Gesetze der Logik gültig sind – im Gegensatz zu anderen Gesetzen des Fürwahrhaltens –, ist Verrücktheit. Es mag uns in der Tat aufgrund unserer Verfassung unmöglich sein, das Identitätsgesetz zurückzuweisen. Das jedoch ist keine logische, sondern eine kausale These. Es mag sein, daß wir dieses Gesetz anerkennen müssen, wenn wir nicht unser Denken auf Verwirrung reduzieren und schließlich auf jedes Urteilen überhaupt verzichten wollen. Das ist ein pragmatisches Prinzip, das einen Grund dafür angibt, warum wir etwas für wahr halten, nicht dafür, warum es wahr ist.

Die Interpretation der Gesetze der Logik als Vorschriften führt leicht zu einer platonistischen deskriptiven Konzeption[30]. Denn von der Behauptung, daß Gesetze der Logik vorschreiben, wie man denken soll, wenn man richtig denken will (Wahrheit bei Ableitungen bewahren will), ist es nur ein kleiner Schritt zu der Behauptung, daß sie Wahrheiten über Relationen zwischen logischen Entitäten (Sätzen [*propositions*], Wahrheitswerten usw.)

29 G. Frege, *Die Grundgesetze der Arithmetik,* Einleitung S. XVI.
30 Siehe G. H. von Wright, *Norm and Action,* S. 4.

beschreiben und *daher* eine vorschreibende Funktion haben. Sie wird ferner durch die gewöhnliche Form logischer Gesetze und durch die Tatsache gestützt, daß sie gewöhnlich so aufgefaßt werden, daß sie einen Wahrheitswert haben.

Es ist nicht überraschend, daß Wittgenstein diese platonistische Auffassung kritisiert. Er kritisiert sie nicht deswegen, weil er mit den psychologischen Logikern übereinstimmt, sondern weil er sowohl die These als auch die Antithese für fehlgeleitet hält. Die Vorstellung, daß Leute in Übereinstimmung mit dem Identitätsgesetz denken und daß es daher ein gesellschaftliches Gesetz des Fürwahrhaltens gibt, ist unverständlich (*BGM* S. 89 f.). Die Unmöglichkeit, einen Gegenstand als von sich selbst verschieden zu erkennen, ist nicht, wie Frege nahelegte, entweder kausal oder pragmatisch. Wie die Unmöglichkeit, Tatsachen von einer Schublade in eine andere zu bewegen, ist sie die Unmöglichkeit des Unsinnigen. Der Satz »diese Lampe ist verschieden von ihr selbst« ist unsinnig. Der Grund dafür, daß es kein Gesetz des menschlichen Fürwahrhaltens dessen gibt, daß ein Gegenstand von sich selbst verschieden ist, ist nicht menschliche Weisheit, sondern die Unverständlichkeit des angeblichen Gesetzes. Denkgesetze beschreiben nicht die unveränderlichen Relationen zwischen ewigen Entitäten, sie sind auch nicht Naturgesetze; sie *bestimmen* unseren Begriff des Denkens. Die Gesetze der Logik zeigen, was wir »Denken« nennen, sie stellen »das Wesen, die Technik, des Denkens« heraus, die sie bestimmen. Sicherlich wären wir, wenn wir die Gesetze der Logik nicht anerkennen würden, auf Verwirrung zurückgeworfen. Aber das ist keine pragmatische, außerlogische Überlegung. Die Denkgesetze sind nicht »anankastische Sätze«[31], auf denen technische Normen des Denkens aufbauen. Sie sind vielmehr für das Denken konstitutiv oder bestimmend. Sie definieren die Grenzen des Bereichs aller möglichen »Wahr-Falsch-Spiele« und damit dessen, was wir »Sprache« und »Grammatik« nennen[32]. In dieser Hinsicht machen sie in der Tat das Wesen des menschlichen Denkens ebenso wie des Denkens überhaupt explizit. Soviel Wahrheit wurde – auf etwas unklare Weise – von den psychologischen Logikern wahrgenommen.

31 Siehe von Wright, a. a. O., S. 10 f., für den Begriff eines »anankastischen Satzes«.

32 Siehe das Zitat aus *PG* § 68 auf S. 223 oben.

Wittgensteins Eifer in der Bekämpfung des Platonismus veranlaßte ihn, die universellen Züge des Denkens und die gemeinsamen strukturellen Elemente begrifflicher Schemata zu verdecken, wenn nicht zu unterschätzen, und entsprechend betont er zu sehr die willkürlichen Züge unseres begrifflichen Schemas und die beschränkten Implikationen der Tatsache, daß, welche Begrenzungen auch immer wir unserem Begriff der Sprache und des Denkens auferlegen, *wir* es sind, die sie *unserem* Begriff auferlegen. Aber wenn das beschränkt sein soll, dann verliert der Vorwurf seinen Stachel. Wir können nichts anderes tun, als die Grenzen dessen, was *wir* als Sprache und Denken auffassen, zu lokalisieren. Es ist die grundlegende Aufgabe der Metaphysik der Erfahrung und der Philosophie der Sprache, aufzudecken, welches diese sind.
Wenn dieser Schluß richtig ist, dann wird es nicht überraschend sein zu finden:

Es gibt nämlich im menschlichen Denken einen sehr großen Zentralbereich, der keine Geschichte hat – oder doch keine, die in den Darstellungen der Geistesgeschichte verzeichnet wäre. Es gibt Kategorien und Begriffe, die sich in ihrem Grundcharakter überhaupt nicht ändern[33].

Es ist ein solcher gemeinsamer Kern des Denkens, mit Bezug auf den die Argumentation und Überredung hinsichtlich neuer und partieller Formen der Darstellung stattfinden kann. Es besteht kein Grund zu denken, daß die Reihe relevanter regulativer Prinzipien, die Gründe dafür liefern, warum eine begriffliche Neuerung einem eingewurzelten Element eines begrifflichen Schemas vorzuziehen ist, nicht ähnlich, wenn auch sogar noch ungenauer, sind als diejenigen, die oben als solche erwähnt wurden, die auf die Rechtfertigbarkeit begrifflicher Neuerung in den Naturwissenschaften einwirken.
Zwei oberflächliche Entgegnungen müssen abgewehrt werden. Erstens könnte vorgeschlagen werden, daß ein solcher gemeinsamer Kern des Denkens selbst kontingent ist. Er ist nichts anderes als eine Widerspiegelung der gesegneten Naturregelmäßigkeiten und eines Elements von Konstanz in der Menschheit. Diese Aspekte könnten anders sein. Zweitens wirken sich die grob skizzierten Binsenwahrheiten, die die Möglichkeit, daß wir Wesen als Begriffe gebrauchende Lebewesen identifizieren, bedingen, auf nichts anderes als auf unsere Fähigkeit aus, solche Wesen zu iden-

33 P. F. Strawson, *Einzelding und logisches Subjekt,* S. 10 f.

tifizieren. Sie liefern keinen Grund zu denken, daß es einen gemeinsamen Kern für alle begrifflichen Rahmen gibt, in denen die Erfahrung einer Welt und eine Welt, die erfahren wird, beschrieben werden können. Es gibt einen einzigen Gegenstoß gegen beide Einwände. Es stimmt, daß wir uns mikroskopische oder makroskopische Wesen mit Wahrnehmungsfähigkeiten denken können, die von den unsrigen gänzlich verschieden sind, so daß es sein könnte, daß wir nicht in der Lage wären, sie als eine Sprache gebrauchende Wesen zu identifizieren. Aber daß wir uns die Existenz solcher Wesen als Sprache gebrauchender Wesen denken, erfordert, daß wir sie uns so denken, daß sie Symbole gemäß Regeln anwenden, die innerhalb der Grenzen liegen, die durch unseren Begriff der Sprache gezogen sind. Der Begriff der Sprache, der von Wittgenstein in seiner späteren Philosophie skizziert wird, legt in der Tat ganz strenge Bedingungen fest, die die Grenzen des Sinns abstecken[34]. Aber nicht nur sind solche formalen logischen Forderungen (z. B. kriterielle Relationen als die den Sinn von Sätzen bestimmenden Faktoren) nicht entbehrlich; wenn wir uns Begriffe anwendende Wesen vorstellen sollen, die die Fähigkeit haben, eine objektive Welt zu beschreiben, wird eine weitere Reihe von Begriffen und Prinzipien ein notwendiger Teil einer solchen Vorstellung. Die Natur, wie wir sie kennen, und menschliche Gesellschaften, mit denen wir bekannt sind, haben zahlreiche konstante, wenn auch willkürliche Züge. Diese aber *kann* man leicht absondern, wobei immer noch ein substantieller Rahmen von Begriffen übrigbleibt, die man nur um den Preis fallenlassen kann, daß man die Vorstellung einer Beschreibung der Erfahrung und ihrer Gegenstände unverständlich macht. Die Konzeptionen der möglichen Erkenntnis einer objektiven Welt und die der subjektiven Erfahrung führen gleichermaßen eine Unzahl eng verwobener begrifflicher Bindungen mit sich, die sich nicht auf Formen der Darstellung relativieren lassen, sondern die ein gemeinsames Element jeder Form der Darstellung bilden müssen. Wenn man die Metaphysik auf eine gründlich historische Weise[35] versteht

34 Stützung für diese Behauptung wird sich in nachfolgenden Kapiteln ergeben.

35 Siehe R. G. Collingwood, *An Essay on Metaphysics*, Oxford 1940, III B; S. Körner, *What is Philosophy?* Teil 4; und *Kant*, Harmondsworth 1955, Kap. 4.

oder kategoriale Rahmen so auffaßt, daß ihnen jeder stabile Kern von Elementen und Prinzipien fehlt, dann bedeutet das, daß man behauptet, daß es keine Beschränkungen für den Begriff einer Sprache und keine allgemeinen notwendigen Bedingungen der Möglichkeit einer begrifflichen Erfahrung einer objektiven Welt gibt. Natürlich ist es eine kontingente Naturtatsache, daß die Welt genügend Regelmäßigkeit enthält, um ein Gegenstand empirischen Denkens sein zu können. Aber gegeben, daß das so ist, dann folgt keineswegs, daß die Konzeptualisierung der Erfahrung einer solchen Welt durch keine Grenzen des Sinns beschränkt ist. Wenn, wie ich in nachfolgenden Kapiteln begründen werde, Wittgensteins Widerlegung des Solipsismus und seine Verneinung der Möglichkeit einer Privatsprache Analoga zu Kants Widerlegung des Idealismus und seiner Lehre von der Korrelativität der Erkenntnis von Gegenständen und der Erkenntnis subjektiver Erfahrung sind, ist es keineswegs offensichtlich, daß die Launen der Natur nicht letztlich durch die Formen des Denkens begrenzt sind. Ähnliche Überlegungen gelten für die Formen der Sprache, wie sie von der konstruktivistischen Semantik vorgeschlagen werden, die in Wittgensteins Lehre von der kriteriellen Bestimmung des Sinns von Sätzen implizit enthalten ist.

5. Grammatik und Metaphysik

Es wurde bereits erläutert, daß die Lehre der Autonomie der Grammatik der Erbe der Lehren von der Nicht-Ausdrückbarkeit der logischen Form im *Tractatus* ist. Die Abstammungslinie ist jedoch irregulär und im Verlauf geht vieles verloren, unterliegt vieles tiefgreifender Veränderung, und der Geist, von dem die elterliche Lehre erfüllt war, fehlt in ihrem Nachkommen völlig. Dem *Tractatus* zufolge läßt sich die logische Form nur zeigen, nicht sagen. Versuche, die logische Form auszudrücken, können nur in sinnlosen Sätzen oder in unsinnigen Sätzen enden, die die logische Syntax der Sprache verletzen. Die Welt hat eine apriorische Struktur, und ebenso hat die Sprache eine apriorische Struktur. Diese Strukturen sind identisch, obwohl sich diese Gleichgestaltigkeit nur zeigen, nicht sagen läßt. Die gewöhnliche Sprache ist logisch vollkommen geordnet, denn trotz der verschiedenen und veränderlichen oberflächlichen Formen der Darstellung, der unbemerkten Konventionen und intentionalen Elemente, die von denen, die die Sprache gebrauchen, beigetragen werden, gibt es und muß es eine unike Form der Abbildung geben, die die Form der Welt spiegelt. Das Wesen der Welt wird so in der logischen Syntax der Sprache gespiegelt. Alle Notwendigkeit ist der offiziellen Lehre des *Tractatus* zufolge eine logische Notwendigkeit. Obwohl jede Sprache, wenn sie einmal geeignet analysiert ist, im Prinzip in der Lage sein muß, jeden wesentlichen Zug der Form der Welt zu zeigen, ist die logische Notwendigkeit weder konventionell noch auf einzelne Sprachen relativiert. Das Wesen der notwendigen Wahrheit wird in der Begrifflichkeit der Metaphysik von Gegenständen, Tatsachen und möglichen Welten und der Semantik logischer Eigennamen, Elementarsätze und wahrheitsfunktionaler Zusammensetzung erklärt. Notwendige Wahrheiten sind eine Enthüllung durch die Vernunft, nicht eine Schöpfung des Willens. Obwohl jede künftige Metaphysik, die sich als eine Wissenschaft präsentieren will, unmöglich ist, kommt die Unmöglichkeit nicht vom täuschenden Charakter ihrer Gegenstände, sondern von den innewohnenden Grenzen der Sprache.

Der Zusammenbruch des Systems des *Tractatus*, der in Kapitel IV schematisch verfolgt wurde, führte unter anderem zu der Lehre der Autonomie der Grammatik. Ohne die metaphysische Untermauerung wurde die Lehre von der Autonomie der Grammatik, der Erbe der Lehre von der Nicht-Ausdrückbarkeit der logischen Form, der Ausdruck nicht der Unaussprechlichkeit der Einsicht in die apriorische Struktur der Wirklichkeit, sondern der Ausdruck einer Warnung vor Täuschungen, die von den Schatten erzeugt werden, die von willkürlichen sprachlichen Konventionen auf eine formlose Welt geworfen werden. Die Verbindung zwischen den zwei Lehren der Autonomie in Wittgensteins späterer Philosophie liegt darin, daß, da es keine metaphysischen einfachen Bestandteile gibt, denen mittels einer Art Mechanismus, der eine Verbindung zwischen Sprache und Wirklichkeit herstellt, einfache sprachliche Bestandteile zugeordnet werden, die Theorie von den Grenzen des Denkens und der logischen Struktur der Welt radikal konventionalistisch wird und metaphysische Wahrheiten nicht bloß nicht-ausdrückbar sind, sondern täuschende Widerspiegelungen grammatischer Konventionen werden.

»Wie alles Metaphysische«, schrieb Wittgenstein in der *Grammatik* (*PG* § 112), »ist die Harmonie zwischen Gedanken und Wirklichkeit in der Grammatik der Sprache aufzufinden.« Die rätselhafte Bemerkung sprach ihn wahrscheinlich deswegen an, weil sie in seinem »Zettel«-Kasten niedergelegt war, und sie erscheint in dem Buch, das die Vollstrecker seines schriftlichen Nachlasses aus diesen Zetteln ausgearbeitet haben (*Z* § 55). Die Ironie, die der rätselhaften Bemerkung zugrundeliegt, ist, daß sich diese Bemerkung gleichermaßen auf die Philosophie des *Tractatus* wie auf die der *Untersuchungen* anwenden läßt, ihre Bedeutung jedoch ändert sich beim Übergang von einem zum anderen Kontext dramatisch. Die trügerische Kontinuität tiefgehender Lehren wird weiter verstärkt durch Bemerkungen wie »Das *Wesen* ist in der Grammatik ausgesprochen« (*PU* § 371) und »Welche Art von Gegenstand etwas ist, sagt die Grammatik« (*PU* § 373). Der Schleier der Täuschung beginnt sich jedoch zu heben, wenn der Konventionalismus der späteren Philosophie aufgezeigt wird. Er wird in den *Bemerkungen über die Grundlagen der Mathematik* in auffallend Fregeschen Termini formuliert: »›Wesentlich‹ ist nie die Eigenschaft des Gegenstandes, sondern das Merkmal des Begriffs« (*BGM* S. 64). Ein paar Seiten später tritt die Fregesche Terminologie wieder auf, wieder im Kontext einer Fregeschen Häresie: »Was ist denn das Charakteristikum der ›internen Eigenschaften‹?«; Wittgensteins Antwort beginnt von einem gemeinsamen platonischen Boden aus: »Daß sie immer, unveränderlich, in dem Ganzen bestehen, das sie ausmachen; gleichsam unabhängig von allen äußeren Geschehnissen.« Und dann wird in zwei kraftvollen Metaphern seine neue Konzeption enthüllt: »Wie die Konstruktion einer Maschine auf dem Papier nicht bricht, wenn die Maschine selbst äußeren Kräften erliegt. – Oder ich möchte sagen: daß sie nicht Wind und Wetter unterworfen sind, wie das Physikalische der Dinge; sondern unangreifbar wie Schemen« (*BGM* S. 74). Für den Platoniker besteht ein geometrischer Beweis darin, die wesentlichen Eigenschaften von Formen aufzuzeigen. Der Autor des *Tractatus* faßte wie Platon Eigenschaften als Ingredientien eines Dings auf (*BGM* S. 63)[36]. So wird ein geometrischer Beweis »Diese Form besteht aus diesen Formen« so verstanden, daß er

36 Siehe oben Kap. IV, S. 136, und als ausführlichere Kritik Wittgensteins an den Lehren des *Tractatus* über Gegenstände *PG* Teil I Anhang, besonders 1–4.

zeigt, daß eine gegebene Form ein für allemal konstruiert worden ist, von demjenigen, der die wesentlichen Eigenschaften in die Dinge gelegt hat. Es ist, als hätte Gott die Formen so konstruiert. »Denn, wird die Form zum Ding, das aus Teilen besteht, so ist der Werkmeister der Form der, der auch Licht und Dunkelheit, Farbe und Härte, etc., gemacht hat« (*BGM* S. 64). Die Substanz der Welt, Gegenstände, die unveränderlich sind und unabhängig von dem, was der Fall ist, bestehen (*TLP* 2.024–2.027), schienen nicht Schemen, sondern die Bausteine der Wirklichkeit zu sein. Das Gerüst der Logik schien sowohl so rein wie Kristall als auch so hart oder härter als Beton zu sein (*PU* § 97). Unter dem Zauber einer solchen Vision schrieb Lukasiewicz:

Wann immer ich auch nur mit dem winzigsten logistischen Problem beschäftigt bin, z. B., das kürzeste Axiom des Implikationen-Kalküls zu finden, habe ich den Eindruck, einer mächtigen Konstruktion von unbeschreiblicher Komplexität und unermeßlicher Starrheit gegenüberzustehen. Diese Konstruktion hat auf mich die Wirkung eines konkreten greifbaren Objekts, angefertigt aus den härtesten Materialien, hundertmal stärker als Beton und Stahl. In ihm kann ich nichts verändern; vermittels intensiver Arbeit entdecke ich bloß immer neue Einzelheiten und erreiche unerschütterliche und ewige Wahrheiten. Wo ist diese ideale Konstruktion, und was ist sie? Ein katholischer Philosoph würde sagen: sie ist in Gott, sie ist das Denken Gottes[37].

Solche Vorstellungen sind es, die Wittgenstein in seiner späteren Philosophie bekämpft. Das Gleichnis vom Schöpfer Gott ist irreführend. Denn wäre es so, daß »am Anfang das Wort war«, dann wäre es nicht das Wort Gottes, sondern dasjenige menschlicher Konvention. Doch dies ist nicht der Fall, denn menschlichen Konventionen liegen menschliche Handlungen zugrunde. So ».. . schreib getrost ›Im Anfang war die Tat‹«[38]. Verbindungen, die nicht kausal sind, sind immer Verbindungen in der Grammatik (*BGM* S. 88). Denn die unerschütterliche Gewißheit, die solchen Verbindungen anzuhaften scheint, ist einfach eine Widerspiegelung unserer Bestimmung, sie als Teil unserer Form der Darstellung anzuwenden (*BGM* S. 170). Die »Härte des ›logischen Muß‹« zeigt unsere Unfähigkeit oder Weigerung an, von einem

37 J. Lukasiewicz, zitiert in *Wittgenstein-Übungsbuch*, von C. Coope, P. Geach, T. Potts und R. White, Frankfurt 1972 (*Ludwig Wittgenstein Schriften* Beiheft 2), S. 26.

38 Zitiert in *ÜG* § 402 aus Goethes *Faust*, Teil I.

Begriff abzugehen (*BGM* S. 238); sie bezeichnet ein Element unserer Grammatik (*BGM* S. 84). Die Unerbittlichkeit der Gesetze der Logik ist *unsere* Unerbittlichkeit bei ihrer Anwendung (*BGM* S. 82). Natürlich wird unsere Bindung an eine Ausdrucksform, besonders wenn sie eher auf materiale als auf formale Weise ausgedrückt ist, nicht nur metaphysisch notwendig erscheinen, weil sie Gegenstände statt Zeichen zu betreffen scheint, sondern sie wird auch *a priori* wahr zu sein scheinen. Denn unser Bekenntnis selbst, daß wir dieser Form der Darstellung anhängen, schließt ihr Gegenteil als unzulässig, unsinnig aus (*Z* § 442). Der Begriff des logisch Möglichen – abgetrennt von der Metaphysik und Semantik des *Tractatus*, wie er jetzt ist, – ist jetzt an eine Grammatik gebunden. Was logisch möglich oder unmöglich ist, ist ganz davon abhängig, was unsere Grammatik zuläßt, was in einem gegebenen Sprachsystem Sinn ergibt (*PU* § 520). Alle logische Möglichkeit ist relativ zu einer Sprache. Was in einer gegebenen Grammatik sinnvoll ist, hängt von den Konventionen ab, die diese Grammatik konstituieren. Sie sind, wie bereits festgestellt, das einzige Korrelat in der Sprache zu inneren Notwendigkeiten (*PU* § 372). Wir erzeugen unsere Formen der Darstellung, die durch unseren biologischen und psychologischen Charakter veranlaßt, durch die Natur angepaßt, von der Gesellschaft eingeschränkt werden und aufgrund unseres Verlangens, die Welt zu beherrschen, nötig sind. Wesenheiten sind ein Produkt des Willens, nicht eine Entdeckung der Vernunft. Jede Rede vom Wesen ist eine Rede von Konventionen, und was uns als die »Tiefe« der Wesenheiten erscheint, ist in Wirklichkeit die Tiefe unseres Bedürfnisses nach den Konventionen (*BGM* S. 65).

Wittgensteins Achtung vor der natürlichen Neigung der Menschheit zur Metaphysik ist ebenso groß wie die Kants. Wie Kant betrachtete er die dogmatische Metaphysik als die Täuschungen, die bei der Selbsterforschung des Bewußtseins erzeugt werden; während sie Achtung verdient, bedarf sie der Entlarvung. Der wesentliche Punkt bezüglich der Metaphysik ist, daß sie die Grenzlinie zwischen empirischen und begrifflichen Problemen verdeckt (*Z* § 458). In der Metaphysik drücken wir charakteristischerweise unsere Verwirrung bezüglich unserer Form der Darstellung durch Tatsachenfragen über Gegenstände in der Welt statt durch grammatische Fragen über die Sprache aus (*BB* S. 63). Die

Art und Weise, auf die grammatische Regeln in metaphysischen Sätzen verborgen sind, wurde schon untersucht. In ihnen ist eine sprachliche Konvention in der Form einer Schranke einer überphysikalischen Art dargestellt. »Ich kann nicht deine Zahnschmerzen empfinden« erscheint oberflächlich der kontingenten Behauptung »Ich kann nicht Schmerz in deinem Zahn empfinden« ähnlich. Die metaphysische Formulierung unserer Konventionen hinsichtlich der Grammatik von Farbausdrücken erweckt den Anschein, als ob eine Farbe der anderen im Wege sei und deswegen zwei Farben nicht gleichzeitig an derselben Stelle sein könnten (*BB* S. 91)[39]. Wir empfinden unsere Konventionen als Grenzen, und das sind sie in der Tat – sie sind die Grenzen des Sinns. So aber werden sie nicht vom Metaphysiker aufgefaßt. Denn er projiziert unsere grammatischen Konventionen auf die Welt und betrachtet sie dann als *de-re*-Notwendigkeiten. Die Behauptung, daß man eine Wette entweder gewinnt oder verliert, ist eine fehlgeleitete Projektion des Gesetzes vom ausgeschlossenen Dritten, welche für Wetten mit materiellen Implikationen offensichtlich unrichtig ist (Z § 677). Die Behauptung, daß Sachverhalte vollständig bestimmt sein müssen, wenn nicht der Art, dann dem Grad nach, ist nichts anderes als ein Bekenntnis zu einer Ausdrucksform, die Gebrauch von der Form eines Ideals der Genauigkeit macht (Z § 441). Die Fregesche Logik und der *Tractatus* waren auf der Grundlage des Festhaltens der Bestimmtheit des Sinns errichtet. In der Tat wurde der *Tractatus* für Wittgenstein ein Paradigma einer Philosophie im Griff metaphysischer Täuschung. Das läßt sich auf viele Weisen zeigen, und in folgenden Kapiteln wird Wittgensteins Widerlegung des Solipsismus und Idealismus zu den Lehren und Trugschlüssen des *Tractatus* in Beziehung gesetzt werden, gegen die sie teilweise gerichtet ist. Hier soll die Wahrheit dieser Behauptung durch eine kurze Beschreibung von Wittgensteins Entlarvung der Metaphysik bestehender einfacher Bestandteile veranschaulicht werden, welche die Semantik des *Tractatus* als eine Projektion der Grammatik von Ausdrücken, welche Regeln einschließen, die Muster in die Sprache einführen, untermauerten.

39 Wie Wittgenstein selbst gedacht hatte (RLF S. 169); siehe oben Kapitel IV, S. 126.

Russells Termini[40] (Einheiten, Individuen, Entitäten) wurden als unveränderlich und unzerstörbar verstanden; obwohl sie entstehen und vergehen können, hören sie nie auf zu sein. Denn wenn sie kein Sein hätten, könnte man nicht von ihnen sprechen oder sie denken. Ganze sind Zusammensetzungen, deren Teile Termini sind. Auf dieselbe Weise sind Wittgensteins Gegenstände einfache, nicht-zerlegbare Elemente der Wirklichkeit. Sie sind ebenfalls jenseits von Existenz und Nicht-Existenz: sie bestehen ewig, bilden die unveränderliche Substanz der Welt. Einige der Verdrehungen, die zur Entstehung solcher fehlgeleiteter Lehren führen, werden in den *Untersuchungen* analysiert. Wenn man die Wirklichkeit so auffaßt, daß sie sich aus Komplexen zusammensetzt, die aus Elementen gebildet sind, dann kann es in der Tat scheinen, daß man den letzten Elementen weder Existenz noch Nicht-Existenz zuschreiben kann. Denn erstens wird das Entstehen und Vergehen in der Begrifflichkeit der Zusammensetzung und Zerlegung von Komplexen erklärt werden. Von den Elementen, die so zusammenkommen und getrennt sind, kann man nicht auf verständliche Weise sagen, daß sie existieren oder nicht existieren. Zweitens könnte man ein Element, wenn es kein Sein hätte oder nicht bestehen würde, nicht benennen, und so gäbe es nichts, von dem man sagen könnte, daß es nicht ist. Schließlich muß, um die ersten beiden Punkte zusammenzunehmen, das, was einfache Namen bezeichnen, unzerstörbar sein, denn es muß möglich sein, den Zustand zu beschreiben, in dem alles Zerstörbare zerstört ist. Es ist kein bloßer Zufall, daß man, wenn man nach Beispielen für solche Elemente gefragt wird, normalerweise an »konkrete Universalien« denkt, an Situationen, in denen man mit einem Fall einer einfachen Wahrnehmungsqualität konfrontiert ist. Obwohl Farben im *Tractatus* wegen des Problems des Sich-Ausschließens von Farben nicht als die letzten einfachen Bestandteile betrachtet wurden, wurden Farbschattierungen anscheinend so aufgefaßt. In den *Grundlagen der Mathematik* weist Wittgenstein darauf hin, daß das Wort »Sein« »für eine sublimierte, ätherische Art des Existierens« (*BGM* S. 64) gebraucht wurde. »Einen Satz, wie ›Rot ist‹ ist man versucht auszusprechen«, fährt Wittgenstein fort, »wenn man die Farbe mit Aufmerksamkeit betrachtet: also in der glei-

40 Russell, *The Principles of Mathematics* § 47, S. 43 ff. und § 427, S. 449 ff.

chen *Situation*, in welcher man die Existenz eines Dings feststellt (eines blattähnlichen Insekts z. B.)«. Wenn man so auf eine Farbe starrt oder einfach an das »Wesen der Farbe« denkt, ist man geneigt zu behaupten, daß, obwohl etwas Rotes zerstört, zerrissen oder in kleine Stücke zerstoßen werden kann, die Farbe Rot unzerstörbar ist. Man kann, so könnte man zu denken veranlaßt werden, nicht sagen, daß Rot existiert. Denn wenn es kein Rot gäbe, wäre die Äußerung »Rot existiert nicht« ohne jede Bedeutung. Und wenn es Rot gibt, dann widerspricht die Äußerung sich selbst, gerade weil Rot – in einem gewissen Sinn – »aus eigenem Recht« existiert. Eine notwendige Bedingung dafür, daß ein Ausdruck ein Name ist, ist, daß er nicht für die Variable in »*X* existiert« eingesetzt werden kann. So scheint das Wort »rot« ein echter Name zu sein; so verstandene Namen bezeichnen Elemente der Wirklichkeit, die existieren *müssen*.

Soweit die metaphysische Täuschung, die den Autor des *Tractatus* umgab. Die Therapie, die den Metaphysiker von den reinen durchsichtigen Höhen, zu denen er ohne Reibung zu fliegen versucht[41], auf den harten Boden der Wirklichkeit zurückholen wird, ist grammatisch. Was immer es ist, das Wörtern ihre Bedeutung gibt, kann nicht zerstört werden, ohne daß die Wörter ihre Bedeutung verlieren. Für gewöhnliche Namen wie »Herr N. N.« ist jedoch der Träger des Namens nicht das, was ihm seine Bedeutung gibt, obwohl der Mann dasjenige ist, was dem Namen in der Wirklichkeit entspricht. Denn der Tod des Herrn N. N. beraubt den Namen nicht seiner Bedeutung. Wie verhält es sich dann mit *wirklichen* Namen wie »rot«? Sicherlich ergibt es keinen Sinn davon zu reden, die Farbe Rot in Stücke zu zerstoßen oder in Fetzen zu zerreißen. Was dem Namen »rot« so entspricht, daß er ohne es keine Bedeutung hätte, ist ein Paradigma in der Sprache, das von einer Sprachgemeinschaft auf eine bestimmte Weise gebraucht wird. »Rot ist, hat Sein, existiert aus eigenem Recht« sind gewundene metaphysische Einsichten in eine einfache grammatische Wahrheit: der Ausdruck »rot« hat Bedeutung. Denn was in der Metaphysik eine Behauptung über Farbe und ihr Wesen zu sein scheint, ist in Wirklichkeit eine Behauptung über den Gebrauch des Wortes »rot« und die Funktion von Farbparadigmata in der

41 Für einen interessanten Vergleich der Metapher siehe Kant, *Kritik der reinen Vernunft*, A 5, B 9, und Wittgenstein, *PU* § 107.

Sprache. Der Sprachgebrauch des Metaphysikers ist hier, wie so oft in der Metaphysik, abweichend. »Rot ist« ist ein Satz nur auf Duldung. Von der Existenz einer Farbe zu sprechen ist eine irreführende Weise, von der Existenz eines farbigen Gegenstandes zu sprechen. Obwohl es sinnlos ist, von der »Zerstörung von Rot« zu sprechen, ist es möglich, ein Paradigma zu verlieren, welches ein Teil unserer Sprache ist. Das könnte auf verschiedene Weisen geschehen, z. B. dadurch, daß wir vergessen, der Name welcher Farbe »rot« ist, oder durch eine Verarmung unserer Differenzierungsfähigkeiten hinsichtlich Farben oder die Zerstörung aller roten Dinge auf der Welt. Das Wort »rot« hätte dann seinen Gebrauch verloren, und unsere Farbgrammatik würde sich ändern. Was ein unzerstörbares Element in einem Sprachspiel zu sein scheint, ist ein Mittel der Darstellung, es ist Teil unserer Methode der Darstellung, nicht ein durch sie dargestellter Gegenstand. »Was es, scheinbar, geben *muß*, gehört zur Sprache. Es ist in unserem Spiel ein Paradigma; etwas, womit verglichen wird« (*PU* § 50).

Die Aufgabe der Philosophie ist es, den Grund der Sprache von solchen »Luftgebäuden« zu reinigen. Die Metaphysik führt uns zu den Grenzen der Sprache und über sie hinaus. Die kritische Philosophie, verstanden als ein philosophisches Studium der Grammatik, bringt uns dahin, die Grenzen der Sprache zu erkennen und die Art und Weise der Grenzen zu verstehen. Vielleicht hätte Wittgenstein Kants Bemerkung nicht zu sehr mißbilligt:

> Allein Metaphysik führt uns in den dialektischen Versuchen der reinen Vernunft (die nicht willkürlich oder mutwilliger Weise angefangen werden, sondern dazu die Natur der Vernunft selbst treibt) auf Grenzen; ... und das ist auch der Zweck und Nutzen dieser Naturanlage unserer Vernunft, welche Metaphysik als ihr Lieblingskind ausgeboren hat, dessen Erzeugung so wie jede andere in der Welt nicht dem ungefähren Zufalle, sondern einem ursprünglichen Keime zuzuschreiben ist, welcher in großen Zwecken weislich organisiert ist[42].

42 Kant, *Prolegomena zu einer jeden künftigen Metaphysik* S. 353.

VII Die Widerlegung des Solipsismus

1. Einleitung

Wittgensteins Thesen, daß ein philosophisches Problem die Form »Ich kenne mich nicht aus« hat (*PU* § 123) und daß sein eigenes Ziel in der Philosophie war, »der Fliege den Ausweg aus dem Fliegenglas [zu] zeigen« (*PU* § 309), sind allbekannt. Was weniger bekannt ist, ist, daß die archetypische Fliege im ursprünglichen Fliegenglas der Solipsist war. In den »Notes for Lectures on ›Private Experience‹ and ›Sense Data‹«, die zwischen Ende 1934 und Anfang 1936 verfaßt sind, schrieb Wittgenstein:

> Der Solipsist flattert und flattert im Fliegenglas, stößt gegen die Wände, flattert weiter. Wie kann man ihn zur Ruhe bringen? (NFL S. 300).

Die Verwirrungen, die den Solipsismus umgeben, wurden so für Wittgenstein zu einem Paradigma der Krankheiten des Verstandes, für die Philosophen so anfällig sind[1] und durch die sie anscheinend hindurchgehen müssen, ehe sie angemessene Begriffe eines gesunden Menschenverstandes erwerben können. Der Solipsist ist wie der Idealist im Netz der Grammatik gefangen, und indem man die Knoten entwirrt, die sich in seinen nutzlosen Kämpfen gebildet haben, kann man Wittgensteins Auffassung der Philosophie und ihrer Methoden besser verstehen. Das wird außerdem hervorheben, in welchem Ausmaß erkenntnistheoretische Angelegenheiten in Wittgensteins späterer Philosophie eng mit semantischen Fragen verwoben sind. Seine Widerlegung des Solipsismus vollzieht sich in drei Phasen. Die erste Stufe findet sich in den Schriften und Berichten der Übergangsperiode von 1929 bis zum Studienjahr 1932/33. Die *Bemerkungen* sind hier besonders wichtig, die Sammlungen von Aufzeichnungen durch Waismann und Moore sind jedoch ebenfalls von Bedeutung. Die zweite und aufschlußreichste Phase seiner Beschäftigung mit der Aufdeckung der Irrtümer des Solipsismus (im besonderen) und des Idealismus (im allgemeinen) liegt zwischen 1933 und 1936. Das *Blaue Buch* und die »Notes for Lectures« enthalten Wittgensteins wichtigste Argumente zur Widerlegung des Solipsismus. Die dritte

1 und nicht nur Philosophen, z. B. Tolstoj, *Kindheit, Knabenalter, Jünglingsjahre*, Frankfurt a. M. 1963, S. 158.

und letzte Phase findet ihren vollen Ausdruck in den *Untersuchungen*, einiges zusätzliche Material enthalten die *Zettel*. Hier hat sich das direkte und offenkundige Interesse am Solipsismus verringert, und an seine Stelle tritt das vollentwickelte Argument gegen die Möglichkeit einer Privatsprache, welches bereits in den »Notes for Lectures« kurz skizziert worden war. Obwohl auf den Solipsismus nur indirekt angespielt wird, erscheinen die meisten Argumente, die in der zweiten Phase entwickelt wurden, in äußerst gedrängter Form in den *Untersuchungen* und in *Zettel* wieder. Die Aufgabe des jetzigen Kapitels ist es, den Prozeß zu verfolgen, in dem Wittgenstein sich nach und nach von metaphysischer Täuschung befreite. Ich werde zuerst die Zwischenperiode zwischen dem *Tractatus* und dem *Blauen Buch* untersuchen und dann zeigen, wie die elegante und umfassende Widerlegung des Solipsismus und Idealismus in der zweiten reifen Phase auftaucht. Das Argument gegen die Möglichkeit einer Privatsprache wird ausführlich im nächsten Kapitel untersucht werden.

Solipsismus ist die Lehre, derzufolge nichts existiert außer mir selbst und meinen eigenen mentalen Zuständen. Zudem *könnte* nichts anderes existieren, denn wir können Existenzbehauptungen, die irgendwelche anderen Gegenstände betreffen, nicht sinnvoll verstehen, es sei denn, wir konstruieren sie als *façon de parler*. Während der Idealismus die Existenz objektiver materieller Einzeldinge leugnet, die Existenz objektiver geistiger Substanzen jedoch in Betracht zieht, drängt der Solipsismus rigoros und unbarmherzig weiter zu der logischen Folgerung, daß das Bewußtsein anderer keine privilegiertere Stellung genießen kann, als Körper sie haben. In der Tat gipfelt die Lehre in letzter Konsequenz in dem, was Russell »Solipsismus des Augenblicks« nennt. Nach dieser Ansicht existieren nur meine eigenen gegenwärtigen Erlebnisse. Weder die Vergangenheit noch die Zukunft kann man als wirklich bezeichnen. Nur meine unmittelbare gegenwärtige Erfahrung »besitzt Realität«. Die Lehre wurde in den letzten Jahren relativ wenig diskutiert, obwohl sowohl der Idealismus als auch der Skeptizismus hinsichtlich der Existenz des Bewußtseins anderer getrennt und für sich ausführlich erörtert wurden. In den Jahren zwischen den Kriegen jedoch zog das Thema viel Aufmerksamkeit auf sich. Das könnte zum Teil durchaus eine Folge der rätselhaften Bemerkungen des *Tractatus* über dieses

Thema gewesen sein[2]. Russell erklärte in einem Artikel mit dem Titel »Vagueness«[3], der 1923 verfaßt ist, als er noch ganz offensichtlich unter dem Zauber des Buches stand, daß, während alle illegitimen philosophischen Probleme auf mißverstandene Symbolismen zurückgehen und sich alle echten philosophischen Probleme mit einer Ausnahme mittels der Physik beantworten lassen, der Solipsismus eine unausrottbare Ausnahme darstellt. »Wenn du glauben willst, daß nichts existiert außer dem, was du direkt erlebst«, schrieb Russell[4], »kann kein anderer beweisen, daß du unrecht hast, und es existieren wahrscheinlich keine gültigen Argumente gegen deine Ansicht.« Was ist das widerspenstige Problem, das Russell sah? Er drückte es so aus: »Gibt es jemals eine gültige Ableitung aus einer erfahrenen auf eine abgeleitete Entität?« Aufgrund dieser Position, so erklärte Russell, könne er keine Widerlegung des skeptischen solipsistischen Standpunktes sehen. Russells Position war in dieser Hinsicht dennoch sehr verschieden von der der Wiener logischen Positivisten. Sie faßten Wittgensteins dunkle Bemerkungen über den Solipsismus im *Tractatus* so auf, daß sie in die diametral entgegengesetzte Richtung von Skeptizismus oder echtem Solipsismus wiesen. Carnap nahm in *Der logische Aufbau der Welt* einen gründlichen logischen Empirismus an, der in einer Vermählung von Machs Ontologie mit der Russellschen Logik unter dem Schlagwort »wo immer möglich, sind für abgeleitete Entitäten logische Konstruktionen einzusetzen« bestand. Sein Programm bestand darin zu zeigen, daß sich alle sinnvollen Aussagen auf primäre Aussagen reduzieren lassen. Als Basis wählte er das, was er das »Eigenpsychische« nannte, und er bemühte sich zu zeigen, wie sich Aussagen über physikalische

2 C. I. Lewis, in »Experience and Meaning« (abgedruckt in *Readings in Philosophical Analysis*, hrsg. von H. Feigl und W. Sellars, New York 1949, S. 128–145), S. 131, impliziert, daß die Abschnitte unter 5.6 im *Tractatus* eine Quelle des methodischen Solipsismus der Positivisten sind, Carnap jedoch erwähnt in seiner Erörterung seiner Wahl der eigenpsychischen Basis für die Konstruktion und seines Systems des methodischen Solipsismus den *Tractatus* überhaupt nicht; siehe R. Carnap, *Der logische Aufbau der Welt* (zusammen mit *Scheinprobleme in der Philosophie*), Hamburg ²1961, §§ 64–66. Es gab natürlich zahlreiche andere Quellen der Lehre.

3 B. Russell, »Vagueness«, *Australasian Journal of Philosophy* 1 (1923), S. 84–92.

4 Russell, ebenda S. 92.

Gegenstände, über das »Fremdpsychische« oder das Bewußtsein anderer und über kulturelle Gegenstände auf Aussagen über bloße Erlebnisse ohne Besitzer reduzieren lassen. Entsprechend bezeichnete er sein Konstruktionsprogramm als »methodischen Solipsismus«. Andere Mitglieder des Wiener Kreises, z. B. Schlick und Feigl, nahmen, obwohl sie mit Carnap in einigen Detailfragen nicht übereinstimmten, eine ähnliche Position an. Die »mißliche egozentrische Lage«, wie sie die Verwirrungen des Solipsismus nannten, war, so dachten sie, ein Stück Metaphysik, das sich gewissermaßen auf eine illegitime Auffassung des Besitzes von Erlebnissen stützt. Sie enthielt jedoch Körnchen von Wahrheit, die sie nutzbar machten. Denn ihrer Ansicht nach sind Aussagen über die Erlebnisse anderer ebenso wie Aussagen über andere Körper aus Aussagen gebildet, die mögliche Erlebnisse oder »Daten« beschreiben, die sie verifizieren. Von 1927 an besaßen die Mitglieder des Kreises, besonders Waismann und Schlick, zur Unterstützung ihrer Bemühungen die Autorität und Einsicht Wittgensteins. Wie weit jeder den anderen beeinflußte, ist eine strittige Frage. Ob die Mitglieder des Kreises je den Schopenhauerschen Transzendentalismus in den Abschnitten unter 5.6 im *Tractatus* würdigten, der so offensichtlich in den *Tagebüchern* ist, ist sehr zweifelhaft. Sowohl Schlick als auch Carnap hatten ihre Ansichten über den Solipsismus und das Problem des Bewußtseins anderer entwickelt, ehe sie dann wirklich mit Wittgenstein zusammentrafen. Andererseits ist Schlicks Aufsatz »Meaning and Verification«[5] durch und durch Wittgensteinsch und wird von Schlick als ein solcher anerkannt. Was klar ist, ist, daß bis 1929 in Wittgensteins Bewußtsein an die Stelle des transzendentalen Solipsismus der frühen Periode ein positivistischer methodischer Solipsismus getreten war, der, wie oben nahegelegt wurde, schon im *Tractatus* implizit enthalten war. Der Transzendentalismus fiel weg und ließ ein radikal positivistisches Programm zurück. Dieses stellte bis ungefähr 1931 oder 1932 Wittgensteins Position dar.

5 Siehe Feigl und Sellars, a. a. O., S. 146–170.

2. Vom transzendentalen Solipsismus zum methodischen Solipsismus

Ebenso wie der Übergang von der realistischen Semantik des *Tractatus* zur kriteriellen Theorie der *Untersuchungen* durch eine Zwischenphase eines extremen Verifikationismus lief, so durchlief auch Wittgensteins Metaphysik der Erfahrung eine Zwischenphase. In den Gesprächen mit Waismann und Schlick im Jahr 1929, in den *Bemerkungen* und in den Vorlesungen in Cambridge von 1930–33 nahm Wittgenstein eine klassische positivistische Position hinsichtlich des Problems des Bewußtseins anderer und hinsichtlich der Diagnose der dialektischen Täuschungen des Solipsismus an. In den meisten wesentlichen Dingen unterschied sich seine Position von der der Hauptmitglieder des Wiener Kreises nur durch ihre Dunkelheit im Ausdruck, ihre berechnete Zweideutigkeit und ihre Ironie.

Man wird sich aus der Erörterung in Kapitel IV oben erinnern, daß Wittgensteins Ausgangspunkt in seinem Werk in den frühen 1930er Jahren der eines Versuchs ist, eine allgemeine und einheitliche Erklärung der Bedeutung zu konstruieren, die sowohl für Erfahrungssätze als auch für mathematische Sätze gelten würde. Er gab einen Teil des Modells des *Tractatus* auf und versuchte, eine neue semantische Theorie vorzulegen, die sich auf ein Verifikationsprinzip stützt, um die Bedeutung mathematischer Sätze in der Begrifflichkeit der Verfügbarkeit eines Beweises oder einer Beweismethode, welche seine Behauptung rechtfertigt, und die Bedeutung von Erfahrungssätzen in der Begrifflichkeit der empirischen Verifikation als Rechtfertigungsbedingungen zu erklären. Bedeutung wurde mit Gebrauch gleichgesetzt, und Gebrauch – mit Bezug auf Erfahrungssätze – mit der Methode des Vergleichs mit der Wirklichkeit, mit der die Wahrheit oder Falschheit festgestellt wird. Sein Verifikationismus war von extremer Art. Ein Satz hat nur dann Sinn, wenn er vollständig und definitiv verifizierbar ist. Dementsprechend unterschied er zwischen echten Sätzen, die das unmittelbare Erlebnis beschreiben und so verifizierbar sind, und Hypothesen, die Konstruktionen aus echten Sätzen und Regeln für die Ableitung echter Sätze sind. Erlebnissätze in der ersten Person Präsens erfüllen so einen Teil der ursprünglichen Rolle des jetzt obsoleten Elementarsatzes, und die Vollständigkeit

der Verifikation erfüllt einen Teil der Rolle der ursprünglichen Bestimmtheit des Sinns.
Die allgemeine Form echter, definitiv verifizierbarer Sätze ist »ich habe ...« oder »ich fühle ...«. Wittgensteins Hauptbeispiel war »Zahnschmerzen« oder allgemeiner »Schmerzen«. Sätze wie »ich habe Schmerzen« oder »ich habe keine Schmerzen« werden zur Feststellung ihrer Wahrheit oder Falschheit mit dem verglichen, was wirklich der Fall ist. »Ich habe keine Schmerzen« bedeutet, so erklärte Wittgenstein (*PB* § 62), daß sich der Satz »ich habe Schmerzen«, wenn ich ihn mit der Wirklichkeit vergleiche, als falsch erweist. Schmerzen zu haben oder Zahnschmerzen zu haben sind unmittelbare oder direkte Erlebnisse. In diesen Fällen bezeichnet das Wort »ich«, anders als z. B. in »ich habe einen schlechten Zahn«, nicht einen Besitzer. Kein physisches Auge muß am Sehen beteiligt sein, bemerkte Wittgenstein (M S. 306) in einer Wendung, die an *Tractatus* 5.633 erinnert, und ähnlich ist kein Ego am Denken oder am Haben von Zahnschmerzen beteiligt. Die Cartesische *res cogitans* ist eine Täuschung; wie Lichtenberg gezeigt hatte, sollten wir statt »ich denke« besser »es denkt« – wie »es regnet« – sagen. Der Ausdruck »ich« ist im Kontext des unmittelbaren Erlebnisses eliminierbar (*WWK* S. 49). Seine Eliminierung wäre natürlich nicht richtiger, aber würde uns in die Lage versetzen, die wesentlichen logischen Züge der Form der Darstellung von Tatsachen des persönlichen Erlebnisses zu erfassen (*PB* § 57). Das Schmerzerlebnis ist, wie Hume bemerkt hatte, nicht, daß eine Person – nämlich ich – etwas hat. In einem Schmerz kann ich eine Intensität, einen Ort und andere phänomenale Merkmale unterscheiden, aber keinen Besitzer (*PB* § 65). Oder besser und klarer gesagt, es ist nicht sinnvoll, von einem Besitzer zu reden, weil es nicht sinnvoll ist, von einem Schmerz ohne Besitzer zu sprechen. Eine Zündholzschachtel kann einen Besitzer haben, weil ihr ein Besitzer fehlen kann. Es ist nur dort sinnvoll, von Besitz zu sprechen, wo es auch sinnvoll ist, von keinem zu sprechen. Hier ist der Besitz übertragbar. Wenn wir uns Schmerzen auf diese Weise, d. h. als objektives Einzelding vorstellen würden, dann wäre das Unangenehme nicht der Schmerz, sondern die Wahrnehmung des Schmerzes. Und das wiederum würde keinen Besitzer involvieren. Kurz, Besitz ist hier logischer Besitz, nicht kontingenter übertragbarer Besitz.

Während das »ich habe ...« in »ich habe Zahnschmerzen« keine Bezeichnungsfunktion hat, weil es keinen Ort in einem logischen Raum bestimmt, sondern nur das unmittelbare Erlebnis anzeigt, ist die Relation zwischen unmittelbarem Erlebnis und einem bestimmten physikalischen Körper kontingent. Daß dieser Schmerz, den ich den meinen nenne, in diesem Körper auftritt, ist eine Tatsache, die durch Erfahrung gelernt wird. Wie die Dinge stehen, besteht eine universelle Zuordnung zwischen Sehen und physischen Augen, das aber ist eine kontingente Tatsache und könnte auch anders sein. Ebenso sind Schmerzen einheitlich einem bestimmten Körper zugeordnet, u. zw. in dem Sinn, daß ich nicht Schmerzen im Körper eines anderen fühle, sondern nur in dem Körper, den ich »meinen« nenne. Es ist jedoch vorstellbar, daß das anders wäre, daß ich an Zahnschmerzen leiden würde, die ich im Mund eines anderen lokalisieren würde, daß ich zucken würde, wenn sein Zahn berührt wird, und mich erholen würde, wenn sein Geschwür geheilt ist (*PB* § 60).

Diese Unterscheidung zwischen dem illegitimen Sinn eines logischen Besitzes des Erlebnisses durch ein trügerisches Ego und der kausalen Abhängigkeit des Erlebnisses von einem bestimmten Körper ist nicht mehr als eine Ausdehnung dessen, was von den impliziten Lehren des *Tractatus* erhalten bleibt, wenn einmal der Transzendentalismus beseitigt ist. Die Unterscheidung läßt sich jetzt auf die mißliche Lage des Solipsisten zur Auswirkung bringen. Der Solipsist behauptet, daß nur sein Erlebnis wirklich ist. »Ich kann nur meine eigenen Erlebnisse haben« und »Ich kann nicht die Schmerzen anderer haben« erscheinen ihm als unwiderlegliche Behauptungen, die das Wesen der Welt erhellen. Auf ihnen errichtet er seine Metaphysik. Wenn sie wahr sind, dann ist, so scheint es, der Begriff der Erfahrung allgemein nur in Beziehung auf das verständlich, was ich habe. Wenn »Schmerzen« das bedeutet, was ich habe, wenn ich die wahre Aussage »ich habe Schmerzen« mache, dann ist die Annahme, daß es Schmerzen geben kann, die ich nicht habe, unverständlich. Die Annahme, daß andere Personen existieren, Erlebnisse, eigene Wahrnehmungen haben, Gefühle besitzen, muß eine Annahme sein, die jede mögliche Erfahrung überschreitet. Der Punkt ist nicht, daß ich nur meine eigenen Erlebnisse wissen kann, hinsichtlich der Erlebnisse anderer aber keine höhere Stufe als ein Meinen erreichen kann.

Worum es geht, ist vielmehr, daß die Meinung, daß ein anderes Ego z. B. Schmerzen hat, unverständlich ist. Wenn eine solche Meinung unverständlich ist, dann gilt das *a fortiori* auch für jede Vermutung, denn man kann nur das vermuten, was im Prinzip erkennbar ist; denn die Grenzen der Erkenntnis fallen mit den Grenzen des Sinns zusammen. Das Problem wird anfänglich vom Skeptiker aufgestellt. Alle Wörter, die das persönliche Erlebnis beschreiben, enthalten, wie Wittgenstein später betonte, eine Asymmetrie, die dazu nötigt zu sagen: »Ich weiß, wenn ich etwas sehe, einfach indem ich es sehe, ohne zu hören, was ich sage, oder mein übriges Verhalten[5a] zu beobachten, während ich nur dadurch weiß, *daß* er sieht und *was* er sieht, daß ich sein Verhalten beobachte, d. h. indirekt« (NFL S. 278). Wenn ich es aber indirekt weiß, dann weiß ich es überhaupt nicht. Der Solipsist ist rigoroser und konsistenter als ein weichlicher Skeptiker. Denn wie kann etwas als brauchbare induktive Evidenz für einen inneren Zustand festgesetzt werden, wenn der innere Zustand nicht ein Gegenstand möglicher Erfahrung ist? Und »wie könnte ich auch nur zu der Vorstellung gekommen sein, daß ein anderer Erlebnisse hat, wenn keine Möglichkeit irgendeiner Evidenz für sein Erlebnis besteht?« (*BB* S. 77, Abweichungen von dt. Übers.).
Wittgensteins Analyse in der ersten Phase seiner Behandlung der mißlichen Lage unternahm die ersten paar Schritte in die richtige Richtung und nahm dann die falsche Wendung, die zu einer Position führte, die ebenso verdreht war wie der frühere Transzendentalismus. Er zeigte auf, daß der Irrtum des Solipsisten darin besteht, eine Tatsache der Grammatik mit einer metaphysischen Notwendigkeit zu verwechseln. Die Äußerung des Solipsisten »ich kann nicht deine Zahnschmerzen fühlen« ist in Wirklichkeit ein grammatischer Satz. Obgleich sie einen Zug der Welt zu beschreiben scheint, ist sie in Wirklichkeit der Ausdruck einer sprachlichen Konvention. »Ich kann nicht deine Zahnschmerzen fühlen« bedeutet einfach: »Der Satz ›ich fühle deine Zahnschmerzen‹ ist unsinnig.« Aber wenn das so ist, dann gilt:

Von Sinnesdaten, in dem Sinne dieses Wortes, in dem es undenkbar ist, daß der andere sie hat, kann man aus eben diesem Grunde auch nicht

5a Wittgenstein selbst gebraucht gewöhnlich den Ausdruck »Benehmen«, hier wird jedoch der üblichere Ausdruck »Verhalten« als Übersetzung von *»behaviour«* vorgezogen (d. Ü.).

sagen, daß der andere sie nicht hat. Und aus eben diesem Grund ist es sinnlos zu sagen, daß *ich*, im Gegensatz zum anderen, sie *habe* (*PB* § 61).

Wie wird diese Theorie des »nicht-Besitzens«[6] aufgestellt? Wittgenstein geht mittels eines Vergleichs von »ich habe Zahnschmerzen« und »er hat Zahnschmerzen« vor. Wenn der Terminus »Zahnschmerzen« in den zwei Sätzen eindeutig ist, dann muß es möglich sein, sowohl seine Zahnschmerzen von meinen zu unterscheiden als auch festzustellen, ob er dieselben Zahnschmerzen hat wie ich. Der Solipsist behauptet, daß ein anderer nicht dieselben Zahnschmerzen haben könnte wie er. Was ist hier die Kraft von »könnte nicht«? Meine Zahnschmerzen und seine Zahnschmerzen werden identisch sein, so schlägt Wittgenstein vor, wenn alle Eigenschaften meiner Zahnschmerzen, z. B. die Intensität, der Ort und andere phänomenale Merkmale, auch Eigenschaften seiner Zahnschmerzen sind. Wenn sich das nachweisen läßt, dann haben er und ich die gleichen Zahnschmerzen. Es wird dem Solipsisten nicht helfen zu sagen: »Aber trotz alledem, sein ist sein, und mein ist mein, und natürlich ist das ein Unterschied!« Denn dieser Schritt wandelt den Besitzer eines Erlebnisses um in eine Eigenschaft des Erlebnisses. In diesem Fall aber sagt »ich habe Zahnschmerzen« überhaupt nichts, weil es analytisch ist. Denn »Zahnschmerzen« bedeutet hier nicht mehr als dieses Bündel phänomenaler Züge, von denen einer das »wird von mir gehabt« ist. Wenn es möglich ist, die Identität nachzuweisen, können er und ich also den gleichen Schmerz haben. Aber ist das möglich? Was meint man mit »er hat die gleichen Zahnschmerzen wie ich«? Die Versuchung liegt darin, daß ich das »er hat ...« durch Bezugnahme auf mein Wissen dessen, was in »ich habe ...« involviert ist, zu erklären versuche. Ich weiß, was es bedeutet, daß ich Zahnschmerzen habe, und wenn ich glaube, daß er Zahnschmerzen hat, meine ich also, daß er hat, was ich vorher hatte. Wittgenstein behauptet, daß das nur sinnvoll ist, wenn »Zahnschmerzen haben« nur den kontingenten Besitz einschließt und »Zahnschmerzen« wie »Zündholzschachtel« ein objektives Einzelding benennt. Verhielte es sich so, dann wäre es sinnvoll zu denken, daß er jetzt das hat, was ich vorher hatte, d. h. zu denken, daß die Zahnschmerzen zuerst in einer Relation zu mir und dann in einer Relation zu ihm standen.

6 P. F. Strawson, *Einzelding und logisches Subjekt*, S. 121 ff.

Wenn das so wäre, dann wäre es sinnvoll, daß ich mir seiner Zahnschmerzen bewußt bin, ebenso wie ich den Geldbeutel in seiner Hand wahrnehmen kann, der vorher in meiner Hand war. Diese Annahmen aber sind nicht sinnvoll.

Ähnlich wäre es, wenn es sinnvoll wäre, daß ich Zahnschmerzen habe, die ich nicht fühle, sinnvoll, daß er Zahnschmerzen hat, die ich nicht fühle (*PB* § 62). Dies aber sind keine echten Möglichkeiten; unsere Grammatik läßt Wendungen wie »ich habe Zahnschmerzen, die ich nicht fühle« nicht zu. »Er« und »ich« sind nicht beides Werte derselben Satzfunktion »*X* hat Zahnschmerzen«. »Er« und »ich« sind nicht variierend in »*X* hat Zahnschmerzen, die *X* nicht fühlt« einsetzbar. Wo wir es mit einem unmittelbaren Erlebnis wie Zahnschmerzen zu tun haben, besteht kein Unterschied zwischen »ich habe ...« und »ich fühle ...«. Das Unmittelbare wird direkt mit der Wirklichkeit verglichen, es ist nicht möglich, daß man »es hat« und sich nicht »seiner bewußt« ist.

Wenn wir den Ausdruck »Zahnschmerzen« so auffassen, daß er ein sinnliches Datum, ein unmittelbares Erlebnis bedeutet, dann können Zahnschmerzen nur in dem Sinn im Mund eines anderen auftreten, in dem es logisch möglich ist, Zahnschmerzen im Munde eines anderen zu fühlen. In unserer Grammatik würden wir diese Tatsache nicht durch »ich fühle seine Zahnschmerzen«, sondern durch »ich fühle Zahnschmerzen in seinem Mund« darstellen. Kurz, der Ausdruck »Zahnschmerzen« in »ich habe Zahnschmerzen« und der Ausdruck »Zahnschmerzen« in »er hat Zahnschmerzen« haben verschiedene Bedeutungen. Ich verifiziere »ich habe Zahnschmerzen«, indem ich die Vorstellung der Zahnschmerzen als ein Datum direkt mit der Wirklichkeit vergleiche. Die Verifikation erfordert nicht die Identifikation eines Besitzers. Das »mein« in der Behauptung »ich fühle meine Schmerzen«, die der Solipsist aufstellt, ist ein freilaufender Zahn, denn nichts am Schmerzerlebnis rechtfertigt das »mein«; die erforderliche logische Vielfältigkeit ist im Schmerzgefühl nicht vorhanden. Wenn ich aber sage »*A* hat Zahnschmerzen«, ist die Verifikation vollkommen anders, die Identifikation von *A* geht in die Rechtfertigung der Äußerung ein, und die Vorstellung der Schmerzempfindung als ein Datum wird nur auf dieselbe Weise gebraucht, auf die der Begriff des Fließens gebraucht wird, wenn man vom Fließen des elektrischen Stromes spricht (*PB* § 64). Der Begriff des Fließens des elektrischen Stromes aber wird nicht auf die Weise gebraucht, auf die der Begriff des Fließens eines Flusses gebraucht wird. Der eine wird z. B. durch ein Amperemeter verifiziert, der andere dadurch, daß man die Bewegungen des Wassers relativ zum Flußbett beobachtet. Analog wird bei der Verifikation von »*A* hat Zahnschmerzen« der Begriff »Zahnschmerzen« als ein Sinnesdatum nicht gebraucht.

Aber wenn der Ausdruck »Zahnschmerzen« in »ich habe Zahnschmerzen« und in »er hat Zahnschmerzen« nicht dasselbe bedeutet, haben dann andere überhaupt wirklich Zahnschmerzen? Sind wir durch diese Analyse nicht an die These gebunden, daß andere Leute nie wirklich haben, was ich habe, daß sie nicht wirkliche Zahnschmerzen haben? (M S. 308). Das ist ein Zurückgleiten in den Trugschluß des Solipsisten. Denn die Untersuchung hat solche Sätze als unsinnig erwiesen. Wenn »nicht-*p*« Sinn hat, dann muß auch »*p*« Sinn haben. Zu sagen, daß andere Leute keine Zahnschmerzen haben, setzt daher voraus, daß es sinnvoll ist zu sagen, daß sie Zahnschmerzen haben (*PB* § *65*). Es wurde aber gezeigt, daß es unsinnig ist zu sagen, daß »ein anderer das hat, was ich habe«. Folglich ist es unsinnig zu sagen, daß ein anderer nicht hat, was ich habe. Was ist dann mit der Behauptung gemeint, daß ein anderer Zahnschmerzen hat? Wittgenstein schlägt vor, daß die Behauptung nicht ein Satz im strengen Sinn, sondern eine Hypothese ist. Daher wird sie durch die Verifikation ihrer Symptome bestätigt. Wir stehen unter der Täuschung, daß die zwei Hypothesen, (1) daß andere Leute Zahnschmerzen haben und (2) daß andere Leute sich verhalten, wie ich mich verhalte, wenn ich Zahnschmerzen habe, aber keine Zahnschmerzen haben, verschieden sind. Aber sie können hinsichtlich ihres Sinns identisch sein, wenn wir sie so verstehen, daß sie zwei verschiedene Ausdrucks*formen* enthalten. Die erste Ausdrucksform ist unsere gewöhnliche. Wir sagen tatsächlich von anderen, daß sie Zahnschmerzen haben, wir bemitleiden jemanden, wenn wir aufgrund seines Verhaltens und seiner physischen Verfassung urteilen, daß er Zahnschmerzen hat. Aber unsere philosophische Untersuchung hat uns gezeigt, daß der Ausdruck »Zahnschmerzen« zweideutig ist. Eine alternative Form der Darstellung würde einen eindeutigen Gebrauch des Ausdrucks »Zahnschmerzen« enthalten, demzufolge er nur ein Datum bezeichnen würde. In dieser zweiten Ausdrucksform werden wir die

Hypothese behaupten, daß andere sich verhalten, wie ich mich verhalte, wenn ich Zahnschmerzen habe, aber natürlich (aus analytischen Gründen) keine Zahnschmerzen haben. Würden wir diese Ausdrucksform anwenden, würden wir natürlich von Leuten in mitleidigem Ton reden, die, wie wir sagen würden, keine Zahnschmerzen haben, aber die sich verhalten, wie wir uns verhalten, wenn wir Zahnschmerzen haben. Denn die zwei scheinbar verschiedenen Hypothesen, daß andere Schmerzen haben und daß sie keine haben, sondern sich nur so verhalten, wie ich mich verhalte, wenn ich sie habe, müssen natürlich hinsichtlich ihres Sinns identisch sein, wenn jede mögliche Erfahrung, die die eine bestätigt, auch die andere bestätigt. Denn die Bedeutung einer Hypothese wird durch den Bereich der möglichen Erfahrung gegeben, die sie bestätigt. Da die zwei Hypothesen identische Bestätigungsbereiche haben, sind sie in ihren Bedeutungen identisch.

Wittgensteins Position ist in der Tat die eines Theoretikers des »nicht-Besitzens«. Er legte dar, daß der Ausdruck »ich« zwei Gebrauchsweisen hat; in der einen steht er auf einer Ebene mit »er«, wie in »ich habe eine Zündholzschachtel« oder »ich habe einen schlechten Zahn«, in der zweiten steht er nicht auf einer Ebene mit Eigennamen oder anderen Personalpronomina, z. B. in »ich habe Zahnschmerzen«, läßt sich aber zugunsten der Form »hier gibt es Zahnschmerzen« eliminieren (M S. 308 ff.). Trotzdem ist seine Lehre, obwohl sie an schwerwiegenden Mängeln leidet, nicht derjenigen Kritik ausgesetzt, die Strawson gegen seine rekonstruierte Version der Theorie des nicht-Besitzens vorbringt. Nach Strawsons Version der Theorie behauptet ihr Vertreter, daß, während der Satz »Alle meine Erfahrungen werden vom Körper *K* gehabt$_1$ (d. h. hängen kausal von ihm ab)« kontingent wahr ist, die scheinbar notwendige Wahrheit »Alle meine Erfahrungen werden von einem Ego *E* gehabt$_2$ (besessen)« das Ergebnis einer Täuschung ist. Denn sowohl *E* als auch Haben$_2$ sind Pseudobegriffe. Strawson weist richtig darauf hin, daß diese Behauptung inkohärent ist, denn der Theoretiker des nicht-Besitzens macht sich gerade den angeblich illegitimen Sinn von Besitz (Haben$_2$) beim Vorbringen seiner Argumente für seine Illegitimität zunutze. Indem er erklärt, daß das Ego eine Täuschung ist, muß er aussagen, was er als die kontingente Wahrheit betrachtet, die die Quelle der Täuschung ist, nämlich »Alle *meine* Erlebnisse sind Erlebnisse, die der Körper *K* hat₁«. Jeder Versuch aber, das »mein« aus der Aussage zu eliminieren, würde in etwas resultieren, das nicht kontingent wahr ist: »Z. B. wäre es schlicht falsch zu sagen, *alle* Erlebnisse seien kausal vom Zustand eines einzigen Körpers *K* abhängig«[7]. In Wittgensteins positivistischer Version der Theorie des nicht-Besitzens – ebenso wie in der Schlicks – ist jedoch der Satz, daß alle unmittelbaren Erlebnisse von einem einzigen Körper *K* gehabt werden, im Munde von *K* durchaus nicht »schlicht falsch«. Er ist schlicht wahr, obwohl er, wie das nachdrückliche Hervorheben der Möglichkeit, daß der Schmerz in einem anderen Körper auftritt, zeigt, nur kontingent wahr ist. »Die Erfahrung lehrt uns«, schrieb Schlick, »daß alle unmittelbaren Daten auf irgendeine Weise von denjenigen Daten abhängen, die das konstituieren, was ich ›meinen Körper‹ nenne[8].« Das unmittelbare Erlebnis, das auf diese Weise von *K* abhängt, ist, so betont Schlick, absolut neutral, oder wie er mit einem Wittgenstein-Zitat sagt, »unmittelbare Daten haben keinen Besitzer«. Soweit befinden sich, wie die obige Erörterung zeigt, Schlick und Wittgenstein in Übereinstimmung und sind immun gegen die Kritik, für die Strawsons Rekonstruktion empfänglich ist. Das unmittelbare Erlebnis wird kontingenterweise von mir, d. h. von *K*, $gehabt_1$, und »$gehabt_2$« ist ein Pseudobegriff.

Der Preis, der für dieses positivistische Unternehmen bezahlt wird, ist hoch. Wie ist die Kommunikation möglich? Wie kann ich verstehen, was du meinst, wenn du sagst »ich habe Schmerzen«? Schlick berührte in »Meaning and Verification« die Frage nicht einmal. Wittgenstein jedoch sah ihr offen ins Gesicht. Sowohl in den Aufzeichnungen von Waismann (*WWK* S. 49 f.) wie in den *Bemerkungen* (*PB* § 58) erklärt Wittgenstein seine Position so: Man kann, so schlägt er vor, viele verschiedene Sprachen konstruieren, so daß in jeder von ihnen eine bestimmte Person das Zentrum ist. Das Zentrum würde in seiner Sprache »Es gibt Schmerzen« anstelle von »Ich habe Schmerzen« sagen. Wenn andere Schmerzen haben, wird das dadurch ausgedrückt, daß man sagt: »Sie verhalten sich, wie das Zentrum sich verhält, wenn es Schmerzen gibt.« Man könnte sich in der Tat einen orientalischen Despoten vorstellen, der jeden zwingen würde, die Sprache zu

7 Strawson, a. a. O., S. 124.
8 M. Schlick, »Meaning and Verification«, in Feigl und Sellars, a. a. O., S. 162.

sprechen, in der er allein das Zentrum ist. In einem solchen Fall würde eine von dem Despoten verschiedene Person *A* ihre Schmerzen dadurch ausdrücken, daß sie sagt »*A* verhält sich wie das Zentrum, wenn es Schmerzen gibt«. Wittgenstein führt aus, daß eine solche monozentrische Sprache klarerweise verständlich und eindeutig ist; ferner kann eine solche Sprache jeden Beliebigen als Zentrum haben. Schließlich lassen sich zwei derartige Sprachen jeweils ineinander übersetzen. Der Satz in *L1*, daß es Schmerzen gibt, ist zu dem Satz in *L2*, daß *Z1* sich verhält, wie *Z2* sich verhält, wenn es Schmerzen gibt, äquivalent. Unsere Sprache setzt sich in der Tat aus ebensovielen gleichgestaltigen, ineinander übersetzbaren, monozentrischen Sprachen zusammen, wie es Sprecher gibt. Wittgenstein fügt einen weiteren Punkt hinzu, in dem der Schatten seines früheren transzendentalen Solipsismus immer noch offensichtlich ist:

Von allen den Sprachen nun, die verschiedene Menschen als Zentrum haben und die ich alle verstehe, hat die, welche mich zum Zentrum hat, eine Sonderstellung. Sie ist besonders adäquat. Wie kann ich das ausdrücken? D. h., wie kann ich ihren Vorzug korrekt in Worten darstellen? Das ist nicht möglich. Denn tue ich's in der Sprache, die mich zum Zentrum hat, dann ist die Ausnahmestellung der Beschreibung dieser Sprache in ihren eigenen Termini kein Wunder, und in der Ausdrucksweise einer andern Sprache nimmt meine Sprache durchaus keine Sonderstellung ein. – Die Sonderstellung liegt in der Anwendung, und wenn ich diese Anwendung beschreibe, so kommt dadurch die Sonderstellung wieder nicht zum Ausdruck, weil die Beschreibung von der Sprache abhängt, in der sie gegeben wird. Und welche Beschreibung nun *das* meint, was ich im Sinne habe, hängt wieder von ihrer Anwendung ab. (*PB* § 58).

Die Anwendung der Sprache ist die Weise, auf die sie an die Wirklichkeit angelegt wird. Die Sonderstellung jeder monozentrischen Sprache gegenüber ihrem Zentrum liegt darin, daß sie für ihre Verifikation direkt mit dem unmittelbaren Erlebnis verglichen wird. Da das unmittelbare Erlebnis in jeder gegebenen Sprache *L* unik und unvergleichlich ist und da sich verschiedene Sprachen nur in ihrer Anwendung unterscheiden, ist alles, was sich über sie ausdrücken läßt, ihre Äquivalenz, und daß sie unik sind, läßt sich nicht ausdrücken.

Mit dieser philosophischen Beschreibung stimmt einiges nicht. Wittgensteins ausgearbeitete Dialektik – besonders in den *Philosophischen Untersuchungen* – entwirrt die Knoten in dem Argumentationsfaden mit vollendeter Fertigkeit. Daher soll die ausführliche Kritik dieser Position aufgeschoben werden, bis wir zur Untersuchung seiner späteren kritischen Ansichten über den Solipsismus und Privatsprachen kommen, wo der methodische Solipsismus explizit oder implizit als inkohärent erwiesen wird. Es lohnt sich jedoch, einige der hervortretenden Bindungen der Theorie explizit zu machen. Erstens ist klar, daß es trotz gegenteiligen Anscheins nicht so etwas wie eine gemeinsame intersubjektive Sprache gibt. Jeder Sprecher besitzt seine eigene Privatsprache, obwohl sie natürlich als ineinander übersetzbar gedacht werden. Zweitens erfordert die Annahme der wechselseitigen Übersetzbarkeit einen psycho-physischen Parallelismus. Denn wenn der Satz in L_1 »es gibt Schmerzen« extensional äquivalent zu »Z_1 verhält sich wie Z_2, wenn es Schmerzen gibt« in L_2 sein soll, dann muß es allgemein eine einheitliche Zuordnung zwischen Verhalten und unmittelbarem Erlebnis geben. Drittens schreibt man in der gewöhnlichen Sprache nie auf legitime Weise ein eindeutiges Erlebnisprädikat sowohl sich selbst als auch anderen zu. Alle Erlebnisprädikate sind in der normalen Rede zweideutig. Schließlich kann ich, wenn *A* sagt »ich habe Schmerzen« (in gewöhnlicher Sprache), streng genommen nicht verstehen, was er meint. Vielmehr muß ich seine Äußerung als ein Zeichen statt als ein Symbol auffassen, als ein Symptom für »*A* hat Schmerzen«.

Aus Moores Aufzeichnungen der Vorlesungen Wittgensteins in den Jahren 1930–33 scheint es, daß Wittgensteins Grund für das Aufgeben seiner Position anfangs das Wesen dessen war, was er »echte Sätze« genannt hatte. Beschreibungen des »Unmittelbaren« werden als Paradigmata von Sätzen verstanden, insofern sie definitiv und direkt durch Vergleich mit der Wirklichkeit verifizierbar sind. In seinen Vorlesungen von 1932–33 aber zeigte er auf, daß phänomenologische Sätze überhaupt nicht verifizierbar sind. Es ist nicht sinnvoll zu fragen, wie der Satz »ich habe Zahnschmerzen« verifiziert wird. »Wie weißt du, daß du Zahnschmerzen hast?« ist eine unsinnige Frage. Die zwei gewöhnlichen Unternehmen derjenigen, die die Pseudofrage als eine echte Frage mit einer trivialen Antwort auffassen, sind fehlgeleitet. Die Antwort »ich weiß, daß ich Schmerzen habe, weil ich sie fühle« ist leer, weil »ich fühle Schmerzen« und »ich habe Schmerzen« dieselbe Bedeutung haben. Die Antwort »ich weiß es durch Inspektion«

ist falsch, weil sie irrtümlicherweise ein Wahrnehmungsmodell des inneren Sinns nahelegt. Ich kann nicht hinschauen und sehen, ob ich Schmerzen habe. Auf diese erste Einsicht geht, so scheint es, viel von der späteren Auffassung der Irrtümer des Solipsismus und Idealismus zurück. Denn im *Blauen Buch*, das in den Jahren 1933–34 verfaßt wurde, hat Wittgenstein seine Position bereits wesentlich gefestigt. Der verifikationistische Konstruktivismus ist durch den neuen kriteriellen Konstruktivismus ersetzt und der methodische Solipsismus vollständig aufgegeben. Wittgensteins Neuformulierung der mißlichen Lage des Solipsisten ist umfassend und selbstsicher. Ihr werden wir uns zuerst zuwenden, ehe wir seine ausführliche Widerlegung des Solipsismus in den Schriften nach 1933 untersuchen.

3. Die missliche Lage des Solipsisten: eine Neuformulierung und zweite Diagnose

Solipsismus, Idealismus und Realismus sind, so behauptet Wittgenstein, alles metaphysische Theorien. Der Solipsismus und der Idealismus, die sich vergeblich bemühen, das Wesen der Welt zu erhellen, Licht auf das Wesen der Wirklichkeit und unsere Erfahrung von ihr zu werfen, laufen gewaltsam dem *common sense* entgegen. Der Realismus versteht sich als die Philosophie des *common sense*, indem er vorgibt, die Meinungen des *common sense* durch philosophische Argumente gegen den idealistischen und solipsistischen Angriff zu verteidigen. Dieser Philosoph des *common sense* ist jedoch ebensoweit vom *common-sense*-Verständnis entfernt wie der Solipsist und der Idealist (*BB* S. 80). Der Solipsist und der Idealist spüren ein Problem. Natürlich, sie mißverstehen es, und die Lösung, die sie anbieten, ist ein Auswuchs ihres Mißverständnisses. Der Realist (oder – unter diesem Namen ist dieser gängige Charakter besser bekannt – der »naive Realist«) löst die Probleme nicht, über die der Solipsist und der Idealist stolpern. Da er sie nicht richtig versteht, läßt er sie unbeachtet. Der Solipsist versteht nicht, wie es möglich ist, daß ein anderer Erlebnisse haben kann. Die naive Antwort des Realisten besteht in der Behauptung, daß hierin überhaupt keine Schwierigkeit liege: daß ein anderer ein Erlebnis habe, bedeute, daß er das habe, was ich habe, wenn ich ein Erlebnis habe. Das hält er für eine *common-sense*-Antwort auf die mißliche Lage. Aber der *common sense* ist nicht die Philosophie, und eine Philosophie des *common sense* ist schlechte Philosophie. Der naive Realist sieht den Punkt nicht einmal, den der Solipsist sieht, daß nämlich der innere Sinn uns nicht mit einem Identitätskriterium versieht, das es verständlich machen würde, daß man anderen Erlebnisse zuschreibt. Diejenige Erklärung mittels der Identität, die der Realist vorschlägt, kann nicht auf diese Weise funktionieren. Der wirkliche *common sense* würde dem Solipsisten mit Fragen antworten wie »Warum sagst du uns das, wenn du nicht glaubst, daß wir es wirklich hören können?« (*BB* S. 95), oder würde wie Johnson einen Stein kicken, um den Idealismus zu widerlegen (M S. 311). Der *common sense* gerät ins Schwimmen, wenn er sich der Philosophie zuwendet. Die Verwirrung des Philosophen läßt sich durch keine Information auflösen, die der *common sense* beibringen kann. Die Neuformulierung von *common-sense*-Ansichten über die Welt wird den Philosophen nicht von seiner Schwierigkeit bei der Aufdeckung der begrifflichen Gliederungen befreien, die diese Ansicht möglich machen.

Weder der Solipsist noch der Idealist behauptet, daß seine Thesen empirisch sind (M S. 311). Es gibt keinen Hinweis darauf, daß sie mittels der gewöhnlichen Kriterien des inneren Erlebnisses herausgefunden haben, daß jeder, der sagte »ich habe Schmerzen«, geschwindelt hat (*BB* S. 92). Der Solipsist ist mit uns über keinerlei *praktische* Tatsachenfrage uneinig. Er sagt nicht, daß wir simulieren, wenn wir über Schmerzen klagen, und er bemitleidet uns ebensosehr wie jeder andere (*BB* S. 96). Trotzdem hat der Solipsist den Eindruck, daß seine Thesen auf eine Weise zum wahren Wesen der Dinge vordringen, auf die unsere Thesen das nicht tun. Wenn er behauptet, daß man nicht die Schmerzen eines anderen haben kann, hat er verständlicherweise den Eindruck, daß seine Behauptung, obwohl sie nicht kausal und daher nicht eine Sache der Psychologie oder Physiologie ist, doch das Wesen des Schmerzes betrifft:

Es scheint, als ob es nicht falsch, sondern unsinnig wäre zu sagen »ich fühle seine Schmerzen«, und als ob das aufgrund des Wesens des Schmerzes, der Person usw. so wäre. So daß die Behauptung schließlich doch eine Behauptung über das Wesen der Dinge wäre.
So sprechen wir vielleicht von einer Asymmetrie in unserer Ausdrucks-

weise und betrachten das als ein Spiegelbild des Wesens der Dinge (NFL S. 277).

Ist das Gespinst der intellektuellen Täuschung einmal gesponnen, kann der Solipsist für seine metaphysischen Ansichten sogar eine gewisse Erfahrungsbasis finden. Wittgenstein bringt, wobei er auf seine jüngeren Tage zurückkommt, die Verwirrungen des Solipsismus immer wieder mit dem Phänomen des Starrens in Zusammenhang, z. B.:

Demnach könnten wir wohl versucht sein zu sagen »Nur dieses wird wirklich gesehen«, wenn wir in eine unveränderliche Umgebung starren, während wir vielleicht nicht versucht wären das zu sagen, wenn wir uns während des Gehens umsehen (*BB* S. 105, Abweichungen von dt. Übers.).

Im geeigneten Gemütszustand wird dieser verwirrte Metaphysiker sich veranlaßt fühlen zu sagen »Das ist es, was wirklich gesehen wird« und wird dabei nicht auf die materiellen Gegenstände, die er sieht, sondern auf sein Gesichtsfeld zeigen. Manchmal scheint, so schlägt Wittgenstein vor, der befriedigendste Ausdruck seines Standpunkts der Satz zu sein: »Wenn irgend etwas gesehen (wirklich *gesehen*) wird, dann bin immer ich es, der es sieht« (*BB* S. 98). Nicht nur gibt das Starren das Gefühl, daß die Wirklichkeit gleichsam durchsichtig ist, daß, wie Wittgenstein es in den *Bemerkungen* ausdrückte (*PB* § 54), die *einzige* Wirklichkeit die Erfahrung des gegenwärtigen Augenblicks ist, es liegt diesem Gefühl auch die Ansicht zugrunde, daß das, was man mit einem Erlebnisprädikat, z. B. »Zahnschmerzen«, »Schmerzen« oder »sehen« (NFL S. 276, *PU* § 293, NFL S. 287 ff.) meint, wesentlich privat ist. Der Solipsist zwingt sich in die Position, sagen zu müssen, daß das, was diesen Wörtern ihre Bedeutung gibt, etwas ist, was nur er hat, und wovon es undenkbar ist, daß jemand anderer es hat; und daher kann er nicht verstehen, daß andere Erfahrungen haben können, da er,

um herauszubringen, was *die* Beziehung zwischen Namen und Benanntem ist, auf einen Gegenstand vor sich starrt und dabei unzählige Male einen Namen wiederholt, oder auch das Wort »dieses« (*PU* § 38).

Indem er fest starrt, veranlaßt er sich zu sagen »Nur *ich* habe DIESES« (*PU* § 398), »Ich *bin* in einer begünstigten Stellung. Ich bin das Zentrum der Welt« (NFL S. 299) oder »Ich bin das Gefäß des Lebens« (*BB* S. 103), obwohl es, wenn diese Ausdrücke

seiner Lehre ihn befriedigen sollen, wesentlich ist, daß nicht nur andere ihn nicht verstehen, sondern daß es logisch unmöglich – sinnlos – sein muß zu sagen, daß sie ihn verstehen.
Was stimmt hier nicht? Wenn die Uneinigkeit unter unseren Metaphysikern nicht die Tatsachen betrifft, dann betrifft sie die Notation oder Grammatik, mittels derer die Tatsachen dargestellt werden. Der Solipsist verlangt in Wirklichkeit eine andere Form der Darstellung, und sein Einwand ist, daß unsere gegenwärtige Notation inadäquat ist. Seine Behauptung, daß nur seine eigenen gegenwärtigen Zahnschmerzen wirkliche Zahnschmerzen sind, läuft auf die Empfehlung hinaus, daß wir anstelle von »Soundso (der Solipsist) hat wirkliche Zahnschmerzen« sagen sollten »Es gibt wirkliche Zahnschmerzen«. Natürlich könnten wir das tun; allerdings müßten wir, wenn wir es tun würden, eine neue Methode zur Kennzeichnung der Unterscheidung zwischen wirklichen und simulierten Schmerzen finden (*BB* S. 96). Der Solipsist übersieht zwei entscheidende Punkte. Erstens, daß sich durch die neue Notation nichts ändern läßt (*BB* S. 93). Zweitens, daß er sich täuscht, wenn er denkt, daß die neue Notation, die er vorschlägt, eine besondere metaphysische Rechtfertigung besitzt, die im Wesen der Dinge liegt. Die Grammatik besitzt keine Rechtfertigung im Wesen dessen, was sie beschreibt, und das Wesen dessen, was von der Grammatik beschrieben wird, ist selbst nur eine Widerspiegelung der Grammatik. Wittgenstein macht die erste Feststellung mittels einer Fregeschen Metapher[9]. Er vergleicht den Solipsisten mit jemandem, der die Grenzen der Grafschaften eines Landes neu ziehen will. Dieser Pseudogeograph aber sagt nicht etwa »Ist es nicht absurd, *dies* zu einer Grafschaft zu machen, die Grafschaftsgrenzen *hier* zu ziehen?« und gibt uns pragmatische Gründe dafür, sondern macht seine Feststellung ganz anders. Er erklärt leidenschaftlich, daß die *wirkliche* Grafschaft von z. B. Devonshire nicht dort ist, wo die konventionellen Grenzen liegen, sondern anderswo, wo er sie ziehen möchte. Er denkt, daß er seine Konvention durch Bezug auf ihre Wahrheit in der Wirklichkeit der Dinge rechtfertigen kann. Aber die Grammatik ist autonom. Wir könnten dem Pseudogeographen antworten, daß man durch eine neue Notation zwar vielleicht administrative Tatsachen, aber

9 Siehe Frege, *Die Grundgesetze der Arithmetik*, S. XIII.

jedenfalls keine geographischen Tatsachen ändert. In den *Untersuchungen* klärt Wittgenstein seinen Punkt weiter:

Du deutest die neue Auffassung als das Sehen eines neuen Gegenstands. Du deutest eine grammatische Bewegung, die du gemacht hast, als quasiphysikalische Erscheinung, die du beobachtest. (Denk z. B. an die Frage »Sind Sinnesdaten der Baustoff des Universums?«)
Aber mein Ausdruck ist nicht einwandfrei: Du habest eine grammatische Bewegung gemacht. Du hast vor allem eine neue Auffassung gefunden. So, als hättest du eine neue Malweise erfunden; oder auch ein neues Metrum, oder eine neue Art von Gesängen. – (*PU* § 401).

Was der Solipsist vorschlägt, ist in Wirklichkeit eine neue Form der Darstellung. Sein Fehler ist zweifach. Erstens glaubt er, daß die Grammatik durch Bezug auf das gerechtfertigt wird, was sie abbildet. Zweitens ist er sich der Art seines Vorschlags nicht wirklich bewußt. Daher denkt er, daß er eine Entdeckung über das Wesen der Welt gemacht hat, die in einem bestimmten Sinn dem widerspricht, was unserer Auffassung nach der Fall ist. Unzufrieden mit unserer Form der Darstellung der Erfahrung und ihrer Gegenstände schlagen der Solipsist und der Idealist Fragmente einer alternativen Form der Darstellung vor. In ihrer Verwirrung behandeln sie jedoch die Sätze ihrer neuen Grammatik, z. B. den Satz »es gibt wirkliche Zahnschmerzen«, dessen Äußerung nur dann gerechtfertigt ist, wenn der Solipsist Zahnschmerzen hat, so, als ob sie zu unserer konventionell akzeptierten Grammatik gehörten. In unserer Grammatik aber wird der Gedanke des Solipsisten durch »*S* (der Solipsist) hat Zahnschmerzen« ausgedrückt. Der Solipsist (insbesondere der methodische Solipsist) könnte auf die (Vorstellung der) Backe des Mannes zeigen, der sagt, daß er Zahnschmerzen hat, und sagen »Es gibt hier keine Zahnschmerzen«. In unserer Grammatik wird das durch die Aussage »Ich habe hier keine Zahnschmerzen« ausgedrückt (NFL S. 308). Das einzige, was sich durch eine Änderung der Notation ändert, ist die Art und Weise, wie man die Welt sieht.
Der Schall und Wahn der metaphysischen Kontroversen, der die Zeiten durchzieht, kommt weitgehend vom Verjagen von Schatten:

Denn so sehen ja die Streitigkeiten zwischen Idealisten, Solipsisten und Realisten aus. Die einen greifen die normale Ausdrucksform an, so als griffen sie eine Behauptung an; die anderen verteidigen sie, als konstatierten sie Tatsachen, die jeder vernünftige Mensch anerkennt (*PU* § 402).

4. Die Widerlegung

Wittgensteins wichtigstes Argument gegen den Solipsismus im besonderen und den Idealismus im allgemeinen ist sein Argument gegen die Möglichkeit einer Privatsprache. Dieses untergräbt sowohl den eigentlichen Solipsismus als auch den methodischen Solipsismus, ebenso wie es den Idealismus so gut wie den sprachlichen Phänomenalismus widerlegt. Im Verlaufe seiner zahlreichen Auseinandersetzungen mit den Problemen der Metaphysik der Erfahrung arbeitete Wittgenstein jedoch eine Vielzahl von Argumenten aus. Die ausführliche Erörterung des Privatsprachenarguments soll noch eine Weile aufgeschoben werden, und ich werde nun versuchen, Wittgensteins Argumente zur Widerlegung des Solipsismus zu vergleichen. Da diese Argumente verschiedenen Perioden seines Denkens entstammen, enthält dieser Vergleich ein gewisses, wenn auch hoffentlich nicht ungebührliches Ausmaß an Künstlichkeit.

Wie wir bereits gesehen haben, gab Wittgenstein verschiedene treffende Formulierungen des Solipsismus. Drei davon lauten, in der Reihenfolge zunehmender Atomizität angegeben, wie folgt: (1) Immer, wenn etwas wirklich gesehen wird, dann bin immer ich es, der es sieht (*BB* S. 98). (2) Die einzige Wirklichkeit ist *meine* gegenwärtige Erfahrung (M S. 311). (3) Immer, wenn etwas gesehen wird, ist es *dieses*, was gesehen wird (*BB* S. 103). Wittgensteins Strategie besteht darin, jedes einzelne Element dieser Formeln zu untersuchen, um Schwächen zu entdecken, und letztlich zu beweisen, daß die Anwendung dieses Elements, wenn sie verständlich sein soll, die Existenz einer Reihe von Bedingungen voraussetzt, die der Solipsist zurückweist. Daher ist sein Gebrauch des betreffenden Satzes illegitim. Ich werde seine Analyse in der folgenden Reihenfolge darstellen: erstens, mit welchem Recht gebraucht der Solipsist in seiner Behauptung, daß nur seine Erfahrung des gegenwärtigen Augenblicks wirklich ist, den Terminus »gegenwärtig«? Zweitens, hat der Solipsist, den Rahmen seines Denkens gegeben, einen Anspruch darauf, das Personalpronomen »ich« so zu gebrauchen, wie er es tut? Drittens, wenn der Solipsist sagt, daß doch er *dies hat,* welches ist die Art und Weise des »Habens«? Viertens, was mit den ersten drei Punkten zusammenhängt, ist seine These, daß *immer* er es ist, der sieht, was auch immer gesehen wird, verständlich? Fünftens, wenn der Solipsist vom *Erleb-*

nis spricht, sei es Sehen, Zahnschmerzen oder Schmerzen, ist das, seine grundsätzlichen Voraussetzungen gegeben, ein sinnvoller Terminus? Sechstens, wenn der Solipsist hinweisend auf sein Wahrnehmungsfeld deutet, um die »Wirklichkeit« anzuzeigen, was tut er da wirklich?

(1) *Die Bedingung der Zeitlichkeit*: Wittgensteins erster Punkt wird nachdrücklich in den Aufzeichnungen von Waismann (*WWK* S. 107) und in den *Bemerkungen* § 54 vorgebracht. Das geschieht kurz und ohne große Argumentation. Der Satz »Nur die Erfahrung des gegenwärtigen Augenblicks ist wirklich« scheint, so bemerkt Wittgenstein, die letzten Konsequenzen des Solipsismus zu enthalten. Wieso das? Der Argumentationsstrang muß hierbei vom naiven Realismus zum Idealismus, vom Idealismus zum Solipsismus und vom gewöhnlichen Solipsismus zu einem Solipsismus des nicht-Besitzens und zugleich des gegenwärtigen Augenblicks verlaufen. Aber welcher Gegensatz wird in dieser Formulierung der letzten Konsequenz des Solipsismus vom Solipsisten durch seinen Gebrauch des Ausdrucks »gegenwärtig« markiert? Nicht, daß ich heute morgen nicht aufgestanden bin, entgegnet Wittgenstein; auch nicht, daß das, woran ich mich im gegenwärtigen Augenblick nicht erinnern kann, unwirklich ist. Das Wort »gegenwärtig«, wie es vom Solipsisten angewandt wird, ist redundant; es steht nicht im Gegensatz zu Vergangenheit und Zukunft. Wittgenstein versucht seinen Gedanken durch zwei seiner Lieblingsmetaphern auszudrücken. Im Munde des Solipsisten ist »gegenwärtig« nicht etwas, das innerhalb eines Raumes ist, wie es der Fall wäre, wenn es für Vergangenheit und Zukunft Platz machen würde, sondern ist etwas, das selbst ein Raum ist. »Gegenwärtig« bezeichnet für den Solipsisten nicht einen Punkt in einem System von Ereignissen, die in einer zeitlichen Relation zueinander stehen. In der Tat schließt die Behauptung des Solipsisten gerade aus, daß irgendwelche anderen möglichen Punkte im »Zeitraum« potentiell wirklich sind. Daher ist der Terminus redundant, er bedeutet nichts.

Die zweite Metapher, die Wittgenstein gebraucht, ist die des Filmprojektors oder der *laterna magica*. Er drückte das folgendermaßen aus:

Die Gegenwart, von der wir hier reden, ist nicht das Bild des Filmstreifens, das gerade jetzt im Objektiv der Laterne steht, im Gegensatz zu den Bildern vor und nach diesem, die noch nicht oder schon früher dort waren; sondern das Bild auf der Leinwand, das mit Unrecht gegenwärtig genannt würde, weil »gegenwärtig« hier nicht zum Unterschied von vergangen und zukünftig gebraucht wird. Es ist also ein bedeutungsloses Beiwort (*PB* § 54).

Die Metapher tritt, soweit man aus seinen veröffentlichten Schriften sagen kann, zum erstenmal in seinen Gesprächen mit Waismann im Jahr 1929 auf (*WWK* S. 50). Er gebrauchte sie in den frühen und mittleren 30er Jahren häufig, um die Verwirrungen des Idealismus zu erhellen[10]. Es ist sinnvoll, auf dasjenige Einzelbild des Films, das im Augenblick im Objektiv steht, als auf das »gegenwärtige« zu referieren; denn es hat »Nachbarn«. Es gibt frühere und spätere Einzelbilder. Das Bild auf der Leinwand aber läßt sich nur in Beziehung auf die reihenweise in einer Relation stehenden Einzelbilder auf dem Filmstreifen auf der Spule als »das gegenwärtig projizierte Bild« verstehen. Unabhängig von dem Film auf der Spule ist der Film auf der Leinwand – um die beiden Metaphern zu verbinden – nicht in einem Raum.

Metaphern sind kein Ersatz für eine durchgehende Argumentation, es ist jedoch interessant, wie nahe diese Metaphern einer der meisterhaften Zurückweisungen des Idealismus stehen, die eine fast ebenso gedrängte Erörterung darstellt. Ich meine natürlich Kants »Widerlegung des Idealismus«. Besonders die Analogie mit der *laterna magica* scheint geeignet, Kants Punkt zu veranschaulichen:

Denn alle Bestimmungsgründe meines Daseins, die in mir angetroffen werden können, sind Vorstellungen und bedürfen als solche selbst ein von ihnen verschiedenes Beharrliches, worauf in Beziehung der Wechsel derselben, mithin mein Dasein in der Zeit, darin sie wechseln, bestimmt werden könne[11].

Es ist verwirrend, daß Wittgenstein seinen Angriff auf die Bedingung der Zeitlichkeit als einen Teil seiner Widerlegung des Solipsismus in seinem späteren Werk scheint fallengelassen zu haben.

(2) *Die Bedingungen der Identität der Person*: Immer, wenn etwas wirklich gesehen wird, dann bin, so behauptet der Solipsist, immer ich es, der es sieht. Aber auf *was* referiert der Solipsist, wenn er sagt »immer *ich*«? Wittgenstein antwortet für den Solipsisten, und er stellt eine Entgegnung bereit:

10 Siehe M S. 310; NFL S. 297 und *BB* S. 113, wo er die Wendung »Nachbarn haben« gebraucht, jedoch ohne die ursprüngliche Filmmetapher.

11 Kant, *Kritik der reinen Vernunft*, B XL Anm.

Ich bin versucht zu sagen: Es scheint zumindest eine Erfahrungstatsache zu sein, daß sich an der Quelle des Gesichtsfelds meistens ein kleiner Mann mit grauen Flanellhosen befindet, in der Tat L. W. – Darauf könnte jemand antworten: Es stimmt, du trägst fast immer graue Flanellhosen und schaust oft auf sie (NFL S. 298)[12].

Natürlich ist das »ich« des Solipsisten nicht so gemeint, daß es auf sein empirisches Ich referiert. Er könnte auf diese Zurückweisung antworten, indem er sagt: »Obwohl ich mit dem Wort ›ich‹ nicht L. W. meine, wird dieses Wort genügen, wenn die anderen das Wort ›ich‹ so verstehen, daß damit L. W. gemeint ist, wenn ich gerade jetzt tatsächlich L. W. bin« (*BB* S. 103, Abweichungen von der dt. Übers.). Was meint er dann? Er müht sich vergeblich ab auszudrücken, was ihm so entscheidend erscheint: »Sicherlich ... muß ich, wenn ich offen sein soll, sagen, daß ich etwas habe, was niemand hat. Aber wer ist ich?« (NFL S. 283). Die Schwierigkeit des Solipsisten ist, daß nichts in seinem Wahrnehmungsfeld ihm eine Verbindung zwischen dem, was gesehen (oder gehört oder gefühlt) wird, und einer Person liefert. Wenn es *dies* ist, was er sieht, ist es auch dies, was *simpliciter* gesehen wird. Wie kann er die Verbindung zwischen dem uniken Ich und dem, was gesehen wird, herausbringen, wenn »die Vorstellung einer Person nicht in das Gesehene eingeht« (M S. 309)? Es gibt keine Möglichkeit, wie der Solipsist sich ausdrücken könnte, es sei denn durch zunehmend bildhafte und eindrucksvolle (Schopenhauersche) Beschreibungen seines Gefühls, unik zu sein: »Aber ich *bin* in einer begünstigten Stellung. Ich bin das Zentrum der Welt« (NFL S. 299). Diese Begünstigung aber gehört dem geometrischen Auge, nicht dem physischen Auge. Die anscheinende unike Stellung ist formal; sie gehört, wie Kant es ausgedrückt haben könnte, zum »Bewußtsein überhaupt«.

Die Schwierigkeiten, die speziell diesen Knoten verursachen, in den der Solipsist sich hinsichtlich des »ich« verwickelt hat, sind ein und dieselbe Reihe von Schwierigkeiten, die ihn und die Skeptiker hinsichtlich der Existenz des Bewußtseins anderer geneigt machen zu sagen: »Wir können nie wissen, ob das, was ein anderer ›blau‹ nennt, dasselbe wie das ist, was wir ›blau‹ nennen« (*BB* S. 96). Dem Skeptiker erscheint dies als die Grenze des Erkennbaren; die

12 Vgl. Frege, »Der Gedanke«, in *Logische Untersuchungen*, hrsg. von G. Patzig, Göttingen 1966, S. 46.

menschliche Erkenntnis kann so weit und nicht weiter reichen. Aber was die Grenzen der Erkenntnis zu markieren scheint, steckt, wie wir gesehen haben, in Wirklichkeit die Grenzen des Sinns ab. Denn »wissen, was er sieht« bedeutet, wenn der Solipsist es ausspricht, »sehen, was er sieht«[13], und »sehen, was er sieht« bedeutet »für ihn sehen«, d. h. seine visuellen Erlebnisse haben. Das aber ist nicht möglich. Es ist jedoch nicht wegen der Schwäche des menschlichen Verstandes unmöglich, sondern weil der Ausdruck »das Erlebnis eines anderen haben« unverständlich ist. Nicht einmal Gott kann in *diesem* Sinn sehen, was ich sehe.

Eine der Wurzeln der Verwirrung liegt, so legte Wittgenstein im *Blauen Buch* dar, in der Grammatik des Wortes »ich« (*BB* S. 106). Er unterscheidet zwischen dem Gebrauch von »ich« als Objekt (z. B. ich habe den Arm gebrochen; ich bin zehn Zentimeter gewachsen; ich habe eine Beule auf der Stirn) und dem Gebrauch von »ich« als Subjekt (z. B. ich sehe so-und-so; ich höre so-und-so; ich versuche den Arm zu heben; ich denke, es wird regnen; ich habe Zahnschmerzen)[14]. Der hervortretende Zug des Gebrauchs von »ich« als Subjekt ist, daß es immun gegenüber einem Irrtum durch eine falsche Identifikation des Subjekts ist. Wenn ich mit Aufrichtigkeit sage, daß ich sehe oder höre, denke oder Zahnschmerzen habe, ist es nicht möglich, daß ich das Sehen, Hören, Denken oder die Zahnschmerzen richtig identifiziert habe (oder zu prädizieren berechtigt bin), aber fehlgehe, wenn ich denke, daß ich es bin, der sieht, hört, denkt oder Zahnschmerzen hat (d. h. nicht gerechtfertigt bin, es von mir selbst zu prädizieren). Der Solipsist wird von der Tatsache getäuscht, daß wir das Gefühl haben, daß

wir in den Fällen, in denen »ich« als Subjekt gebraucht wird, es nicht gebrauchen, weil wir eine bestimmte Person an ihren körperlichen Merkmalen erkennen; und daraus entsteht die Täuschung, daß wir dieses Wort gebrauchen, um auf etwas Körperloses zu referieren (Abweichung von der dt. Übers.), das jedoch seinen Sitz in unserem Körper hat. In der Tat scheint *dieses* das eigentliche Ich zu sein, – das, von dem gesagt wurde »Cogito, ergo sum« (*BB* S. 110).

13 Z. B. Hume: »Angenommen, wir könnten deutlich in die Brust eines anderen sehen und jene Aufeinanderfolge von Wahrnehmungen beobachten, die sein Bewußtsein konstituiert . . .«, *Treatise of Human Nature,* I. iv. 6.

14 Siehe S. Shoemaker, »Self-Reference and Self-Awareness«, *Journal of Philosophy* 65 (1968), S. 555–567.

Der Solipsist hat natürlich recht, daß es kein Erkennen einer Person einschließt, wenn man sich selbst eine gegenwärtige Erfahrung zuschreibt, aber er hat unrecht im Übergang zu der Folgerung, daß das Wort »ich« in »Ich fühle auf die Weise *X*« auf eine *res cogitans* referiert.

Hier ist ein Vergleich mit Kant erhellend. Auch Kant bemerkte den oben erwähnten Aspekt und verstand seine Bedeutung. Er betont immer wieder, daß das das transzendentale Selbstbewußtsein ursprünglich, nicht-abgeleitet ist, daß die Persönlichkeit der Seele sich nicht als erschlossen betrachten läßt, daß sie allen unseren bestimmten Gedanken *a priori* vorhergeht. Diese Aspekte sind es (wie es der »Gebrauch von ›ich‹ als Subjekt« ist), die zu der Cartesischen Verwirrung führen, die Kant mit so großer Fertigkeit in den Paralogismen entlarvt:

> Der dialektische Schein in der rationalen Psychologie beruht auf der Verwechslung einer Idee der Vernunft (einer reinen Intelligenz) mit dem in allen Stücken unbestimmten Begriffe eines denkenden Wesens überhaupt. Ich denke mich selbst zum Behuf einer möglichen Erfahrung, indem ich noch von aller wirklichen Erfahrung abstrahiere, und schließe daraus, daß ich mich meiner Existenz auch außer der Erfahrung und den empirischen Bedingungen derselben bewußt werden könne. Folglich verwechsele ich die mögliche *Abstraktion* von meiner empirisch bestimmten Existenz mit dem vermeinten Bewußtsein einer *abgesondert* möglichen Existenz meines denkenden Selbst[15] und glaube das Substantiale in mir als das transzendentale Subjekt zu erkennen, indem ich bloß die Einheit des Bewußtseins, welche allem Bestimmten als der bloßen Form der Erkenntnis zum Grunde liegt, in Gedanken habe[16].

Die rationalistische These, daß das Selbstbewußtsein uns unserer numerischen Identität durch die Zeit und daher unserer relativen Dauer versichert (während unsere vollständige Dauer, d. h. Unsterblichkeit, paralogistisch durch die mutmaßliche Einfachheit des Selbstbewußtseins gesichert wird), muß bekämpft werden. Kants Angriffsmethode im dritten Paralogismus besteht darin zu zeigen, daß die Evidenz, auf der der Beweis des rationalen Psychologen beruht, nämlich die Einheit der Apperzeption, durchaus mit einer

15 Die Verwechslung dessen, was eine Abstraktion von dem empirisch bestimmten Ich ist, mit dem vermuteten Bewußtsein der Existenz einer *res cogitans* findet ihre etwas weniger abstrakte, aber immer noch genaue Parallele in Descartes' Verwechslung des Ich mit dem Ich-*qua*-gewiß-gewußtem. Siehe A. J. P. Kenny, *Descartes, A Study of his Philosophy*, New York 1968, Kap. 4.

16 Kant, *Kritik der reinen Vernunft* B 427.

Vielzahl numerisch verschiedener, aber qualitativ identischer »Ich« vereinbar ist:

Es ist also die Identität des Bewußtseins meiner selbst in verschiedenen Zeiten nur eine formale Bedingung meiner Gedanken und ihres Zusammenhanges, beweiset aber gar nicht die numerische Identität meines Subjekts, in welchem unerachtet der logischen Identität des Ich doch ein solcher Wechsel vorgegangen sein kann, der es nicht erlaubt, die Identität desselben beizubehalten, obzwar ihm immer noch das gleichlautende Ich zuzuteilen, welches in jedem andern Zustande, selbst der Umwandlung des Subjekts, doch immer den Gedanken des vorhergehenden Subjekts aufbehalten und so auch dem folgenden überliefern könnte[17].

Daß Wittgenstein dieselbe Zielscheibe im Sinn hatte, läßt sich aus einer Stelle in den »Notes for Lectures« ersehen:

Es scheint, daß ich meine Identität *verfolgen* kann, ganz unabhängig von der Identität meines Körpers. Und die Vorstellung legt sich nahe, daß ich die Identität von etwas verfolge, das in meinem Körper wohnt, die Identität meines Bewußtseins (NFL S. 308).

Es ist interessant zu sehen, daß Wittgenstein die Täuschung mit fast denselben Mitteln beseitigt wie Kant in seinem »Gnadenstoß gegen den Cartesianismus«[18]. Denn das Spiegelbild des oben zitierten Arguments von Kant wird in den »Notes for Lectures« in Beantwortung der Frage – Wie bin *ich* definiert? – vorgebracht:

Könnte ich meine Hand hochheben, um anzugeben, wer es ist? – Angenommen ich verändere mich ständig und meine Umgebung ebenfalls; gibt es dann immer noch eine gewisse Kontinuität, dadurch nämlich, daß *ich* und *meine Umgebung* es sind, die sich ändern? (Ist das nicht, wie wenn man denkt, daß es, wenn die Dinge im Raum sich vollständig geändert haben, immer noch *ein* Ding gibt, welches dasselbe bleibt, nämlich der Raum.) (NFL S. 300[19])

Daß es dem Idealisten nicht gelingt, die Bedingungen der Identität der Person zu erfüllen, kommt Kant zufolge von der Verwechslung der Einheit der Apperzeption mit der Wahrnehmung einer reinen Einheit. Die Reinheit und Einfachheit des »ich denke«, das alle meine Vorstellungen muß begleiten können, wird irrigerweise als die Reinheit und Einfachheit einer Substanz aufgefaßt, die der Gegenstand der Anschauung ist. Ganz dieselbe Einsicht läßt sich

17 Kant, a. a. O., A 363.

18 P. F. Strawson, *The Bounds of Sense*, London 1966, S. 168.

19 Das Argument wird weiter in NFL S. 308 ausgearbeitet, mit der Annahme, daß ich meinen Körper jeden Tag wechsle.

bei Wittgenstein finden, obwohl seine konstruktive Analyse psychologischer Sätze in der ersten Person Präsens völlig verschieden von derjenigen Kants ist. Er sagt in den »Notes for Lectures«, daß er das ganze Problem des Idealismus und Solipsismus darauf zurückzuführen versuchte, daß wir die Funktion des Wortes »ich« nicht verstehen (*NFL* S. 307). Wittgenstein erkannte, wie wir gleich sehen werden, daß es eine große Vielheit von Kriterien für die Identität der Person gibt. Aber keines von ihnen bestimmt mich zu sagen (d. h. bildet einen Rechtfertigungsgrund für mich zu sagen), daß *ich* Schmerzen habe (*PU* § 404). Die Äußerung derartiger psychologischer Sätze in der ersten Person Präsens hat keine kriterielle Evidenz, d. h. es ist sinnlos, das, was ich sage, durch Bezugnahme auf weitere Gründe zu rechtfertigen. Aber obwohl ich das, was ich sage, ohne Rechtfertigung sage, folgt nicht, daß ich es zu Unrecht sage (*PU* § 289). Ich werde mich auf Sätze der fraglichen Art als auf solche beziehen, die eine *kriterienlose Selbstzuschreibung von Erfahrung* involvieren, aber für den Augenblick ist das nicht so aufzufassen, daß es uns an irgend etwas außer an die negative These bindet. Die Verwicklungen der Wittgensteinschen These vom nicht-kognitiven Charakter der Bekundungen werden in Kapitel IX unten geprüft und bewertet werden. Es ist, denke ich, kein kontingenter Zug der Erfahrung, wie wir sie uns denken, daß sie kriterienlos selbstzugeschrieben wird. Damit eine kriterienlose Selbstzuschreibung möglich ist, müssen jedoch bestimmte allgemeine Bedingungen erfüllt sein. Diese allgemeinen Bedingungen sind alle beliebigen Bedingungen, die Kriterien für die Anwendung unseres Begriffs einer Person, für unseren Gebrauch von Personalpronomina (außer »ich«) und für unseren Gebrauch von Eigennamen liefern. Sie schließen die physische Erscheinung, aber auch charakteristische Gewohnheiten, Verhalten und Erinnerung ein. Wäre diese komplexe Reihe von Tatsachen auf bestimmte vorstellbare Weisen anders, dann würde unser Begriff einer Person und infolgedessen auch der Identität einer Person und unser Begriff einer Persönlichkeit eine grundlegende Veränderung erfahren. Unsere gegenwärtigen Begriffe würden nicht greifen. Wittgenstein fordert uns auf, drei Gedankenexperimente zu betrachten (*BB* S. 99 f.)[20]. Das erste Experiment ist folgendes:

20 Für eine Ausarbeitung der Gedankenexperimente siehe F. Waismann, *The Principles of Linguistic Philosophy*, S. 213–216.

Man stelle sich vor, daß alle menschlichen Körper gleich aussehen, aber verschiedene Sammlungen von Charakterzügen, die immer zusammengebündelt sind, bald im einen, bald im andren Körper exemplifiziert wären. Unter diesen Umständen wäre es möglich, Körpern Eigennamen zuzuordnen, aber danach bestünde ebensowenig ein Bedürfnis, wie jetzt ein Bedürfnis danach besteht, Möbelstücke mit Namen zu versehen. Man könnte jedoch die Gruppen der Charakterzüge benennen und sagen, daß sie ihren Wohnsitz zwischen den verschiedenen Körpern wechseln. Der Gebrauch dieser Namen würde *ungefähr* unserem Gebrauch von Eigennamen entsprechen. Das zweite Experiment ist eine Verallgemeinerung der Geschichte von Jekyll und Hide. Man stelle sich vor, daß der Körper und der Charakter jedes Menschen auf eine solche Weise regelmäßig wechseln. Wir könnten jeden Menschen mit zwei Namen belegen und von einem Paar von Personen in einem Körper sprechen. Wir könnten unsere Form der Darstellung aber auch anders konstruieren. Wir sind nicht in eine bestimmte Richtung gezwungen. Das dritte Experiment ist ebenso bizarr. Man denke sich, daß die Erinnerung eines Menschen an geraden Tagen nur Ereignisse umfaßt, die ihm an geraden Tagen widerfahren sind, und daß seine Erinnerung an ungeraden Tagen nur Ereignisse umfaßt, die ihm an ungeraden Tagen geschahen, ohne daß dabei ein Gefühl von Diskontinuität auftreten würde. Eine weitere Variante des Experiments besteht darin, es mit dem zweiten so zu verbinden, daß wechselnde Erinnerungen mit wechselnder äußerer Erscheinung und wechselnden Charakterzügen zusammengehen. In keinem dieser Fälle zwingt uns unser gegenwärtiger Begriff einer Person eine Antwort auf Fragen auf wie: Sind Jekyll und Hide eine oder zwei Personen? Bewohnen den Körper an alternierenden Tagen zwei Personen oder nur eine Person mit zwei »Erinnerungssystemen«? Nach Wittgensteins Meinung paßt unser gewöhnlicher Begriff einer Person nicht, wo es sich um Normalbedingungen handelt, die von unseren vertrauten grundlegend verschieden sind. Was sicher durch die Beispiele klar wird, ist, daß der verständliche Gebrauch unseres Begriffs einer Person und aller »legitimen Erben«, die er unter anderen Normalbedingungen haben könnte, davon abhängt, daß es durch Konvention bestimmte, in der Erfahrung liegende Gründe für den Gebrauch von Termini gibt, die auf Personen referieren und von denen Erlebnisprädikate prädiziert werden. Nur wenn es solche Gründe gibt, ist eine Selbstreferenz und eine Selbstzuschreibung ohne Gründe verständlich.

Kehren wir jetzt zum Solipsisten zurück, so müssen wir ihn dazu drängen zu enthüllen, welche zugrundeliegenden Bedingungen seinen Gebrauch von »ich« legitimieren. Sicherlich nicht seine körperliche Erscheinung. Wenn er behauptet, daß es, wenn irgendetwas gesehen wird, immer er ist, der sieht, ist es nicht erforderlich, daß ein Teil seines Körpers gesehen wird. Es ist nicht notwendig, daß sein Körper, wenn er gesehen wird, immer gleich aussehen müßte. Die Wahrheit seiner Aussage scheint selbst dann nicht affiziert zu werden, wenn er keinen Körper, keine verhaltensmäßigen Charakterzüge und keine Erinnerungen hat. Nun aber ist sein Gebrauch von »ich« völlig freischwebend, ist an keine empirischen Bedingungen gebunden und referiert auf kein empirisches Phänomen. Er kann seinen Solipsismus immer noch durch die Aussage »Ich bin das Gefäß des Lebens« ausdrücken, aber es ist logisch unmöglich, daß der Solipsist weiß, was er mit »ich« meint, weil er die Bedingungen, unter denen der Gebrauch von »ich« sinnvoll ist und unter denen es referentielle Kraft hat, nicht beachtet oder ihre Zugehörigkeit bestreitet.

(3) *Die Bedingung des Besitzes:* Daß der Solipsist die notwendigen Bedingungen für die Anwendung des Wortes »ich« nicht erfüllt, hat zur Folge, daß er auch die erforderlichen Bedingungen für die Verständlichkeit des Besitzes der Erfahrung nicht erfüllt. In Beantwortung des Einwandes, daß Wittgenstein die Erfahrung vernachlässige – die *Welt* hinter den bloßen Schatten –, entgegnet Wittgenstein:

hier gibt uns der Solipsist eine Lehre: Es ist dieser Gedanke, der dazu *unterwegs* ist, diesen Irrtum zu destruieren. Denn wenn die *Welt* Vorstellung ist, ist sie nicht die Vorstellung irgendeiner Person. (Der Solipsist hält davor unvermittelt an und sagt, daß sie meine Vorstellung ist). Aber wie könnte ich dann sagen, was die Welt ist, wenn der Bereich der Vorstellungen keinen Nachbarn hat? Was ich tue, läuft darauf hinaus, daß ich das Wort »Welt« definiere (*NFL* S. 297).

Das Argument des *Blauen Buchs* (*BB* S. 88 ff.), das in gedrängterer Form in den *Untersuchungen* wiederholt wird (*PU* § 246 ff.), besteht in einer Neuentwicklung der Argumente in den *Bemerkungen.* Die Diagnose des Irrtums des Solipsisten bleibt ziemlich dieselbe. Er verwechselt grammatische Sätze mit Erfahrungssätzen und betrachtet Züge unserer Form der Darstellung als metaphysische Wahrheiten über die Welt. Aber während Wittgenstein in den *Bemerkungen* dargelegt hatte, daß der Ausdruck »Zahnschmerzen« zweideutig ist und daß der Ausdruck »haben« in »ich habe Zahnschmerzen« und in »er hat Zahnschmerzen« verschiedene Symbole sind, schlägt er jetzt eine ganz andere Analyse vor. Wenn der Solipsist behauptet, daß er nicht dieselben Schmerzen haben kann wie ein anderer, und seine Metaphysik auf dieser Grundlage aufbaut, dann müssen wir zwischen der qualitativen und der numerischen Identität von Erlebnissen unterscheiden. Wenn man behauptet, daß zwei Personen nicht die numerisch identischen Schmerzen haben können, ist das eine Bindung an eine bestimmte Form der Darstellung. Demgemäß hängt die numerische Identität von Erfahrungen von ihren Besitzern ab, und die Sätze »er hat meine Schmerzen« und »Ich habe seine Schmerzen« werden als nicht wohlgeformt aus der Sprache ausgeschlossen. Dadurch schließt man natürlich auch (da er analytisch wahr ist) den Satz »ich habe *meine* Schmerzen« aus. Und das ist in Wirklichkeit alles, worauf die Einsicht des Solipsisten hinausläuft. Denn es impliziert nicht, daß zwei Leute nicht (qualitativ) identische Schmerzen in demselben Sinn haben können, in dem wir sagen, daß zwei Bücher die gleiche Farbe haben. Wenn man die Behauptung beanstandet, daß zwei Leute, insofern es *sinnvoll* ist, daß sie die gleichen Schmerzen haben, in der Tat die gleichen Schmerzen haben *können*, ist das analog dazu, daß man die Behauptung beanstandet, daß zwei Bücher die gleiche Farbe haben können. Der Versuch, seinen Schmerz und meinen Schmerz durch Bezug auf die »Tatsache« »Er hat seinen, und ich habe meinen, und das ist ein entscheidender Unterschied« zu unterscheiden, entspräche der Behauptung, daß zwei Bücher deswegen, weil dieses Buch seine eigene Farbe hat und das andere Buch seine eigene Farbe hat, nicht beide die gleiche Farbe haben können.

Der unike Besitz, den der Solipsist angeblich findet, ist nichts anderes als die Konvention, daß durch den Besitzer des Erlebnisses ein wesentliches Kriterium der numerischen Identität für Erlebnisse gegeben ist. Aber da es dem Solipsisten nicht gelang, eine adäquate Beschreibung des Subjekts der Erfahrung zu geben, kann er nicht erklären, was er mit dem »Besitzen« von Erfahrung meint.

Eine der Hauptquellen der Verwechslung des Solipsisten – und vieler hervortretender Probleme der Metaphysik der Erfahrung – liegt, glaube ich, in der Art und Weise der Selbstzuschreibung der Erfahrung. Unsere Wahrnehmung dessen, was wir »die Welt« nennen, schließt das Wahrnehmen von Substanzen ein, und unsere Beschreibungen dessen, was wir wahrnehmen, involvieren, daß wir Einzeldingen Eigenschaften zuschreiben. Im inneren Sinn jedoch scheinen wir uns der Exemplifikation von Erlebniseigenschaften unabhängig von der »Substanz, der sie innewohnen«, bewußt zu sein. Es besteht daher eine in unserer Grammatik[21] eingeschlossene Versuchung, unsere Erlebnisse zu verdinglichen. Das ist nirgends offensichtlicher als bei Hume: »wir haben keine vollständige Vorstellung davon, was eine Substanz ist; aber wenn wir es als *etwas* betrachten, *was für sich existieren kann*, ist es evident, daß jede Wahrnehmung eine Substanz ist ...«[22] Solange wir am Wahrnehmungsmodell der Introspektion festhalten, können wir nicht umhin, unsere Erlebnisse als private Gegenstände zu behandeln. Wir erzeugen folglich eine Vielzahl von Täuschungen, die wir in eine Metaphysik einbauen, einschließlich der Täuschung des uniken und unveräußerlichen Besitzes.

(4) *Die Bedingung der Kontinuität:* Im Gebrauch des Solipsisten sollte der Ausdruck »ich« auf eine Substanz referieren. Diese geistige Substanz wurde dann als die einzig denkbare existierende Substanz betrachtet. Sie war des Gefäß des Lebens, der alleinige Besitzer aller denkbaren Erfahrung. Sieht man vom Solipsismus des gegenwärtigen Augenblicks ab, so wurde sie so aufgefaßt, daß sie eine verfolgbare Identität durch die Zeit besitzt. Eine Folge davon, daß der Solipsist die Bedingungen nicht beachtet, die den Gebrauch des Personalpronomens legitimieren, und davon, daß er nicht in der Lage ist, die Bedeutung des Ausdrucks »Besitz der Erfahrung« zu verstehen, ist daher, daß es ihm nicht gelingt, die erforderlichen Bedingungen der Kontinuität zu erfüllen. Der Gebrauch von »ich« schien eine kontinuierliche Substanz durch die Dauer der Erfahrung hindurch anzugeben, der man die Erfahrung zuschreiben konnte. Da er erkennt, daß dieser Gebrauch von »ich«

21 Siehe NFL S. 302: »In ›ich habe Zahnschmerzen‹ ist der Ausdruck der Schmerzen auf dieselbe Form gebracht wie eine Beschreibung ›ich habe fünf Mark‹«.

22 Hume, *Treatise of Human Nature*, I. iv. 5.

gänzlich unabhängig von allen empirischen Zügen seiner selbst als einer Person ist, könnte er jetzt versuchen, seinen Solipsismus auszudrücken, ohne das Wort »ich« zu gebrauchen. Anstatt zu sagen »wann immer irgendetwas gesehen wird, bin immer ich es, der es sieht«, wird er jetzt sagen »wann immer irgendetwas gesehen wird, *wird* immer *etwas gesehen*«. Was unik ist, ist die Erfahrung; die Welt ist Vorstellung.

(5) *Die Bedingung des Erlebnisses:* Der Solipsist ist ein großes Stück zurückgewichen. In der Tat läßt sich seine Position kaum verständlich aussprechen. Es ist ein Solipsismus des nicht-Besitzens und des gegenwärtigen Augenblicks, außerdem ist seine Position jetzt identisch mit der Konstruktionsbasis, die der methodische Solipsist gewählt hat. Alles, was existiert, ist die Erfahrung des gegenwärtigen Augenblicks, und diese Erfahrung ist unik, ohne einen Besitzer zu haben. Wittgenstein verfolgt die Frage unbarmherzig. Seine Antwort auf diesen Teil der These des Solipsisten ist in seinem Argument gegen die Möglichkeit einer Privatsprache enthalten. Obwohl wir von hinten her sehen können, daß es schwache Keime dieses Arguments schon im *Blauen Buch* gibt, tritt es zum erstenmal in den »Notes for Lectures« auf und wird klar in den *Untersuchungen* formuliert. Für den Augenblick möchte ich nur die Erörterung des nächsten Kapitels antizipieren. Ich werde die hervortretenden Folgerungen des Arguments darstellen, soweit es sich auf die Sache des Solipsisten auswirkt, um zu zeigen, daß der Solipsist, wenn das Argument gültig ist, sich auch von diesem Punkt zurückziehen muß.

Eine Bedingung der Möglichkeit der kriterienlosen Selbstzuschreibung von Erfahrung ist – das gilt tautologisch – der Besitz des Begriffs der Selbstzuschreibung. Der Sinn eines Ausdrucks ist durch die Kriterien bestimmt, die seinen Gebrauch rechtfertigen. Der Sinn von Sätzen, die einer Person psychologische Eigenschaften zuschreiben, ist durch diejenigen Sätze bestimmt, die das Verhalten beschreiben, das notwendigerweise brauchbare Evidenz für die Wahrheit der psychologischen Sätze darstellt. Eine Bedingung des Besitzes eines psychologischen Begriffs, den man auf verständliche Weise sich selbst ohne Rechtfertigungsgründe zuschreiben kann, besteht darin, daß man weiß, welche Rechtfertigungsgründe im allgemeinen die Zuschreibung dieses Begriffs rechtfertigen; denn nur dann weiß man, was der Sinn des Begriffsworts ist. Damit die Selbstzuschreibung der Erfahrung verständlich ist, muß es daher ein »grammatisches«, nicht-kontingentes Bindeglied zwischen dem inneren Zustand und der äußeren Manifestation, zwischen dem Begriff des Erlebnisses und dem Begriff der Evidenz für das Erlebnis geben. Der Solipsist (und seine idealistischen Vorfahren) bestreitet die Existenz irgendeines solchen Bindeglieds. Folglich ist seine Behauptung (und die seines Erben, des methodischen Solipsisten), daß ein gegebenes Erlebnisprädikat sinnvoll sein kann, obwohl es undenkbar ist, daß es anderen zugeschrieben wird. Daher glaubt er, daß man solchen Termini ausschließlich durch Bezug auf die wirklichen Erlebnisse, auf die sie referieren, Bedeutung verleihen und sie (subjektiv) erklären kann. Wittgensteins Behauptung ist, daß das nicht möglich ist. Ohne ein kriterielles Bindeglied zu verhaltensmäßigen Manifestationen bleibt dem Solipsisten nichts als eine leere mentale Geste. Das Erlebnis selbst kann nicht als ein Paradigma dienen, durch Bezug auf das der Namen des Erlebnisses Sinn erhält (NFL S. 314). Wenn das richtig ist, dann hat der Solipsist kein Recht, das Erlebnis herauszugreifen, das er gegenwärtig als unik erlebt. Denn wenn seine Behauptungen richtig sind, kann er keinen Begriff haben, mit dem er es herausgreifen könnte.

(6) *Die Bedingung der hinweisenden Geste:* Die letzte Stellung des Solipsisten ist, eine endgültige Neuinterpretation seiner Position zu versuchen. Anstelle der verschiedenartig gewählten Formeln, die wir untersucht und zurückgewiesen haben, formuliert er jetzt seine Thesen auf folgende Weise neu:

»Immer wenn irgendetwas gesehen wird, dann ist es *dieses*, was gesehen wird«; ich hätte dabei das Wort »dieses« mit einer mein Gesichtsfeld umgreifenden Geste begleitet (jedoch hätte ich mit dem Wort »dieses« nicht die bestimmten Gegenstände gemeint, die ich zu dem Zeitpunkt gerade gesehen hätte). Man könnte sagen: »Ich zeige auf das Gesichtsfeld als solches und nicht auf irgend etwas in ihm« (*BB* S. 103).

Wittgenstein fügt hinzu, daß es wesentlich für diese Formulierung ist, daß das Zeigen »visuell« ist (*BB* S. 112), daß ich auf Dinge zeige, die ich sehe, nicht auf Dinge, die ich nicht sehe. Noch besser, ich sollte nur mental zeigen. Jedes andere Zeigen wäre vom Standpunkt des Solipsisten aus irrelevant, ja in der Tat sinnlos. Wittgenstein beginnt seine Entgegnung hierauf mit zwei Metaphern. Die Geste des Solipsisten ist wie die eines Mannes, der im

Auto fährt und es eilig hat und der, um die Dinge zu beschleunigen, gegen das Armaturenbrett drückt. Das Zeigen des Solipsisten dient nicht dazu, *ein* Ding im Gegensatz zu einem anderen herauszugreifen; folglich greift es nichts heraus. Wenn es sinnvoll ist zu sagen »ich sehe dieses« und dabei auf das zu zeigen, was man sieht, ist es ebenfalls sinnvoll zu sagen »ich sehe dieses« und dabei hinter sich auf das zu zeigen, was man nicht sieht. Wittgenstein verbindet das mit seiner zweiten Metapher. Der Solipsist beraubt seine Zeigegeste jeder möglichen Bedeutung, »indem er das, was zeigt, und das, worauf es zeigt, untrennbar verbindet«. Es ist so, wie wenn er eine Uhr konstruiert hätte, die Zeiger mit dem Zifferblatt verbunden hätte und nun erwarten würde, daß die Uhr die Zeit anzeigt.
Die Zeigegeste des Solipsisten hat ebenso wie sein »gegenwärtiger Augenblick«, sein »ich« und sein »Besitz« keinen Nachbarn. Sie liegt nicht in einem Raum, ist nicht die Aktualisierung einer Möglichkeit unter anderen. Wittgenstein vergleicht den Irrtum der Geste des Solipsisten mit dem eines Mannes, der denkt, daß die Aussage »ich bin hier« unter allen beliebigen Bedingungen sinnvoll und außerdem immer wahr sein wird. Aber dabei vergißt er, daß die referentielle Kraft des »hier« von der Existenz eines intersubjektiven Raumes abhängt, in dem Gegenstände lokalisierbar und durch Bezug auf ihren räumlichen Weg durch die Zeit reidentifizierbar sind. Wenn der Satz »ich bin hier« sinnvoll sein soll, muß er so gemeint sein, daß er die Aufmerksamkeit auf einen Punkt in einem *gemeinsamen Raum* richtet und daß er in der Lage ist, das zu tun. Wenn der Ausdruck »hier« jedoch auf einen Fleck im subjektiven Raum zeigen soll, wie die Geste und das »dieses« des Solipsisten auf sein Gesichtsfeld zeigt, dann läuft, so legt Wittgenstein nahe (*BB* S. 114), das »ich bin hier« auf »hier ist hier« hinaus. Die Geste des Solipsisten ist nur eine Pseudogeste. Wenn der Solipsist jedoch nicht auf seinen »Gesichtsraum«, sondern auf den gemeinsamen Raum zeigt und sagt »Dieses wird wirklich gesehen«, können wir antworten: »Wir könnten eine Notation annehmen, in der alles, was L. W. zu einem bestimmten Zeitpunkt sieht, ›Dinge, die wirklich gesehen werden‹ genannt werden. Aber es besteht kein Grund, das zu tun.«
Wittgensteins Widerlegung des Solipsismus wurde nun durch alle ihre Stadien hindurch verfolgt. Ich habe mich auf die zwei hauptsächlich relevanten Werke der mittleren Periode konzentriert. Es

besteht jedoch kein Zweifel, daß ziemlich dieselbe Zielscheibe in den *Untersuchungen* ständig unter Beschuß steht. Es gibt sehr viele Stellen, die das bestätigen könnten; die eindrucksvollste ist aber die folgende, die vieles der sechsstufigen Argumentation in einem einzigen Paragraphen umfaßt:

»Aber wenn ich mir etwas vorstelle, oder auch wirklich Gegenstände *sähe*, so *habe* ich doch etwas, was mein Nachbar nicht hat.« – Ich verstehe dich. Du willst um dich schaun und sagen: »Nur *ich* habe doch DIESES.« – Wozu diese Worte? Sie taugen zu nichts. – Ja, kann man nicht auch sagen »Es ist hier von einem ›Sehen‹ – und daher auch von einem ›Haben‹ – und von einem Subjekt, also auch vom Ich, nicht die Rede«? Könnte ich nicht fragen: Das, wovon du redest und sagst, nur du habest es, – inwiefern *hast* du es denn? Besitzt du es? Du *siehst* es nicht einmal. Ja, müßtest du nicht davon sagen, niemand habe es? Es ist ja auch klar: wenn du logisch ausschließt, daß ein Andrer etwas hat, so verliert es auch seinen Sinn, zu sagen, du habest es.
Aber was ist dann das, wovon du redest? Ich sagte ja, ich wisse in meinem Innern, was du meinst. Aber das hieß: ich weiß, wie man diesen Gegenstand aufzufassen, zu sehen, wie man ihn sozusagen durch Blick und Gesten zu bezeichnen meint. Ich weiß, in welcher Weise man in diesem Fall vor sich und um sich schaut, – und anderes (*PU* § 398).

Der Solipsist erhob den Anspruch, daß der gegenwärtige Augenblick unik ist, daß er selbst privilegiert ist, daß immer er es ist, der sieht, daß das, was er hat, wenn er sieht, unik ist, daß sein Sehen außergewöhnlich ist, daß »dieses« unvergleichlich ist. Jeder dieser Schritte ist illegitim. Die Illegitimität jedes Schritts verurteilt nicht nur den Solipsismus, sondern auch den Phänomenalismus und in der Tat jede Form des Idealismus. Die hinweisende Geste und die Äußerung »Dieses wird gesehen« *sind* jedoch wirklich, sie zeigen auf die Welt. »Das Ich des Solipsismus schrumpft zum ausdehnungslosen Punkt zusammen, und es bleibt die ihm koordinierte Realität.« Als Wittgenstein das 1916 schrieb, meinte er etwas ganz anderes als das, was er später über den Solipsismus und Idealismus dachte. Aber was er *sagt*, paßt ebensogut für seine späteren Ansichten.

Wir werden nicht nachlassen in unserem Forschen.
Und das Ende unseres Forschens
Ist, an den Ausgangspunkt zu kommen
Und zum erstenmal den Ort zu erkennen[23].

23 T. S. Eliot, »Little Gidding«, *Four Quartetts*, IV, Zeile 239–243, zitiert nach T. S. Eliot, *Ausgewähle Gedichte*, Frankfurt a. M. 1951, S. 149.

VIII Privatsprachentheoretiker und Sprecher einer intersubjektiven Sprache

1. Einleitung

Im ersten Hauptstück der transzendentalen Methodenlehre in der ersten *Kritik* schrieb Kant:

> Wo aber ... der Schein, der sich darbietet, sehr betrüglich und der Nachteil aus dem Irrtum erheblich ist, da hat das *Negative* der Unterweisung, welches bloß dazu dient, um uns vor Irrtümern zu verwahren, noch mehr Wichtigkeit, als manche positive Belehrung, dadurch unser Erkenntnis Zuwachs bekommen könnte. Man nennt den Zwang, wodurch der beständige Hang von gewissen Regeln abzuweichen eingeschränkt und endlich vertilgt wird, die *Disziplin*[1].

Wittgensteins bekanntes Argument gegen die Möglichkeit einer Privatsprache gehört zu demjenigen Teil der Philosophie, den Kant als »die Disziplin der reinen Vernunft« betitelte. Es ist ein Argument, das zu zeigen versucht, daß eine bestimmte Auffassung von Sprache und Denken, die die verschiedenen Formen des philosophischen Skeptizismus hinsichtlich der Existenz des Bewußtseins anderer und der Außenwelt ebenso wie den Solipsismus, den methodischen Solipsismus und die klassische kausale Theorie der Wahrnehmung impliziert und von ihnen impliziert wird, inkohärent ist. Es ist eine »negative Unterweisung«, insofern es, einer bestimmten Mode gemäß, eine *reductio ad absurdum* ist. Es hat jedoch auch eine positive Seite, eine konstruktive Theorie, welche zeigt, wie man Täuschungen, Schaden und Irrtum vermeidet, die von der absurden Privatsprache kommen, die in einer bestimmten philosophischen Theorie entweder explizit oder stillschweigend vorausgesetzt ist. Diese positive Seite ist skizzenhaft und unvollständig.

Wittgensteins Argument hat zwei Hauptaspekte. Einerseits enthält es eine ausführliche Kritik einer Bedeutungstheorie. Im Verlaufe dieser Kritik untersucht es – wiederum auf eine weitgehend negative Weise –, was im Erwerben, Besitzen und Verwenden eines Begriffs involviert ist. Das Bild, welches die angegriffene Theorie sich von der Konzeptualisierung macht, wird für grundlegend verfehlt gehalten. Ebenso ist, so legt Wittgenstein dar, ihre Auffassung des Wesens des Lehrens der Sprache, der Kommunika-

1 Kant, *Kritik der reinen Vernunft*, A 709, B 737.

tion durch Sprache und damit auch der Bedeutung völlig verkehrt. Der andere Aspekt des Arguments betrifft eine Reihe verwandter erkenntnistheoretischer und metaphysischer Lehren, die ein Syndrom von Mißverständnissen des Wesens möglicher Erfahrung und Erkenntnis darstellen. Die vollständigste, in der Tat klassische Verkörperung dieses Syndroms ist die Lehre des Solipsismus, ob in seiner naiven Form oder den komplizierteren Formen des transzendentalen oder methodischen Solipsismus. Doch viele scheinbar weniger hassenswerte erkenntnistheoretische Theorien enthalten dieselbe Reihe von falschen Vorstellungen. Der Idealismus in den meisten seiner Formen und ebenso der Phänomenalismus sind, so impliziert Wittgenstein, nicht weniger inkohärent und in der Tat im Grunde auf dieselbe Weise und aus denselben Gründen inkohärent wie der Solipsismus. Der Idealist und der Phänomenalist haben ihre Position nur nicht mit der Unbarmherzigkeit und Folgerichtigkeit des Solipsisten bis zu ihren letzten Konsequenzen durchdacht. Ebenso ist der erkenntnistheoretische Realismus in der Form, in der Philosophen wie Frege[2] für ihn eingetreten waren, auf dieselbe Weise im Irrtum. Der Beweis der Inkohärenz dieser verschiedenen metaphysischen Theorien wird dadurch durchgeführt, daß eine allgemeine Übersicht über unsere Form der Darstellung der Erfahrung und ihrer Gegenstände erreicht wird. Das Privatsprachenargument[3] ist im Grunde genommen *ein* Stadium in Wittgensteins breiterer Strategie, die Gliederungen unseres begrifflichen Rahmens an den Tag zu legen, um Täuschungen und Verwechslungen zu beseitigen.

Man kann Wittgensteins Absicht beim Privatsprachenargument, ohne sie ungebührlich zu karikieren, als ein Bemühen auffassen, den Kantischen Ausspruch, daß Anschauungen ohne Begriffe blind sind, auszubauen und auszuarbeiten. Kant betont immer wieder die Notwendigkeit der Zusammenarbeit der zwei Vermögen des Bewußtseins, des Verstandes und der Sinnlichkeit. Nur so sind objektiv gültige Urteile möglich. Es gibt jedoch, so sagt er, zwei große Philosophen, Repräsentanten zweier unvereinbarer Auffassungen von Philosophie, die das nicht richtig einschätzen:

2 Frege, »Der Gedanke«, in Patzig, Hrsg., a. a. O.

3 Das Argument *gegen* die Möglichkeit einer Privatsprache wurde als das »Privatsprachenargument« bekannt. Ich werde der Kürze wegen an dieser Konvention festhalten.

Leibniz *intellektuierte* die Erscheinungen, so wie Locke die Verstandesbegriffe nach seinem System der Noogonie (wenn es mir erlaubt ist, mich dieser Ausdrücke zu bedienen) insgesamt *sensifiziert*[4].

Kant war weniger an einer Kritik an Locke als vielmehr daran interessiert, Leibniz und seine Wolffschen Nachfolger zur Rede zu stellen. Aber die Vermutung, daß Locke Begriffe »sensifizierte«, sah etwas Richtiges. Die Aufgabe, die Verzweigungen dieser Kritik zu erforschen, fiel Wittgenstein zu.

Wie es charakteristisch für ihn ist, gibt Wittgenstein die persönlichen Zielscheiben seines Angriffs in seiner Erörterung der Unmöglichkeit einer Privatsprache nicht explizit an. Es ist jedoch klar, daß sein eigener logischer Positivismus von 1929–31 zweifellos an die inkohärenten Lehren des Privatsprachentheoretikers gebunden ist, und man kann mit Grund im *Tractatus* eine stillschweigende Bindung an eine solche Position sehen. Abgesehen von einer impliziten Bezugnahme auf Frege[5] ist die Erörterung ahistorisch und egozentrisch. Trotzdem ist es offensichtlich, daß Wittgensteins Diskussionsgegner die Voraussetzungen der meisten empiristischen und einiger rationalistischer Erkenntnistheorie und Metaphysik von Descartes[6] bis zum logischen Positivismus repräsentiert. Lockes[7] Theorien sind jedoch ein außergewöhnlich gutes Beispiel für die Art Auffassung von Sprache und Denken, die Wittgenstein kritisierte. Keiner der großen klassischen Empiristen befaßte sich so bewußt mit einer philosophischen Bedeutungs- und Sprachtheorie wie Locke. Keiner von ihnen vertrat so explizit eine Theorie über die Relation zwischen Sprache und Wirklichkeit, die so genau auf Wittgensteins Konzeption einer Privatsprache paßt.

4 Kant, *Kritik der reinen Vernunft*, A 271, B 327.

5 Die Wendung »uns Allen Gegenüberstehendes«, die in Anführungszeichen in *PU* § 273 steht, ist ein Zitat aus Freges *Grundgesetze der Arithmetik*, S. XVIII, »etwas Allen gleicherweise Gegenüberstehendes«. Es ist aus vielem in dem Argument klar, daß Wittgenstein bei einer Reihe von Punkten in der dialektischen Debatte an Frege dachte. Für einen ausführlichen Vergleich der Erkenntnistheorie Freges mit derjenigen Wittgensteins siehe P. M. S. Hacker, »Frege and the Private Language Argument«, *Idealistic Studies* II (1972).

6 Für die Anwendung des Wittgensteinschen Arguments auf Descartes siehe A. J. P. Kenny, »Cartesian Privacy«, in *Wittgenstein, The Philosophical Investigations, A Collection of Critical Essays*, hrsg. von G. Pitcher, New York 1966, S. 352–370.

7 Für eine kurze Anwendung des Wittgensteinschen Arguments auf Locke siehe A. Flew, *Hume's Philosophy of Belief*, London 1961, S. 39–42.

Daher wird in der folgenden Darstellung des Wittgensteinschen Arguments nicht der jüngere Wittgenstein, sondern vielmehr Locke als ein möglicher Gegner präsentiert werden. Das hat zwei Vorteile. Auf der einen Seite macht es deutlich, daß Wittgenstein nicht einfach und allein gegen sich selbst argumentierte. Es zeigt, daß die expliziten Standpunkte, die Wittgenstein seinem Gegner andreht, nicht völlig phantastisch und übertrieben sind. Auf der andern Seite bringt es die Einheit der Ansichten des Gegners Wittgensteins heraus. Denn obwohl sie nicht immer konsistent sind, oft zwei oder drei alternative Antworten auf ein und dieselbe Frage anbieten, stellen sie doch Variationen ein und desselben Themas dar. Lockes Semantik und Erkenntnistheorie sind dazu dienlich, das zu zeigen. Ich will natürlich nicht sagen, daß Wittgenstein Locke im Sinn hatte; in der Tat gibt es in den bisher veröffentlichten Erinnerungen oder in Wittgensteins Schriften keine Evidenz dafür, daß er je Locke gelesen hätte. Während Locke in seinen Voraussetzungen über Bedeutung, Sprache und Denken explizit war, machten sich natürlich Philosophen wie Descartes, Berkeley oder Hume[8] nicht weniger der Verwechslungen schuldig, die Wittgenstein bloßzulegen sucht; in der Tat sind die skeptischen Konsequenzen der von ihnen vorausgesetzten Bedeutungstheorie in ihrem Werk ebenso offensichtlich wie in demjenigen Lockes und sogar auffallender als bei Locke. Sie brauchen ebensosehr wie Locke und der junge Wittgenstein eine Disziplin der reinen Vernunft.

2. Philosophische Untersuchungen § 243

Wittgensteins Erörterung einer Privatsprache beginnt in § 243 der *Philosophischen Untersuchungen:*

Ein Mensch kann sich selbst ermutigen, sich selbst befehlen, gehorchen, tadeln, bestrafen, eine Frage vorlegen und auf sie antworten. Man

8 Wittgenstein scheint Hume verachtet zu haben. Er bemerkte, daß er viel zu viel über den Gegenstand der Humeschen Schriften wisse, um die Lektüre Humes etwas anderes als eine Qual zu finden. (Siehe K. Britton, »Portrait of a Philosopher«, in *Ludwig Wittgenstein, The Man and his Philosophy*, hrsg. von K. T. Fann, S. 61). Sicherlich beging Hume fast jeden erkenntnistheoretischen und metaphysischen Fehler, den Wittgenstein sich denken konnte.

könnte sich also auch Menschen denken, die nur monologisch sprächen. Ihre Tätigkeiten mit Selbstgesprächen begleiteten. – Einem Forscher, der sie beobachtet und ihre Reden belauscht, könnte es gelingen, ihre Sprache in die unsre zu übersetzen. (Er wäre dadurch in den Stand gesetzt, Handlungen dieser Leute richtig vorherzusagen, denn er hört sie auch Vorsätze und Entschlüsse fassen.)
Wäre aber auch eine Sprache denkbar, in der Einer seine inneren Erlebnisse – seine Gefühle, Stimmungen, etc. – für den eigenen Gebrauch aufschreiben, oder aussprechen könnte? – Können wir denn das in unserer gewöhnlichen Sprache nicht tun? – Aber so meine ich's nicht. Die Wörter dieser Sprache sollen sich auf das beziehen, wovon nur der Sprechende wissen kann; auf seine unmittelbaren, privaten, Empfindungen. Ein Anderer kann diese Sprache also nicht verstehen.

Jeder dieser beiden Abschnitte stellt eigene Probleme, die geklärt werden müssen, ehe wir uns auf das eigentliche Privatsprachenargument einlassen können.
Der erste Abschnitt stellt die letzte Stufe einer absichtlich paradoxen Erörterung in den §§ 240–2 dar. Er verbindet außerdem die folgende Diskussion der Privatsprache mit dem vorhergehenden Argument über das Lernen, Lehren und Besitzen von Begriffen. Die scheinbaren Paradoxa werden im Verlauf des Privatsprachenarguments aufgelöst. Der zweite Abschnitt ist mit dem ersten durch den Gegensatz zwischen den gedachten Monologrednern und dem Sprecher einer Privatsprache verbunden. Die Monologredner sprechen ihr inneres Erlebnis für ihren eigenen privaten Gebrauch aus, und ihre Bemerkungen lassen sich von anderen verstehen, – da der Forscher sie übersetzt. Die Privatsprache ist dadurch charakterisiert, daß sie für andere unverständlich ist. Ich werde damit beginnen, daß ich die Probleme untersuche, die im ersten Abschnitt der oben zitierten Stelle enthalten sind.
Die §§ 142–240 der *Untersuchungen* beschäftigen sich hauptsächlich mit dem Erwerb, Besitz und der Verwendung von Begriffen. Einen Begriff zu haben schließt, so betont Wittgenstein, die Beherrschung einer Technik ein. Das Wissen der Bedeutung eines Wortes, das Besitzen eines Begriffs, der durch ein Wort in der Sprache ausgedrückt wird, das Verstehen der Bedeutung einer Äußerung – all das könnte von mentalen Vorgängen wie sich etwas Vorstellen oder Gefühlen der Vertrautheit oder Angemessenheit begleitet sein. Es sind aber nicht selbst mentale Vorgänge. Es sind Fähigkeiten; jemand weiß, was ein Wort bedeutet, wenn

er in der Lage ist, das Wort in einer regelmäßigen, regelgeleiteten Weise zu gebrauchen. Die Sprache besteht nach Wittgensteins Ansicht (unter anderem) aus Regeln für den Gebrauch von Wörtern. Das Besitzen eines Begriffs schließt die Fähigkeit ein, ein Wort in Übereinstimmung mit einem Maßstab der Richtigkeit zu gebrauchen, und daher die Fähigkeit, es in Anwendung auf dieselben Arten von Fällen zu gebrauchen, wobei diese Fälle nicht notwendig eine geschlossene Klasse bilden. Diese Regeln oder Maßstäbe, die Ausdrücke mit den Umständen verbinden, die ihren Gebrauch rechtfertigen, sind im Verhalten und den Bräuchen einer Sprachgemeinschaft verkörpert. In § 206 hatte Wittgenstein bereits den Fall aufgebracht, daß ein Forscher ein fremdes Land besucht und die Sprache der Einwohner zu entdecken versucht. »Die gemeinsame menschliche Handlungsweise ist«, wie er sagt, »das Bezugssystem, mittels welches wir uns eine fremde Sprache deuten.« Wenn es keinen regelmäßigen Zusammenhang zwischen den Lauten, die sie hervorbringen (die der Forscher zu interpretieren versucht), und ihren Handlungen gibt, dann können wir nicht das Urteil fällen, daß sie eine Sprache haben. Das Gerüst einer gemeinsamen Sprache wird von den Regeln oder Maßstäben gebildet, die den Gebrauch der Wörter der Sprache bestimmen und so den Besitz gemeinsamer Begriffe sichern. In § 240 schreibt Wittgenstein:

Es bricht kein Streit darüber aus (etwa zwischen Mathematikern), ob der Regel gemäß vorgegangen wurde oder nicht. Es kommt darüber z. B. nicht zu Tätlichkeiten. Das gehört zu dem Gerüst, von welchem aus unsere Sprache wirkt (z. B. eine Beschreibung gibt).

Die Termini »Regel«, »Übereinstimmung« und »gleich« stehen, wie Wittgenstein bereits dargelegt hat, in einer internen Relation[9]. Aber impliziert das nicht, daß »die menschliche Übereinstimmung entscheidet, was wahr und was falsch ist«? Wahr oder falsch ist das, was Menschen *sagen,* die Urteile, die sie fällen, und die Meinungen, die sie ausdrücken. Sie *stimmen überein* in der Sprache, die sie gebrauchen. Die Übereinstimmung in der Sprache, der Besitz gemeinsamer Begriffe ist das, was Wittgenstein hier eine »Lebensform« nennt, eine gemeinsame Weise der Konzeptualisierung der Erfahrung zusammen mit den sie begleitenden Verhal-

9 Siehe *PU* §§ 224–225 und § 136.

tensweisen. Diese »Übereinstimmung« ist, so scheint es, eine Voraussetzung der Übereinstimmung oder Nicht-Übereinstimmung von Urteilen. Das ist jedoch im Grunde irreführend. Es legt irrigerweise nahe, daß die Übereinstimmung in Begriffen und die Übereinstimmung in Urteilen gänzlich voneinander unabhängig sind. In § 242 geht Wittgenstein von der These zur Antithese des Arguments über:

Zur Verständigung durch die Sprache gehört nicht nur eine Übereinstimmung in den Definitionen, sondern (so seltsam dies klingen mag) eine Übereinstimmung in den Urteilen. Dies scheint die Logik aufzuheben; hebt sie aber nicht auf.

Es genügt nicht, daß eine Übereinstimmung in der Sprache, in Definitionen, in Begriffen besteht. Denn das schließt selbst bereits eine Übereinstimmung in Urteilen ein, und so scheint in einem bestimmten Sinn tatsächlich die menschliche Übereinstimmung zu bestimmen, was wahr und was falsch ist.
Die Entrüstung von Wittgensteins Fragesteller liegt in der Tatsache, daß dieser ungeheure Vorschlag die Logik aufzuheben scheint, indem er Wahrheit in Bedeutung zusammenfallen läßt. Er scheint zu implizieren, daß es von der Wahrheit eines anderen Satzes abhängt, ob ein Satz Sinn hat[10]. Das ist aber nicht der Fall. Wittgenstein schlichtet den scheinbaren Konflikt in der darauffolgenden Stelle:

Eines ist, die Meßmethode zu beschreiben, ein Anderes, Messungsergebnisse zu finden und auszusprechen. Aber was wir »messen« nennen, ist auch durch eine gewisse Konstanz der Messungsergebnisse bestimmt.

Solange die Meßmethode von den Meßergebnissen trennbar ist, ist ein Messen möglich. Aber daß sich beide trennen lassen, ist damit vereinbar, daß sie eng zusammenhängen. Die Metapher der Meßmethode gehört, wie wir gesehen haben, zu denen, die schon in Wittgensteins frühesten Schriften auftreten. Übereinstimmung über eine Meßmethode bedeutet Übereinstimmung über den Sinn eines Satzes und somit über den Sinn des Urteils, zu dem er gebraucht wird. Daher impliziert sie Übereinstimmung über die Sprache und die Begriffe, die von den Wörtern eines gegebenen Satzes ausgedrückt werden. Ein Satz wird mit einer Meßmethode verglichen, insofern er als eine Beschreibung eines möglichen Sach-

10 Vgl. *TLP* 2.0211.

verhalts aufgefaßt wird, die die Welt entweder erfüllt oder nicht erfüllt. Wenn sie sie erfüllt, liefert die Meßmethode das Ergebnis: wahr. Wenn sie sie nicht erfüllt, liefert sie das Ergebnis: falsch. Übereinstimmung bestimmt die Meßmethode, und die Welt bestimmt ihr Ergebnis. Soweit ist die ursprüngliche These der Trennbarkeit richtig. Die Antithese jedoch, die die Logik aufzuheben schien, ist in einem bestimmten Sinn ebenfalls richtig. Etwas, das wie ein Messen aussähe, aber nichts liefern würde, was eine Ähnlichkeit mit konstanten und konsistenten Meßergebnissen hätte, könnte überhaupt nicht als Messen betrachtet werden, ebenso wie etwas wie eine Sprache aussehen könnte, aber zu unregelmäßig sein könnte, eine Sprache zu sein (*PU* § 207). Unsere Übereinstimmung in der Definition ist nicht unabhängig von unserer Übereinstimmung in Urteilen, da wir unsere Übereinstimmung in Definitionen zumindest teilweise durch Bezug auf unsere Übereinstimmung in Urteilen (und letztlich durch Bezug auf die »gemeinsame menschliche Handlungsweise«) identifizieren. Die Vorstellung, daß es sein könnte, daß wir eine gemeinsame Sprache haben, gemeinsame Begriffe besitzen, aber hinsichtlich unserer Urteile grundsätzlich nicht übereinstimmen, ist ebenso leer wie die Annahme, daß es sein könnte, daß wir *keine* gemeinsamen Begriffe besitzen und dennoch in unseren Urteilen *übereinstimmen*[11]. Soweit ist also die These der Nicht-Unabhängigkeit richtig. Wenn sie so erklärt wird, ist es jedoch nicht der Fall, daß »die Logik aufgehoben wird«. Unsere Übereinstimmung in »Meßmethoden« bewirkt nicht, daß unsere Sätze die Welt bestimmen, sondern nur, daß sie die Möglichkeiten bestimmen, die die Welt erfüllen muß.

Der erste Abschnitt von § 243 bietet jedoch anstelle der gerade aufgelösten eine neue Verwirrung. §§ 240–43 befaßten sich mit einer gemeinsamen Sprache, jetzt jedoch werden wir mit der Denkbarkeit der Sprache eines Monologredners bekannt gemacht, die nicht für die Kommunikation, sondern für den »privaten Ge-

11 Eine Exemplifikation hiervon ist das Problem des inversen Spektrums – in dem angenommen wird, daß die »private Bedeutung« von Farbwörtern, z. B. das private Erlebnis einer bestimmten Farbe oder ein mentaler Stellvertreter, der als ein Exemplar dient, sich von Mensch zu Mensch in einer vollkommen symmetrischen Weise unterscheidet. Trotzdem, so wird vorgeschlagen, könnte es scheinen, daß sie immer »in ihren Urteilen übereinstimmen«. Ihr Verhalten würde alle Kriterien der Übereinstimmung erfüllen, in Wirklichkeit aber, so wird angenommen, unterscheiden sich ihre Farbbegriffe grundlegend.

brauch« bestimmt ist. Steht das nicht in Widerstreit zu den vorhergehenden Andeutungen? Ich denke nicht. Der Monologredner hat eine Sprache, die ebenso »regelgeleitet« ist wie die unsrige. Auch wenn der Monologredner ganz einsam ist, kann seine Sprache, obwohl sie nicht von anderen geteilt wird, doch von anderen geteilt werden. Obwohl vielleicht niemand da ist, der in seinen Urteilen mit ihm übereinstimmen würde: wenn jemand da wäre, so könnte er zustimmen. Die Notwendigkeit der Übereinstimmung, die in §§ 240–2 angedeutet wird, betrifft nur das, was möglich, nicht das, was wirklich sein muß. Ebenso wie die erforderliche Übereinstimmung in der Sprache nur Wahrheitsmöglichkeiten bestimmt, so implizieren die notwendigen Bedingungen, die in der Existenz von Sprache (und daher von Denken) involviert sind, nur, daß es möglich ist, daß die Sprache gesellschaftlich ist, nur die Möglichkeit eines intersubjektiven Diskurses, und nicht seine Wirklichkeit. Was in dem folgenden Privatsprachenargument ausgeschlossen wird, ist nicht der imaginäre Monologredner (in der Einsamkeit oder in Gruppen), sondern jemand, dessen Begriffe, Regeln und Meinungen nicht nur zufällig von niemandem geteilt werden, sondern wesentlich nicht geteilt werden können[12]. Die Bedeutung des Monologredners besteht darin, sowohl im Gegensatz zu dem Sprecher einer angeblichen Privatsprache zu stehen als auch Wittgensteins Intentionen zu klären. Diese bestehen *nicht* darin, abgedroschene Feststellungen über das gesellschaftliche Wesen und die gesellschaftliche Entstehung der Sprache zu machen.

Der zweite Abschnitt von § 243 klärt, was Wittgenstein mit einer Privatsprache meint. Die imaginären Monologredner wenden ihre Sprache für ihren eigenen privaten Gebrauch an. In un-

12 Daher enthält A. Mansers Behauptung (»Pain and Private Language«, in *Studies in the Philosophy of Wittgenstein*, hrsg. von P. Winch, London 1969, S. 168), daß eine Sprache eines gesellschaftlich isolierten Individuums unvorstellbar ist, weil die Sprache immer eine gesellschaftliche Tätigkeit ist, die Regeln einschließt, die nur eine gesellschaftliche Institution liefern kann, ein grundlegendes Mißverstehen der Absicht Wittgensteins. Wittgensteins Argument würde seinen Witz auch dann nicht verlieren, wenn wir angeborene Begriffe besäßen (siehe z. B. *BB* S. 31). So trifft auch die Debatte über die Möglichkeit, ob Robinson eine Sprache erfinden kann (A. J. Ayer und R. Rhees, »Can There be a Private Language?«, *Proceedings of the Aristotelian Society*, Suppl. Vol. 28 (1954), S. 63–94), nicht den eigentlichen Punkt.

serer gewöhnlichen Sprache können wir unsere Gefühle, Stimmungen und inneren Erlebnisse aufschreiben. Keines von beidem stellt eine Privatsprache dar. Wittgenstein charakterisiert eine Privatsprache durch drei Züge: (a) die Wörter der Sprache sollen auf das referieren, was nur der Sprecher wissen kann, (b) die Wörter der Sprache sollen auf die unmittelbaren privaten Empfindungen des Sprechers referieren, (c) ein anderer kann die Sprache nicht verstehen. (c) wird als eine Folgerung aus (a) und (b) dargestellt und sollte daher nicht als eine Grundcharakteristik einer Privatsprache aufgefaßt werden.

Die Erörterung in § 244 bis § 256 besteht weitgehend aus einer Vorklärung von (a) und (b), wie sie vom Privatsprachentheoretiker verstanden werden. (a) gibt die epistemische Privatheit der Gegenstände an, auf die die Wörter der Privatsprache referieren. Die Gegenstände sind privat, insofern nur der Sprecher der Sprache weiß, was sie sind und wann sie auftreten. (b) gibt die Privatheit des Besitzes an. Die Gegenstände der Sprache sind der Besitz des Sprechers, und niemand anderer kann sie besitzen. Von Empfindungen wird gesagt, daß sie auf beide Weisen privat sind – nur derjenige, der die Empfindungen hat, kann wirklich mit Gewißheit wissen, daß er sie hat; und was er hat, kann nicht von anderen geteilt werden und ist nicht übertragbar. Ein anderer kann nie meine Schmerzen haben, und ich kann nicht sein Mitleid haben[13].

Wittgenstein klärt nicht explizit, was er mit Empfindung meint; sein Hauptbeispiel in der folgenden Erörterung ist die Schmerzempfindung (§§ 244–6, 250, 253, 257, 271, 281–4, 286–8, 293, 295–6, 300, 302–4, 310–15). Das ist irreführend, und es hat auch die Kommentatoren irregeführt. Könnte es eine Sprache geben, in der referentielle Ausdrücke und Bezeichnungsausdrücke ausschließlich aus einer Ryleschen Reihe von Schmerzen, Stechen, Kitzeln und Jucken bestünden? Und wenn es sie geben könnte, von welchem philosophischen Interesse wäre das? Und doch gibt Wittgenstein zu verstehen, daß *alle* Wörter in der Sprache auf die unmittelbaren privaten Empfindungen einer Person referieren sollen. Sicherlich ist »Schmerzen« der Name einer Empfindung, aber der Unterschied zwischen Wahrnehmung und Empfindung ist für Wittgensteins Absichten beim Privatsprachenargument un-

13 Frege, »Der Gedanke«, in Patzig, Hrsg., a. a. O., S. 43.

wichtig. Es ist bemerkenswert, daß er auf Gegenstände im Gesichtsfeld, *wenn sie auf eine bestimmte Weise verstanden werden*, als auf Empfindungen im weiten Sinn des Terminus referiert. Er spricht von einer »eigenen Empfindung von Rot« (§ 273), vom »Farbeindruck« (§ 276), vom »visuellen Eindruck« (§ 277), von »Gesichtsempfindung« (§ 312), von dem privaten Gesichtsbild, das bei Vorstellungshandlungen vorm Auge des Bewußtseins steht (§ 280), und allgemein von Bewußtseinszuständen, mentalen und inneren Vorgängen (§§ 290, 305-6). All das läßt sich so verstehen, daß es unter die Kategorie der »unmittelbaren privaten Empfindung« fällt. In der Tat ist es bemerkenswert, daß beim ersten Auftreten des bekannten Tagebuchbeispiels (*PU* § 258) der innere Gegenstand, dessen Auftreten der Privatsprachentheoretiker festzuhalten versucht, das visuelle Erlebnis von Rot ist (siehe NFL S. 291). Während Schmerzen sein Paradigma sind, ist es also die Erfahrung im allgemeinen und ihr »phänomenaler Gehalt«, wie sie unter dem Zauber einer fehlgeleiteten Metaphysik aufgefaßt werden, die seine Zielscheibe bilden. Das wird teilweise in §§ 274–79 geklärt, ist aber ganz explizit in Werken, die den *Untersuchungen* vorhergehen, insbesondere im *Blauen Buch* und den »Notes for Lectures«. Wenn wir über die Relation zwischen Gegenständen und unseren Erfahrungen von Gegenständen nachdenken, werden wir, so legt Wittgenstein im *Blauen Buch* dar (S. 75), sofort von einer Menge von philosophischen Versuchungen bedrängt. Wir sind versucht, uns zwei verschiedene Arten von Welten vorzustellen, die mentale und die physikalische. Die erstere erscheint eigentümlich gasförmig und ätherisch. Später neigen wir zu der Ansicht, daß die mentale Welt die einzig wirkliche, erkennbare Welt ist. Während wir so denken, kommt unser Begreifen der Wirklichkeit ins Gleiten. Es bleibt uns nichts als persönliche Erlebnisse, die als nicht faßbar und nicht beschreibbar erscheinen. Die gewöhnliche Sprache erscheint ungenau und vage, und wir fangen an, nach einer ideal genauen Sprache zu verlangen. Derartige Versuchungen sind es, gegen die das Privatsprachenargument gerichtet ist. Das Argument ist eines unter den vielen kritischen Werkzeugen, die Wittgenstein zur Vertreibung dieser philosophischen Täuschung anwendet. Wittgensteins explizite Zielscheiben sind in den »Notes for Lectures« wiederum Sinnesdatentheorien in der Erkenntnistheorie, obwohl das vorherrschende Beispiel wie in den

Untersuchungen eine Empfindung ist (nicht Schmerzen im allgemeinen, sondern Zahnschmerzen). Man sollte also aufpassen, daß man nicht durch das spezielle (und oft irreführende) Beispiel der Schmerzen zu einer verzerrten Sicht des Zwecks des Arguments veranlaßt wird.

3. Die Privatsprache

In den *Untersuchungen* baut Wittgenstein seine Zielscheibe auf und schlägt sie dann Stufe um Stufe nieder. An keiner Stelle legt er eine klare Darstellung der Position seines Gegners im ganzen vor. Ferner sind die erkenntnistheoretischen und semantischen Aspekte der Privatsprache in Wittgensteins Darstellung eng verwoben. Ich werde die Beschreibung der Privatsprache von der Kritik an ihr, die Bedeutungstheorie von ihren irrigen, aber gültig abgeleiteten skeptischen Folgerungen und Wittgensteins Beschreibung der Erkenntnistheorie des Privatsprachentheoretikers von seiner kritischen Analyse ihrer Defekte trennen.

Das beinahe vollkommene Beispiel einer Privatsprache der Art, wie Wittgenstein sie im Sinn hatte, ist dasjenige, welches von Locke in seiner Darstellung der Elemente unseres Denkens und unserer Sprache in den Büchern II und III des *Essay Concerning Human Understanding*[14] beschrieben wird. Daher werde ich Lockes Theorie der Sprache als einen »Idealtypus« gebrauchen, an den sich Wittgensteins imaginäre Privatsprache in der Tat sehr eng annähert. Locke erklärt: »Wörter in ihrer ursprünglichen oder unmittelbaren Bedeutung stehen für nichts als *die Vorstellungen im Bewußtsein desjenigen, der sie gebraucht* ... es kann auch niemand sie unmittelbar als Merkmale auf etwas anderes als auf die Vorstellungen anwenden, die er selbst hat« (II. ii. 2). Ähnlich referieren die Wörter in Wittgensteins imaginärer Privatsprache auf die unmittelbaren privaten Empfindungen der Sprecher. »Ich weiß, was das Wort ›Zahnschmerzen‹ bedeutet«, bemerkt Wittgensteins Gegner (NFL S. 315), »es bringt ein bestimmtes Bild in

14 Locke, *An Essay Concerning Human Understanding*, hrsg. von A. C. Fraser 1894, wiederveröffentlicht New York 1959. Für einige Qualifikationen dieser Auffassung der Semantik Lockes siehe N. Kretzman, »The Main Thesis of Locke's Semantic Theory«, *The Philosophical Review* 77 (1968), S. 175–196.

meinem Bewußtsein hervor.« Die Wörter der Privatsprache *referieren* auf Elemente der Erfahrung: auf Schmerzen oder auf den roten Fleck im Gesichtsfeld, wenn man einen roten Gegenstand betrachtet. Wenn das ihre Referenz ist, was ist dann aber ihr Sinn? Manchmal denkt Wittgensteins Privatsprachentheoretiker, daß die Erfahrung selbst, die sinnliche Anschauung den Begriff liefert. »›Die Erfahrung, die ich habe, scheint in einem bestimmten Sinn an die Stelle einer Beschreibung dieser Erfahrung zu treten.‹ – ›Sie ist ihre eigene Beschreibung.‹« (NFL S. 277). Bei anderen Gelegenheiten schlägt er vor, daß ein sinnvoller Terminus mit einem Abbild eines Elements der Erfahrung assoziiert ist, mit einem Exemplar, welches als ein Paradigma für die Bedeutung des Terminus dient (NFL S. 314, *PU* § 272). Bezüglich der Frage, wie ein Gegenstand als ein unter einen gegebenen Begriff fallender erkannt wird, wie ein Gegenstand als ein so-und-so gesehen wird, legt Wittgenstein die Position seines Gegners in Anwendung einer typisch Lockeschen Metapher dar:

Diese Form, die ich sehe – möchte ich sagen – ist nicht einfach *eine* Form, sondern sie ist eine von den mir bekannten Formen; sie ist eine im Vorhinein ausgezeichnete Form. Sie ist eine von den Formen, deren Bild schon früher in mir war, und nur weil sie so einem Bild entspricht, ist sie die wohlbekannte Form. (Ich trage gleichsam einen Katalog solcher Formen mit mir herum und die Gegenstände, die dort abgebildet sind, sind dann die wohlbekannten.) (Z § 209).

Das private Erlebnis, ob es das wirkliche Erlebnis *E* oder ein erinnertes Bild von *E* ist, das von meinem Bewußtsein reproduziert wurde, dient als ein Paradigma, um dem Wort *»E«* seine Bedeutung zu verleihen:

Es ist, als werfe ich beim Aussprechen des Wortes einen Seitenblick auf die eigene Empfindung, gleichsam um mir zu sagen: ich wisse schon, was ich damit meine. (*PU* § 274).

Wie wird die Sprache erlernt, und wie wird die Verbindung zwischen einem Wort und dem, was es benennt, hergestellt? Locke schlägt einen komplizierten Vorgang vor. Das erste Stadium ist dasjenige, daß unser Gedächtnis, der Speicher der Ideen (II. x. 2), mit Gegenständen ausgerüstet wird. Das geschieht durch Aufmerksamkeit und Wiederholung (II. x. 3), die ein privates Exemplar jedes Erlebnistyps in unserem Bewußtsein befestigen. Es ist dann die Aufgabe des Gedächtnisses, »dem Bewußtsein diejenigen latenten Vorstellungen zu liefern, für die es gegenwärtig Gelegenheit hat« (II. x. 8). Wenn der Speicher der Exemplare einmal eingerichtet ist, beginnen Kinder:

> ... nach und nach den Gebrauch von Zeichen zu lernen. Und wenn sie die Fertigkeit erworben haben, die Sprechorgane zur Bildung von artikulierten Lauten anzuwenden, beginnen sie Gebrauch von Wörtern zu machen ... Diese verbalen Zeichen entleihen sie manchmal von anderen, manchmal machen sie sie selbst, wie man an den neuen und ungewohnten Namen beobachten kann, die Kinder oft im ersten Gebrauch der Sprache den Dingen geben (II. xi. 8).

Der Gebrauch von Wörtern besteht darin, daß sie die »sinnlichen Merkmale von Vorstellungen« sind, »und die Vorstellungen, für die sie stehen, sind ihre eigentliche und unmittelbare Bedeutung« (III. ii. 1). Wittgensteins Privatsprachentheoretiker entwirft ein sehr ähnliches, wenn auch nicht genau dasselbe Bild des Vorgangs. Der Privatsprachentheoretiker *assoziiert* Namen mit Empfindungen und gebraucht die Namen als Beschreibungen. Wie wird dieser Assoziationsvorgang errichtet? Ein Vorschlag könnte sein, daß man den Namen ausspricht, während man die Empfindung hat und sich auf die Empfindung konzentriert (NFL S. 290). Man gibt sich selbst eine private hinweisende Definition des privaten Gegenstandes, indem man die *Aufmerksamkeit* auf den Gegenstand *richtet*, gleichsam mental auf ihn zeigt, während man das Wort zu sich selbst sagt oder es aufschreibt – man *prägt* sich die Verbindung des Zeichens mit der Empfindung *ein* (*PU* § 258). Ein anderer Vorschlag wäre der, daß man sich *vornimmt*, das Zeichen in Zukunft so zu gebrauchen, daß es auf das Exemplar referiert (*PU* § 262). Die Funktion des Gedächtnisses ist für Locke, den Aktenschrank für die Exemplare des Sprechers bereitzustellen und das richtige Exemplar für jedes Wort beizubringen, wie der Sprecher es benötigt. Wittgensteins Privatsprachentheoretiker faßt ein ähnliches Vorgehen ins Auge. Er stellt sich eine Tabelle oder ein Wörterbuch vor, das aus Exemplaren und mit ihnen assoziierten Wörtern besteht. Nur existiert dieses Wörterbuch anders als die gewöhnlichen allein in der Vorstellung und liefert die subjektive Rechtfertigung, daß das Wort *»E«* den (privaten) Gegenstand *E* bedeutet (*PU* § 265). Es ist eine Vorstellung oder quasi-Konkretisierung von Gedächtnis und Assoziation (*PU* § 53 und § 73). In Lockes Sprachmodell sind Wörter, die für einfache Vorstellungen stehen und die die Grundlage der Sprache bilden, insofern sie die grundlegenden Bindeglieder zwischen der Sprache und ihren Gegenständen liefern, lexikalisch undefinierbar (II. xx. 1). Die einzige Möglichkeit, ihre Bedeutung zu kennen, besteht darin, die einfachen Vorstellungen zu haben, für die sie stehen. Folglich sind zwei merkwürdige Möglichkeiten denkbar. Erstens ist es möglich, daß es

> bei der unterschiedlichen Struktur unserer Organe so eingerichtet wäre, daß *derselbe Gegenstand zur selben Zeit im Bewußtsein verschiedener Menschen verschiedene Vorstellungen erzeugen würde;* wenn z. B. die Vorstellung, die ein Veilchen im Bewußtsein *eines* Menschen durch seine Augen hervorrufen würde, dieselbe wäre, die eine Dotterblume im Bewußtsein eines anderen hervorrufen würde, und umgekehrt ... das könnte man nie wissen, weil das Bewußtsein *eines* Menschen nicht in den Körper eines anderen übergehen kann, um wahrzunehmen, was für Erscheinungen durch dessen Organe hervorgerufen werden (II. xxxii. 15).

Zweitens ist grammatische und semantische Richtigkeit in der Rede keine Garantie dafür, daß die Laute, die geäußert werden, wirklich Wörter sind. Denn wenn sie nicht durch Vorstellungen »den Rücken gestärkt bekommen«, haben die Laute keine Bedeutung:

> Derjenige, der Wörter irgendeiner Sprache hat, ohne deutliche Vorstellungen in seinem Bewußtsein zu haben, auf die er sie anwendet, äußert, sofern er sie im Gespräch gebraucht, nur einen Laut ohne Sinn oder Bedeutung ... Denn alle solchen Wörter belaufen sich, wie sie auch immer ins Gespräch geworfen werden, gemäß der richtigen Konstruktion grammatischer Regeln oder der Harmonie gedrechselter Perioden, doch nur auf bloße Laute und sonst nichts (III. x. 26).

Genau diese Möglichkeiten fallen Wittgensteins Privatsprachentheoretiker ein. In *PU* § 258 bemerkt Wittgenstein zu seinem Gegner, daß sich eine Definition des Zeichens »*E*«, das der Privatsprachentheoretiker angeblich mit seiner Empfindung *E* assoziiert, nicht formulieren läßt. Das Problem des inversen Spektrums, welches Locke nicht sehr beunruhigte[15], wird von Wittgen-

15 Er äußert sich so: »Ich bin trotzdem sehr geneigt zu denken, daß die sinnlichen Vorstellungen, die von einem Gegenstand im Bewußtsein verschiedener Menschen hervorgebracht werden, gewöhnlich sehr nah und ununterscheidbar ähnlich sind. Für diese Meinung könnte man, denke ich, viele Gründe anbieten: aber da das nicht zu meinem jetzigen Geschäft gehört, werde ich den Leser damit nicht belästigen (II. xxxii. 15).

stein als eine der unannehmbaren Folgen der These des Privatsprachentheoretikers dargestellt (*PU* § 272). Die zweite Möglichkeit wurde von Wittgenstein ebenfalls ins Auge gefaßt:

Denke dir einen Menschen, der es nicht im Gedächtnis behalten könnte, *was* das Wort »Schmerz« bedeutet – und der daher immer wieder etwas Anderes so nennt – das Wort aber dennoch in Übereinstimmung mit den gewöhnlichen Anzeichen und Voraussetzungen des Schmerzes verwendet (*PU* § 271).

Für Locke wird die Sprache für zweierlei gebraucht, für »das Festhalten unserer eigenen Gedanken« und »die Mitteilung unserer Gedanken an andere«. Was den ersten Gebrauch betrifft, so liegt, wenn wir mit uns selbst sprechen, wenig daran, welche Zeichen wir als für welche Vorstellungen stehend gebrauchen, solange unser Gebrauch der Zeichen konsistent und unser Gedächtnis verläßlich ist. Beim zweiten Gebrauch liegt die Sache jedoch anders:

Da das Hauptziel der Sprache bei der Kommunikation im Verstandenwerden liegt, erfüllen Wörter diesen Zweck nicht gut – weder in der bürgerlichen noch in der philosophischen Rede –, wenn ein Wort im Hörer nicht dieselbe Vorstellung erregt, für die es im Bewußtsein des Sprechers steht (III. ix. 4).

Wenn also Wörter ihren Zweck erfolgreich erfüllen sollen, dann müssen dieselben Assoziationsmechanismen zwischen Wort und Exemplar, die im Bewußtsein des Sprechers existieren, im Bewußtsein des Hörers existieren. Aber Wörter, die für einfache Vorstellungen stehen, sind, wie wir gesehen haben, undefinierbar. Wörter, die für komplexe Vorstellungen stehen, sind nur in der Begrifflichkeit von Wörtern definierbar, die für einfache Vorstellungen stehen. Daher muß die Bedeutung der Wörter, die für einfache Vorstellungen stehen, gemeinsam sein, wenn eine erfolgreiche Kommunikation folgen soll:

die einzig sichere Weise, jemanden die Bedeutung des Namens irgendeiner einfachen Vorstellung wissen zu lassen, ist die, *seinen Sinnen dasjenige Subjekt zu präsentieren*, das sie in seinem Bewußtsein erzeugen könnte, und ihn wirklich die Vorstellung haben zu lassen, für die dieses Wort steht (III. xi. 14).

Ist das einmal sichergestellt, dann können sich Menschen miteinander unterhalten. Locke faßt sein Bild des intersubjektiven Gebrauchs der Sprache so zusammen:

[Wörter sind] unmittelbar die Zeichen der Vorstellungen der Menschen und dadurch die Instrumente, wodurch Menschen ihre Vorstellungen mitteilen und einander diejenigen Gedanken und Vorstellungen ausdrücken, die sie in ihrer eigenen Brust haben; es entsteht durch konstanten Gebrauch eine derartige Verbindung zwischen bestimmten Lauten und den Vorstellungen, für die sie stehen, daß die Namen, wenn man sie hört, fast ebenso leicht bestimmte Vorstellungen hervorrufen, als ob die Gegenstände selbst, die geeignet sind, sie hervorzurufen, wirklich die Sinne affiziert hätten (III. ii. 6).

Wir haben also eine Auffassung über das Lehren einer Sprache, über den Zweck von Sprache und sprachlichen Handlungen und über den Mechanismus der Kommunikation. Identische Ansichten finden sich im Munde von Wittgensteins Privatsprachentheoretiker oder in Wittgensteins kritischen Bemerkungen zur Position seines Gegners. Die Vorstellung, daß die Absicht von intersubjektiven Gebrauchsweisen der Sprache immer darin besteht, den Hörer wissen zu lassen, was im Bewußtsein des Sprechers vor sich geht, wird von Wittgenstein als Teil des Modells des Privatsprachentheoretikers hervorgehoben:

Wir sind so sehr an die Mitteilung durch Sprechen, im Gespräch, gewöhnt, daß es uns scheint, als läge der ganze Witz der Mitteilung darin, daß ein Andrer den Sinn meiner Worte – etwas Seelisches – auffaßt, sozusagen in seinen Geist aufnimmt. Wenn er dann auch noch etwas damit anfängt, so gehört das nicht mehr zum unmittelbaren Zweck der Sprache (*PU* § 363).

Nachdrücklicher ist seine frühere Bemerkung:

Als wäre der Zweck des Satzes, einen wissen zu lassen, wie es dem Andern zumute ist: Nur, sozusagen, im Denkapparat und nicht im Magen (*PU* § 317).

Wittgenstein untersucht in der Erörterung der Möglichkeit einer Privatsprache nicht, was eingeschlossen sein muß, wenn man jemand anderen die Bedeutung der Termini seiner Privatsprache lehrt. Er macht von Anfang an klar, daß eine solche Sprache weder lehrbar noch für andere verständlich ist. Das ist mißlich, denn das ist eine Folgerung, für die er, denke ich, explizit hätte argumentieren sollen. Es hat auch Kommentatoren irregeführt zu denken, daß Wittgensteins kritisches Argument eine Prämisse enthält, daß eine nicht-lehrbare Sprache logisch unmöglich ist. Das ist ganz falsch. Die Tatsache, daß wir die Sprache lernen müssen, ist eine kontingente Tatsache über unsere Konstitution. Es wäre durchaus denkbar, daß ein geniales Kind Namen für seine Empfindungen erfinden könnte (*PU* § 257), wie die Kinder bei Locke es tun (II. xi. 8), oder daß wir mit einem angeborenen Wissen der Sprache geboren würden (*BB* S. 31). Es stimmt jedoch, daß wir, wenn das Sprachmodell des Privatsprachentheoretikers richtig wäre und wenn wir die Sprache lehren müßten, sie auf die Weise lehren müßten, die Locke beschreibt. Wittgenstein untersuchte das ausführlich in den »Notes for Lectures«[16]. Die Frage erhebt sich im Kontext einer Erörterung dessen, wie ein Privatsprachentheoretiker es versteht, wenn wir einen Blinden lehren, von sich selbst zu sagen, daß er blind ist. Blindheit ist natürlich nicht ein Verhalten, denn ein Mensch kann sich wie ein Blinder verhalten, ohne blind zu sein. Aber es ist sein offenkundiges Verhalten, was ein gemeinsames Wissen für ihn und uns darstellt. Auf der Grundlage seines Verhaltens sagen wir, daß er nichts sieht. Er ordnet seinem Verhalten eine gewisse Erfahrung zu (man könnte »an das Bild der Blindheit als einer Dunkelheit in der Seele oder im Kopf des Blinden« denken [*PU* § 424]) und schließt, daß »blind sein« diese Erfahrung bedeutet. Die zugrundeliegende Vorstellung des Privatsprachentheoretikers ist, daß Ausdrücke, die auf die persönliche (oder private) Erfahrung referieren (und der Privatsprachentheoretiker behauptet, daß alle deskriptiven Wörter das tun), *indirekt* gelehrt werden. Wittgenstein konstruiert eine Analogie. Man stelle sich vor, daß man ein Kind Farbwörter nicht dadurch lehrt, daß man Farbmuster vorführt, sondern dadurch, daß man ein weißes Blatt Papier und mehrere verschieden geformte Brillen mit verschiedenen Linsen gebraucht, die mich das weiße Papier in einer anderen Farbe sehen lassen. Wenn ich durch die runde Brille sehe, sehe ich das weiße Papier als rot. Wenn ich die elliptische aufsetze, sehe ich es als grün. Wittgenstein stellt sich nun vor, daß wir das Kind Farbbegriffe folgendermaßen lehren:

Wenn ich es die runde Brille aufsetzen sehe, sage ich das Wort »rot«, bei der elliptischen »grün« usw. Das könnte man so nennen, daß dem Kind die Bedeutungen der Farbnamen auf eine indirekte Weise gelehrt werden, weil man in diesem Fall sagen könnte, daß ich das Kind veranlaßte,

16 Dieselbe Analogie taucht auf in *Zettel* § 421.

dem Wort »rot« etwas zuzuordnen, was ich nicht gesehen habe, aber wovon ich hoffte, daß das Kind es sehen würde, als es durch die runde Brille schaute. Und diese Weise ist indirekt im Gegensatz zur direkten Weise, auf einen roten Gegenstand usw. zu zeigen (NFL S. 286).

Die indirekte Lehrmethode hierbei, die der direkten entgegengesetzt wird, ist das genaue Analogon zu Lockes Bild davon, wie man jemanden die Bedeutung eines Terminus lehrt. In Lockes Modell gibt es jedoch kein Analogon zum direkten Lehren: alles Lehren muß indirekt sein, »weil das Bewußtsein eines Menschen nicht in den Körper eines anderen übergehen kann« (vgl. auch *BB* S. 281 f.). Die Vorstellung, daß darin, daß man jemanden die Bedeutung eines Wortes lehrt – und dadurch bewirkt, daß er den Begriff erwirbt – involviert ist, daß man ihm einen Gegenstand präsentiert und sicherstellt, daß er das Wort, das man äußert, mit dem Gegenstand (oder der Vorstellung), auf den es referiert, oder mit irgendeinem Stellvertreter für ihn assoziiert, erscheint in einem späteren Abschnitt der *Untersuchungen*:

Vielmehr scheint es uns, als ob der Lehrer in diesem Falle dem Schüler die Bedeutung *beibringe* – ohne sie ihm direkt zu sagen; daß aber der Schüler endlich dazu gebracht wird, sich selbst die richtige hinweisende Erklärung zu geben. Und hierin liegt unsre Illusion (*PU* § 362).

Dieselbe Auffassung des Lehrens wird in *Zettel* umrissen:

Wenn das Kind sich bei bestimmten Anlässen so und so benimmt, denke ich, es fühle, was ich in solchen Fällen fühle; und wenn es so ist, so assoziiert das Kind das Wort mit seinem Gefühl und gebraucht das Wort, wenn das Gefühl wieder auftritt (Z § 345).

Zu dieser Auffassung des Lehrens einer gemeinsamen Sprache paßt eine bestimmte Auffassung des Mechanismus der Kommunikation. Wittgenstein porträtiert das treffend im Verlauf der Konstruktion seiner imaginären Sprachspiele. Das fragliche Sprachspiel ist dasjenige, in dem *B* lernt, einen Baustein zu bringen, wenn er das Wort »Säule« ausgerufen hört. Wittgenstein schlägt vor, daß man sich den Mechanismus so vorstellen könnte:

In *B*'s Bewußtsein brachte das ausgerufene Wort ein Vorstellungsbild z. B. einer Säule hervor; ... die Abrichtung hatte ... diese Assoziation geschaffen ... [Denke], daß dieser Fall genau mit dem einer Maschine vergleichbar ist, bei der ein Knopf gedrückt wird und ein Anzeigetäfelchen erscheint. Tatsächlich kann diese Art von Mechanismus statt dem der Assoziation gebraucht werden (*BB* S. 130; Abweichungen von der dt. Übers.).

In den *Untersuchungen* wird eine sogar noch gelungenere Analogie gebraucht. Das Bild der Kommunikation ist in diesem Sprachspiel (Nr. 2) und in der klassisch-empiristischen Auffassung von Sprache im allgemeinen von der Art, daß gilt: »Das Aussprechen eines Wortes ist gleichsam ein Anschlagen einer Taste auf dem Vorstellungsklavier« (*PU* § 6).

So viel zur Auffassung von Sprache und Bedeutung, wie sie der Privatsprachentheoretiker und Empirist hat. Sie schließt eine Theorie des Begriffserwerbs und daher des Lehrens und Lernens von Sprache ein. Sie enthält eine Theorie des Begriffsbesitzes und damit eine Theorie darüber, was involviert ist, wenn man weiß, was ein Wort bedeutet, und wenn man mit dem, was man sagt, etwas meint. Schließlich umfaßt sie eine Theorie der Anwendung eines Begriffs und somit des Zwecks des Gebrauchs der Sprache und der Mechanismen der Kommunikation. Jeder dieser Aspekte wird von Wittgenstein in erschöpfender Ausführlichkeit kritisiert. Ehe ich seine Kritik herausarbeite, werde ich mich jedoch der Erkenntnistheorie zuwenden, die der Privatsprachentheoretiker vertritt.

4. Die Erkenntnistheorie des Privatsprachentheoretikers

Die einleitenden Abschnitte des Privatsprachenarguments in den *Untersuchungen* untersuchen, wie wir gesehen haben, zwei Bedeutungen von »privat« – epistemische Privatheit und Privatheit des Besitzes. Etwas ist für jemanden epistemisch privat, wenn nur er es wissen kann; es ist privat im zweiten Sinn, wenn prinzipiell nur er es haben kann. Aus diesen zwei Begriffen von Privatheit und ihrer Beziehung zu der Ansicht des Privatsprachentheoretikers, daß die Bedeutung eines Wortes durch die Bekanntschaft mit einem »Gegenstand« gegeben ist, der die Bedeutung konstituiert, stammen die hervortretenden erkenntnistheoretischen Lehren des Privatsprachentheoretikers. Man könnte drei verschiedene Lehren unterscheiden. Die erste könnte man die klassische (nicht-skeptische) empiristische Lehre nennen. Ich weiß vom Auftreten meiner eigenen Erlebnisse mit einer Gewißheit und Nicht-Korrigierbarkeit, die für andere, die urteilen, daß ich ein bestimmtes Erlebnis habe, nicht verfügbar ist. Denn während ich deswegen weiß, daß ich das Erlebnis *E* habe, weil ich es habe, weil es gleichsam vorm Auge meines Bewußtseins steht und es mir nicht mißlingen kann, es richtig zu identifizieren, wissen andere nur aus meinem Verhalten, daß ich *E* erlebe. Da zwischen meinem Verhalten und meinem Erlebnis nur eine induktive Zuordnung besteht und da der Satz, daß ich mich auf die Weise verhalte, auf die sich Leute normalerweise verhalten, wenn sie das Erlebnis *E* haben, nicht impliziert, daß ich *E* erlebe, fehlt dem Wissen, das andere von meinen inneren Zuständen haben, die Gewißheit, die mein eigenes Wissen hat. Ich bin mit meinem Erlebnis gleichsam von »innen« bekannt, andere können es nur von »außen« erkennen (NFL S. 279). Natürlich behauptet der klassische Empirist, in der Lage zu sein, das Urteil, daß jemand anderer *E* erlebt, vollkommen sinnvoll zu verstehen. Man urteilt einfach, daß der andere dasselbe hat, wie man selbst hat, wenn man *E* erlebt.

Diese erkenntnistheoretische Lehre führt leicht zu etwas, was man als »schwächlichen Skeptizismus« bezeichnen könnte. Da ich einen »privilegierten Zugang« zu meinen eigenen Erlebnissen habe und andere sich mit meinem Verhalten behelfen müssen, könnte die These angemessen erscheinen: »nur ich kann wissen, ob ich wirklich Schmerzen habe; der andere kann es nur vermuten« (*PU* § 246), oder: »Ich kann nur *glauben*, daß der andere Schmerzen hat, aber ich *weiß* es, wenn ich sie habe« (*PU* § 303). In meinem eigenen Fall weiß ich »direkt«, daß ich *E* erlebe, einfach dadurch, daß ich *E* erlebe (NFL S. 278). Im Falle anderer aber ist nur ihr Verhalten für mich verfügbar, das nur einen »indirekten« Zugang zu ihren inneren Erlebnissen gibt. Ich kann, so folgert der Skeptiker, nicht wissen, ob ein anderer wirklich *E* erlebt oder sich nur so verhält, wie ich mich verhalte, wenn ich *E* erlebe. Daher kann ich hinsichtlich der inneren Zustände anderer höchstenfalls ein Meinen erreichen. Es könnte sein, daß »So-und-so sich ausgezeichneter Gesundheit erfreut, nie zum Zahnarzt gehen mußte, nie über Zahnschmerzen klagte; aber da Zahnschmerzen ein privates Erlebnis sind, können wir nicht wissen, ob er nicht sein ganzes Leben lang schreckliche Zahnschmerzen gehabt hat« (NFL S. 289–90). Es ist bemerkenswert, daß es abgesehen von der Terminologie wenig, wenn überhaupt irgendeine Meinungsverschiedenheit zwi-

schen dem Vertreter des Analogiearguments und dem schwächlichen Skeptiker gibt. Sie stimmen über die involvierten begrifflichen Relationen überein, und sie sind verschiedener Meinung nur über die Benennung ihrer Geltung. Der Skeptiker weigert sich, den Terminus »Erkenntnis« dadurch zu erniedrigen, daß er ihn sowohl auf den Fall seiner nicht-korrigierbaren Erkenntnisse seiner eigenen inneren Erfahrung als auch auf seine korrigierbaren und offensichtlich zweifelhaften Vermutungen über die Zustände anderer anwendet, auch wenn die Vermutungen richtig sind.
Die dritte Position ist härter gesonnen. Es ist die Lehre des Solipsisten. Sie ergibt sich aus der Verbindung der Lehre der epistemischen Privatheit, der Lehre der Privatheit des Besitzes und der Bedeutungstheorie des Privatsprachentheoretikers. Der Solipsist akzeptiert die gemeinsame Prämisse seiner beiden Vorgänger, – daß er nämlich vom Auftreten seiner eigenen Erlebnisse weiß. Wie sie hält er an der Lehre vom privaten Besitz des Erlebnisses fest. Zwei Leute können nie dieselben Schmerzen haben, und die Schmerzen, die ich habe, könnten unmöglich der Besitz eines anderen sein. Anders als sie ist er sich jedoch der Bedeutungstheorie bewußt, die in den zwei Lehren der Privatheit implizit enthalten ist. Hierin ist er außerdem konsistenter und unbarmherziger als sie, indem er die Theorie zu ihren letzten Konsequenzen treibt. Er gibt (wie Locke es tat) zu:

Das Wesentliche am privaten Erlebnis ist eigentlich nicht, daß jeder sein eigenes Exemplar besitzt, sondern daß keiner weiß, ob der Andere auch *dies* hat, oder etwas anderes. Es wäre also die Annahme möglich – obwohl nicht verifizierbar – ein Teil der Menschheit habe *eine* Rotempfindung, ein anderer Teil eine andere (*PU* § 272).

Aber diese beunruhigende Konsequenz ist nicht das Schlimmste, was kommt. Denn wenn der Besitz von Erlebnissen privat und nicht übertragbar ist und wenn die Bedeutung eines Wortes das private Exemplar des Gegenstandes ist, dann »weiß ich, was ich mit ›Zahnschmerzen‹ meine, aber der andere kann es nicht wissen« (NFL S. 276). Denn jetzt ist es offensichtlich, daß die Privatsprache für andere nicht verständlich ist. Wenn ich Rot sehe und sage »dies ist rot«, dann »ist dies der einzig wirkliche Fall von Mitteilung des persönlichen Erlebnisses, weil nur ich weiß, was ich wirklich mit ›rot‹ meine« (NFL S. 276 f.). Ein anderer kann nicht verstehen, was ich sage, denn um es zu verstehen, müßte er meine Erlebnisse haben, für die meine Wörter stehen, oder die stellvertretenden Exemplare meines Erlebnisses, die ich besitze. Es hilft auch nicht zu sagen, daß andere mich schließlich doch verstehen werden, vorausgesetzt, daß sie dasselbe haben, was ich habe, wenn ich *E* erlebe, denn zwei Leute können *ex hypothesi* nicht dasselbe Erlebnis haben. Zuletzt wird der hartgesonnene Solipsist den schwächlichen Skeptiker beschimpfen, denn die Privatsprache ist nicht nur nicht für andere verständlich, sondern man kann nicht sinnvoll von einem Meinen im Gegensatz zu einem Wissen davon reden, daß andere Erlebnisse haben. Schon die Vorstellung, daß Erlebnisse anderen gehören, und damit *a fortiori* die Vorstellung, daß man meinen kann, daß sie anderen gehören, muß in aller Folgerichtigkeit unsinnig sein. Denn »Erfahrung« bedeutet etwas, was auf unike Weise mein ist. Anzunehmen, daß es andere Subjekte geben könnte, ist unsinnig, denn ich allein bin der Ort aller Erfahrung. Wenn man glaubt, daß andere Erlebnisse haben, macht man damit eine Hypothese, die jede mögliche Erfahrung überschreitet (*BB* S. 80). Und eine solche Hypothese läßt sich nicht durch Bedeutung abstützen (siehe auch *PU* § 302).

5. Wittgensteins Kritik an der Privatsprache

Wittgensteins Kritik an der Privatsprache läßt sich in zwei Hauptteile gliedern. Der erste ist die Behauptung, daß nichts in der Theorie des Privatsprachentheoretikers Raum für die Bildung und den Besitz eines Begriffs läßt. Daher ist die Tatsache, daß die Privatsprache anderen nicht lehrbar ist und für sie nicht verständlich ist, das geringste Übel. Die wirklich ernste Kritik besteht darin, daß sie für ihren Sprecher unverständlich ist. Die zweite Angriffslinie ist die Behauptung, daß die Elemente der Theorie des Privatsprachentheoretikers nicht ausreichen, um die Struktur und Gliederungen zu liefern, die für die Bildung von Sätzen erforderlich sind. Ferner ist die zugrundeliegende Auffassung von Sprache und Kommunikation grundlegend falsch. Ich werde die Punkte getrennt behandeln.

Die erste Reihe von Kritikpunkten tritt in den *Untersuchungen* §§ 257–70 hervor und taucht wiederholt in späteren Abschnitten des Buches auf. Sie wird ebenfalls in *Zettel* §§ 332–3, 545–8 eindrucksvoll gestützt. Der erste Teil der Kritik befaßt sich mit der Begriffsbildung. Der erste Zug des Privatsprachentheoretikers besteht darin, daß er behauptet, daß er seine Schmerzen benennt (*PU* § 257). Wir sollten ihn jedoch nicht über diese Stufe hinausgehen lassen. Denn daß man neue Begriffe bildet, einen Einzelgegenstand oder die Exemplifikation eines allgemeinen Merkmals unter einen allgemeinen Begriff bringt, der durch ein Wort ausgedrückt wird, setzt eine Vielheit komplexer Bedingungen oder – wie Wittgenstein es ausdrückt – ein gut Teil an Vorbereitungen voraus. Wie bildet der Privatsprachentheoretiker dann seinen Begriff, und sind die Hintergrundbedingungen, die er beschreibt, für seine Zwecke adäquat? Wie wir gesehen haben, versucht der Privatsprachentheoretiker, einen Begriff *E* einer Empfindung dadurch zu konstruieren, daß er ein Wort *»E«* mit dem Auftreten der Empfindung *E* assoziiert. Er gibt zu, daß das Wort *»E«* lexikalisch undefinierbar ist, gibt jedoch eine festsetzende Definition durch mentales Hinweisen. Er prägt sich ein, daß *»E«* mit *E* zu assoziieren ist. Das wird jedoch nicht genügen. Eine Definition gibt einem Zeichen eine Bedeutung, sie muß für zukünftige Gelegenheiten bestimmen, auf welche Art von Dingen man mittels des Zeichens referiert.

Daß du dich vergewisserst, daß du weißt, was »Rot sehen« bedeutet, ist nur dann zu etwas gut, wenn du von diesem Wissen in einem weiteren Fall Gebrauch machen kannst. Wie ist es nun, wenn ich eine Farbe wiedersehe: kann ich sagen, ich vergewisserte mich, daß ich wußte, was »rot« war, so daß ich jetzt wissen werde, daß ich es richtig wiedererkenne? In welchem Sinn ist die Tatsache, daß ich die Worte »dies ist rot« zuvor gesagt habe, eine Garantie dafür, daß ich jetzt dieselbe Farbe sehe, wenn ich wieder sage, ich sehe Rot? (NFL S. 289).

Aber daß man sich auf *E* konzentriert, während man *»E«* ausspricht, bewirkt nicht, daß ich mich erinnern werde, daß *»E« E* bedeutet, wenn nicht das Konzentrieren auf *E* den Laut *»E«* in den Ausdruck eines Begriffs umwandeln wird. Wenn es das nicht tut, dann werden spätere Äußerungen von *»E«* leere Geräusche sein, »richtig ist, was immer mir als richtig erscheinen wird« (*PU* § 258), denn es wurde kein Maßstab aufgestellt, mit Bezug auf den der folgende Gebrauch von *»E«* als richtig oder unrichtig bewertet werden kann. Es wird auch nicht genügen, daß der Privatsprachentheoretiker sagt: »nun, natürlich könnte ich vergessen, daß ›*E*‹ mit *E* verbunden ist, aber wenn ich ›*E*‹ später gebrauche, glaube ich, daß es auf die Empfindung *E* referiert« (*PU* § 260). Denn um zu meinen, daß eine Referenz auf *E* geschieht, muß man den Begriff von *E* besitzen, aber das ist es gerade, was dem Privatsprachentheoretiker bisher fehlt. Die private hinweisende Definition erscheint genau deshalb als ein mögliches Verfahren, weil wir die Begriffe der betreffenden »Gegenstände« faktisch haben. Allgemeiner gesagt, die hinweisende Definition als solche ist nur für solche Leute ein mögliches Verfahren der Mitteilung oder Festsetzung der Bedeutung eines Wortes, die schon im Besitz einer Sprache sind. Wenn man auf den König im Schachspiel zeigt und sagt »das ist der König«, ist das nur für jemanden von Nutzen, der schon ganz in den Regeln des Spiels bewandert ist, bis auf diesen letzten Punkt, die Gestalt des Königs (*PU* § 31). Diejenigen, die sich wie Augustinus das Spracherlernen als einen Vorgang des Verstehens hinweisender Definitionen vorstellen, verwechseln die Situation einer Person, die in ein fremdes Land kommt und dabei schon mit einer Sprache ausgerüstet ist und darauf aus ist, eine andere zu erlernen, mit der Situation des ersten Spracherwerbs. »Die hinweisende Definition erklärt den Gebrauch – die Bedeutung – des Wortes, wenn es schon klar ist, welche Rolle das Wort in der Sprache überhaupt spielen soll« (*PU* § 30). Wer eine fremde Sprache lernt, ist mit einer Reihe von syntaktischen Kategorien bekannt, kraft derer seine Vermutungen der Bedeutungen hinweisender Definitionen, die ihm gegeben werden, möglich sind. Wer eine Erstsprache lernt, ist nicht in einer solchen Position. Eine private hinweisende Definition oder subjektive hinweisende Definition erscheint nur möglich, weil wir in der Tat wissen, was der Ausdruck »Schmerzen« bedeutet. Daher stehen wir unter der Täuschung, daß man die Schmerzempfindung immer aus dem eigenen Bewußtseinsstrom »herausgreifen« und benennen könnte. Aber »es herausgreifen« setzt immer schon voraus, daß wir den Begriff besitzen, und kann daher nicht zur Erklärung seines Erwerbs dienen. Wittgenstein klärte das noch weiter in *Zettel:*

Glaub doch nicht, daß du den Begriff der Farbe in dir hältst, weil du auf ein farbiges Objekt schaust, – wie immer du schaust. (So wenig, wie du den Begriff der negativen Zahl besitzt, dadurch, daß du Schulden hast.) »Rot ist etwas Spezifisches«, das müßte soviel heißen wie: »Das ist etwas

Spezifisches« – wobei man auf etwas Rotes deutet. Aber damit das verständlich wäre, müßte man schon unsern *Begriff* ›rot‹, den Gebrauch jenes Musters, meinen (Z §§ 332–3).

Paradox formuliert, damit *»E« E* bedeutet, muß es – tautologisch – *E* bedeuten, und der Gegenstand kann nicht dem Zeichen die Bedeutung geben.
Genau dieser Punkt ist es, zu dessen Untersuchung Wittgenstein übergeht. Nachdem er auf das unannehmbare Bild des Begriffserwerbs verzichtet hat, untersucht er die Vorstellung vom Besitz eines Begriffs. Für den Privatsprachentheoretiker ist, wie wir gesehen haben, der Besitz eines Begriffs dem verwandt, daß man einen mentalen Aktenspeicher hat, in dem Exemplare Etiketten zugeordnet sind. Das fungiert als ein mentales Wörterbuch, indem es eine subjektive Rechtfertigung für den Gebrauch eines Wortes liefert. Natürlich muß man daran denken, daß man die Wörter öfter in der Abwesenheit der Gegenstände oder Eigenschaften, auf die sie referieren, gebraucht als in ihrer Anwesenheit. Das mentale Wörterbuch rechtfertigt uns darin zu denken, daß das Wort, welches wir gebrauchen, bedeutet, was wir annehmen, daß es bedeutet, aber nicht darin zu denken, daß man auf den Gegenstand vor uns richtig als auf *E* referiert. Wir müssen in der Lage sein, auf das Pseudowörterbuch zu referieren, wenn wir bestreiten, daß ein Gegenstand *E* ist, wenn wir vermuten, daß *E* jede Minute erscheinen wird, wenn wir behaupten, daß *E* gestern hier war usw. Die Märchenerklärung des Habens eines Begriffs ist von Grund auf inkohärent. Wenn wir zur Rechtfertigung an etwas appellieren müssen, kann das, was die Rechtfertigung gibt, nicht mit dem identisch sein, was einer Rechtfertigung bedarf. »Die Rechtfertigung besteht ... darin, daß man an eine unabhängige Stelle appelliert« (*PU* § *265*). Sicherlich kann eine Erinnerung die andere unterstützen. Meine unsichere Erinnerung, daß der Zug um 9.40 h abfährt, könnte durch meine lebhafte Erinnerung der Seite im Fahrplan unterstützt werden, auf der die dritte Zeile lautet: »Oxford – London 9.40–10.55«. Und die letztere Erinnerung läßt sich anhand des wirklichen Fahrplans überprüfen. Aber wenn ich eine verschwommene Erinnerung habe, daß *»E« dieses* Exemplar bedeutet, gibt es keine Erinnerung, an der ich das überprüfen kann, um die Bedeutung von *»E«* zu erkennen. Denn wenn die Bedeutung von *»E«* ein Exemplar ist, das in meinem Gedächtnis

gespeichert ist, dann gibt es keine Möglichkeit, wie ich prüfen könnte, ob das Exemplar, welches mein Gedächtnis beibringt, dasjenige ist, das zu *»E«* gehört, oder dasjenige, das zu einem anderen Zeichen gehört. Der Gedächtnismechanismus muß die richtige Zuordnung der Erinnerung hervorbringen[17]. Aber nicht nur ist es für den Privatsprachentheoretiker unmöglich, eine richtige Zuordnung von Zeichen und Exemplar zu unterscheiden, sondern es ist, die Privatheit des Exemplars gegeben, prinzipiell unmöglich, eine richtige von einer unrichtigen Zuordnung zu unterscheiden. Also nochmals: »richtig ist, was immer mir als richtig erscheinen wird. Und das heißt nur, daß hier von ›richtig‹ nicht geredet werden kann« (*PU* § 258).

Wittgensteins nächster Zug ist, sich den Fall vorzustellen, den, wie wir gesehen haben, Locke explizit erwähnt. Könnten wir uns nicht einen Fall vorstellen, in dem ein Mann sich nicht erinnern könnte, was (d. h. welches private Exemplar) das Wort »Zahnschmerzen« in seiner Privatsprache bedeutet? Trotzdem gebraucht er das Wort auf eine Weise, die zu den gewöhnlichen Symptomen und Voraussetzungen von Schmerzen paßt. »Hier«, entgegnet Wittgenstein, »möchte ich sagen: das Rad gehört nicht zur Maschine, das man drehen kann, ohne daß Anderes sich mitbewegt« (*PU* § 271)[18]. Das überflüssige Stück der Maschine ist hier das Exemplar, der private Gegenstand, der, wie der Privatsprachentheoretiker behauptet, seinen Wörtern Bedeutung gibt. Daß der private Gegenstand überflüssig dafür ist, daß die Wörter Bedeutung haben, wird in dem berühmten Beispiel von dem Käfer in der Schachtel weiter verfolgt (*PU* § 293). Der Privatsprachentheoretiker behauptet, wie wir gesehen haben, daß er nur von seinem eigenen Fall, seinen eigenen Erlebnissen, weiß, was das Wort »Schmerzen« bedeutet. Aber wenn das so ist, antwortet Wittgenstein, muß er auch sagen (wie Locke es in der Tat tut), daß andere nur von ihrem eigenen Fall wissen, was das Wort »Schmerzen«

17 Siehe J. Hintikka, »Wittgenstein on Private Language: Some Sources of Misunderstanding«, *Mind* 78 (1969), S. 423–425, und A. J. P. Kenny, »The Verification Principle and the Private Language Argument«, in *The Private Language Argument*, hrsg. von O. R. Jones, S. 218 f.

18 Siehe auch *PU* S. 518: »Eliminiere dir immer das private Objekt, indem du annimmst: es ändere sich fortwährend; du merkst es aber nicht, weil dich dein Gedächtnis fortwährend täuscht.«

bedeutet[19]. Die Situation einer Gruppe von Leuten, denen es tatsächlich gelingt, sich miteinander zu verständigen, ist aufgrund des Modells des Privatsprachentheoretikers der folgenden analog: angenommen, jeder hat eine Schachtel mit etwas darin. Jeder nennt den Gegenstand in seiner Schachtel »Käfer«. Keiner hat Zugang zum Inhalt der Schachteln anderer, und jeder weiß dadurch, was das Wort »Käfer« bedeutet, daß er in seine Schachtel schaut. *Wenn* wir nun annehmen, daß das Wort »Käfer« einen Gebrauch in der Sprache hat, dann ist der Gegenstand in der Schachtel und seine Beschaffenheit irrelevant. »Wenn man die Grammatik des Ausdrucks der Empfindung nach dem Muster von ›Gegenstand und Bezeichnung‹ konstruiert, dann fällt der Gegenstand als irrelevant aus der Betrachtung heraus« (*PU* § 293); d. h. legt man diejenige Auffassung der Relation zwischen einem Namen und dem Gegenstand, auf den er referiert, zugrunde, die der Privatsprachentheoretiker hat, dann ist, *wenn die Kommunikation möglich ist*, der private Gegenstand, auf den angeblich referiert wird, ein Stück leerer Maschinerie und spielt keine Rolle im Mechanismus der Kommunikation; und dann ist umgekehrt, *wenn der private Gegenstand eine Rolle spielt*, die Kommunikation unmöglich. Die Namensrelation, wie sie vom Privatsprachentheoretiker aufgefaßt wird, hat nichts mit der Erklärung dessen zu tun, was im Wissen der Bedeutung eines Wortes oder darin, daß man etwas mit einem Wort meint, oder im Verstehen dessen, was ein anderer mit einem Wort meint, involviert ist. In den »Notes for Lectures« betont Wittgenstein, daß wir hier zwischen zwei Neigungen hin- und hergerissen sind. Einerseits scheint es, daß das private Erlebnis als ein Paradigma dienen soll, das einen Terminus mit einer Bedeutung versieht, und andererseits wird zunehmend deutlich, daß es dazu nicht in der Lage ist:

Das ›private Erlebnis‹ ist eine degenerierte Konstruktion unserer Grammatik (in einem gewissen Sinn mit Tautologie und mit Kontradiktion

19 Wittgenstein fügt hier die Bemerkung hinzu: »Und wie kann ich denn den *einen* Fall in so unverantwortlicher Weise verallgemeinern?« Das ist nicht, wie einige Kommentatoren angenommen haben (z. B. A. J. Ayer, »The Concept of a Person«, in *The Concept of a Person and Other Essays*, London 1963, S. 87), eine indirekte Bezugnahme auf das Analogieargument. Die fragliche Verallgemeinerung ist die des pseudo-bedeutungsmäßigen Nexus zwischen Wort und Exemplar.

vergleichbar). Und dieses grammatische Monster hält uns nun zum Narren; wenn wir es abschaffen wollen, scheint es, als ob wir die Existenz eines Erlebnisses, z. B. von Zahnschmerzen, leugneten (NFL S. 314).

Der Privatsprachentheoretiker bemüht sich zu erklären, was er mit einem Wort meint. Er versucht, es durch einen mentalen Hinweis auf einen privaten Gegenstand zu erklären. »Dieses« gibt seinen Wörtern Bedeutung. Nichts jedoch läßt sich über »dieses« sagen. Und was anfangs wie eine Erklärung aussah, erweist sich als eine Täuschung (NFL S. 315).

Es enthält, so bemerkt Wittgenstein (*PU* § 314), ein grundlegendes Mißverständnis, wenn man denkt, daß man die philosophischen Probleme im Zusammenhang mit Empfindungen dadurch klären kann, daß man seine eigenen Kopfschmerzen untersucht. Die Kopfschmerzen oder Gedanken, die man hat, sind Phänomene, und was wir in der Philosophie untersuchen, sind nicht Gegenstände, sondern Begriffe, und daher der Gebrauch eines Wortes und nicht der Gegenstand, auf den das Wort referiert (*PU* § 383). Der Fehler, der an der Wurzel der Schwierigkeiten des Privatsprachentheoretikers liegt, besteht darin, daß er denkt, daß eine sinnliche Anschauung die Aufgabe eines Begriffs erfüllen kann, daß, um Kants Vermögensterminologie zu gebrauchen, die Sinnlichkeit ohne Mitwirkung des Verstandes Erkenntnis liefern kann. Aber die Bekanntschaft mit einem Gegenstand, der unter den Begriff fällt, liefert keinen Begriff. Wittgenstein vergleicht den Privatsprachentheoretiker mit jemandem, der, wenn er zweifelt, ob ein anderer Schmerzen hat, sich selbst mit einer Nadel sticht, um sicher zu sein, was der Ausdruck »Schmerzen« bedeutet (nicht zufrieden mit seiner Vorstellung ist, die ihm nur eine schwache Kopie der wirklichen Schmerzen gibt). Wenn er echte Schmerzen hat, dann sagt er sich, daß das, was er bezweifeln soll, das ist, daß *dieses* von jemandem besessen wird. Das jedoch ist auf absurde Weise falsch. »Es ist, als sagte man mir: ›Hier hast du einen Sessel. Siehst du ihn genau? – Gut. – Nun übertrage ihn ins Französische!‹« (Z § 547). Um zu bezweifeln, ob ein anderer Schmerzen hat, brauchen wir nicht Schmerzen, sondern den *Begriff* »Schmerzen« (Z § 548). Der Privatsprachentheoretiker könnte sich immer noch verwirrt fühlen. Wenn »der Gegenstand als irrelevant aus der Betrachtung herausfällt«, bindet Wittgenstein sich dann nicht heimlich an den Behaviorismus? Aber es besteht doch ein

Unterschied zwischen einem Schmerzverhalten, das von Schmerzen begleitet ist, und einem Schmerzverhalten ohne Schmerzen? »Welcher Unterschied könnte größer sein«, gibt Wittgenstein zu. Aber wie kann er zustimmen?

... »und doch gelangst du immer wieder zum Ergebnis, die Empfindung selbst sei ein Nichts«. – Nicht doch. Sie ist kein Etwas, aber auch nicht ein Nichts! Das Ergebnis war nur, daß ein Nichts die gleichen Dienste täte wie ein Etwas, worüber sich nichts aussagen läßt (*PU* § 304).

Diese kurze Stelle hat den Kommentatoren viel Mühe gemacht und hat oft zu der völlig fehlgeleiteten Ansicht geführt, daß Wittgenstein bestreitet, daß wir je auf private Empfindungen referieren oder etwas über sie sagen[20]. Der Punkt ist jedoch zum Teil ein elementarer Kantischer: »... mithin würde sie [die Erscheinung] zwar gedankenlose Anschauung, aber niemals Erkenntnis, also für uns so viel als gar nichts sein«[21]. Soviel zum ersten Teil der Kritik an der Privatsprache.

Die zweite Art von Kritik ist in Wittgensteins eigener konstruktiver Erklärung von Bedeutung und Sprache enthalten. Ich werde nicht versuchen, seine positiven Ansichten zu umreißen. Im Verlauf seiner verschiedenen Erörterungen des Lernens, des Meinens und der Intention finden sich eine Reihe von kritischen Bemerkungen, die eine direkte Einwirkung auf die Auffassung von Denken und Sprache haben, die im Standpunkt des Privatsprachentheoretikers involviert ist. Ich werde ein paar von ihnen auswählen, in denen Wittgensteins Betonung auf der Bildung von Sätzen und dem Erfordernis syntaktischer und semantischer Konventionen liegt.

Der Privatsprachentheoretiker (und insbesondere Locke) stellt sich Bedeutungen als mentale Exemplare, Vorstellungen (im Falle Lockes) oder Vorstellungsbilder (im Falle von Wittgensteins Gegner) vor. Aber der Gebrauch eines Wortes bei der Bildung eines wohlgeformten sinnvollen Satzes involviert unter anderem bestimmte syntaktische Prinzipien. Bilder, seien sie mental oder nicht, haben keine Syntax. Das mentale Bild der Schmerzen kann nicht die Funktion des Wortes »Schmerzen« erfüllen. Ein Bild der Abwesenheit von Schmerzen kann nicht für die Negation des Ausdrucks »Schmerzen« einspringen. Locke behauptete, daß »alle

20 Z. B. G. Pitcher, *The Philosophy of Wittgenstein*, S. 298 ff.

21 Kant, *Kritik der reinen Vernunft* A 111.

beliebigen Wörter zweckentsprechend sein werden, wenn wir unsere eigenen Gedanken zur Unterstützung unseres Gedächtnisses festhalten, wobei wir gleichsam zu uns selbst sprechen« (III. ix. 2). In einem trivialen Sinn ist das richtig, und in einem wichtigen Sinn ganz falsch. Natürlich kann man Selbstgespräche in einem Code führen; die eine Sprache könnte in eine andere übersetzt werden, und es gibt keinen prinzipiellen Grund, warum man nicht in einer Sprache zu sich selbst reden sollte, die anderen unbekannt ist. Andererseits wird ein Zeichen nicht dadurch in ein Symbol umgewandelt, daß es mit einem Bild assoziiert wird. Was einem Zeichen Leben gibt, ist nicht eine Art von Gegenstand (*PU* § 432). »Laute«, sagt Locke, »sind willkürliche und unwesentliche Zeichen beliebiger Vorstellungen«, daher kann man sie gebrauchen, wie es einem gefällt, um seine Vorstellungen zu bezeichnen, solange man in seinem Gebrauch der Zeichen konsistent ist. Während es jedoch willkürlich ist, daß ein gegebenes Wort in einer Sprache bedeutet, was es bedeutet, insofern ein anderer Laut es ersetzen könnte, ist die Art und Weise der Willkürlichkeit streng begrenzt:

Kann ich mit dem Wort »bububu« meinen »Wenn es nicht regnet, werde ich spazieren gehen«? – Nur in einer Sprache kann ich etwas mit etwas meinen. Das zeigt klar, daß die Grammatik von »meinen« nicht ähnlich der ist des Ausdrucks »sich etwas vorstellen« und dergl. (*PU* S. 308 Anm.)[22].

Der Ausdruck »bububu« besitzt nicht die Gliederungen, die ermöglichen würden, daß er bedeutet »Wenn es nicht regnet, werde ich spazierengehen«. Ein Wort ist ein Teil einer Sprache und hat nur als Teil einer komplexen Struktur Bedeutung. Der Laut oder das Zeichen kann willkürlich sein, aber seine Stellung innerhalb der Struktur und damit seine möglichen Kombinationen und Operationen sind das nicht. Um Wittgensteins Lieblingsanalogie des Schachspiels zu gebrauchen, es ist willkürlich, daß der König im Schachspiel die größte Figur ist, aber indem man beschließt, daß die größte Figur im Spiel als König fungieren soll, bindet man sich an viele weiteren Folgen (M S. 257–61). Ein Teil der Feststellung ist nicht wesentlich verschieden von dem Fregeschen Punkt, der schon im *Tractatus* vertreten wird, daß nämlich der Satz die

22 Siehe auch *Z* §§ 6, 154, und *PU* § 508 ff., § 665.

grundlegende Verständigungseinheit ist und daß der Begriff der Bedeutung eines Wortes in der Begrifflichkeit des Beitrags verstanden werden muß, den ein Wort zum Sinn der Sätze leistet, in denen es auf legitime Weise auftreten könnte. Es ist ein Fehler anzunehmen, daß der Begriff eines Wortes logisch unabhängig vom Begriff seiner möglichen Rollen innerhalb verschiedener Arten von Sätzen ist. Das erfordert sowohl syntaktische als auch semantische Prinzipien, die ein Bild oder eine Vorstellung nicht aus sich selbst liefern kann.

Eine verwandte Reihe von Kritikpunkten mit vielfachen Verzweigungen (die hier nicht untersucht werden sollen) betrifft den Umstand, daß der Privatsprachentheoretiker die philosophischen Implikationen und die Bedeutung der Tatsache, daß »das *Sprechen* der Sprache ein Teil ist einer Tätigkeit, oder einer Lebensform« (*PU* § 23), nicht richtig einschätzt. Das »Klavier«-Modell der Kommunikation ist von Grund auf fehlgeleitet. Der Zweck der Kommunikation besteht nicht darin, ein mentales Ereignis im Bewußtsein des Hörers zu bewirken (so erfaßt man dem Privatsprachentheoretiker zufolge den Sinn der Worte des Sprechers), dessen Relation zum zukünftigen Verhalten des Hörers für die Kommunikationshandlung irrelevant ist (*PU* § 363). Nichts in der Phantasie des Privatsprachentheoretikers läßt Raum für verschiedene Gebrauchsweisen der Sprache, z. B. für Frage, Befehl, Wunsch, Bitte usw. Es ist jedoch eine zutiefst falsche Auffassung, wenn man denkt, daß man den Sinn eines Satzes unabhängig von seinem Zweck erklären kann. Das wäre so, wie wenn man denken würde, daß man eine adäquate Beschreibung des Schachspiels geben kann, ohne die Begriffe des Gewinnens und Verlierens einzuschließen. Die Theorie des Privatsprachentheoretikers verdeckt völlig die unbestimmt vielen Arten des Gebrauchs von Sätzen in der Rede, die große Mannigfaltigkeit von Sprachspielen in der Tätigkeit der Menschheit. Man kann nicht ein angemessenes Verständnis der Bedeutung z. B. des Wortes »Schmerzen« erreichen, ohne daß man die Rollen richtig zu schätzen weiß, die Sätze, die das Wort enthalten, in unserem Leben spielen, in Bitten und Plädoyers, Gesuchen um Gnade, Hilfe oder Milderung, Drohungen oder Warnungen, Ausdrücken der Sympathie und des Mitleids, Gebeten und Ausrufen. Wird das nicht verstanden, bewirkt es ein Desaster in der philosophischen Untersuchung. Nicht zu beachten, in welchem Ausmaß Sprechen eine Tätigkeit ist, die einen integralen Bestandteil des menschlichen Lebens bildet, bedeutet, die Einheit der praktischen und der theoretischen Vernunft zu zerschlagen. Das muß einfach Verdrehung, falsche Darstellung und Täuschung erzeugen.

Die Auffassung des Denkens, die den Thesen des Privatsprachentheoretikers zugrundeliegt, ist grundlegend falsch. Wittgenstein erörtert die Begriffe des Denkens, Verstehens und Wissens ausführlich. Die allgemeine Argumentationsstrategie besteht darin, uns zu veranlassen, Fähigkeiten und Vermögen, Dispositionen und Potentialitäten und ihre Kriterien im Verhalten zu betrachten, anstatt nach mentalen Zuständen und inneren Vorgängen als dem Wesen des Denkens und Verstehens zu suchen, die die Behauptung rechtfertigen, daß jemand denkt oder verstanden hat. Wittgensteins Absicht ist nicht, die Möglichkeit innerer Vorgänge zu leugnen, die den Vollzug oder das Erreichen des Verstehens begleiten; er will vielmehr sagen, daß solche Ereignisse weder notwendig oder hinreichend für das Verstehen oder Denken, noch Kriterien für sie sind. Für die gegenwärtigen Zwecke genügt es, auf zwei treffende Abschnitte hinzuweisen, die Wittgensteins Einwände gegen die Auffassung des Privatsprachentheoretikers mehr veranschaulichen, als daß sie für sie argumentieren. Gedankenloses und nicht gedankenloses Sprechen ist nicht, wie Locke vorschlug, eine Sache beobachtbarer Ereignisse, die von inneren und unbeobachtbaren Ereignissen – im Gegensatz zu beobachtbaren Ereignissen, die nicht von den geeigneten mentalen Ereignissen begleitet werden – begleitet und verursacht werden. Es ist eher dem gedankenlosen und nicht gedankenlosen Spielen eines Musikstücks vergleichbar (*PU* § 341). Obwohl wir oft die Begleitung des Sprechens durch einen mentalen Vorgang »Denken« nennen, ist die Begleitung nicht das, was mit »einem Gedanken« gemeint ist. Wittgenstein fordert uns auf (*PU* § 332), einen Satz mit Verständnis zu sagen, und ihn dann gar nicht zu sagen, sondern nur das zu tun, womit wir ihn beim verständnisvollen Sprechen begleitet haben. Entgegen der Auffassung des Privatsprachentheoretikers oder Lockianers gilt:

> Wenn ich in der Sprache denke, so schweben mir nicht neben dem sprachlichen Ausdruck noch »Bedeutungen« vor; sondern die Sprache selbst ist das Vehikel des Denkens (*PU* § 329).

6. Wittgensteins Kritik an der Erkenntnistheorie des Privatsprachentheoretikers

Der Privatsprachentheoretiker ist Anhänger der Lehre von der epistemischen Privatheit der Erfahrung. Nur ich kann wissen, daß ich Schmerzen habe, andere können es nur vermuten. Wittgensteins Antwort hierauf ist, daß das teils falsch und teils unsinnig ist. Die Behauptung, daß andere nicht wissen können, daß ich Schmerzen habe, oder daß ich nicht wissen kann, welche Erlebnisse, wenn überhaupt welche, andere haben, ist falsch, wenn sie im gewöhnlichen Sinn von »wissen« genommen wird. Es gibt zahllose Gelegenheiten, in denen wir aufgrund brauchbarer Evidenz ein Urteil über die »inneren Zustände« anderer abgeben und in denen unser Urteil wahr ist. Wenn der skeptisch Gesonnene erwidert, daß das »Innere« uns verborgen ist, dann ist Wittgensteins Gegenstoß, daß auch die Zukunft uns verborgen ist, daß aber der Astronom, der eine Sonnenfinsternis berechnet, nicht sagt, daß er im Prinzip nicht wissen kann, wann eine Sonnenfinsternis stattfinden wird, sondern es nur vermuten kann (*PU* § 536). Ähnlich: »Wen ich, mit offenbarer Ursache, sich in Schmerzen winden sehe, von dem denke ich nicht: seine Gefühle seien mir doch verborgen« (*PU* S. 535). Soweit erinnert Wittgenstein uns nur an das, was wir gewöhnlich denken und sagen. Der nächste Zug des problematischen Idealisten besteht darin zu fragen, ob diejenigen Fälle, in denen wir gewöhnlich überhaupt keinen Zweifel über die Erlebnisse anderer haben, nicht Verstellung sein könnten. Ist es nicht möglich, daß das Lächeln des Säuglings, das Geheul des verletzten Hundes bloße Verstellung sind? Wittgensteins Antwort hierauf ist auf einer Ebene einfach, auf der anderen höchst komplex. Auf der einfacheren Ebene lautet seine Antwort, daß man nicht *jedes beliebige* Verhalten als unter den Begriff der Verstellung fallend zulassen wird. Von bestimmten Arten des Verhaltens könnte man auf gerechtfertigte Weise sagen: »Man *kann* sich *nicht* so verstellen.« Die Gründe, die man für ein solches Urteil hat, könnten empirische oder begriffliche sein. Die begriffliche Grundlage für ein solches Urteil würde nicht durch die Behauptung ausgedrückt, daß der Mann, der sich in einer Blutlache krümmt, nicht plötzlich aufstehen und grinsen wird, sondern durch die Behauptung, daß man *das* nicht mehr Verstellung nennen kann. Wittgenstein fordert uns auf, ein solches Urteil mit analogen Urteilen wie »So kann man nicht reden ohne zu denken« und »So kann man nicht unwillkürlich handeln« zu vergleichen (Z § 570). Verstellung ist eine erworbene Fertigkeit, die von einer vorherigen Vertrautheit mit Verhaltensformen abhängt, die die Verstellungshandlung charakterisieren, wenn nicht sogar vom Besitz des Begriffs der Handlung, die den Gegenstand der Verstellung bildet. »Ein Kind muß viel lernen, ehe es sich verstellen kann«, so legt Wittgenstein dar, und er fügt hinzu: »Ja es könnte ein Fall eintreten, in welchem wir sagen würden: ›Dieser *glaubt*, sich zu verstellen‹« (*PU* S. 541 f.). Auf einer viel tieferen Ebene hängt Wittgensteins Antwort von seiner Theorie der Kriterien ab, deren ausführliche Untersuchung bis später aufgeschoben werden muß. Die allgemeine Stoßrichtung der Argumentation besteht in der Behauptung, daß diejenigen psychologischen Termini, die wir uns selbst zuschreiben – mit jedem Recht, aber ohne jede rechtfertigende Evidenz –, hinsichtlich ihres Sinns von der Existenz natürlicher Manifestationen innerer Zustände abhängen. Diese natürlichen Äußerungen psychologischer Zustände bilden einen Teil der kriteriellen Evidenz, die andere darin rechtfertigt, uns die betreffenden psychologischen Prädikate zuzuschreiben. Unsere Selbstzuschreibungen geschehen nicht auf der Grundlage von Kriterien, sie haben jedoch nur Sinn, weil es solche Kriterien gibt. Wittgenstein betont daher die Wichtigkeit natürlicher vorbegrifflicher Verhaltensformen: »Die Sprachspiele mit Ausdrücken für Gefühle beruhen auf Spielen mit Ausdrücken, von denen wir nicht sagen, daß sie lügen könnten ... Es ist sinnlos zu sagen: Der Ausdruck könnte immer lügen« (NFL S. 293). Anzunehmen, daß alles Verhalten immer Verstellung sein könnte, heißt anzunehmen, daß es sein könnte, daß der Begriff der Verstellung ohne Kriterien im Verhalten wäre, und das ist nicht möglich (Z § 571).

Noch sind nicht alle Zweifel bezwungen. Zugegeben, daß ich die inneren Zustände anderer wissen kann, kann ich sie mit derjenigen Gewißheit wissen, mit der ich andere Dinge weiß? Wittgensteins Antwort lautet, daß ich tatsächlich z. B. ebenso gewiß sein kann, daß jemand deprimiert ist, wie ich gewiß bin, daß $25 \times 25 = 625$ oder daß ich so und so alt bin. Aber das sollte uns nicht irreführen. Es sind wichtige logische Unterschiede involviert (*ÜG* § 447). Die Gewißheit ist von verschiedener Art. Aber die Unterschiede in der

Art sind nicht, wie der skeptisch Gesonnene vielleicht denkt, psychologische Unterschiede. Es ist nicht so, daß meine Gewißheit, daß 25 × 25 = 625, ein stärkeres Gefühl der Gewißheit einschließt als meine Gewißheit, daß jemand deprimiert ist. Das *Gefühl* der Gewißheit, die Abwesenheit des Zweifels, könnte durchaus dasselbe sein. Die Kriterien dafür, daß wir Gewißheit bezüglich einer Sache fühlen, liegen in unserem Verhalten, und was das betrifft, sind wir im allgemeinen hinsichtlich der Bewußtseinszustände anderer nicht weniger gewiß als hinsichtlich mathematischer Urteile. Nun könnte der Skeptiker entgegnen: »Du kannst zwar über den Seelenzustand des Anderen völlige Sicherheit haben, aber sie ist immer nur eine subjektive, keine objektive« (*PU* S. 538). Wittgensteins Antwort lautet, daß die zwei Wörter »subjektiv« und »objektiv« nicht einen Unterschied im Grad der Achtbarkeit, sondern einen Unterschied zwischen Sprachspielen implizieren. Diese Unterschiede sind, so legt er nahe, logische: »Die Art der Sicherheit ist die Art des Sprachspiels« (*PU* S. 537).

Wittgenstein zufolge ist das Kriterium der Gewißheit in der Grammatik von Sätzen niedergelegt. Der Sinn eines Satzes wird erklärt, indem man seine Grammatik erklärt. Die Grammatik eines Satzes wird von den Regeln für seinen Gebrauch gebildet. Für bestimmte Arten von Sätzen bestehen diese unter anderem aus Angaben der Gründe für einen Satz. Die Gründe eines Satzes stehen zu ihm in einer kriteriellen Relation, indem sie eine nicht-induktive Evidenz für die Wahrheit des betreffenden Satzes darstellen (*PU* § 481; *Z* § 437). Wenn keine gegenteilige Evidenz vorliegt, ist ihre Wahrheit ebenso eine Bedingung für ihre rechtfertigbare Gewißheit. Wir sind gerechtfertigt, gewiß zu sein, daß *»p«* wahr ist, wenn wir kriterielle Evidenz haben, die seine Behauptung rechtfertigt, und wenn wir unter diesen Umständen keine Gründe haben zu zweifeln, ob *»p«* wahr ist. Die Kriterien für die Wahrheit von *»p«* sind – *ceteris paribus* – ebenfalls die Kriterien für die Gewißheit. Wenn man die grammatischen Gründe für die Meinung festlegt, legt man dadurch auch die Gründe für die Gewißheit fest (*ÜG* § 373). Der Begriff des Zweifels kann, wie Wittgenstein sich in seinen letzten Schriften hervorzuheben bemüht, nur auf dem Hintergrund von Regeln der Evidenz eintreten, die die Bedeutung von Sätzen einer bestimmten Art festlegen helfen. Der Zweifel hängt parasitär von der Gewißheit ab

(*ÜG* §§ 115, 370, 519 usw.; *Z* §§ 410–16). Er braucht Gründe, die sich nur relativ zu den Gründen für die Gewißheit angeben lassen. Der Skeptiker verwechselt logische Unterschiede in der Art der Gewißheit (z. B. Bedingungen, die uns in der Behauptung rechtfertigen, daß wir ein mathematisches Theorem wissen, nämlich den deduktiven Beweis, im Gegensatz zu Bedingungen, die uns in der Behauptung rechtfertigen, daß wir wissen, daß ein anderer Schmerzen hat, nämlich das Schmerzverhalten) mit unterschiedlichen psychologischen Graden der Gewißheit. Ferner macht er sich nicht klar, daß eine begründete Meinung unschuldig ist, solange sie nicht als schuldig erwiesen wird. Dieses Prinzip der Natürlichen Epistemischen Gerechtigkeit ist nicht wahlfrei; ohne es ist der Zweifel unverständlich.

Wie ist es dann mit meiner Gewißheit, daß ich Schmerzen habe? Weiß ich, daß ich Schmerzen habe, nicht auf eine Weise und mit einem Grad von Gewißheit, der für andre nicht verfügbar ist? Das ist, wie Wittgenstein nahelegt, unsinnig. »Ich weiß, daß ich Schmerzen habe« bedeutet entweder dasselbe wie »ich habe Schmerzen«, oder es ist unsinnig. Man kann Wittgenstein zufolge »ich weiß« nur dann als einen satzbildenden Operator auf Sätze anwenden, wenn man auch »ich zweifle« und »ich meine« oder »ich vermute« anwenden kann. Aber es ist unsinnig zu sagen »ich zweifle, ob ich Schmerzen habe« oder »ich meine, daß es mir weh tut, aber ich könnte mich irren«. Und wenn das unsinnig ist, dann ist nach Wittgensteins Ansicht auch »ich weiß, daß ich Schmerzen habe« unsinnig. In Wahrheit steht es ihm zufolge so, daß es nicht möglich ist zu zweifeln, daß man Schmerzen hat. Es folgt jedoch nicht, daß man gewiß ist, daß man Schmerzen hat (wenn man Schmerzen hat). Im Gegenteil schließt der Ausschluß des Zweifels auch die Gewißheit aus. Psychologische Äußerungen in der ersten Person Präsens haben die Eigentümlichkeit, daß der Sprecher uns, wenn er aufrichtig ist, sagen wird, welches seine inneren Zustände sind; im Gegensatz dazu wird jedoch meine Aufrichtigkeit nicht die Wahrheit meines Erratens seiner inneren Zustände garantieren (*PU* S. 537)[23]. Wie immer interpretiert der Skeptiker die Widerspiegelung der Grammatik im Spiegel der sprachlichen Praxis falsch. Er ist der Auffassung, daß Zweifel durch Gewißheit ausge-

23 Für eine ausführliche Untersuchung der These vom nicht-kognitiven Charakter von Bekundungen siehe unten Kapitel IX.

schlossen wird – wobei die Gewißheit in der Unmittelbarkeit des Erlebnisses liegt. Aber es ist die Grammatik, welche den Zweifel ausschließt, nicht die Erfahrung.

Enthält dann die Lehre von der epistemischen Privatheit irgendetwas Wahres? Am Ende kommt nur eine Maus zum Vorschein. Der Skeptiker legt nahe, daß ich die inneren Zustände anderer nicht wissen kann. Wittgensteins Antwort lautet aufgrund der verschiedenen angedeuteten Gründe, daß wir nicht nur manchmal die inneren Zustände anderer wissen können, sondern daß wir auch manchmal von jemandem sagen, daß er oder sie uns völlig durchsichtig ist. *Aber* es trifft ebenfalls zu, daß ein Mensch für einen anderen ein völliges Rätsel sein kann (*PU* S. 536). Darauf werden wir eindrucksvoll aufmerksam werden, wenn wir ein völlig fremdes Land mit völlig anderen Bräuchen besuchen. Hier werden die Gründe für ihre Handlungen und die Ziele (zumindest einige), die sie verfolgen, rätselhaft sein. Ähnlich könnte es sein, daß es uns, obwohl wir manchmal die inneren Zustände anderer wissen können, zu anderen Zeiten mißlingen könnte, ihre Art zu entdecken. Ein Gedanke ist »privat« – ist *de facto* anderen nicht bekannt –, wenn er nicht enthüllt (oder manifestiert) ist. Aber er ist nicht mehr »privat«, wenn er nicht geheimgehalten wird (*PG* § 41; NFL S. 314; *PU* S. 535). In keinem der beiden Fälle ist etwas *a priori* undurchsichtig oder privat, und es besteht auch keine metaphysische Grenze, die die Grenzen der möglichen menschlichen Erkenntnis vor den Toren des Bewußtseins anderer zieht.

Die zweite Art von Privatheit, auf der die erkenntnistheoretischen Lehren des Privatsprachentheoretikers beruhen, ist die Privatheit des Besitzes. Er behauptet, daß ein anderer nicht meine Schmerzen haben kann. Hierauf ist Wittgensteins Entgegnung kurz: »Soweit es Sinn hat, zu sagen, mein Schmerz sei der gleiche wie seiner, soweit können wir auch beide den gleichen Schmerz haben« (*PU* § 253).

Das kurze Argument, das Wittgenstein gibt, umschließt die Folgerungen aus dem, was er von 1929 an über das Thema des Besitzes der Erfahrung gedacht hat. Seine früheren Erörterungen des Gegenstandes wurden bereits in einiger Ausführlichkeit untersucht. Hier lassen sich kurz die Fäden des Arguments zusammenziehen. »Welches sind *meine* Schmerzen?«, fragt Wittgenstein.

»Was gilt hier als Kriterium der Identität?« Er antwortet nicht direkt, sondern fordert uns auf, uns als Kontrast dazu zu überlegen, was es im Falle physikalischer Gegenstände möglich macht, davon zu sprechen, daß zwei Gegenstände genau gleich sind. Von einem Sessel könnten wir, so legt er dar, sagen, daß er nicht derjenige ist, der gestern hier war, daß er aber genau der gleiche ist. Physikalische Gegenstände besitzen, um Strawsons[24] Terminus technicus zu gebrauchen, Identifizierbarkeits-Unabhängigkeit. Man kann einen einzelnen materiellen oder physikalischen Gegenstand ohne eine explizite oder implizite Abhängigkeit von einem nicht-materiellen oder nicht-physikalischen Gegenstand identifizieren. Die physikalische Welt stellt in der Form materieller Gegenstände den Rahmen für die räumliche Lokalisierung bereit, innerhalb dessen man auf jeden einzelnen materiellen Gegenstand identifizierend referieren kann. Zwei Sessel könnten genau die gleichen (aber numerisch verschieden) sein, solange sie trotz der Identität aller ihrer nicht-räumlichen Eigenschaften zum selben Zeitpunkt verschiedene Raumstellen innehaben. Die Kriterien der numerischen Identität eines Sessels oder allgemein eines materiellen Gegenstandes schließen die Kontinuität der räumlichen Positionen ein, die er durch die Zeit hindurch innehat.
Schmerzen leiden anders als Sessel an Identifizierbarkeits-Abhängigkeit. Die Individuationsprinzipien für Schmerzen (und Erlebnisse allgemein) schließen notwendig eine explizite oder stillschweigende Referenz auf die Person ein, deren Schmerzen sie sind[25]. Die Eigenschaften, die wir bei einem Schmerz unterscheiden, sind seine phänomenalen Merkmale und seine Lokalisierung. Die räumliche Lokalisierung eines materiellen Gegenstandes liefert im allgemeinen ein Individuationsprinzip für den Gegenstand. Ist das so bei Schmerzen? Wittgenstein bestreitet es. Wenn Siamesische Zwillinge einen Schmerz am Verbindungspunkt haben, hat man *einen* Ort, aber zwei Schmerzen. Die phänomenalen Merkmale und die Lokalisierung des Schmerzes liefern die Kriterien für seine qualitative Identität. Die numerische Identität des Schmerzes hängt jedoch vom Besitzer des Schmerzes ab. Das Kri-

24 P. F. Strawson, *Einzelding und logisches Subjekt* S. 51 ff.
25 Meine eigenen Schmerzen und meine Referenz auf sie im Denken und Sprechen könnten als ein Gegenbeispiel erscheinen, aber jeder solche Anschein ist gänzlich eine Täuschung.

terium des Besitzes des Schmerzes ist daher nicht durch die Lokalisierung des Schmerzes im Körper gegeben (der Besitzer eines Phantomschmerzes könnte seinen Schmerz im Körper der Person neben ihm lokalisieren), sondern durch das Schmerzverhalten der leidenden Person. Derjenige, der Schmerz manifestiert, ist sein Besitzer (*PU* § 302).

Die räumliche Matrix liefert ein Mittel, die unike Referenz auf einzelne materielle Gegenstände zu sichern. Was der Raum für Gegenstände ist, sind Personen für Schmerzen. Zwei Gegenstände können nie zur selben Zeit an demselben Ort sein, und kein einzelner Gegenstand kann zur selben Zeit an verschiedenen Orten sein. Das jedoch verhindert nicht, daß zwei Sessel »genau die gleichen« sind. Ähnlich verhindert die Tatsache, daß Schmerzen Identifizierbarkeits-Abhängigkeit von den Besitzern aufweisen, nicht, daß zwei Leute genau den gleichen Schmerz haben. Wenn mein Schmerz mit deinem in den phänomenalen Eigenschaften übereinstimmt, dann haben wir beide den gleichen Schmerz und vielleicht die gleiche Krankheit. Natürlich können die zwei Sessel ihren Ort vertauschen und ihre numerische Identität dabei beibehalten, können aber Personen nicht ihre Schmerzen austauschen. Das aber ist nur eine verwirrende Weise zu sagen, daß Sessel objektive Einzeldinge sind, die Identifizierbarkeits-Unabhängigkeit genießen, und Schmerzen ihre numerische Identität ihren Besitzern verdanken. Jemand, der sich an die Brust schlägt und sagt »Aber der andre kann doch nicht DIESEN Schmerz haben!« (*PU* § 253), verwirrt sich genau auf diese Weise. Er gleicht dem, der sagt »kein anderer Sessel könnte da stehen, wo dieser Sessel steht« und denkt, daß er etwas über die metaphysische Unbeweglichkeit von Sesseln gesagt hat. Wittgenstein folgert, »daß man durch das emphatische Betonen des Wortes ›diesen‹ kein Kriterium der Identität definiert. Die Emphase spiegelt uns vielmehr nur den Fall vor, daß ein solches Kriterium uns geläufig ist, wir aber daran erinnert werden müssen.« Der Schlag an die Brust und die Betonung des »diesen« erinnert nur daran, daß Personen die Individuatoren, die Identifikationsmatrix von Schmerzen (oder von Erlebnissen im allgemeinen) sind, die Identifizierbarkeits-abhängig von ihnen sind, genau wie die Bemerkung über den Sessel daran erinnert, daß der Raum ein Individuator materieller Gegenstände ist, die Identifizierbarkeits-unabhängig sind. Daß Erlebnisse Identifizierbarkeits-abhängig sind, ist jedoch keineswegs ein uniker Zug von Erlebnissen. Wenn du nicht meine Schmerzen haben kannst, so kannst du auch nicht mein Niesen niesen und kannst, was das betrifft, auch nicht meine Erkältung bekommen. Trotzdem macht diese Art der Privatheit den Skeptiker nicht immun gegen Ansteckung. Die Identifizierbarkeits-Unabhängigkeit bildet auch keine Grenze für die Erkenntnis – die Tatsache, daß du nicht meine Erlebnisse haben kannst, bedeutet nicht, daß du nicht wissen kannst, daß ich sie habe. Du kannst nicht das Lächeln der Sphinx haben, aber nicht das ist es, was das Lächeln rätselhaft macht.

Ein Rätsel bleibt übrig. »Soweit es *Sinn* hat zu sagen, mein Schmerz sei der gleiche wie seiner, soweit können wir auch beide den gleichen Schmerz haben.« Es sollte inzwischen klar sein, in welchem Sinn wir beide den gleichen Schmerz haben können. Wir haben jedoch gesehen, daß der Satz »ein anderer kann nicht meine Schmerzen haben« in einem trivialen Sinn eine Binsenwahrheit ist. Wittgenstein schlägt jedoch vor, daß er unsinnig ist. Warum?

7. »Patience spielt man allein«

In § 248 der *Untersuchungen* macht Wittgenstein die orakelhafte Bemerkung:

> Der Satz »Empfindungen sind privat« ist vergleichbar dem: »Patience spielt man allein«.

Das mag auf den ersten Blick verwirrend erscheinen. Schließlich stimmt es, daß man Patience allein spielt. Die Privatheit der Empfindungen jedoch ist genau das, was bestritten wird, zumindest in zwei Bedeutungen des Ausdrucks. Man könnte Wittgensteins Bemerkung erhellen, indem man den Denkstil des Solipsisten auf die Bemerkung über Patience anwendet. Der Solipsist würde statt »Patience spielt man allein« sagen »Nur ich kann Patience spielen«[26]. Ein ähnlicher Taschenspielertrick kommt in der Weise vor, in der der Solipsist die Behauptung konstruiert, daß Empfindungen privat sind. Eine Bemerkung in *Zettel* wirft weiteres Licht auf die Sache:

26 In NFL S. 283 schreibt Wittgenstein: »Sagt der Solipsist auch, daß nur er Schach spielen kann?«

Statt »man kann nicht« sage: »es gibt in diesem Spiel nicht«. Statt »man kann im Damenspiel nicht rochieren« – »es gibt im Damenspiel kein Rochieren«; statt »ich kann meine Empfindung nicht vorzeigen« – »es gibt in der Verwendung des Wortes ›Empfindung‹ kein Vorzeigen dessen, was man hat« (*Z* § 134).

Die Behauptung, daß Empfindungen privat sind, wird von dem irregeleiteten Metaphysiker so interpretiert, daß sie bedeutet, daß ich nicht deine Erlebnisse wissen kann und du nicht die meinen haben kannst. Wittgenstein hat sich zu zeigen bemüht, daß diese Interpretation völlig verwirrt ist. Wenn jedoch die Behauptung über die epistemische Privatheit, die offenkundig so aussieht, als ob sie die menschliche Erkenntnis begrenzen würde, neu als grammatische Behauptung interpretiert wird, dann ist sie nicht mehr anstößig. Wenn man bei einer Erklärung dessen, was der Ausdruck »Intention« (oder »Schmerzen« oder jedes andere psychologische Verb, das eine Asymmetrie zwischen der ersten und der dritten Person aufweist) bedeutet, sagen würde »Nur du kannst wissen, daß du diese Intention hattest« und damit meinen würde, daß im eigenen Fall Zweifel oder Ungewißheit nicht sinnvoll sind, dann ist die Bemerkung zwar irreführend, aber richtig (*PU* § 247). Sie ist irreführend, weil »ich weiß«, obwohl es »ich zweifle nicht« bedeuten könnte, nicht bedeutet, daß »der Zweifel logisch ausgeschlossen« ist (*PU* S. 533). Sie ist jedoch richtig, solange sie als eine apriorische und nicht als eine empirische Behauptung verstanden wird. Daß man Patience allein spielt, ist nicht eine Tatsache über alle bisher entdeckten kartenspielenden Gesellschaften. Es handelt vielmehr vom »Wesen« der Patience. Ähnlich wird die Behauptung, daß nur ich wissen kann, daß ich Schmerzen habe, wenn sie so interpretiert wird, daß es in meinem eigenen Fall sinnlos ist, daß ich zweifle, ob ich Schmerzen habe, von Wittgenstein als richtige Behauptung über die Bedeutung des Ausdrucks »Schmerzen« aufgefaßt. Sie ist, mit seinem halb-technischen Terminus ausgedrückt, eine »grammatische« Behauptung.
Analoge Überlegungen gelten für die zweite Art der Privatheit, die der Solipsist den Erlebnissen zuschreibt. Er schlägt vor, daß Erlebnisse privat sind, weil du nicht meine Schmerzen haben kannst. Das jedoch ist, wie wir gesehen haben, fehlgeleitet. In einem ganz gewöhnlichen Sinn von »gleich« kann eine Person den gleichen Schmerz haben wie eine andere. In einem trivialen Sinn,

der Wittgenstein zufolge »Unsinn« ist, kann ein anderer nicht meine Schmerzen oder mein Lächeln oder Niesen haben. Man sollte die Sache jedoch nicht so darstellen. Die Wahrheit ist, daß nur die Schmerzen, die ich habe, »meine Schmerzen« genannt werden. Was diese Tautologie zu verstehen gibt, ist die apriorische Wahrheit, daß Schmerzen Identifizierbarkeits-abhängig sind. »Die große Schwierigkeit ist hier«, so bemerkte Wittgenstein, »die Sache nicht so darzustellen, als *könne* man etwas nicht« (*PU* § 374). Der Satz »Empfindungen sind privat« kann also als ein Ausdruck zweier grammatischer Wahrheiten interpretiert werden, und in dieser Hinsicht ist er in der Tat mit »Patience spielt man allein« vergleichbar.

Das Wesentliche bei der Metaphysik – im herabsetzenden Sinne des Terminus – ist, daß sie den Unterschied zwischen faktischen und begrifflichen Untersuchungen auslöscht. Die grundsätzlichen Kontroversen über den Skeptizismus und die Metaphysik der Erfahrung haben genau das getan. Der Skeptiker möchte, daß seine Thesen echte Grenzen der menschlichen Erkenntnis angeben; er behauptet, daß es angebbare Arten von Tatsachen gibt, die jenseits einer möglichen Erkenntnis liegen. Doch möchte er auch sagen, daß es sich nicht anders verhalten könnte. Der Zusammenstoß der metaphysischen Lehren über das Wesen der Wirklichkeit und unserer Erkenntnis und Erfahrung von ihr ist eine Geschichte eines Schattenboxens im Dunkeln, eine bizarre Geschichte der Selbsttäuschung.

Wo ... ein ganzes System von Täuschungen und Blendwerken angetroffen wird, die unter sich wohl verbunden und unter gemeinschaftlichen Prinzipien vereinigt sind, da scheint eine ganz eigene und zwar negative Gesetzgebung erforderlich zu sein, welche unter dem Namen einer *Disziplin* ... ein System der Vorsicht und Selbstprüfung errichte, vor welchem kein falscher vernünftelnder Schein bestehen kann, sondern sich sofort unerachtet aller Gründe seiner Beschönigung verraten muß[27].

27 Kant, *Kritik der reinen Vernunft*, A 711, B 739.

IX »Eine Wolke von Philosophie kondensiert zu einem Tröpfchen Sprachlehre«

1. Kann man wissen, dass man Schmerzen hat?

Es ist eine der traditionellen Aufgaben der Erkenntnistheorie, die Grenzen des Erkennbaren zu umreißen zu versuchen. Einige erkenntnistheoretische Lehren, die die Möglichkeit von Erkenntnis betreffen, sind sowohl verständlich als auch angemessen, wie etwa Kants Forderung, daß die Anwendung der Kategorien auf den Bereich möglicher Erfahrung zu beschränken ist, wenn Erkenntnis erreicht werden soll. Andere Theorien sind zwar verständlich, aber nicht angemessen: die verschiedenen Formen des Skeptizismus beschränken unsere mögliche Erkenntnis durch ungebührlich restriktive Grenzen, und sie tun das aus Gründen, die verständlich, aber nicht adäquat sind. Noch andere Theorien erscheinen vielleicht weder angemessen noch überhaupt verständlich. Normalerweise würde man diese vielleicht beiseiteschieben wollen. Wenn jedoch ein Philosoph vom Range Wittgensteins eine solche erkenntnistheoretische These vorbringt, dürften wir gut daran tun, ihr sorgfältige Aufmerksamkeit zu schenken. Wie wir gesehen haben, behauptete Wittgenstein, daß man nicht wissen kann, daß man ein gegebenes Erlebnis hat. Man kann es nicht deswegen nicht wissen, weil es einem an Information fehlt, auch nicht deswegen nicht, weil man nur weiß, wie man sich erscheint, aber nicht, wie man an sich ist, sondern weil Sätze wie »ich weiß, daß ich Schmerzen habe« unsinnig sind. Diese These ist intuitiv nicht sehr plausibel. Außerdem ist sie etwas bizarr. Mit welcher Absicht geschieht es, daß die mögliche Erkenntnis auf diese besondere Weise begrenzt wird? Kant zog die Grenzen des Erkennbaren so, wie er es tat, um den Anmaßungen der dogmatischen Metaphysik ein Ende zu machen. Der Cartesische Skeptiker zieht die Grenzen auf fehlgeleitete Weise an den Grenzen der subjektiven Erfahrung, weil ihm die Kluft zwischen der Erkenntnis der subjektiven Erfahrung und der Erkenntnis von Gegenständen unüberbrückbar scheint. In diesen beiden und in vielen anderen Fällen ist die allgemeine Motivation – ob sie sich rechtfertigen läßt oder nicht – ziemlich klar. Die Wittgensteinsche Begrenzung jedoch ist verwirrend, denn es gibt keinen offensichtlichen Grund für sie. Wenn ein Philosoph dahin kommt, zu leugnen, was intuitiv offensichtlich erscheint, dann steht es uns schlecht an, uns mit einer Widerlegung nach Johnsonscher Art zu begnügen. Wir sollten vielmehr sein Argument mit noch größerer Sorgfalt als gewöhnlich prüfen, um zu entdecken, was ihn veranlaßte, eine anscheinend unhaltbare Position anzunehmen.

Wittgensteins Lehre zu diesem Thema wurde von seinen bedeutendsten Nachfolgern übernommen. Bekanntlich verteidigt Malcolm die These, daß psychologische Sätze in der ersten Person Präsens (oder eine angebbare Teilklasse solcher Sätze, auf die oft als auf »Bekundungen«[1] Bezug genommen wird) weder wahr noch falsch sein können, sondern an verhaltensmäßige Manifestationen psychologischer Zustände angeglichen werden sollten[2]. Der Grund dafür, daß »ich weiß, daß ich Schmerzen habe« unsinnig ist, liegt darin, daß »ich habe Schmerzen« nicht zu Behauptungen gebraucht wird und keine Wahrheitswerte trägt. Geach zitiert die Lehre mit Billigung, obgleich auch mit Qualifikationen[3]. Von Wright[4] wendet die Theorie auf die Axiologie an und legt dar, daß hedonische Urteile in der ersten Person Präsens wie »ich mag dies« oder »ich finde das angenehm« und eudämonische Urteile in der ersten Person Präsens wie »ich bin glücklich« überhaupt keine Aussagen sind und daher keine Wahrheitswerte tragen. Sie sagen nicht aus oder beschreiben, daß man erfreut oder glücklich ist, vielmehr äußern sie die Lust oder das Glücklichsein. Daß diese Philosophen die Lehre übernehmen, sollte uns vielleicht zu denken geben.

Trotzdem könnte die Streitfrage, ob »ich habe Schmerzen« wahr oder falsch sein kann und ob »ich weiß, daß ich Schmerzen habe« sinnvoll ist oder nicht, als eine Frage von geringerer oder gar keiner Bedeutung erscheinen. Sie steht mit keiner bedeutenden philosophischen Frage in einem *offensichtlichen* Zusammenhang. Sie hängt jedoch *auf nicht offensichtliche Weise* mit einigen der zentralen Probleme der Metaphysik der Erfahrung einerseits und wichtigen Überlegungen in der philosophischen Logik und der

1 Ich werde den Ausdruck »Bekundung« *(avowal)* sowohl verwenden, um auf eine Handlung bezugzunehmen, als auch dazu, auf den Satz bezugzunehmen, der dazu gebraucht wird, sie auszuführen. Der Kontext wird klarmachen, welches jeweils gemeint ist.

2 N. Malcolm, »Wittgenstein's *Philosophical Investigations*«, in *Wittgenstein: The Philosophical Investigations, A Collection of Critical Essays,* hrsg. von G. Pitcher, S. 77–83.

3 P. T. Geach, *Mental Acts,* London 1957, S. 121.

4 G. H. von Wright, *The Varieties of Goodness,* London 1963, S. 73 f., S. 98.

Bedeutungstheorie andererseits zusammen. Wie Wittgenstein selbst hervorhob, ist die strittige Frage grundlegend für die Meinungsverschiedenheiten zwischen Realisten, Idealisten und Solipsisten. In seinem späteren Werk brachte Wittgenstein die Lehre mit dem Privatsprachenargument in Verbindung, und man könnte denken, daß die beiden Lehren zusammen stehen oder fallen. Es ist daher wichtig, ihre wechselseitigen Beziehungen zu erforschen. Ferner soll die Lehre des nicht-kognitiven Status von Bekundungen einen Weg liefern, die rationalistische Psychologie des Cartesischen Dualismus und die sie begleitende Erklärung des Selbstbewußtseins zu vermeiden. Auf einer noch tieferen Ebene ist die Lehre ein Teil von Wittgensteins allgemeinem Angriff gegen die philosophische Suche nach Grundlagen. Wir haben bereits seinen Widerstand gegen die Bemühung zur Kenntnis genommen, die Grundlagen der Mathematik in etwas zu errichten, was jenseits der Tätigkeit des mathematischen Schließens liegt, sowie seinen scharfen Widerstand gegen seine eigenen früheren Versuche, die Grundlagen der Sprache in der Metaphysik zu errichten. Man kann seine Lehre der Bekundungen als seinen dritten Vorstoß gegen die Suche nach Grundlagen sehen, der gegen das Bemühen gerichtet ist, unserer empirischen Erkenntnis eine Grundlage in unserer Erkenntnis dessen zu geben, wie die Dinge uns subjektiv zu sein scheinen. Vom Standpunkt der philosophischen Semantik erhebt der Status der Bekundungen ebenso tiefgreifende und allgemeine Fragen. Wenn der Sinn eines Satzes durch seine Kriterien gegeben ist, wie ist es dann möglich, daß es einige Sätze gibt, die ohne Gründe behauptet werden können? Wir brauchen eine Erklärung sowohl des Sinns von Bekundungen als auch der Möglichkeit der kriterienlosen Selbstzuschreibung von Erfahrung. Sie muß mit der allgemeinen Methode der kriteriellen Semantik Wittgensteins vereinbar sein, und sie muß dem Wesen des Selbstbewußtseins gerecht werden. Das Studium der Bekundungen ist eine logische Erforschung dieser Themen. Es hat vielfache Verzweigungen: die allgemeine Relation zwischen Sinn und der Möglichkeit von Erkenntnis; das Wesen von deiktischen Ausdrücken und die Ähnlichkeiten und Unterschiede zwischen »ich«, »er« und »dies«; die logische Form egozentrischer Sätze im allgemeinen und die Ähnlichkeiten und Unterschiede zwischen der Selbstzuschreibung psychologischer Prädikate und der Selbstzuschreibung nicht-psychologischer Prädikate; die Ähnlichkeiten und Unterschiede zwischen der Selbstzuschreibung psychologischer Prädikate und ihrer Zuschreibung an andere. Diese und andere verwandte Fragen sind Vorfragen zum eigentlichen Problem, der Wittgensteinschen These des nicht-kognitiven Charakters von Bekundungen und der allgemeinen Debatte darüber, ob es richtig ist, das Wissen von sich selbst und das Selbstbewußtsein durch Sätze wie »ich weiß, daß ich Schmerzen habe« auszudrücken, oder ob das nicht richtig ist. Die Bejahung oder Verneinung der nicht-kognitiven These kondensiert in der Tat eine Wolke von Philosophie zu einem Tröpfchen Sprachlehre (*PU* S. 534).

2. Die These des nicht-kognitiven Charakters von Bekundungen

Wittgensteins nicht-kognitive Analyse von Bekundungen kam erst nach und nach in den frühen 1930er Jahren zum Vorschein. Denkt man an seine verifikationistische Übergangsphase, dann ist offensichtlich, warum das so gewesen sein muß. Es ist deutlich, daß er in den *Philosophischen Bemerkungen* dachte, daß man Bekundungen gebrauchen könnte, um wahre oder falsche Behauptungen zu machen, und daß sie erkennbar sind. Die erste Behauptung stellt er in § 62 auf:

> »Ich habe keine Schmerzen« heißt: Wenn ich den Satz »ich habe Schmerzen« mit der Wirklichkeit vergleiche, so zeigt es sich, daß er falsch ist. – Ich muß ihn also mit dem, was tatsächlich der Fall ist, vergleichen können. Und diese Möglichkeit des Vergleichs – obwohl er nicht stimmt – ist es, was wir mit dem Ausdruck meinen: das, was der Fall ist, müsse sich im gleichen Raum abspielen wie das Verneinte; es müsse *nur anders* sein.

Die zweite Behauptung findet sich in § 66, wo Wittgenstein sich auf das Phänomen der Schmerzempfindung in seinem Zahn bezieht, ein Phänomen, von dem er sagt, daß er es kenne. Das stimmt mit der allgemeinen philosophischen Position überein, die in diesem Buch vertreten wird. Denn Wittgenstein verteidigt hier in der Tat selbst eine positivistische Grundlagentheorie der Erkenntnis.

Es ist also nicht überraschend, daß die Lehre der Bekundungen erst auftritt, nachdem Wittgenstein klargeworden ist, daß das, was er »echte Sätze« genannt hatte, keine Verifikation besitzt. Die Frage »wie weißt du, daß du Zahnschmerzen hast?« ist nicht sinnvoll, ebensowenig die Frage »bist du sicher, daß du das und das willst?«. Es ist nicht sinnvoll zu zweifeln, ob man ein gegebenes Erlebnis hat, und wenn ein Zweifel nicht sinnvoll ist, kann es nicht so etwas wie Gewißheit geben. Wenn es nicht sinnvoll ist, gewiß zu sein, dann ist es aber nicht sinnvoll, von Erkenntnis zu reden. Die Hauptzüge der Lehre treten im *Blauen Buch* und den »Notes for Lectures« deutlich hervor. Die zentrale These wird klar aufgestellt: »›Ich weiß, daß ich Schmerzen habe‹ bedeutet entweder nichts oder dasselbe wie ›ich habe Schmerzen‹« (*BB* S. 90; NFL S. 309). Die Lehre tritt in den meisten folgenden Schriften hervor. In den *Philosophischen Untersuchungen* wird sie viele Male auf viele verschiedene Weisen vertreten. Die zentrale Aussage der Lehre tritt, wie im vorigen Kapitel erwähnt, in den einleitenden Abschnitten des Arguments gegen die Möglichkeit einer Privatsprache auf:

Von mir kann man überhaupt nicht sagen (außer etwa im Spaß) ich *wisse*, daß ich Schmerzen habe. Was soll es denn heißen – außer etwa, daß ich Schmerzen *habe*? (*PU* § 246).

Auch in *Zettel* wird die Lehre mehrmals wiederholt und ausführlich erörtert.

Wenn wir in die so formulierte These des nicht-kognitiven Charakters von Bekundungen eine allgemeine philosophische Bedeutung hineinlesen sollen, dann sollte die These verallgemeinert werden. Es gibt mindestens drei relevante Richtungen einer logisch und erkenntnistheoretisch signifikanten Verallgemeinerung der Formel »›ich weiß, daß ich Schmerzen habe‹ ist entweder unsinnig oder aber bedeutet dasselbe wie ›ich habe Schmerzen‹«. Die erste nahm Wittgenstein selbst vor. Seine Lieblingsbeispiele sind »ich habe Zahnschmerzen« und »ich habe Schmerzen«. Andere Beispiele, die erwähnt werden, sind »ich habe Bewußtsein«, »ich sehe Rot«, »ich denke«, »ich fürchte mich«, »ich möchte (wünsche, meine, fühle) ...«. Die These wird in *Zettel* § 472 auf alle psychologischen Verben in der ersten Person Präsens verallgemeinert. Es würde dann scheinen, daß Wittgenstein dachte, daß »Schmerzen« nur ein lebendiges Beispiel ist, welches die gemeinsamen Züge der Selbstzuschreibung psychologischer Verben im Präsens repräsentiert[5]. Wenn man die Prädikatenvariable »φ haben« als eine passende Variable für ein psychologisches Verb der fraglichen Art gebrauchen darf, dann könnte man die erste Verallgemeinerung der These des nicht-kognitiven Charakters von Bekundungen so wiedergeben: »Ich weiß, daß ich φ habe« ist entweder unsinnig oder bedeutet dasselbe wie »ich habe φ«.

Die zweite Richtung der Verallgemeinerung betrifft die Einführung expliziter Zeitbezüge in die Formel. Wittgensteins gewöhnliche Formulierung ist durchweg die im Präsens. Aber in den »Notes für Lectures« schrieb er:

Ich kann dir die Tatsache, daß *p*, erzählen, weil ich weiß, daß *p* der Fall ist. Es ist sinnvoll zu sagen »es regnet, und ich wußte es«, aber nicht »ich hatte Zahnschmerzen, und ich wußte es«. »Ich weiß, daß ich Zahnschmerzen habe« bedeutet nichts oder dasselbe wie »ich habe Zahnschmerzen« (NFL S. 309).

Hieraus würde es scheinen, daß das Wesentliche nicht das Präsens ist, sondern darin besteht, daß der Zeitpunkt der Exemplifikation des psychologischen Verbs derselbe ist wie der Zeitpunkt, zu dem das Wissen zugeschrieben wird. Die These schließt es als unsinnig aus, daß ich zu t weiß, daß ich zu t φ habe. Sie scheint nicht auszuschließen, daß ich zu $t+1$ weiß, daß ich zu t φ habe, oder daß ich zu t weiß, daß ich zu $t+1$ φ habe. Das Wissen vergangener und zukünftiger Schmerzen ist manchmal durchaus möglich.

Die dritte Hinsicht der Verallgemeinerung ist etwas schwieriger, da es meines Wissens keine Evidenz in Wittgensteins Schriften gibt, die sie berechtigt. Ist die nicht-kognitive These nur gegen die Formulierung mit dem Pronomen der ersten Person gerichtet, oder ist »er weiß zu t, daß er zu t φ hat« gleichermaßen sinnlos? Wenn die verallgemeinerte These nicht nur für das Pronomen in der ersten Person, sondern auch für jedes andere Personalpronomen (oder singularische Personalpronomen) gilt, dann wollen wir immer noch wissen, ob sie weiter verallgemeinert werden kann. Wird »N. N. weiß zu *t*, daß N. N. zu t φ hat« ausgeschlossen? Sollte

5 Diese verallgemeinerte Formulierung ist sowohl ungenau als auch inkorrekt. Sie ist ungenau, weil der Terminus »psychologisch« nicht scharf begrenzt ist. Sie ist inkorrekt, weil viele Prädikate, die man intuitiv als psychologische betrachtet, die Züge der Bekundungen nicht teilen, z. B. »intelligent«, »geistesschwach«, »schizoid«, »neurotisch«, »verdrängend«, »sublimierend« usw. Für die gegenwärtigen Zwecke fällt jedoch weder die Ungenauigkeit noch die Inkorrektheit ins Gewicht.

die vollständig verallgemeinerte Formel für jeden Namen oder Kennzeichnung einer Person gelten, oder ist sie auf deiktische Ausdrücke beschränkt? Ist die These die, daß eine Person – unter jeder beliebigen Beschreibung –, die ein bestimmtes Erlebnis hat, zu dem Zeitpunkt, an dem sie es hat, nicht wissen (oder zu wissen fehlgehen) kann, daß sie es hat? Sollte die These besagen, daß es nicht zulässig ist, in der Formel »X weiß zu t, daß X zu t φ hat« denselben Terminus (oder stärker, einen Namen oder eine Beschreibung, die auf dieselbe Person referieren) an den zwei variablen Stellen X einzusetzen? Wenn dem so ist, lautet die endgültige Form der These: »X weiß zu t, daß X zu t φ hat« ist entweder unsinnig oder bedeutet dasselbe wie »X hat φ zu t«. Im folgenden werde ich für die meisten Zwecke Wittgensteins Formulierung gebrauchen. Es wird jedoch gut sein, die verallgemeinerten Formulierungen im Gedächtnis zu behalten, da sie an bestimmten entscheidenden Punkten auf wichtige Aspekte der Theorie zum Tragen kommen.

Die nicht-kognitive These wird in Wittgensteins Schriften durch eine Vielzahl von Argumenten gestützt. Diese lassen sich durch Bezug auf die folgenden Punkte unterscheiden: Eine Reihe von Argumenten wirkt sich auf die Frage aus, ob eine Bekundung wahr oder falsch sein kann. Die grundsätzliche Behauptung ist, daß Bekundungen trotz der assertorischen Form ihrer Oberflächengrammatik nicht dazu gebraucht werden können, Behauptungen zu machen. Bekundungen sind keine Behauptungen, sie sind auch keine Beschreibungen. Sie tragen keine Wahrheitswerte, und daher ist es nicht sinnvoll, von einem Wissen oder Nicht-Wissen, von Zweifel oder Gewißheit zu reden. Die zweite Reihe von Argumenten stützt die nicht-kognitive These nicht auf den angeblichen wahrheitswertlosen Status einer Bekundung, sondern setzt voraus, daß Bekundungen Wahrheitswerte tragen, die aus weiteren Gründen nicht erkennbar sind. Die dritte Art von Argument kehrt die erste Art um und umgeht die zweite. Sie behauptet, daß die nicht-kognitive These nicht deswegen zutrifft, weil Bekundungen keine Wahrheitswerte tragen und daher keine geeigneten Gegenstände von Erkenntnis sind, sondern daß sie vielmehr nicht erkennbar sind und deswegen keine Wahrheitswerte tragen. Denn ein Satz hat nur insofern Sinn, als die Grammatik Gründe für seine Behauptung festgelegt hat. Obwohl diese Frage offensichtlich große Wichtigkeit für Wittgensteins Philosophie hat, sind viele seiner Argumente nicht nur bruchstückhaft, sondern auch zweideutig.

Die These des Äußerungscharakters von Bekundungen zieht sich auf zweideutige Weise durch alle späteren Schriften Wittgensteins. Im *Blauen Buch* schrieb er:

Der Unterschied zwischen den Sätzen »Ich habe Schmerzen« und »Er hat Schmerzen« ist nicht der Unterschied zwischen den Sätzen »L. W. hat Schmerzen« und »Schmitt hat Schmerzen«. Vielmehr entspricht er dem Unterschied zwischen einem Stöhnen und der Aussage, daß jemand stöhnt (*BB* S. 109).

Es bestehen viele Unterschiede zwischen einem Stöhnen und der Aussage, daß jemand stöhnt. Das Stöhnen ist eine natürliche Äußerung oder Manifestation des Schmerzes. Es beschreibt den Schmerz nicht, es ist nicht wahr oder falsch, es ist nicht erlernt, und man kann keinen epistemischen Operator so darauf anwenden, daß ein Satz entsteht. Es ist eine natürliche primitive Art von Schmerzverhalten, und daß jemand stöhnt, ist ein Kriterium für die Wahrheit der Behauptung, daß er Schmerzen hat. Zu sagen, daß jemand Schmerzen hat, unterscheidet sich hiervon in allen diesen Punkten. Wenn der Unterschied zwischen »ich habe Schmerzen« und »er hat Schmerzen« diesen Unterschieden entspricht, dann ist, so scheint es, »ich habe Schmerzen«, obwohl es keine natürliche Äußerung von Schmerzen ist, kein Gegenstand möglicher Erfahrung, keine Beschreibung, nicht wahr oder falsch, eine erworbene Art von Schmerzverhalten und als Äußerung ein Kriterium für die Wahrheit der Behauptung, daß er Schmerzen hat.

Gerade diese Punkte werden von Wittgenstein in seinem folgenden Werk erforscht. In den »Notes for Lectures« schrieb Wittgenstein:

Grob gesprochen: Der Ausdruck »ich habe Zahnschmerzen« steht für ein Stöhnen, aber bedeutet nicht »ich stöhne«...

Du könntest Stöhnen nicht eine Beschreibung nennen! Aber das zeigt dir, wie weit der Satz »ich habe Zahnschmerzen« von einer Beschreibung entfernt ist und wie weit das Lehren des Wortes »Zahnschmerzen« vom Lehren des Wortes »Zahn« entfernt ist (NFL S. 301–2).

Dasselbe Argument tritt in den *Untersuchungen* hervor. Bekundungen werden als Erweiterungen eines natürlichen Äußerungsverhaltens verstanden:

Es werden Worte mit dem ursprünglichen, natürlichen Ausdruck der Empfindung verbunden und an dessen Stelle gesetzt. Ein Kind hat sich verletzt, es schreit; und nun sprechen ihm die Erwachsenen zu und bringen ihm Ausrufe und später Sätze bei. Sie lehren das Kind ein neues Schmerzbenehmen (*PU* § 244).

In *Zettel* betont er wieder, daß, während Sätze in der dritten Person Präsens eines psychologischen Verbs Information vermitteln, Sätze in der ersten Person Äußerungen sind (*Z* § 472). Diese und viele ähnliche Stellen haben zur verbreitetsten Interpretation der Lehre der Bekundungen geführt[6]. Diese Ansicht stützt die nicht-kognitive These auf die Äußerungsthese und interpretiert letztere so, daß sie leugnet, daß Bekundungen Wahrheitswerte tragen. Eine Bekundung sagt nicht, daß die Welt sich so und so verhält, sondern sie ist eine Manifestation dessen, daß sie sich so verhält. Genauso, wie die emotive Theorie der Ethik leugnete, daß Sätze der Form »*A* ist gut« Wahrheitswerte tragen können, und sie als Äußerungen von Emotionen oder als verborgene Imperative interpretierte, so wird die Äußerungsthese so aufgefaßt, daß sie leugnet, daß der Satz »ich habe Schmerzen« entweder wahr oder falsch sein kann, und daß sie ihn als eine Äußerung des Schmerzes interpretiert. Da nur das, was wahr oder falsch ist, ein Gegenstand möglichen Wissens oder Nicht-Wissens ist, werden Bekundungen vom Bereich des Erkennbaren ausgeschlossen.
Es ist jedoch wichtig, daß das Argument zwei verschiedene Routen einschlagen kann. Die übliche Ansicht ist, daß auf der Äußerungsthese die Wahrheitswertlosigkeitsthese gegründet ist, und auf der letzteren wiederum die nicht-kognitive These. Es wäre jedoch eher in Übereinstimmung mit Wittgensteins kriterieller Semantik, direkt von der Äußerungsthese zur nicht-kognitiven These überzugehen; denn ob ein Satz wie »*X* hat Schmerzen« Sinn hat oder nicht, ist dadurch bestimmt, daß er grammatisch festgelegte Gründe hat, die es rechtfertigen, ihn als wahr zu behaupten.
Die Evidenz ist jedoch zweideutig. Man sollte zur Kenntnis nehmen, daß dem obigen Zitat aus den »Notes for Lectures« der Ausdruck »grob gesprochen« vorausgeht, und daß in *Zettel* § 472 in Klammern die Bemerkung »Stimmt nicht ganz« und unmittelbar

6 Siehe z. B. P. F. Strawson, »Review of *Philosophical Investigations*«, abgedruckt in *Wittgenstein: The Philosophical Investigations*, hrsg. von G. Pitcher, S. 45 ff., und N. Malcolm, »Wittgenstein's *Philosophical Investigations*, ebenda, S. 82.

danach der Satz »Die erste Person des Präsens der Äußerung verwandt« folgt. Wie eng faßte Wittgenstein die Verwandtschaft auf? Ist seine Ansicht die, daß Bekundungen Manifestationen innerer Zustände sind und keine Behauptungen sind, oder daß sie keine Behauptungen sind, weil sie Manifestationen innerer Zustände sind, oder daß sie *auch* Manifestationen innerer Zustände sind und daß sie daher zwar Behauptungen sind, aber Behauptungen von besonderer Art sind? Sind Bekundungen Beschreibungen oder nicht? Wittgensteins Bemerkung, daß »ich habe Zahnschmerzen« sehr weit von einer Beschreibung entfernt ist (NFL S. 302), wurde schon erwähnt. Weiter hinten in den »Notes« wiederholt er den Punkt. Um zu sagen, daß ich Zahnschmerzen habe, brauche ich nicht mein Verhalten im Spiegel zu beobachten. Aber es folgt nicht, daß ich eine Beobachtung des inneren Sinns *beschreibe*. Stöhnen ist nicht die Beschreibung einer Beobachtung, und »ich habe Zahnschmerzen« ist nicht von dem, was ich beobachte, *abgeleitet* (NFL S. 319). Das impliziert ziemlich klar, daß eine Bekundung keine Beschreibung ist. Seine Position in den *Untersuchungen* ist jedoch vorsichtiger. In § 290 hebt er den Punkt hervor, dem wir schon viele Male begegnet sind: ich identifiziere meine Empfindung nicht durch Kriterien. Der Anfang dieses »Sprachspiels« ist nicht eine Identifikation, sondern der kriterienlose Gebrauch eines Ausdrucks. Fängt es mit der Empfindung an, – die ich beschreibe? »Das Wort ›beschreiben‹ hat uns da vielleicht zum besten«, antwortet Wittgenstein, »man muß sich die Verschiedenheiten der Sprachspiele ins Gedächtnis rufen.« »Ich habe Schmerzen« oder »ich fürchte mich« können sich uns manchmal in Qual oder Entsetzen entringen, ein andermal können sie eine ganz kühle Antwort auf eine klinische Frage sein. Ich könnte dem Arzt sagen »Jetzt höre ich wieder auf diesem Ohr« (*PU* § 416). Es ist bemerkenswert, daß Wittgenstein zwischen zwei verschiedenen Auffassungen einer Beschreibung, einer erkenntnistheoretischen Auffassung und einer intentionalen Sprechhandlungsauffassung, schwankt. Es ist unklar, ob Beschreibungen im letzteren Sinn erkennbar sind. Wenn sie es sind, dann kann, wenn »ich habe Schmerzen« manchmal eine Beschreibung ist, »ich weiß, daß ich Schmerzen habe« sinnvoll sein. Im zweiten, unvollendeten Teil der *Untersuchungen* scheint Wittgenstein seine Position der »Notes for Lectures« beträchtlich geändert zu haben. Er schreibt, daß ich in bestimmten Kontexten tatsächlich meinen Bewußtseinszustand beschreibe. »Nicht, nicht, ich fürchte mich« ist ein Angstschrei, aber »Ich fürchte mich noch immer ein wenig, aber nicht mehr so wie früher« ist eine Beschreibung meines Bewußtseinszustandes. Daß die zweite Äußerung eine Beschreibung ist, kommt nicht dadurch zustande, daß ich meine Seele aus dem Augenwinkel beobachtete, als ich es sagte (*PU* S. 498). Beide Äußerungen werden ohne Kriterien gebraucht (*PU* S. 485 f.); was ihren Status bestimmt, ist, ob sie eine Absicht haben oder nicht haben und welches die Art und Weise dieser Absicht im Kontext der Äußerung ist. Wittgenstein schließt mit drei Bemerkungen, die den Kontrast zu den »Notes for Lectures« hervorheben:

Ein Schrei ist keine Beschreibung. Aber es gibt Übergänge. Und die Worte »Ich fürchte mich« können näher und entfernter von einem Schrei sein. Sie können ihm ganz nahe liegen, und *ganz* weit von ihm entfernt sein.
Wir sagen doch nicht unbedingt von einem, er *klagt*, weil er sagt, er habe Schmerzen. Also können die Worte »Ich habe Schmerzen« eine Klage, und auch etwas anderes sein.
Ist aber »Ich fürchte mich« nicht immer, und doch manchmal, etwas der Klage Ähnliches, warum soll es dann *immer* eine Beschreibung eines Seelenzustandes sein? (*PU* S. 499).

Lassen wir die Frage des deskriptiven Status von Bekundungen beiseite und fragen jetzt: haben Bekundungen Wahrheitswerte? Wieder ist Wittgensteins Position zweideutig. In *Zettel* § 401 sagt Wittgenstein, daß die Behauptung, daß »ich habe Bewußtsein« eine Aussage ist, an der kein Zweifel möglich ist, nicht mehr sagt als: »›Ich habe Bewußtsein‹ ist kein Satz.« Man sollte solche Worte als Pfeifen oder Summen behandeln. Die Unmöglichkeit des Zweifels impliziert nach Wittgensteins Meinung die Unmöglichkeit des Wissens. Hier scheint die These, daß »ich habe Bewußtsein« kein echter Satz ist, d. h. keinen Sinn hat und keine Wahrheitswerte trägt, auf der nicht-kognitiven These zu gründen, und nicht umgekehrt. Sollte man die Bemerkung über das Bewußtsein zu der These verallgemeinern, daß die Unmöglichkeit des Zweifels, die ein allgemeines Merkmal von Bekundungen darstellt, impliziert, daß Bekundungen keinen Wahrheitswert haben können und nicht für Behauptungen gebraucht werden können? In *Zettel* § 549 sagt Wittgenstein, daß die Äußerung einer Empfindung nur irreführend als Aussage bezeichnet werden könne, aber er gebraucht dabei den Ausdruck »Behauptung«, nicht den Ausdruck »Satz«. Im Gegensatz dazu jedoch spricht er – im Hinblick auf »ich habe Zahnschmerzen« – von der Wichtigkeit der Unterscheidung zwischen Schwindeln und die-Wahrheit-Sagen (NFL S. 319 f.), und er spricht von »ich habe Zahnschmerzen« als von einer Behauptung (NFL S. 315), im Gegensatz dazu, daß man es als Beispiel für einen Satz sagt. Man könnte denken, daß Wittgenstein so weit leugnen muß, daß eine Bekundung einen Wahrheitswert tragen kann, wie er leugnet, daß sie eine Beschreibung ist. An einer wichtigen Stelle in den *Untersuchungen* jedoch bejaht Wittgenstein in einer Anwendung der nicht-kognitiven These auf »ich denke«, daß es wahr oder falsch sein kann, während er sowohl bestreitet, daß es eine Beschreibung ist, als auch, daß es erkennbar ist.

Für die Wahrheit des *Geständnisses*, ich hätte das und das gedacht, sind die Kriterien nicht die der wahrheitsgemäßen *Beschreibung* eines Vorgangs. Und die Wichtigkeit des wahren Geständnisses liegt nicht darin, daß es irgendeinen Vorgang mit Sicherheit richtig wiedergibt. Sie liegt vielmehr in den besonderen Konsequenzen, die sich aus einem Geständnis ziehen lassen, dessen Wahrheit durch die besonderen Kriterien der *Wahrhaftigkeit* verbürgt ist (*PU* S. 535).

Wenn man Wittgenstein so versteht, daß er behauptet, daß Bekundungen – zumindest manchmal – wahr oder falsch sind und – zumindest manchmal – Behauptungen sind, dann muß die nicht-kognitive These auf anderen als den bisher geprüften Grundlagen beruhen. Ein solches Argument wurde auf scharfsinnige Weise von A. J. P. Kenny konstruiert, der als erster auf die Möglichkeit aufmerksam machte, die nicht-kognitive These von der Wahrheitswertlosigkeitsthese zu trennen[7].

»Ich habe Schmerzen« kann eine Lüge sein und kann daher sinnvoll, aber falsch sein. Es erfüllt daher den Test der Bipolarität, mit dem festgestellt wird, ob etwas ein Satz ist. Damit es eine Beschreibung ist, muß es jedoch mit etwas von ihm selbst Unabhängigen verglichen werden, um auf seine Wahrheit oder Falschheit eingeschätzt zu werden; d. h. es muß unabhängige Wahrheitskriterien besitzen. Die Kriterien dafür, daß man Schmerzen hat,

7 A. J. P. Kenny, »The Verification Principle and the Private Language Argument«, in *The Private Language Argument*, hrsg. von O. R. Jones, S. 224–228.

bestehen aus dem Verhalten, das Schmerzen äußert. Die Äußerung des Satzes »ich habe Schmerzen« ist aber selbst eine Äußerung von Schmerzen. Folglich, so schließt Kenny, »ist sie, wenn sie eine Beschreibung meines Zustandes ist, eine Beschreibung besonderer Art: denn sie ist eine Beschreibung, die – unter anderem – mit sich selbst zu vergleichen ist; und das ist ein uniker Typus von Vergleich«[8]. Wissen involviert den Besitz einer wahren Beschreibung eines Sachverhalts. Da »ich habe Schmerzen« keine wahre Beschreibung im gewöhnlichen Sinn ist, leugnet Wittgenstein, daß man es auf verständliche Weise als Gegenstand der Erkenntnis bezeichnen kann.

Um die Argumentation bis hierher zusammenzufassen: Nach der traditionellen Interpretation beruht die nicht-kognitive These auf der These des Äußerungscharakters von Bekundungen, welche bestreitet, daß man Bekundungen zu Behauptungen gebrauchen kann, bestreitet, daß Bekundungen Wahrheitswerte tragen können, und daher ihre Erkennbarkeit leugnet. Nach der alternativen Interpretation ist die nicht-kognitive These nicht von der Wahrheitswertlosigkeitsthese abgeleitet, sondern impliziert sie. Sie beruht auf der Sinnlosigkeit des Zweifels (oder, wie ich es nennen werde, dem Argument aus den epistemischen Operatoren) und dem verwandten kriteriellen Argument, die beide unten geprüft werden sollen. Aufgrund der neuen Interpretation läßt die nicht-kognitive These Wahrheitswerte für Bekundungen zu (während sie die Eigenart betont, daß Aufrichtigkeit ihre Wahrheit garantiert), leugnet jedoch, daß sie Beschreibungen »im gewöhnlichen Sinn« sind, weil die Äußerung einer Bekundung ein Kriterium ihrer eigenen Wahrheit ist.

Eine andere, aber ebenfalls zweideutige Reihe von Argumenten ist in der These vom »Gebrauch von ›ich‹ als Subjekt« enthalten. In den »Notes for Lectures« stellt Wittgenstein eine Version der zentralen nicht-kognitiven These auf: »Ich weiß, daß ich Zahnschmerzen habe« bedeutet entweder nichts oder dasselbe wie »ich habe Zahnschmerzen«. Seine folgende Erläuterung ist überraschend: »Dies«, sagt er, ». . . ist eine Bemerkung über den Gebrauch des Wortes ›ich‹, wer auch immer es gebraucht« (NFL S. 309). Das ganze Problem, das psychologische Sätze in der ersten

8 Kenny, ebenda, S. 224.

Person Präsens umgibt, kondensiert, so legt Wittgenstein jetzt nahe, darauf, daß wir die Funktion des Wortes »ich« nicht verstehen (NFL S. 307). Die Frage wird in Wittgensteins Schriften untersucht. Es ist der Gebrauch von »ich« als Subjekt[9], der besonders verwirrend ist. Denn daß wir zu denken veranlaßt werden, daß es eine Form empirischer Erkenntnis gibt, die auf keiner Evidenz beruht oder die unmittelbar ist, ist ein Ergebnis der besonderen Züge von Sätzen, in denen »ich« als Subjekt gebraucht wird, d. h. von Bekundungen. Welches sind die besonderen Züge des Personalpronomens »ich« im Kontext psychologischer Sätze wie »ich habe Schmerzen« oder »ich sehe Rot«? Die hervortretenden Besonderheiten, die Wittgensteins Aufmerksamkeit erregten, kommen von der Tatsache, daß keine Kriterien meine Aussage »ich habe Schmerzen« bestimmen. Der Gebrauch von »ich« als Subjekt involviert keine Identifikation eines bestimmten Gegenstandes unter anderen, der dann als das Subjekt des psychologischen Prädikats fungiert[10]. Wenn ich sage, daß ich Schmerzen habe, *erkenne* ich nicht eine bestimmte Person, der ich dann die Schmerzen zuschreibe. Da weder eine Identifikation noch ein Erkennen vorkommt, ist kein Raum für eine falsche Identifikation oder ein falsches Erkennen. Der Gebrauch von »ich« als Subjekt ist immun gegen einen Irrtum bei der Identifikation oder dem Erkennen des Subjekts.

Dieser Zug ist es, aufgrund dessen Wittgenstein zwei ungewöhnliche Behauptungen über das Personalpronomen »ich« aufstellt. Erstens, wenn »ich« als Subjekt gebraucht wird, bezeichnet es nicht einen Besitzer. Es ist ebensowenig ein Name, wie »hier« der Name eines Ortes oder »jetzt« der Name eines Zeitpunkts ist. Wenn es so gebraucht wird, referiert es auch nicht auf eine bestimmte Person. Der Ausdruck »ich« ist für mich nicht »ein Signal, das die Aufmerksamkeit auf einen Ort oder eine Person lenkt« (NFL S. 307), denn durch den Gebrauch des Wortes »ich« greife ich nicht *eine* Person aus einer Gruppe von Leuten heraus (*BB* S. 109). Es besteht nicht die Möglichkeit, daß ich falsch identifiziere, wer

9 Siehe oben, Kapitel VII, S. 275 ff.

10 Der Gebrauch von »ich« als Subjekt wird ausführlich erörtert in S. Shoemaker, »Self-Reference and Self-Awareness«, in *Journal of Philosophy* 65 (1968), S. 555–567. Viele der folgenden Punkte sind diesem erhellenden Aufsatz entnommen.

Schmerzen hat. Es stimmt, daß andere durch Bezug auf das, was ich tue oder sage, identifizieren, wer Schmerzen hat. Der Besitzer der Schmerzen ist derjenige, der sie manifestiert oder bekundet, aber »ich wähle nicht den Mund, der sagt ›Ich habe Schmerzen‹ oder der stöhnt«. Zweitens, »ich« ist kein Demonstrativpronomen (*BB* S. 109). Demonstrativpronomina wie »dies« hängen für ihre Referenz von der Intention des Sprechers ab, sind einem Mißlingen der Referenz ausgesetzt (wenn z. B. ein Nachbild für einen Farbfleck auf der Wand gehalten und »dies ist rot« geäußert wird) und werden bei einer späteren Referenz auf dasselbe Ding durch eine Beschreibung ersetzt (oder involvieren eine Identifikation und damit die Möglichkeit einer falschen Identifikation). Dagegen ist der Ausdruck »ich« in den wiederkehrenden Gelegenheiten, in denen dieselbe Person ihn als Subjekt gebraucht, nicht für ein Mißlingen der Referenz empfänglich, er referiert nicht je nach der Intention des Sprechers auf einen anderen Gegenstand; und das imperfektische Äquivalent von z. B. »ich habe Schmerzen«, das aufgrund der Erinnerung geäußert wird, lautet »ich hatte Schmerzen«, und auch hier wird »ich« als Subjekt gebraucht.

Folglich behauptet Wittgenstein weiter: »Die Aussage ›Ich habe Schmerzen‹ ist ebensowenig eine Aussage *über* eine bestimmte Person, wie es ein Stöhnen ist« (*BB* S. 107). Daher ist die Aussage »ich weiß, daß ich Schmerzen habe« illegitim. Denn: »Wenn ich sage ›ich habe Schmerzen‹, weise ich nicht auf eine Person, die die Schmerzen hat, da ich in gewissem Sinne gar nicht weiß, *wer* sie hat« (*PU* § 404). Ähnlich, argumentiert Wittgenstein, »hat es keinen Sinn zu fragen ›wie weißt du, daß *du* es bist, der es sieht?‹, da ich nicht *weiß*, daß es diese und nicht eine andere Person ist, die sieht, bevor ich nicht [auf das Gesehene] zeige« (NFL S. 310). Der Argumentationsfaden ist jedoch verwickelt. Ist Wittgensteins Behauptung, daß »ich« in seinem Gebrauch als Subjekt überhaupt kein referierender Ausdruck ist? Ist seine These die, daß »ich habe Schmerzen« keine Behauptung über eine bestimmte Person ist, oder die, daß es keine Behauptung ist? Und somit ist wiederum die Frage: wird die nicht-kognitive These durch die These gestützt, daß eine Bekundung nicht zu einer echten Behauptung gebraucht werden kann, oder nur dadurch, daß sie von besonderer Art ist?

Das dritte Argument zur Stützung der nicht-kognitiven These

könnte man das Kriterielle Argument nennen. Es wird von Wittgenstein nirgends explizit aufgestellt, es liegt aber deutlich dicht unter der Oberfläche der Diskussion, und obwohl ich keine befriedigende Möglichkeit sehen kann, die Schwierigkeiten aufzulösen, die es erhebt, lohnt es sich, es ans Licht zu bringen. Kühn aufgestellt erscheint es klar, seine Verzweigungen aber reichen ans Herz der kriteriellen Semantik Wittgensteins. Der Sinn eines Satzes ist durch seine Kriterien bestimmt. Die Kriterien für einen Satz bestehen aus den nicht-induktiven Gründen für seine Anwendung oder Gebrauch, d. h. den Gründen, die uns rechtfertigen, den Satz zu behaupten. Wie soll man sich dann den Sinn eines Satzes erklären, den man, wie Wittgenstein es formuliert, mit Recht, aber ohne Rechtfertigung gebraucht? Bekundungen beruhen nicht auf Kriterien. Wenn ich die wahre Aussage mache, daß ich Schmerzen habe, ist es die Tatsache, daß ich Schmerzen habe, die meine Aussage wahr macht, aber diese Tatsache ist nicht meine Rechtfertigung oder mein Grund dafür, daß ich sage, was ich sage. Ich habe keine Rechtfertigung oder Grund. Sollte man dann behaupten, daß eine Bekundung keinen Sinn hat? Oder sollte man, was man vielleicht für plausibler halten könnte, behaupten, daß der Sinn einer Bekundung eine Funktion des Sinns ihrer Bestandteile ist? Der Sinn des einen Bestandteils, des psychologischen Prädikats, welches eine kriterienlose Selbstzuschreibung enthält, wird durch die Gründe gegeben, die seine Zuschreibung an andere rechtfertigen. Die Tatsache, daß eine Bekundung keine Gründe hat, impliziert daher nicht, daß sie keinen Sinn und Wahrheitswert hat.

Das Fehlen von Gründen für eine Bekundung liefert nach Wittgensteins Auffassung von Erkenntnis Rechtfertigung für die Behauptung der nicht-kognitiven These. Denn er schlägt – zugegebenermaßen in einem anderen Kontext – vor, daß »ich weiß« nur dann richtig gebraucht ist, wenn man bereit ist, zwingende Gründe zu geben (*ÜG* § 243). Man ist nur durch Bezug auf die Möglichkeit des Beweises der Wahrheit des Behaupteten gerechtfertigt, eine kognitive Behauptung zu machen. Dieser Punkt ist auf charakteristisch zweideutige Weise in einer Bemerkung in *Zettel* verkörpert: »Die Äußerung der Empfindung eine *Behauptung* zu nennen, ist dadurch irreführend, daß mit dem Wort ›Behauptung‹ die ›Prüfung‹, die ›Begründung‹, die ›Bestätigung‹, die ›Entkräftung‹ der Behauptung im Sprachspiel verbunden

ist« (Z § 549). Vermutlich sind dann also nur »Behauptungen« erkennbar und eine »Äußerung« ist nicht erkennbar. Eine Äußerung läßt sich nicht erkennen, und ist daher vermutlich kein Satz.
Die letzte hervorstechende Reihe von Argumenten, die Wittgenstein anbietet, hängt in der Tat mit der vorherigen These zusammen. Wir sind bereits auf sie gestoßen und haben sie als »Argumente aus epistemischen Operatoren« bezeichnet. Das erste Argument behauptet, daß ein Wissen nur möglich ist, wo ein Zweifel sinnvoll und ein Irrtum denkbar ist. Hinsichtlich der Schmerzen anderer ist der Ausdruck des Zweifels und daher auch der des Wissens sinnvoll. Aber »ich zweifle, ob *ich* Schmerzen habe« und »ich zweifle, ob *dies*, was ich habe, Schmerzen sind« sind unsinnige Äußerungen. Wenn man einen epistemischen Terminus in der ersten Person Präsens – wie »ich meine, daß«, »ich bin nicht sicher, ob«, »ich weiß nicht, ob« – auf eine Bekundung anwendet, zeigt das nicht, wie es gewöhnlich der Fall wäre, Ungewißheit oder Zweifel an, sondern eine mangelnde Beherrschung des fraglichen psychologischen Begriffs (*PU* § 288). Aber »ich weiß, daß *p*« bedeutet nicht »›Ich zweifle, ob *p*‹ ist sinnlos«, obwohl es bedeuten mag »ich zweifle nicht, daß *p*« (*PU* S. 533). Wenn »*p*« eine Bekundung ist, ist es daher illegitim, den Operator »ich weiß, daß« auf es anzuwenden. Ebenso ist »ich weiß, daß« nur dort legitim anwendbar, wo man auch sagen kann »ich meine ...«, »ich vermute ...« (ebenda). Drittens kann man nur von dem, was ich herausfinden kann, sagen, daß ich es weiß oder nicht weiß. Man kann nur das wissen, wovon man sich überzeugen kann (ebenda). Daher gibt es nicht so etwas wie ein Wissen seiner eigenen Empfindungen oder Erlebnisse, weil man sie nicht herausfindet oder von ihnen hört; man hat sie (*PU* § 246). Viertens könnte man das Argument aus dem Zweifel auf den Kopf stellen, um es mit der vorhergehenden Erörterung der Gewißheit in Übereinstimmung zu bringen. Wissen impliziert die Abwesenheit eines Zweifels, nicht seine Sinnlosigkeit. Abwesenheit von Zweifel bedeutet Gewißheit. Die Kriterien für die objektive Gewißheit einer Behauptung aber sind mit den Kriterien identisch, die die Behauptung rechtfertigen. Wenn jedoch »*p*« eine Bekundung ist, kriterienlos behauptet wird, dann ist kein Platz für Gewißheit und damit kein Platz für Wissen.

Man sollte beachten, daß die Argumente, die den Gebrauch epistemischer Operatoren betreffen, auf verschiedene Weisen aufgefaßt wurden. Man kann sie so interpretieren, daß sie die nicht-kognitive These unabhängig von der Frage stützen, ob Bekundungen wahr oder falsch sein können. Kennys Interpretation faßt sie auf diese Weise auf. Die alternative Auffassung wäre, sie so aufzufassen, daß sie zusammengenommen mit dem kriteriellen Argument zeigen, daß Bekundungen keinen Sinn haben, da der Sinn nicht von den Bedingungen der Möglichkeit der Erkenntnis abtrennbar ist.

Ein letzter kurzer Punkt zur Stützung der These ist das Argument aus der Identität der Sprecherbedeutung. Der Vorschlag lautet, daß es keine *Absicht* in der Äußerung von »ich weiß, daß ich Schmerzen habe« gibt, die nicht ebenso durch die Äußerung von »ich habe Schmerzen« erfüllt wird (*BB* S. 90, *PU* § 246). Das »ich weiß, daß« fügt dem »ich habe Schmerzen« nichts hinzu. Was ist der Wert von »ich weiß, daß ich Rot sehe«, im Gegensatz zu »ich sehe Rot« (NFL S. 284)? Der Sprecher kann mit der epistemischen Äußerung nichts meinen, was er nicht mit der bloßen Bekundung meinen würde. Also sind entweder beide in ihrer Bedeutung identisch, oder die eine ist unsinnig.

In den beiden folgenden Abschnitten werde ich die These vom nicht-kognitiven Charakter von Bekundungen auswerten, zuerst dadurch, daß ich die unabhängigen Argumente untersuche, die damit vereinbar sind, daß Bekundungen wahr oder falsch sind.

3. Zurückweisung der Wahrheitswertlosigkeitsthese

Die Hauptpunkte zur Unterstützung der Behauptung, daß »ich habe Schmerzen« nicht zu einer Behauptung gebraucht werden kann, keine Wahrheitswerte tragen kann und daher nicht als wahr oder falsch gewußt werden kann, sind von den ersten drei Gruppen der oben untersuchten Argumente abgeleitet. Ich werde diese zuerst untersuchen, denn wenn sich zeigen läßt, daß »ich habe Schmerzen« und andere auf relevante Weise ähnliche psychologische Sätze für wahre oder falsche Behauptungen gebraucht werden können, dann muß die nicht-kognitive These auf anderen Gründen beruhen als auf der Behauptung, daß »ich habe Schmerzen«

nicht als wahr oder falsch bezeichnet werden kann und daher ebensowenig gewußt werden kann wie »au« oder »mach die Tür zu!«[11]. Das Argument aus dem Gebrauch epistemischer Operatoren, welches nach *einer* Interpretation die Wahrheitswertlosigkeitsthese impliziert, aber auf jeden Fall nicht auf ihr zu beruhen braucht, wird im nächsten Abschnitt untersucht werden.

Die erste Behauptung, die zu untersuchen ist, ist die traditionelle Interpretation der Äußerungsthese. Ihre zentrale Behauptung ist, daß »meine Sätze über meine gegenwärtigen Empfindungen denselben logischen Status wie meine Schreie und Gesichtsausdrücke haben«[12]. Die anscheinende Nicht-Korrigierbarkeit solcher Äußerungen ist nichts anderes als die »Nicht-Korrigierbarkeit« eines Stöhnens. Man könnte akzeptieren, daß eine Verwandtschaft zwischen einem Stöhnen und einer aufrichtigen Bekundung von Schmerzen besteht. Daß *A* in den geeigneten Umständen stöhnt und daß *A* sagt »ich habe Schmerzen«, sind beides Kriterien für die Wahrheit der Behauptung, daß *A* Schmerzen hat. Ähnlich hat ein Stöhnen keine Gründe, es beruht nicht auf einer Evidenz, und ebenso hat eine Bekundung von Schmerzen keine Kriterien. Ferner bedeutet zu lernen, seine Schmerzen in psychologischen Äußerungen in der ersten Person auszudrücken, daß man eine neue Form von Schmerzverhalten erwirbt. Es involviert den Erwerb einer festen Disposition, auf eine Situation zusätzlich zu den natürlichen primitiven Reaktionen und oft an ihrer Stelle mit verbalen Mitteln zu reagieren. Schließlich werden solche verbalen Reaktionen wie die entsprechenden natürlichen Reaktionen oft ohne jede kommunikative Intention ausgesendet; sie könnten sich einem, wie schon erwähnt, entringen wie ein Schrei. Keine dieser Tatsachen jedoch sollte uns geneigt machen, den logischen Status solcher Sätze als identisch mit dem des primitiven Verhaltens – wenn überhaupt mit einem Verhalten – anzusehen, das sie ersetzen können.

Die Grundzüge, um die sich das Gegenargument drehen muß, betreffen die Tatsache, daß »ich habe Schmerzen« schließlich eine Struktur hat. Als solches ist es komplex oder gegliedert. Mein Gebrauch dieses Satzes ist nur verständlich, insofern ich weiß, was

11 Siehe Kenny, a. a. O., S. 213.

12 N. Malcolm, »Wittgenstein's *Philosophical Investigations*«, in G. Pitcher, Hrsg., a. a. O., S. 82.

»Schmerzen« bedeutet, d. h. weiß, wie man das Prädikat auf der Grundlage derjenigen Kriterien, die seine Bedeutung ausmachen, anwendet. Denn das ist, wie wir gesehen haben, eine Vorbedingung dafür, daß ich es mir selbst ohne Kriterien zuschreiben kann. Ebenso muß ich wissen, wie man das Personalpronomen »ich« gebraucht. Und das involviert den Besitz des Begriffs einer Person und ein Beherrschen der Relationen zwischen »ich«, »du« und »er«. Die folgende Reihe von Argumenten gegen die Wahrheitswertlosigkeitsthese schließt ein Erforschen der Folgen dieser elementaren Züge des Satzes »ich habe Schmerzen« ein. Erstens ist »ich habe Schmerzen« eine Basis für satzbildende Operatoren, die auf Sätze angewandt werden. So z. B.: »Er denkt (weiß, meint, hofft, fürchtet usw.), daß ich Schmerzen habe«. Solche komplexen Sätze werden als wahr oder falsch betrachtet; keine derartige Operation läßt sich mit Bezug auf Ausrufe durchführen. Zweitens ging die traditionelle Interpretation nie so weit, den Sätzen »ich hatte Schmerzen« oder »ich werde Schmerzen haben« Wahrheitswerte abzusprechen. Diese jedoch sind die imperfektischen und futurischen Transformationen des betreffenden Satzes. Ferner: wenn es jetzt der Fall ist, daß ich Schmerzen hatte, war es der Fall, daß ich Schmerzen habe, und wenn es der Fall ist, daß ich Schmerzen haben werde, dann wird es der Fall sein, daß ich Schmerzen habe; nichts hiervon aber kann der Fall sein, wenn »ich habe Schmerzen« den logischen Status eines Schreis oder Gesichtsausdrucks hat. Drittens läßt sich der Satz »ich habe seit Stunden Schmerzen« nicht auf einleuchtende Weise in einen Satz im Imperfekt verbunden mit einer assertorischen Schmerzäußerung analysieren, er impliziert jedoch »ich habe Schmerzen«. Viertens scheint die Äußerungsthese Identitätsbehauptungen wie »Die Schmerzen, die ich jetzt habe, sind die gleichen pochenden Schmerzen, die ich gestern hatte« unverständlich zu machen. Fünftens scheint »ich habe Schmerzen« im Widerspruch zu »niemand hat Schmerzen« zu stehen und »jemand hat Schmerzen« zu implizieren. Sechstens kann »ich habe Schmerzen« in molekularen Sätzen wie z. B. »ich habe Schmerzen, und der Arzt ist nicht gekommen« auftreten, ohne daß der molekulare Satz ohne Wahrheitswert oder nicht wahrheitsfunktional wäre. Siebtens kann »ich habe einen Schmerz« als Prämisse in einem gültigen Beweis vorkommen, z. B. »alle Leute mit einem Schmerz der und der Art leiden an der Krankheit *K*, ich habe einen Schmerz der und der Art, folglich leide ich an der Krankheit *K*«. Achtens ist man nicht nur in der Lage, eine kriterienlose Bekundung des Schmerzes und seiner Lokalisierung zu geben[13], sondern man kann auch eine kriterienlose Beschreibung seiner phänomenologischen Züge geben, z. B. daß er dumpf oder stechend, pochend oder quälend, brennend oder peinigend usw. ist. In der Tat haben wir ein reiches, wenn auch vielleicht selten angewendetes Vokabular für die Phänomenologie der Empfindung. Diese Beschreibungen sind, obwohl sie nicht Beschreibungen einer *Beobachtung* sind, informativ und liefern wichtige diagnostische Daten. Sie werden gewöhnlich als wahr oder falsch verstanden. Ferner gibt es im großen und ganzen kein natürliches Äußerungsverhalten, welches diese phänomenologischen Züge manifestiert, und die Beschreibungen, die wir von ihnen geben, ersetzen keinerlei primitives Verhalten. Neuntens ist der Satz »ich habe keine Schmerzen« die Negation von »ich habe Schmerzen«. Er wird wie der Satz, den er verneint, ohne Evidenz behauptet, und ähnlich garantiert auch hier die Wahrhaftigkeit seine Wahrheit. Aber er ist gewöhnlich eher informativ als äußernd und man kann, denke ich, nicht sagen, daß er als Ersatz für eine natürliche Form von »Abwesenheit-von-Schmerz-Verhalten« gelernt wird. Diese neun Punkte legen nahe, daß der Satz »ich habe Schmerzen«, der von *A*

13 Es besteht eine bemerkenswerte Inkonsistenz in Wittgensteins Bemerkungen über die Erkennbarkeit der Schmerzlokalisierung. In *Z* § 481 und § 483 behauptet Wittgenstein, daß man vom Ort der eigenen Schmerzen ein kriterienloses Wissen hat. In *ÜG* § 41 bestreitet er, daß es sinnvoll ist zu sagen »ich weiß, wo ich Schmerzen empfinde«. Es würde scheinen, daß die Erkennbarkeit des Ortes der eigenen Schmerzen unvereinbar mit der nicht-kognitiven These ist. Läßt sich ein Kompromiß finden? Descartes schlug vor, daß das Urteil, daß ich einen Schmerz habe, klar und deutlich sein könnte, während das Urteil, daß ich einen Schmerz im Fuß habe, zwar klar, aber nicht deutlich ist. Man könnte sich irren, entweder in der Annahme, daß in dem affizierten Teil etwas existiert, was der Schmerzempfindung ähnlich ist, der man sich bewußt ist, oder in der Annahme, daß ein affiziertes Organ da ist, wo keines ist –, wie im Falle von eingebildeten Körpergliedern. Da Wittgenstein im allgemeinen alles, was Descartes als klar und deutlich und damit als geeigneten Gegenstand der Erkenntnis betrachtete, aus dem Bereich möglicher Erkenntnis ausschloß, könnte man seine Position so ausdrücken: Insofern als »ich habe einen Schmerz im Fuß« Platz für einen möglichen Irrtum läßt – wie im Falle von eingebildeten Körpergliedern – (d. h. nicht klar und deutlich ist), ist es erkennbar. Insofern Urteile der Schmerzlokalisierung nicht falsch sein können, sind sie keine Gegenstände möglichen Wissens.

gesagt wird, für Behauptungen gebraucht werden kann, Wahrheitswerte trägt, in der Tat identische Wahrheitsbedingungen mit »er hat Schmerzen« hat, wenn es über *A* gesagt wird. Wenn man die traditionelle Interpretation auf andere psychologische Sätze in der ersten Person wie »ich sehe Rot«, »ich erinnere mich an meinen dritten Geburtstag«, »ich denke an das Gödelsche Theorem« oder »ich meine, daß heute Dienstag ist« ausdehnt, sind ihre Schwächen noch evidenter. Denn die Behauptung solcher Sätze (und ihrer Negationen) ersetzt in keinem Sinn eine primitive natürliche Verhaltensform und läßt sich durch keine Dehnung der Phantasie so verstehen, daß sie den logischen Status von Schreien und Gesichtsausdrücken hat. Und doch teilen solche Sätze die zentralen verwirrenden Züge von »ich habe Schmerzen«. Sie werden ohne Kriterien behauptet, sie involvieren keine Identifikation eines Subjekts, Wahrhaftigkeit garantiert ihre Wahrheit, ihre Behauptung ist ein Kriterium für die Wahrheit des entsprechenden Satzes in der dritten Person, und ein Zweifel an der Anwendbarkeit des psychologischen Prädikats auf einen selbst ist sinnlos.
Liefert das Argument vom »Gebrauch von ›ich‹ als Subjekt« irgendwelche Gründe dafür, Sätzen Wahrheitswerte abzusprechen, in denen »ich« als Subjekt gebraucht wird und die mit Bezug auf das Subjekt immun gegenüber einer falschen Identifikation sind? Ich glaube nicht. Die Züge, die das Argument hervorhebt, sind wichtig und erhellend. Sie zeigen die logische Möglichkeit einer anderen Form der Darstellung an, die analog derjenigen ist, die Wittgenstein in den *Bemerkungen* betrachtete, in der jeder Sprecher das »Zentrum« der Sprache ist, die er spricht[14]. In einer solchen Sprache würde man anstelle von »ich habe Schmerzen« sagen »es gibt Schmerzen«. Man darf natürlich nicht behaupten, daß der Ausdruck »Schmerzen« in »es gibt Schmerzen« eine andere Bedeutung hat als in Sätzen wie »er hat Schmerzen«. Diese Möglichkeit einer Veränderung in der Form der Darstellung legt in keiner Weise nahe, daß »ich habe Schmerzen« nicht wahr oder falsch sein

14 Siehe A. N. Prior, »Egocentric Logic«, *Noûs* 2 (1968), S. 191–207, für einen viel radikaleren Vorschlag einer egozentrischen Logik, in der nicht nur das Personalpronomen »ich« eliminiert wird, sondern jede Referenz auf Personen auf Aussagen über den Sprecher reduziert wird, der als das Subjekt von allem, was gesagt werden kann, unerwähnt bleibt. Hier ist in der Tat »die Welt meine Welt«, und die Grenzen meiner Sprache sind die Grenzen meiner Welt.

kann. Sie hebt nur die logischen Eigentümlichkeiten der kriterienlosen Selbstzuschreibung von Erfahrung hervor und weist auf starke Disanalogien zwischen »ich habe Schmerzen« und »er hat Schmerzen« hin. Ferner sind zwar die Züge, die Wittgenstein dem Gebrauch von »ich« als Subjekt zuschreibt, richtig zugeschrieben, seine Folgerungen jedoch verdunkeln mehr, als sie enthüllen.

Selbst wenn »ich« in seinem Gebrauch als Subjekt kein Demonstrativpronomen ist und kein Name ist, selbst wenn es keine wirkliche referentielle Kraft besitzt, so erfordert mein Gebrauch von »ich« doch, daß ich weiß, was eine Person ist, und weiß, daß ich eine bin, und daß ich so (stillschweigend) die Identitätskriterien von Personen kenne. Es stimmt, daß ich, wenn ich sage, daß ich Schmerzen habe (mich an das und das erinnere, an das und das denke usw.), nicht meine Fähigkeit zur Identifikation einer Person ausübe. Aber obwohl ich diese Fähigkeit nicht ausübe, setzt meine Fähigkeit, mir eine Erfahrung selbst zuzuschreiben, voraus, daß ich die Fähigkeit besitze. Außerdem muß ich wissen, daß, wenn ich aufrichtig sage »ich habe Schmerzen«, Zuschauer in einer Position sind, über mich zu behaupten »er hat Schmerzen«, und daß ihre Behauptung, wenn sie es behaupten, wahr sein wird. Ebenso muß ich die aufrichtigen Äußerungen von Vorkommnissen dieses Satzes durch andere Leute als Gründe dafür erkennen, über sie zu sagen, daß sie Schmerzen haben.

Weiterhin ist die Relation zwischen dem Gebrauch von »ich« als Subjekt und seinem Gebrauch als Objekt weder willkürlich noch kontingent. Als Objekt wird »ich« Wittgenstein zufolge in Sätzen wie »ich habe den Arm gebrochen«, »ich bin sechs Zentimeter gewachsen«, »ich habe eine Beule auf der Stirn« gebraucht. Er charakterisiert den Gebrauch von »ich« als Objekt durch Bezug auf die Tatsache, daß solche Fälle die Erkenntnis einer bestimmten Person involvieren und daß die Möglichkeit eines Irrtums vorgesehen ist (*BB* S. 106). Das läßt zwei wesentlich verschiedene Arten von Fällen aus, Gebrauchsweisen von »ich«, die eine Identifikation oder ein Erkennen involvieren, und solche, die das nicht tun. »Ich« wird als Objekt gebraucht, wenn Gründe für die Exemplifikation des betreffenden Prädikats verfügbar sind; es ist jedoch möglich, daß man sich irrt, wenn man es sich selbst zuschreibt. Solche Sätze brauchen nicht eine Identifikation oder ein Erkennen einzuschließen, und sie tun es oft auch nicht. »Ich werde von ihm angesehen« (»er sieht mich an«) involviert keine Selbstidentifikation oder -Erkennen, ist aber nicht immun gegenüber einem Irrtum bezüglich des Subjekts. Ich könnte zu Recht urteilen, daß er eine Person ansieht, aber zu Unrecht denken, daß diese Person ich bin, weil er in Wirklichkeit die Person hinter mir ansieht. Im Gegensatz dazu involviert *A*'s Behauptung »ich bin gerade zum General ernannt worden«, die aufgrund dessen gemacht wird, daß *A* einen an ihn gerichteten Brief erhalten hat, in der Tat eine Selbstidentifikation. Sie enthält ein Wissen, daß eine Person, die zum General ernannt wurde, *A* ist, und ein davon unabhängiges Wissen, daß er selbst *A* ist. Zwei wichtige Punkte kommen zum Vorschein. Der erste ist, daß »ich« in einer sehr viel weiteren Reihe von Fällen als denen der Bekundungen ohne Identifikation oder Erkennen einer Person gebraucht wird und dieser Umstand daher kein hinreichender Grund für die nicht-kognitive These sein kann, ohne daß die These auf absurde Weise überdehnt wird, so daß sie eine noch größere Klasse als die schon unangenehm große Klasse von Sätzen umfaßt, die angeblich jenseits einer möglichen Erkenntnis liegen. Zweitens setzt die Möglichkeit des Gebrauchs von »ich« als Objekt die Möglichkeit seines Gebrauchs als Subjekt voraus[15]. Denn die Rechtfertigungsgründe beider Arten von Gebrauchsweisen von »ich« als Objekt bestehen aus Behauptungen, in denen »ich« als Subjekt gebraucht wird.

Die Fragen, die hier auf dem Spiel stehen, haben sogar noch tiefere Verzweigungen. Denn es ist nicht nur so, daß jede Selbstzuschreibung die (potentielle) Möglichkeit derjenigen kriterienlosen Selbstzuschreibung von psychologischen Prädikaten voraussetzt, die in Bekundungen enthalten ist, vielmehr ist die Sache die, daß jede konzeptualisierte Erfahrung die (potentielle) Möglichkeit von Selbstbewußtsein voraussetzt. Die Gründe der Möglichkeit des Bewußtseins von Gegenständen sind identisch mit den Gründen der Möglichkeit des Selbstbewußtseins. Dieser Kantische Aus-

15 S. Shoemaker, a. a. O., S. 561: »Etwas als sich selbst zu identifizieren müßte involvieren, entweder a) zu finden, daß etwas über es wahr ist, von dem man unabhängig weiß, daß es über einen selbst wahr ist, d. h. etwas, das es als einen selbst identifiziert, oder b) zu finden, daß es zu einem selbst in einer Beziehung steht (z. B. *an derselben Stelle zu sein wie*), in der nur man selbst zu sich stehen kann. In beiden Fällen würde es den Besitz eines Wissens von sich selbst involvieren . . . , das selbst nicht auf die fragliche Identifikation gegründet sein könnte.

spruch reicht tiefer in die verwirrenden Züge der Bekundungen als Wittgensteins Bemerkungen über den Gebrauch von »ich«. »Anschauungen sind für uns nichts«, bemerkt Kant,

> und gehen uns nicht im mindesten etwas an, wenn sie nicht ins Bewußtsein aufgenommen werden können, sie mögen nun direkt oder indirekt darauf einfließen, und nur durch dieses allein ist Erkenntnis möglich. Wir sind uns *a priori* der durchgängigen Identität unserer selbst in Ansehung aller Vorstellungen, die zu unserer Erkenntnis jemals gehören können, bewußt, als einer notwendigen Bedingung der Möglichkeit aller Vorstellungen.
> ... Alle Vorstellungen haben eine notwendige Beziehung auf ein *mögliches* empirisches Bewußtsein: denn hätten sie dieses nicht, und wäre es gänzlich unmöglich, sich ihrer bewußt zu werden, so würde das so viel sagen, sie existierten gar nicht. Alles empirische Bewußtsein hat aber eine notwendige Beziehung auf ein transzendentales (vor aller besonderen Erfahrung vorhergehendes) Bewußtsein, nämlich das Bewußtsein meiner selbst als die ursprüngliche Apperzeption[16].

Den Kantischen Punkt kann man vielleicht in Wittgensteinscher Tonart so auffassen: Wir lernen, Gegenständen Begriffe zuzuschreiben, indem wir lernen, die geeigneten Umstände zu erkennen, in denen wir gerechtfertigt sind zu sagen, daß es sich auf diese oder jene Weise verhält. Die elementarsten und grundlegendsten Äußerungen der Form »das so-und-so hat die-und-die Wahrnehmungseigenschaft« werden durch den Umstand gerechtfertigt, daß man den betreffenden materiellen Gegenstandskomplex wahrnimmt. Das Wissen der Bedeutung der betreffenden Sätze schließt die Fähigkeit in sich, die Umstände, die rechtfertigen würden, daß man den Satz behauptet, als die auf diese Weise seine Behauptung rechtfertigenden Umstände zu erkennen. Die Umstände, in denen man gerechtfertigt ist, die objektive Behauptung zu machen, sind genau diejenigen Umstände, in denen man berechtigt ist, die subjektive Behauptung zu machen, gegeben daß man im Besitz der erforderlichen Begriffe einer Person und der relevanten Wahrnehmungsmodi ist. Die Implikationen dieser These werden unten geprüft werden. Um Schlußfolgerungen zu ziehen: es ist nicht ratsam, die Eigentümlichkeiten des Gebrauchs von »ich« als Subjekt bis zu dem Punkt zu betonen, daß man leugnet, daß es ein Referenzausdruck ist oder daß es einen Besitzer bezeichnet. Vielmehr sollte man diese wichtigen Eigentümlichkeiten dem Gebrauch von

16 Kant, *Kritik der reinen Vernunft*, A 117 und 117 Anm.

»ich« im allgemeinen zuordnen, der Beziehung zwischen der kriterienlosen Selbstzuschreibung und der Selbstzuschreibung im allgemeinen und der Beziehung zwischen dem Selbstbewußtsein und der Erkenntnis von Gegenständen. Es besteht kein Grund zu denken, daß der Gebrauch von »ich« als Subjekt einen der Möglichkeit einer wahren Behauptung beraubt. Aber es ist auch, alles in allem, nicht offensichtlich, daß Wittgensteins Vorschlag so weit geht.

Angesichts der vorhergehenden Argumente sollte man, denke ich, das kriterielle Argument besser so auffassen, daß es auf eine allgemeine Schwierigkeit bei der kriteriellen Erklärung der Bedeutung hinweist, und nicht so, daß es Gründe darstellt, psychologischen Sätzen in der ersten Person Präsens Wahrheitswerte abzusprechen. Der Übergang von der Erklärung des Sinns eines Satzes in der Begrifflichkeit seiner Wahrheitsbedingungen zur Erklärung seines Sinns in der Begrifflichkeit der Kriterien, die seine nicht-induktive Rechtfertigung ausmachen, eröffnet eine weite Kluft im Hinblick auf Sätze, die keine Kriterien haben. Es scheint ganz klar, daß das psychologische Prädikat, wenn es kriterienlos selbstzugeschrieben wird, eindeutig ist. Es ist ebenfalls klar, daß sein verständnisvoller kriterienloser Gebrauch eine Kenntnis der Kriterien verlangt, die seinen Gebrauch in einer Zuschreibung in der dritten Person rechtfertigen würden. Denn der Sinn eines Begriffswortes ist, so scheint es, durch die Kriterien gegeben, die seinen Gebrauch in Zuschreibungen in der dritten Person rechtfertigen. Obwohl ein Blinder nicht aus seinem Verhalten schließt, daß er blind ist, und seine Behauptung, daß er blind ist, auch nicht durch Bezug auf sein Verhalten rechtfertigt, so gilt, wie Wittgenstein darlegt, doch, daß wir, »wenn der Betreffende sich auf diese besondere Weise verhält, ihn nicht nur blind nennen, sondern ihn auch lehren, sich selbst blind zu nennen. Und in *diesem* Sinn bestimmt sein Verhalten auch für *ihn* die Bedeutung von Blindheit« (NFL S. 285). Andererseits ist es klar, daß es keine Kriterien gibt, die den Gebrauch des Ausdrucks »Schmerzen« in »ich habe Schmerzen« rechtfertigen; es gibt auch keine Kriterien, die meine Aussage »ich habe Schmerzen« rechtfertigen. Es stimmt natürlich, daß »ich habe Schmerzen« dieselben Wahrheitsbedingungen hat wie »er hat Schmerzen«, wenn es über dieselbe Person gesagt wird. Aber die Kriterien für die Wahrheit von »er hat Schmerzen« sind nicht die

Kriterien für »ich habe Schmerzen«. Ich weiß nicht, wie man die hierin enthaltenen Schwierigkeiten lösen oder auflösen kann. Es lohnt sich vielleicht daran zu denken, daß die Probleme, die sich für eine konstruktivistische Erklärung des Sinns von Bekundungen und der Relation zwischen »ich habe Schmerzen« und »er hat Schmerzen« erheben, teilweise parallel zu der konstruktivistischen Schwierigkeit hinsichtlich der Erklärung des Sinns von Sätzen über die Vergangenheit und der Relation zwischen z. B. »er ist krank« und »er war krank« sind[17]. Das ist kein bloßer Zufall.

4. Zurückweisung der nicht-kognitiven These

Die These vom nicht-kognitiven Charakter von Bekundungen kann nicht auf der Wahrheitswertlosigkeitsthese beruhen. Kann sie auf eigenen Füßen stehen? Ich werde die Argumente der Reihe nach prüfen und nach ihrer Auswertung einige weitere unabhängige Gegenargumente geben. Ich werde mit Kennys Interpretation beginnen. So interpretiert, wendet sich das nicht-kognitive Argument gegen die Behauptung, daß »ich habe Schmerzen« eine besondere Art von Beschreibung ist (wenn es überhaupt eine ist), die mit sich selbst hinsichtlich ihrer eigenen Wahrheit zu vergleichen ist. Daher ist es nicht ein Gegenstand eines möglichen Wissens, denn ein Wissen bedeutet den Besitz einer wahren Beschreibung eines Sachverhalts, die unabhängig vom Beschriebenen ist. Das ist kein schlüssiges Argument. Erstens ist es falsch, daß »ich habe Schmerzen« mit sich selbst zu vergleichen ist, d. h. ein Kriterium für seine eigene Wahrheit ist. Es verhält sich vielmehr so, daß die *Äußerung* des Satzes »ich habe Schmerzen« das Kriterium dafür ist, daß der Sprecher Schmerzen hat. Es ist nicht offensichtlich, daß das nichtgeäußerte Urteil »ich habe Schmerzen« ein Kriterium dafür ist, daß er Schmerzen hat. Zweitens: daß man sagt »ich habe Schmerzen«, ist kein Kriterium für die Wahrheit von »ich habe Schmerzen«. »Ich habe Schmerzen« hat keine Kriterien; die Bekundung ist ein Kriterium für die Wahrheit von »er hat Schmerzen«. Drittens gibt es viele Sätze, deren Behauptung Gründe für ihre Wahrheit liefert, die nicht offensichtlich psychologische Sätze sind, z. B.

17 Siehe M. Dummett, »The Reality of the Past«, *Proceedings of the Aristotelian Society* 69 (1968–1969), S. 239–258.

»ich spreche Deutsch«, »ich existiere«, »ich bin am Leben«, »ich bin wach«, »ich kann mehrsilbige Wörter artikulieren« usw. Nach der Kenny-Interpretation müßte Wittgenstein leugnen, daß es sinnvoll ist zu wissen, daß man am Leben oder wach ist, daß man Deutsch sprechen oder mehrsilbige Wörter artikulieren kann. Das ist intuitiv keine ansprechende Position. Schließlich ist es betonenswert, daß kein Grund gegeben wurde, warum eine Beschreibung wie »ich habe Schmerzen«, die nicht in dem Sinn unabhängig vom Beschriebenen ist, daß die Behauptung der Beschreibung ein Grund für die Wahrheit der Beschreibung ist, nicht wißbar sein soll.

Das zweite Argument betrifft den Gebrauch von »ich«. Es stimmt, daß in einer Bekundung »ich« als Subjekt gebraucht wird, und daher weiß ich, wenn ich sage »ich habe Schmerzen«, in einem gewissen Sinn überhaupt nicht, wer Schmerzen hat. Man könnte den Punkt so ausdrücken: die Bedingungen, unter denen ich einen Anspruch habe zu sagen »ich habe Schmerzen«, *erfordern* nicht, daß ich im Besitz einer identifizierenden Beschreibung meiner selbst bin. Damit ein anderer über mich sagen kann »er hat Schmerzen«, muß er jedoch in der Lage sein, mich durch Hinweis oder Beschreibung zu identifizieren. Dieser Punkt aber ist ein ganz allgemeiner Zug des Pronomens der ersten Person[18]. Wenn ich weiß, daß ich (N. N.) krank bin, folgt nicht, daß ich weiß, daß N. N. krank ist. Das überträgt sich auf den entsprechenden Satz in der dritten Person. Wenn N. N. weiß, daß er krank ist, folgt nicht, daß er weiß, daß er selbst, N. N. krank ist. Wenn *A* weiß, daß N. N. krank ist, und N. N. weiß, daß er krank ist, braucht es also nicht der Fall zu sein, daß sie dasselbe wissen. Es könnte somit Gründe geben zu behaupten, daß er, wenn es wahr ist, daß er weiß, daß ich Schmerzen habe, etwas anderes weiß, als was ich weiß, wenn ich weiß, daß ich Schmerzen habe. Das aber ist kein Grund zu leugnen, daß es sinnvoll ist davon zu reden, daß jemand weiß, daß er Schmerzen hat. Es könnte sein, daß er – im fraglichen Sinn – nicht weiß, wer Schmerzen hat. Aber er weiß, daß jemand Schmerzen hat und daß dieser Jemand er ist. Außerdem schließt dieses Argument in keiner Weise Sätze der Form »N. N. weiß, daß er, N. N., Schmerzen hat« aus.

Das Argument aus der Rechtfertigung bestreitet zu Recht, daß es

18 Siehe H. N. Castañeda, »On the Logic of Self-Knowledge«, *Noûs* 1 (1967), S. 9–21.

verständlich ist, daß ich behaupte, daß ich Schmerzen habe, und dann dazu übergehe, meine Behauptung zu verifizieren. Es stimmt ebenfalls, daß die Frage »wie weißt du, daß du Schmerzen hast?« fehl am Platze ist. Es folgt jedoch nicht, daß der Ausdruck einer Empfindung keine Behauptung ist, wenn es nicht stimmt, daß nur das, was ich prüfen, bestätigen, verifizieren usw. kann, eine Behauptung ist. Das aber ist eine Prämisse, die einer unabhängigen Stützung bedarf. Natürlich liefert das zuvor diskutierte kriterielle Argument eine solche Stützung. Wie sich zeigte, ist es aber keineswegs offensichtlich, daß die nicht-kognitive These für eine kriterielle Semantik die befriedigendste Antwort auf die Probleme der Logik egozentrischer Sätze liefert. Abgetrennt vom kriteriellen Argument ist die These, daß »ich weiß« nur dann richtig gebraucht ist, wenn man bereit ist, zwingende Gründe zu geben, an sich eine bloße Behauptung. Es ist zumindest ebenso einleuchtend zu behaupten, daß ich nur dann Wissen durch Prüfen und Bestätigen erwerben und rechtfertigen kann, wenn ich ein Wissen unabhängig von einem Prüfen und Bestätigen besitzen kann. Denn die Alternative scheint entweder einen infiniten Regreß oder aber die Möglichkeit zu implizieren, daß man zwingende Gründe gibt, die selbst nicht erkennbar sind. »Wie weißt du, daß du Schmerzen hast?« ist deswegen fehl am Platze, weil ich das nicht auf *irgendeine* Weise weiß. Es gibt keine Mittel, durch die ich ein solches Wissen erwerbe. Die Introspektion kann man – in der traditionellen Terminologie – wie die Wahrnehmung für eine Quelle der Erkenntnis halten. Aber anders als die Wahrnehmung involviert sie keine Weisen der sinnlichen Wahrnehmung; daß ich Schmerzen habe, weiß ich nicht dadurch, daß ich mit dem Auge meines Bewußtseins sehe. Wittgenstein zwang uns zu Recht, das Wahrnehmungsmodell der Introspektion aufzugeben, aber er dachte zu Unrecht, daß der Preis, den man dafür bezahlen muß, die Leugnung der Möglichkeit eines Wissens von sich selbst ist.

Die Gruppe der Argumente aus dem Gebrauch epistemischer Operatoren führen beträchtliche Überzeugungskraft mit sich. Aber obwohl sie überzeugend sind, stellen sie keine Beweise dar. Die Prämisse der Argumente kann man akzeptieren, ohne daß man ihre Folgerungen akzeptiert, und die gegenläufigen Argumente sind, denke ich, wirksamer. Es stimmt, daß Zweifel und Ungewißheit mit Bezug z. B. darauf, daß man Schmerzen hat, unsinnig sind. Der Gedanke ist zumindest einleuchtend, daß die Verneinung von etwas Unsinnigem etwas Unsinniges ist, und wenn das so ist, dann ist das Fehlen eines Zweifels und die Gewißheit ebenso unsinnig. Es stimmt, daß »ich weiß, daß *p*« nicht bedeutet »›ich zweifle, daß *p*‹ ist sinnlos«. Aber es folgt nicht, daß ich nicht die Wahrheit eines Satzes wissen kann, den ich nicht sinnvoll bezweifeln kann. Natürlich schließt Wissen Zweifel aus. Es ist ebenso sinnlos zu zweifeln, daß ich existiere oder daß $2 + 2 = 4$, wie es sinnlos ist zu zweifeln, daß ich Schmerzen habe. Auch hier ist der Ausdruck eines Zweifels ein Grund dafür zu denken, daß der Sprecher nicht versteht, was er sagt. Natürlich würde Wittgenstein die Möglichkeit eines solchen Wissens ebenfalls leugnen. Aber Konsistenz ist nicht gleichbedeutend mit Wahrheit. Ebenso ist es unangemessen zu sagen »ich meine, daß ich Schmerzen habe«. Aber man könnte das durch Bezug auf die Tatsache erklären, daß das Meinen, daß ich Schmerzen habe, eine hinreichende Bedingung für das Wissen ist, und daß die Aussage, daß ich etwas meine, umgangssprachlich impliziert, daß ich es *nicht* weiß, und daher in diesen Fällen eine grundlegende Konvention der Kommunikation verletzen würde. Ähnlich stimmt es, daß ich nicht erfahre oder herausfinde, daß ich Schmerzen habe, wenn »erfahren« oder »herausfinden« bedeutet, »Wissen durch Beobachtung, Hörensagen, durch induktive und deduktive Ableitung zu erwerben«. Aber dann könnte man wohl argumentieren, daß das Herausfinden von Dingen die Möglichkeit voraussetzt, einige Dinge zu wissen, ohne daß man sie herausfindet. Folgt dann schließlich doch, daß es unsinnig ist, vom Wissen seiner eigenen gegenwärtigen Erfahrung zu sprechen? Nur dann, so scheint es, wenn es unsinnig ist, von einem Nicht-Wissen zu sprechen. Natürlich könnte ein anderer unwissend hinsichtlich meiner Schmerzen, meiner Wünsche, meiner Meinungen oder meiner Gedanken sein. Außerdem *könnte ich wissen*, daß er nicht weiß, daß ich Schmerzen habe, daß ich wollte, ich hätte keine, daß ich meine, daß sie in einer Stunde vorübergehen werden, und daß ich denke, daß sie durch ein Geschwür verursacht werden. Aber ist es sinnvoll, unwissend hinsichtlich seiner eigenen Schmerzen zu sein? Der Ausschluß von Zweifel und Gewißheit schließen den möglichen Ausdruck eines Nicht-Wissens der Schmerzen aus. »Ich weiß nicht, ob ich Schmerzen habe« ist unsinnig. Aber es ist weniger klar, daß ein nicht-angebbares

Nicht-Wissen unmöglich ist. Denn wenn ich die erforderlichen Begriffe nicht hätte, könnte ich weder sagen noch denken, daß ich Schmerzen habe, und würde in diesem (vielleicht schwachen) Sinn nicht wissen, daß ich Schmerzen habe. Das Wissen subjektiver Erfahrung ist eine Eigentümlichkeit von Begriffe-verwendenden Wesen. Alle empfindenden Wesen können Schmerzen leiden, Dinge wollen oder angenehm finden. Nur Wesen mit einem Selbstbewußtsein, die fähig sind, sich selbst Erlebnisse zuzuschreiben, wissen, daß sie Schmerzen haben, daß sie das-und-das wollen, daß sie das oder jenes angenehm finden.

Dem Argument aus der Identität der Sprecherbedeutung ergeht es nicht besser. Es mag stimmen, daß in gewöhnlichen Kontexten meine Äußerung »ich habe Schmerzen« jede Absicht erfüllt, die »ich weiß, daß ich Schmerzen habe« erfüllen kann. Insoweit jedoch meine Äußerung das Beherrschen des Begriffs des Schmerzes beweist, und wenn es zutrifft, daß das Beherrschen des Begriffs eine irrige Selbstzuschreibung ausschließt, dann kann man ebensogut denken, daß meine aufrichtige Äußerung von »ich habe Schmerzen« impliziert, daß ich weiß, daß ich Schmerzen habe, statt zu denken, daß sie zeigt, daß die Annahme eines Wissens von sich selbst sinnlos ist. Ferner ist es genau deshalb, weil das Beherrschen eines Begriffs sich im richtigen Gebrauch des fraglichen Wortes zeigt und weil das Beherrschen des Begriffs »Schmerzen« eine irrige Selbstzuschreibung ausschließt, gerade die Behauptung von »ich habe Schmerzen«, die alles zeigt, was »ich weiß, daß ich Schmerzen habe« sagt. Aber es folgt nicht, daß, was ersteres zeigt, letzteres nicht sagen kann. »Ich weiß, daß ich Schmerzen habe« sagt, daß ich den Anspruch zu der Behauptung habe, daß ich Schmerzen habe. Und schließlich sollte man, wenn wir einen Augenblick von der irreführenden und besessenen Beschäftigung mit Schmerzen absehen, an Sätze denken wie »ich weiß, was ich will, aber ich werde es dir nicht sagen« oder »ich weiß, wo es juckt, aber ich werde es nicht zeigen«. Epistemische Privatheit läuft, wie wir gesehen haben, auf nicht viel mehr hinaus als auf die Möglichkeit der Verheimlichung. Aber ich könnte bekennen, daß ich das verheimlichen will, was ich, wenn ich wollte, enthüllen könnte.

So viel zu den zusätzlichen Argumenten zur Stützung der nichtkognitiven These. Es gibt jedoch weitere Punkte, die davon abraten könnten, für sie zu optieren. Erstens wird die Theorie der

Ableitung gewöhnlich so konstruiert, daß sie sagt, daß man nur dann einen Anspruch auf die Behauptung hat, daß man die Folgerung eines Beweises weiß, wenn man die Wahrheit der Prämissen weiß und weiß, daß der Beweis gültig ist. Bekundungen können, wie wir gesehen haben, in solchen Beweisen auftreten. Somit ist entweder die nicht-kognitive These falsch, oder man kann die Wahrheit der Folgerung einiger Arten gültiger Beweise wissen, ohne daß man die Prämissen weiß. Zweitens ist »er hat Schmerzen« erkennbar, und »ich weiß, daß er Schmerzen hat« ist zweifellos ein legitimer Satz. Aber wie steht es mit »er weiß, daß ich Schmerzen habe«? Kann es sein, daß ich weiß, daß er weiß, daß ich Schmerzen habe, ohne daß es für mich möglich ist zu wissen, daß ich Schmerzen habe? Drittens implizieren alle Sätze wie »meine Schmerzen werden bald aufhören«, »ich habe seit 3 Uhr Nachmittag Schmerzen«, »der Schmerz, den ich jetzt habe, ist der gleiche wie der, den ich vor der Operation hatte«, daß ich jetzt Schmerzen habe. Entweder sind auch sie nicht erkennbar, oder aber ich kann z. B. wissen, daß mein gegenwärtiger Schmerz qualitativ identisch mit einem vergangenen Schmerz ist, ohne zu wissen, daß ich Schmerzen habe. Keine der beiden Alternativen ist sehr verlockend. Viertens wird das Lügen gewöhnlich so aufgefaßt, daß man etwas, dessen Falschheit man weiß, mit der Intention der Täuschung behauptet. Offensichtlich muß die Lehre der Bekundungen eine alternative Analyse finden. Denn sie behauptet, daß es, wenn ich sage »ich habe keine Schmerzen«, während ich Schmerzen habe, nicht der Fall ist, daß ich weiß, daß ich Schmerzen habe; aber vermutlich weiß ich doch, daß ich lüge. Es ist schwierig zu sehen, wie ich wissen kann, daß ich lüge, ohne daß ich weiß, daß die Negation dessen, was ich sage, wahr ist. Ähnliche Überlegungen gelten für den Fall, daß ich weiß, daß er lügt, wenn er sagt, daß ich keine Schmerzen habe. Schließlich impliziert »ich erinnere mich, daß *p*« nach der üblichen Analyse, daß ich vorher wußte, daß *p*. Somit impliziert »ich erinnere mich, daß ich Schmerzen hatte«, daß es der Fall war, daß ich wußte, daß ich Schmerzen hatte; oder aber die übliche Analyse von »sich erinnern« muß modifiziert werden.

Die These des nicht-kognitiven Charakters von Bekundungen sollte, ob man sie als auf der Wahrheitswertlosigkeitsthese beruhend oder als von ihr unabhängig betrachtet, verworfen werden.

5. Das Privatsprachenargument, Selbstbewusstsein und die Grundlagen der Erkenntnis

Die These des nicht-kognitiven Charakters von Bekundungen tritt in den *Untersuchungen* hervorstechend im Verlauf der Darstellung des Arguments gegen die Möglichkeit einer Privatsprache auf. Man könnte denken, daß die zwei Lehren so eng verwandt sind, daß die Leugnung der nicht-kognitiven These das Privatsprachenargument einfach schädigen muß. Ich werde zweierlei zu zeigen versuchen. Erstens, daß die zwei Argumente unabhängig voneinander sind, so daß die Falschheit der Lehre der Bekundungen nicht die Falschheit des Arguments gegen eine Privatsprache impliziert. Das ist die schwächere These. Die stärkere These ist, daß die Wahrheit des Arguments gegen Privatsprachen die Falschheit der Lehre der Bekundungen in der traditionellen Interpretation erfordert.

Ein Teil des Arguments, das Wittgenstein durchführt, enthält einen Gegensatz zwischen unserer intersubjektiven Sprache und der Pseudo-Sprache, die von Cartesianern und traditionellen Empiristen vorausgesetzt wird. Wittgenstein beginnt die Erörterung in § 243 mit der Frage, ob wir uns eine Sprache vorstellen könnten, in der jemand seine inneren Erlebnisse für seinen eigenen privaten Gebrauch aufschreiben oder aussprechen könnte. Er antwortet mit der rhetorischen Frage: »Können wir denn das in unserer gewöhnlichen Sprache nicht tun?« Aber es ist nicht das, was mit einer Privatsprache gemeint ist. Eine Privatsprache ist eine Sprache, in der die Wörter auf etwas referieren, wovon nur der Sprecher wissen kann. Dieser Gegensatz legt nahe, daß ich in der gewöhnlichen Sprache einen Bericht – vielleicht für medizinische Zwecke – meiner Erlebnisse einschließlich meiner Schmerzen schreiben kann. Weiter unten in der Erörterung, in § 258, wird diese Vermutung bestätigt. Denn die Gültigkeit des Tagebuchbeispiels hängt von dem Gegensatz zu einer intersubjektiven Sprache ab, in der man ein solches Tagebuch führen könnte. Wir können unsere Schmerzen, Ängste, Gedanken und Meinungen in einem Tagebuch aufzeichnen, weil in einer echten Sprache die »inneren Vorgänge« »äußere Kriterien« haben. Es ist intuitiv einleuchtend, einen solchen Bericht so aufzufassen, daß er aus wahren oder falschen Beschreibungen dessen besteht, was man erleidet. Insoweit diese Intuition richtig ist, steht die Wahrheitswertlosigkeits-Interpretation der nicht-kognitiven These im Widerstreit mit diesem Teil des Privatsprachenarguments. Denn wenn wir bestreiten, daß psychologische Sätze in der ersten Person Präsens Wahrheitswerte tragen, und behaupten, daß sie den logischen Status von Gesichtsausdrücken und Stöhnen haben, dann ist unklar, in welcher Weise wir, wenn wir einen Bericht wahrer Beschreibungen unserer Erlebnisse führen, überhaupt besser daran sind als der Privatsprachentheoretiker. Der Kontrastpunkt in Wittgensteins Tagebuchbeispiel geht verloren. Der Versuch des Privatsprachentheoretikers, das Wiederauftreten der Empfindung *E* zu registrieren, mißlingt, da *»E«* keinen Sinn hat, die angebliche Behauptung keinen Wahrheitswert hat und kein Platz für ein mögliches Wissen ist. Aber nach der traditionellen Interpretation der These der Bekundungen hat die Äußerung (oder Niederschrift) »ich habe Schmerzen«, die der Sprecher der intersubjektiven Sprache macht, ebenfalls keinen Wahrheitswert und ist auch sie kein Gegenstand eines möglichen Wissens.

So viel zur stärkeren These. Es ist jedoch wichtig zur Kenntnis zu nehmen, daß die zwingende Kraft des Arguments gegen eine Privatsprache in keiner Weise verringert wird, wenn man die Lehre der Bekundungen fallenläßt. Wenn man bejaht, daß ein Wissen der subjektiven Erfahrung verständlich ist, bindet man sich dadurch nicht daran, die Möglichkeit einer Privatsprache zu bejahen. Im Gegenteil könnte man behaupten, daß eine Bedingung der Möglichkeit des Wissens der subjektiven Erfahrung die (zumindest stillschweigende) Anerkennung der kriteriellen Gründe für die Zuschreibung von Erfahrung an andere ist. Es steht einem dann offen, einen nachdrücklichen Kontrast zwischen dem Sprecher einer intersubjektiven Sprache und dem Privatsprachentheoretiker zu ziehen. Denn der erstere kann sowohl wissen, daß er *E* erlebt, als auch, daß andere *E* erleben. Und er kann das eine nur wissen, wenn er auch das andere wissen kann[19]. Der Privatsprachentheoretiker jedoch beansprucht zu wissen, daß er *E* erlebt, beklagt jedoch die metaphysischen Schranken, die ihn daran hindern zu wissen, daß andere es erleben. Die Stoßrichtung des Wittgensteinschen Arguments, wenn es so konstruiert wird, ist, daß

19 Siehe P. F. Strawson, *Einzelding und logisches Subjekt,* Kap. 3.

der Preis des Skeptizismus hinsichtlich des Bewußtseins anderer, der im Cartesianismus und im klassischen Empirismus enthalten ist, die Nicht-Artikuliertheit ist (*PU* § 261). Man kann die Möglichkeit, Tatsachen über das Bewußtsein anderer zu wissen, nur bestreiten, wenn man die Unmöglichkeit anerkennt, etwas über das eigene zu wissen. Der klassische Versuch, Wahrheiten über das Bewußtsein anderer auf der Grundlage des Analogie-Arguments aufzustellen, kann nur funktionieren, wenn man Wahrheiten über das eigene Bewußtsein wissen kann. Wittgensteins Argument zeigt jedoch, selbst wenn es seiner Verbindungen mit der Lehre der Bekundungen beraubt ist, daß man, wenn man Wahrheiten über das eigene Bewußtsein wissen oder behaupten kann, das Analogie-Argument nicht braucht, um kognitive Behauptungen über das Bewußtsein anderer aufzustellen und zu rechtfertigen. Das berühmte Analogie-Argument ist nutzlos, denn wenn es erforderlich ist, kann es nicht angewendet werden, und wenn es angewendet werden kann, ist es überflüssig[20].

Wir haben bereits Wittgensteins Einwände gegen die Cartesische Lehre von der Seele erwähnt[21]. Wie Kant lokalisierte er die Quelle der Cartesischen Trugschlüsse im Phänomen der nicht-abgeleiteten Selbstzuschreibung von Erfahrung. Man könnte seine Lehre der Bekundungen als Teil seines Angriffs gegen den Cartesianismus sehen. Der Lehre der Bekundungen gelingt es, die Neigung, die nicht-abgeleitete Selbstzuschreibung von Erfahrung als unwiderlegliche Evidenz für die Wirklichkeit und Substantialität der *res cogitans* zu sehen, in Schranken zu halten. Die Zurückweisung dieser Cartesischen Theorien war, wie wir gesehen haben, eines der frühesten Anliegen Wittgensteins. Zweitens scheint die Cartesische Auffassung, Bekundungen einen kognitiven Status zuzuschreiben, zu einem Skeptizismus hinsichtlich des Bewußtseins anderer zu führen, einem Skeptizismus, der parasitär von einem Paradigma des Wissens abhängt, welches durch das Wissen von sich selbst gegeben ist. Wenn man die Verständlichkeit dieser Art eines Wissens von sich selbst leugnet, dann wird der natürliche Weg zu dieser Art von Skeptizismus blockiert. Zweitens wird, wenn man Bekundungen einen kognitiven Status abspricht, der

20 Ich habe diesen Punkt ausführlicher ausgearbeitet in »Other Minds and Professor Ayer's Concept of a Person«, in *Philosophy and Phenomenological Research* 32 (1971–1972).

empiristische Weg ungangbar, denn eine Grundlagentheorie der Erkenntnis läßt sich nicht konstruieren, wenn Sätze über die subjektive Erfahrung keine Wahrheitswerte tragen.
Es wurde bisher ausgeführt, daß die Lehre der Bekundungen in jeder einzelnen ihrer Formen inakzeptabel ist. Das jedoch erweckt nicht die Cartesische Lehre von der Seele zu neuem Leben. Die logische Möglichkeit des Wissens von sich selbst impliziert nicht die Möglichkeit, daß das Wissen von sich selbst Bekanntschaft mit oder Referenz auf ein reines Ego involviert. Ebensowenig wird der Skeptizismus über das Bewußtsein anderer wiederbelebt. Denn wie sich zeigte, sind die Bedingungen der Möglichkeit des Wissens von sich selbst von den Bedingungen der Möglichkeit der Erkenntnis des Bewußtseins anderer abhängig. Wenn aber die Möglichkeit des Wissens von sich selbst wieder instand gesetzt wird, wird dann nicht gleichzeitig die empiristische Grundlagentheorie der Erkenntnis wieder instand gesetzt? Wenn es sinnvoll ist davon zu reden, daß ich weiß, daß ich das-und-das sehe, oder daß ich weiß, daß ich dieses oder jenes höre, ist es dann nicht auch diskutabel, daß mein Wissen davon, wie es sich objektiv verhält, letztlich auf meinem Wissen dessen beruht, wie es mir subjektiv zu sein scheint? Hat das empirische Wissen dann nicht Grundlagen?
Wittgensteins Antwort auf dieses Problem findet sich in einer kurzen, aber erhellenden Erörterung von Farben und der subjektiven Erscheinung von Farben in *Zettel*. Es ist sinnlos, so legt Wittgenstein dar, jemanden Farbbegriffe dadurch zu lehren zu beginnen, daß man ihn lehrt, wann man sagt »das scheint rot«. Denn das muß er *spontan* sagen, wenn er gelernt hat, was »rot« bedeutet (Z § 418). Lernen, was »rot« bedeutet, heißt lernen, z. B. den Ausdruck »rot« auszurufen, wenn man etwas Rotes sieht, auf Verlangen ein rotes Ding zu bringen, Gegenstände der Farbe nach anzuordnen. Erst dann läßt sich die Unterscheidung zwischen dem, daß etwas rot ist, und dem, daß etwas rot scheint, lehren, nicht weil es eine subtile Unterscheidung wie die zwischen Scharlachrot und Karminrot ist, sondern weil der Begriff, daß etwas so und so scheint, parasitär von dem Begriff abhängt, daß etwas so und so ist. Der rote Gesichtseindruck ist, so betont Wittgenstein, *ein neuer Begriff* (Z § 423). Im »ersten Sprachspiel«, d. h. in der Rede vom Objektiven, kommt eine Person als wahrnehmendes Subjekt nicht

vor. Die Einführung des Begriffs einer subjektiven Erscheinung schließt ein, daß man der Sprache ein *neues Gelenk* gibt. Jetzt tritt eine Person als wahrnehmendes Subjekt auf, und jetzt wird, so können wir beobachten, »ich« als Subjekt gebraucht. In der folgenden Stelle macht Wittgenstein eine Bemerkung, die nicht mit den extremeren Versionen der Lehre der Bekundungen übereinstimmt und die der Wahrheit viel näher ist. Die neue Gelenkverbindung versetzt uns in die Lage, »unsere Aufmerksamkeit auf Dinge und auf Empfindungen [zu] richten. Wir lernen beobachten und die Beobachtung beschreiben« (Z § 426). Daß der neue Zug verfügbar ist, bedeutet natürlich nicht, daß er immer ausgeführt wird. Daß der Begriff, wie es mir subjektiv scheint, verfügbar ist, impliziert nicht, daß er nun die ständige Grundlage aller Ableitungen oder der stillschweigende Gegenstand aller Beschreibungen ist. Außerdem ist die Beschreibung dessen, wie es sich mir subjektiv zu verhalten scheint, überhaupt nicht die Beschreibung *eines Gegenstandes* (Z § 435). Die Beschreibung ist natürlich der Beschreibung eines Gegenstandes verwandt, ebenso wie das Heiraten von Geld dem Heiraten eines Ehegatten verwandt ist, oder wie die Übertragung des Stolzes an Besitztümern der Übertragung der Besitztümer verwandt ist. Gerade deswegen, so betont Wittgenstein, funktioniert sie nicht als die Beschreibung eines Gegenstandes. Sie hängt logisch parasitär von der Beschreibung eines Gegenstandes ab. Denn die Begriffe der Wahrnehmungen, die kriterienlos selbstzugeschrieben werden, hängen von den Begriffen der Gegenstände ab, als deren Wahrnehmungen sie aufgefaßt werden.

Die Beschreibung dessen, was subjektiv gesehen wird, ist auch nicht von einem inneren Hinblicken auf eine Empfindung abgeleitet (Z § 426). Diese Wahrheit jedenfalls wird von der Lehre der Bekundungen erfaßt. Denn eine solche Ableitung würde die Möglichkeit eines Irrtums enthalten. Man *erkennt* das innere Erlebnis nicht, denn es ist kein Platz für ein falsches Erkennen im Gegensatz zu einem Mißverstehen. Die Behauptung »dies ist rot« involviert ein Erkennen und damit die Möglichkeit eines falschen Erkennens und eines Irrtums. Daher hat die Frage »wie weißt du es?« hier eine *gewisse* Anwendung. Denn das »neue Gelenk« des Begriffs der subjektiven Erscheinung liefert eine Möglichkeit, eine andere Antwort auf sie zu geben als die Behauptung »ich spreche Deutsch«, nämlich eine spontane Beschreibung der betreffenden

Wahrnehmungsbeobachtung. Lernen, was »dies ist rot« bedeutet, schließt ein, daß man lernt, die Bedingungen zu erkennen, unter denen man gerechtfertigt ist, »dies ist rot« zu behaupten. »Das scheint mir rot« beschreibt mein Erkennen dieser Bedingungen. Aber es gibt kein Erkennen des Erkennens der geeigneten Bedingungen. Die letztere Art von Behauptung ist grundlos; sie hat keine Rechtfertigung. Bei ihr ist es nicht sinnvoll zu fragen »wie weißt du es?«, da sie von nichts abgeleitet ist. Sie ist eine Manifestation unserer Beherrschung des betreffenden Wahrnehmungsbegriffs und setzt somit unser Wissen seiner Kriterien und gleichzeitig eine Manifestation unserer Beherrschung der Teilbegriffe des Objektiven (in diesem Fall »rot«), die in der Beschreibung enthalten sind, voraus.

Wir könnten – und in manchen Gebrauchsweisen von Wahrnehmungsverben tun wir es – eine zusätzliche Stufe in der Struktur der Rechtfertigung einschieben. Wahrnehmungsverben werden manchmal als Erfolgsverben gebraucht, derart, daß sie nur dann wahr anwendbar sind, wenn ihr Gegenstand existiert; d. h. »ich höre ein Geräusch« ist nur wahr, wenn ein intersubjektiver Laut existiert. Dann aber ist es sinnvoll zu behaupten, daß der Sprecher sich irrt, zu sagen, daß es ihm nur schien, daß er ein Geräusch hörte, und daß es die Wahrheit des letzteren Satzes war, die ihn in der Behauptung des ersteren rechtfertigte, welcher nicht wahr war. Aber daß es scheint, daß man hört, ist nun keinem Irrtum unterworfen. Es wird ohne Kriterien selbstzugeschrieben. Wir haben keinen Gebrauch für eine weitere Stufe, daß es scheint, daß man zu hören scheint.

Wie ergeht es dann dem Grundlagentheoretiker? Nicht so schlecht wie dem Skeptiker, aber nicht so gut, wie er vielleicht hofft. Wenn seine Behauptung, daß die Erkenntnis Grundlagen hat, bedeutet, daß es sinnvoll ist, jeden kognitiven Anspruch bis zu dem Punkt einer Behauptung darüber in Frage zu stellen, wie es einem subjektiv zu sein scheint, dann kann man so viel zugestehen. Die Rechtfertigung kommt an ein Ende bei Beschreibungen dessen, wie es sich einem zu verhalten scheint. Wenn seine These, daß Behauptungen über die subjektive Erfahrung die Grundlagen für Behauptungen über Gegenstände abgeben, bedeutet, daß die ersteren mit letzteren in einem begrifflichen Zusammenhang stehen, dann trifft das ebenfalls zu. Wenn er aber weiter behauptet, daß der Sinn eines Satzes über ein objektives Einzelding wie »dies ist rot« durch Sätze über die subjektive Erfahrung wie »dies scheint mir rot« gegeben wird, dann ist er zutiefst fehlgeleitet. Denn das Argument in *Zettel* macht ganz klar, daß der Sinn von »dies ist rot« dem Sinn von »es scheint mir rot« logisch vorausgeht, wie er auch dem Sinn von »es scheint ihm rot« oder »es scheint N. N. rot« vorausgeht. Aber insofern die Argumente gegen die nicht-kognitive These Überzeugung mit sich führen, scheint es dann ebenfalls klar, daß »es scheint mir rot« eine nicht-induktive Rechtfertigung für »es ist rot« liefert. Und hier stellt sich ein ernstes Problem für die kriterielle Erklärung des Sinns. Denn es scheint, daß die Richtung der epistemischen Abhängigkeit in eine diametral entgegengesetzte Richtung zu der logischen oder semantischen Abhängigkeit verläuft. Denn obwohl man normalerweise nicht aus der Tatsache, daß er einem rot scheint, ableitet, daß ein Gegenstand rot ist, sondern man vielmehr gerade in den Fällen, in denen etwas rot scheint, ohne eine Ableitung behauptet, daß es rot ist, ist doch die Tatsache, daß es rot scheint, ein Rechtfertigungsgrund für die Behauptung. Es ist keine kontingente Wahrheit, daß rote Dinge gewöhnlich rot scheinen. Grundlagentheorien der Erkenntnis wie diejenigen der logischen Positivisten oder die Wittgensteins selbst in den Jahren 1929–31 waren traditionell reduktionistisch. Die Ansicht, die in *Zettel* vorgelegt wird, ist streng anti-reduktionistisch. Das Argument gegen eine Privatsprache läßt keine andere Alternative.

Der Punkt, an dem der Spaten auf Grundgestein stößt, ist also nicht der Punkt, auf den der Sinn von Sätzen über Objektives reduzierbar ist. Die Verzweigungen dieser Behauptung werden im nächsten Kapitel weiter erforscht werden. Der Grundlagentheoretiker bleibt so auf dem Trockenen zurück. Denn während der Buchstabe seiner Theorie vielleicht in einem gewissen Sinn gerettet wurde, indem die nicht-kognitive Lehre der Bekundungen besonders in ihrer traditionellen Form zurückgewiesen wurde, wurde ihr allgemeiner Geist ganz aufgegeben. Das ist vielleicht nicht zu weit von Wittgensteins Intention entfernt.

X Das Problem der Kriterien

1. Einleitung

Wittgensteins Auffassung von Philosophie und seine Metaphysik der Erfahrung bilden die zwei Hauptthemen dieses Buches. Die Entwicklung seiner Vorstellungen zu diesen zwei Themen wurde von seinen frühesten Schriften durch seine mittlere Periode bis zu seinem Meisterwerk, den *Philosophischen Untersuchungen,* und seinen letzten Aufzeichnungen, die als *Über Gewißheit* veröffentlicht wurden, verfolgt. Die Erörterung dieser beiden Themen ist nahezu abgeschlossen. Der Hintergrundsvorhang, auf dem sie gezeigt wurden, war die Entwicklung der Wittgensteinschen Semantik. Das wurde, wie anfangs angekündigt, nur skizziert. Aber eines der uneingelösten Versprechen ist eine Übersicht über Wittgensteins Gebrauch des Terminus »Kriterium«[1], der eine so große Rolle in seiner späteren Auffassung von Bedeutung spielt. Dieses Schlußkapitel ist ein Versuch, diese Aufgabe zu erfüllen.

Vom Terminus eines Kriteriums wurde bisher umfangreicher Gebrauch gemacht. Es wurde vorgeschlagen, daß der Begriff eines Kriteriums am besten im Kontext von Wittgensteins Versuch verstanden wird, eine Erklärung der Bedeutung hervorzubringen, die eine interessante Verwandtschaft zu einer konstruktivistischen Semantik zeigt. Die Bestimmung des Sinns durch Wahrheitsbedingungen, die den realistischen *Tractatus* beherrscht, wird durch eine Erklärung des Sinns in der Begrifflichkeit des Gebrauchs oder der Anwendung ersetzt. Der Begriff des Gebrauchs oder der Anwendung muß als Bedingungen verstanden werden, die einen rechtfertigen, einen Terminus oder Satz zunächst behauptend zu gebrauchen. Kriterien können dann also als diejenigen Bedingungen angesehen werden, die die Behauptung eines Satzes nicht-induktiv rechtfertigen und in deren Begrifflichkeit der Sinn des Satzes zu erklären ist. Es wäre jedoch töricht zu denken, daß allen Sätzen in der

1 Eine detaillierte Bibliographie von Schriften über Kriterien ebenso wie ein Index zu Wittgensteins Gebrauch des Terminus findet sich in W. Gregory Lycan, »Non-Inductive Evidence: Recent Work on Wittgenstein's ›Criteria‹«, *American Philosophical Quarterly* 8 (1971), S. 109–125. Die umfassendste Behandlung des Themas von einem konstruktivistischen Gesichtspunkt aus findet sich in G. P. Bakers »The Logic of Vagueness«, dem die folgende Erörterung verpflichtet ist.

Begrifflichkeit von Kriterien Sinn zugewiesen wird. Die »Basis«-Sätze der Sprache, z. B. Sätze, die gewöhnliche materielle Gegenstände und ihre Wahrnehmungseigenschaften betreffen, werden nicht auf der Grundlage von Kriterien behauptet. Ihr Gebrauch, und damit ihre Bedeutung, wird anders erklärt. Der Begriff eines Kriteriums wurde in der Beschreibung der Wittgensteinschen Lösung des Problems unseres Erkennens des Bewußtseins anderer und seiner Behandlung des Selbstbewußtseins oder der Selbstzuschreibung von Erfahrung häufig erwähnt. Er wurde ebenfalls in der unvollständigen Erörterung von Wittgensteins Behandlung unserer Erkenntnis von Gegenständen gebraucht. Meine Intention bei der Annahme dieser Darstellungsstrategie war es, das Werkzeug zuerst arbeiten zu lassen und seinen Mechanismus danach zu übersehen. Man könnte hoffen, daß seine Leistung hinreichend eindrucksvoll ist, um nahezulegen, daß es der Entwicklung wert ist. Sicherlich ist es nicht »ein glänzendes neues Werkzeug, mit dem man in das Haus der Wirklichkeit einbrechen kann«. Es bedarf der Klärung, der Explikation und einer starken Verfeinerung. Wenn man aber, wie so viele Kritiker[2] Wittgensteins es getan haben, den Begriff als inadäquat zurückweist, weil er nicht adäquat verfeinert und geklärt ist, könnte das durchaus bedeuten, daß man »eine der größten und wertvollsten Entdeckungen« zurückweist, »die seit einigen Jahren im Reich der Wissenschaften gemacht wurde«.

Die folgende Erörterung ist kein Versuch, den Bedarf nach einer solchen Verfeinerung und Explikation zu befriedigen. Sie dient vielmehr der viel bescheideneren Aufgabe, eine vorläufige Übersicht über Wittgensteins Gebrauch des Terminus »Kriterium« zu geben. Das geschieht im Gedanken an eine Reihe von Zwecken. Erstens ist es wünschenswert, die verstreuten Fäden der Erörterung von Kriterien in den vorhergehenden Kapiteln zusammenzuziehen. Das wird ein gewisses Ausmaß an Rekapitulation einschliessen. Zweitens hoffe ich, daß eine Übersicht über Wittgensteins Gebrauch des Ausdrucks »Kriterium« von einigem exegetischen Wert sein wird. Sie wird das Material liefern, aus dem man eine

2 Z. B. H. Putnam, »Dreaming and Depth Grammar«, in *Analytical Philosophy*, hrsg. von R. J. Butler, Oxford 1962, und »Brains and Behaviour«, in *Analytical Philosophy*, 2nd Series, hrsg. von R. J. Butler, Oxford 1965, oder C. S. Chihara und J. A. Fodor, »Operationalism and Ordinary Language«, in *American Philosophical Quarterly* 2 (1965), S. 281–295.

Vielzahl von allgemeinen Thesen über die logischen Züge der kriteriellen Relation herleiten kann. Ferner wird sie dazu dienen, Irrtümer in den gängigen Behauptungen über Wittgensteins Konzeption eines Kriteriums zu korrigieren. Drittens wird eine kurze Zusammenfassung von Wittgensteins philosophischer Anwendung der kriteriellen Relation dazu dienen, sowohl ihre Verdienste hervorzuheben als auch einige der Schwierigkeiten herauszustellen, die diesen Begriff umgeben.

Ehe ich mich der exegetischen Aufgabe zuwende, ist eine weitere Warnung am Platze. Wie alle Termini hat der Terminus »Kriterium« eine Geschichte. Insbesondere erfährt er als ein Kunstterminus in Wittgensteins späterer Philosophie eine beträchtliche Veränderung und Entwicklung. Der Terminus »Kriterium« wird gelegentlich in einem nicht-technischen Sinn in den *Philosophischen Bemerkungen* gebraucht. Der Begriff ist in der *Grammatik* vorhanden[3], in einer entwickelten Form tritt er jedoch erst im *Blauen Buch* auf. Von da an wird er ausgedehnt gebraucht, unterzieht sich aber immer noch wichtigen Veränderungen. Das Auftauchen des Begriffs eines Kriteriums fällt so mit Wittgensteins Aufgeben seiner Version des logischen Positivismus in den frühen dreißiger Jahren zusammen. Man muß sich daher vor einigen offensichtlichen Fallen hüten. Erstens spielt der Begriff eines Symptoms in beiden Phasen der Entwicklung Wittgensteins eine wichtige Rolle: als Teil der entscheidenden Relation Symptom-Hypothese in den *Bemerkungen* und den Vorlesungen von 1930–1932 und als Kontrast zur kriteriellen Relation im *Blauen Buch* und danach. Obwohl es wichtige Verwandtschaften zwischen den zwei Gebrauchsweisen des Begriffs gibt, darf man Wittgensteins verschiedene Bemerkungen über Symptome nicht aufgrund der Annahme zusammenstellen, daß *ein* Begriff im Blick steht. So läßt sich seine Behauptung »wenn wir sagen ›die Tatsache, daß das Pflaster naß ist, ist ein *Symptom* dafür, daß es geregnet hat‹, ist diese Aussage ›eine Sache der Grammatik‹« (M S. 266 f.) nicht als für seinen späteren Begriff eines Symptoms gültig verstehen. Zweitens gibt es, obwohl das *Blaue Buch* den Begriff eines Kriteriums als einen Kunstterminus einführt, offensichtliche Inkonsistenten im Gebrauch des Terminus im *Blauen Buch*. Die Exegese der Erklärung

3 Z. B. *PG* § 10; vgl. *PU* § 182.

von Kriterien im *Blauen Buch* muß daher besonders vorsichtig sein, und jeder Vergleich späterer Gebrauchsweisen des Ausdrucks »Kriterium« mit denjenigen des *Blauen Buchs* muß angeben, um welchen Abschnitt des *Blauen Buchs* es geht. Drittens darf man nicht vergessen, daß es wichtige Veränderungen zwischen der Konzeption der kriteriellen Relation und ihrer philosophischen Anwendung im *Blauen Buch* und in den späteren Schriften gibt. Diese müssen ans Licht gebracht und erklärt werden.

2. Einige logische Züge der kriteriellen Relation

Wittgenstein spricht davon, daß ein Ding der und der Art ein Kriterium für ein anderes Ding ist. Er spricht davon, daß ein Ding Kriterien hat. Ein Kriterium ist eine Relation zwischen Arten von Dingen. Was für eine Art Dinge setzt es in eine Relation? Was für eine Art von Entitäten sind Kriterien? Im *Blauen Buch* finden wir, daß auf verschiedene Arten von Dingen so referiert wird. Wittgenstein spricht davon, daß »ein Phänomen« »das definierende Kriterium« eines Dings ist (*BB* S. 48). Das wird im *Braunen Buch* wiederholt (*BB* S. 135): »alle Arten von Phänomenen werden als Kriterien für ›sein Sehen, daß ...‹ gebraucht«, und in *Zettel*: »ein Phänomen [wird] ... als Kriterium ... angesehen (*Z* § 438). Er spricht auch davon, daß das »Verhalten« Kriterien darstellt (*BB* S. 47), eine Wendung, die in den »Notes for Lectures« wiederholt wird: »was ist unser Kriterium für Blindheit? Eine bestimmte Art von Verhalten« (NFL S. 285), und in den *Untersuchungen* heißt es, daß »es gewisse Kriterien des Benehmens dafür gibt, daß Einer ein Wort nicht versteht« (*PU* § 269). Anschließend spricht er von Tatsachen als von Kriterien – »... muß man untersuchen, welche Tatsachen wir als Kriterien ... bezeichnen ...« (*BB* S. 81), eine Wendung, die sonst nirgends wiederholt wird. Im *Blauen Buch* S. 84–85 spricht er von Sätzen und von »Evidenzen« als Kriterien. Letzteres ist ebenfalls in *Z* § 554 impliziert. Schließlich bezieht er sich auf S. 98 auf die »viele[n] Kennzeichen, die wir als Identitätskriterien gebrauchen«. In späteren Schriften findet man sogar eine noch größere Mannigfaltigkeit. Folgende Bemerkung in *Zettel* ist besonders bemerkenswert: »Die Ursachen, warum wir einen Satz glauben, sind für die Frage, was es denn ist, was wir glauben, allerdings irrelevant; aber nicht die Gründe, die ja mit dem Satz grammatisch verwandt sind und uns sagen, wer er ist« (Z § 437).

Wenn wir uns nun dem zweiten Terminus der Relation zuwenden, den Arten von Entitäten, von denen gesagt wird, daß sie *Kriterien haben*, finden wir eine ebensolche Mannigfaltigkeit. Ausgehend vom *Blauen Buch* finden wir, daß Wittgenstein davon spricht, daß Wendungen Kriterien haben (*BB* S. 47, S. 90; in der dt. Übers. jeweils »Ausdruck«, d. Ü.), obwohl er in einem dieser Fälle einen Satz oder eine Satzfunktion als Beispiel gibt: »So-und-so hat Zahnschmerzen« (S. 47). Er spricht auch davon, daß Wörter Kriterien haben, z. B. »es könnte praktisch sein, ein Wort dadurch zu definieren, daß man ein bestimmtes Phänomen als das definierende Kriterium nimmt« (S. 48, Abweichung von der dt. Übers.; vgl. S. 92). In späteren Werken spricht er weiterhin davon, daß Wörter Kriterien haben (z. B. NFL S. 285), und gibt zahlreiche Beispiele. Man sollte hervorheben, daß er in den *Untersuchungen* eine merkliche Vorliebe für den materialen gegenüber dem formalen Modus zeigt. Die Reihe der syntaktischen oder formalen Entitäten, für die von Kriterien geredet wird, ist jedoch nicht erschöpft. Ausdrücke haben Kriterien (*BB* S. 92; Z § 438), und dasselbe gilt für Begriffe (Z §§ 438–9, § 571). Im *Blauen Buch* wird von Tatsachen, Sachverhalten und Sätzen gesagt, daß sie Kriterien haben (S. 84–5). Von Tatsachen wird auch in den *Untersuchungen* nochmals gesagt, daß sie Kriterien haben (*PU* § 269). In *Zettel* wird von Sachverhalten als von etwas geredet, was Kriterien hat (Z § 438), und ebenso von Sätzen (Z § 437, wie oben zitiert). Alle kommen in den vielen Beispielen vor, die in den *Untersuchungen* und in *Zettel* gegeben werden (z. B. *PU* § 182, § 269, § 354, S. 534 f. usw.; Z §§ 472 ff.).

Was sollen wir nun aus diesen heterogenen Dingen machen, die durch die kriterielle Relation verbunden sein sollen? Die einfachste Weise, eine Ordnung in dieses Gemisch zu bringen, würde die zu sein scheinen, daß man Entitäten, die im materialen Modus als Kriterien angegeben werden, als Kriterien im abgeleiteten Sinn behandelt. Da die kriterielle Relation, wie wir sehen werden, eine grammatische oder logische Relation ist, nicht eine Sache von Naturgesetzen oder einer außerlogischen Notwendigkeit, sondern der sprachlichen Konvention, ist sie so zu denken, daß sie zwischen sprachlichen Entitäten besteht. So könnte man natürlich davon sprechen, daß Zustände, Vorgänge oder Ereignisse Kriterien haben und daß Phänomene, Verhaltensweisen und Merkmale Kriterien sind. Das aber ist das materiale Äquivalent dazu, daß man im formalen Modus davon spricht, daß Wörter, Wendungen und Ausdrücke Kriterien haben und daß Sätze, »Evidenzen« oder Gründe Kriterien sind. Von Tatsachen und Sachverhalten wird natürlich gesagt, daß sie Kriterien sind und haben, und so zu reden schadet nicht, solange es sich versteht, daß Tatsachen und Sachverhalte logische Konstruktionen sind. Zu behaupten, daß die Tatsache, daß *p*, ein Kriterium für die Tatsache, daß *q*, ist, ist gleichbedeutend mit der Behauptung, daß *p* ein Kriterium für *q* ist, was sich im formalen Modus in der Begrifflichkeit von einer kriteriellen Relation zwischen *»p«* und *»q«*, d. h. einer Relation zwischen Sätzen, neu formulieren läßt. Ein wichtiger Grund dafür, die Termini der kriteriellen Relation als Sätze im Sinne von *sentences* – und nicht z. B. als Sätze im Sinne von *propositions* – aufzufassen, betrifft die Lehre der Bekundungen, die im vorhergehenden Kapitel untersucht wurde. Ich werde also die kriterielle Relation als eine Relation zwischen Sätzen auffassen und vorschlagen, daß andere Gebrauchsweisen von »Kriterium« sich auf diese reduzieren lassen.

Diese Entscheidung muß mit der häufig wiederkehrenden Rede von Kriterien für Wendungen, Ausdrücke, Wörter und Begriffe in Einklang gebracht werden. Was ist die Relation zwischen Kriterien für einen Satz und Kriterien für ein Wort? Die Probleme der Lehre der Bekundungen und der kriterienlosen Selbstzuschreibung von Erfahrung könnten einen versuchen zu argumentieren, daß es primär Wörter oder Begriffe sind, die Kriterien haben, und daß die kriterienlose Selbstzuschreibung von Erfahrung involviert, daß man sich selbst ein Prädikat zuschreibt, welches Kriterien hat, ohne daß man dabei diese Kriterien *gebraucht*. Dieser Weg zu einer Lösung ist jedoch zu kurz. Die Kriterien für ein Wort oder einen Begriff sind die Kriterien für die Behauptung eines Satzes, in dem das betreffende Wort richtig angewendet ist. So erklärt Wittgenstein in der Erklärung des Begriffs eines Kriteriums im *Blauen Buch*, daß das Kriterium für »Angina« dadurch gegeben wird, daß man das Kriterium für die Aussage »dieser Mann hat Angina« angibt, d. h. »er hat einen Bazillus der-und-der Art im

Blut« (*BB* S. 48). In den späteren Teilen des *Blauen Buch* erklärt er, daß wir der Wendung »unbewußte Schmerzen« Sinn verleihen könnten, indem wir Erfahrungskriterien für den Fall festsetzen, in dem jemand Schmerzen hat und es nicht weiß (*BB* S. 90). In den »Notes for Lectures« legt er dar, daß die Bedeutung von »Blindheit« dadurch gegeben wird, daß man die Kriterien für »Blindheit« angibt, die in den Gründen bestehen, aus denen man jemanden blind nennt (NFL S. 285), d. h. die Kriterien für »er ist blind«. In *Zettel* schlägt Wittgenstein vor, daß man ein Wort, d. h. seinen Gebrauch, unter bestimmten Umständen lernt, die man nicht zu beschreiben lernt. Daß man den Gebrauch eines Wortes lernt, schließt ein, daß man lernt, es bezüglich derjenigen Arten von Dingen zu behaupten oder zu leugnen, von denen es gemäß unserer Sprachanwendungen verständlich behauptet oder geleugnet werden kann (Z § 117). So kann auch hier wieder der Begriff der Bedeutung eines Wortes nicht dem Begriff der Bedeutung einer Behauptung, in der es angewendet wird, vorausgehen.

Die kriterielle Relation ist klarerweise eine Evidenzrelation. In der Einführung des Begriffs im *Blauen Buch* sagt Wittgenstein, daß Kriterien dadurch angegeben werden, daß man eine bestimmte Art von Antwort auf die Frage »Wie weißt du, daß das-und-das der Fall ist?«, eine Rechtfertigung für die Aussage, daß das-und-das der Fall ist, gibt (*BB* S. 47 f.). In der späteren, ganz anderen Erörterung von Kriterien im *Blauen Buch* bezieht sich Wittgenstein ständig auf Kriterien als auf »Evidenzen«. Er spricht von Kriterien dafür, »daß mein Finger sich von meinem Zahn zu meinem Auge bewegt«. Dies ist »Evidenz« für die fraglichen »Sätze«, die die »Grammatik des Satzes« charakterisiert (*BB* S. 84 f.). In *Zettel* spricht er von Kriterien als Gründen oder Evidenz für einen Satz (Z §§ 437–9 und §§ 554–6). In den *Untersuchungen* schlägt er vor, daß Kriterien für *»p«* die Umstände sind, die einen in der Aussage, daß *p*, rechtfertigen würden (*PU* § 182). Seine zahlreichen Untersuchungen der besonderen psychologischen und dispositionellen Termini wenden den Begriff eines Kriteriums ausgedehnt in genau diesem Sinn an.

Ein Kriterium muß jedoch von einer hinreichenden oder einer notwendigen Bedingung unterschieden werden. Die Unterschiede sind von entscheidender Wichtigkeit. Wittgensteins Schriften über das Thema verursachten anfänglich beträchtliche Verwirrung unter den

Kommentatoren, denn die Stelle im *Blauen Buch*, in der der Begriff eines Kriteriums zuerst eingeführt wird, legt nahe, daß ein Kriterium das, wofür es ein Kriterium ist, logisch impliziert:

Wenn in der Medizin eine Entzündung, die von einem bestimmten Bazillus verursacht wird, als Angina bezeichnet wird und wir in einem bestimmten Fall fragen: »Warum sagst du, daß dieser Mann Angina hat?«, dann gibt uns die Antwort »Ich habe den Bazillus so-und-so in seinem Blut gefunden« das Kriterium an, oder das, was wir als das definierende Kriterium von Angina bezeichnen können ... die Äußerung »Jemand hat Angina, wenn sich dieser Bazillus in ihm befindet« [ist] eine Tautologie oder eine unscharfe Formulierung der Definition von »Angina« (*BB* S. 48).

Diese bekannte Stelle ist, obwohl sie den Begriff eines Kriteriums als *terminus technicus* einführt und in der Tat die einzige Stelle in Wittgensteins Schriften ist, in der der Terminus explizit untersucht wird, irreführend. Sie legt eindeutig nahe, daß ein Kriterium eine hinreichende Bedingung oder sogar eine notwendige und hinreichende Bedingung ist. Man bemerkt schnell, daß dieser Begriff eines definierenden ausschlaggebenden Kriteriums nicht mit dem Begriff eines Kriteriums übereinstimmt, mit dem in den *Untersuchungen* gearbeitet wird. Es ist jedoch ebenso offensichtlich, daß Wittgensteins ausgedehnte Anwendung des Ausdrucks »Kriterium« in der zweiten Hälfte des *Blauen Buch* ebensowenig mit dieser ersten Erklärung übereinstimmt wie sein Gebrauch in seinen späteren Werken. Denn seine Behandlung des Problems der Relation zwischen Urteilen über die subjektive Erfahrung – z. B. »ich sehe meine Hand sich bewegen«, »ich fühle meinen Finger mein Auge berühren« usw. – und Urteilen über materielle Gegenstände – z. B. »meine Hand bewegt sich«, »mein Finger berührt mein Auge« – macht ganz klar, daß es, obwohl die Wahrheit der ersteren Art von Sätzen kriterielle Evidenz für die Wahrheit der letzteren darstellt, durchaus möglich ist, daß erstere wahr und letztere dennoch falsch sind. So schreibt er:

Wenn ich nun sage »ich sehe meine Hand sich bewegen«, dann scheint das auf den ersten Blick vorauszusetzen, daß ich dem Satz »meine Hand bewegt sich« zustimme. Wenn ich jedoch den Satz »ich sehe meine Hand sich bewegen« als eine der Evidenzen für den Satz »meine Hand bewegt sich« ansehe, dann ist die Wahrheit des letzteren natürlich nicht in der Wahrheit des ersteren vorausgesetzt. Man könnte deshalb den Ausdruck »es scheint, als ob sich meine Hand bewegt« anstelle des Ausdrucks

> »ich sehe meine Hand sich bewegen« vorschlagen. Dieser Ausdruck aber könnte, obwohl er andeutet, daß es sein könnte, daß sich meine Hand zu bewegen scheint, ohne daß sie sich wirklich bewegt, immer noch nahelegen, daß es doch immerhin eine Hand geben muß, damit es scheinen kann, daß sie sich bewegt, während wir uns leicht Fälle vorstellen könnten, in denen der Satz, der die visuelle Evidenz beschreibt, wahr ist und in denen gleichzeitig andere Evidenzen uns zu sagen veranlassen, daß ich keine Hand habe (*BB* S. 85, Abweichungen von der dt. Übers.).

Das impliziert eindeutig, daß *»p«* ein Kriterium für *»q«* sein könnte und es dennoch sein könnte, daß *»p«* wahr und *»q«* falsch ist. Das impliziert, daß die kriterielle Relation verschieden von der Implikation ist. Es ist außerdem unvereinbar mit der zuvor zitierten Stelle (*BB* S. 48). Es stimmt jedoch in dieser Hinsicht mit Wittgensteins späterem Sprachgebrauch überein. In seiner Erörterung der Kriterien dafür, »etwas zu sehen«, in den »Notes for Lectures« (S. 286) betont Wittgenstein, daß es, obwohl wir keinen Gebrauch für diesen Ausdruck hätten, wenn seine Anwendung von seinen verhaltensmäßigen Kriterien getrennt wäre, durchaus möglich ist, daß jemand Rot sieht, es aber nicht zeigt, d. h. daß »er sieht Rot« wahr ist, aber die Kriterien dafür nicht erfüllt sind. Diese Möglichkeit der Verheimlichung ist ein wesentlicher Zug unserer Begriffe »innerer Zustände«. Umgekehrt ist es ebenso wesentlich, daß die Kriterien für *»p«* erfüllt sein könnten und *»p«* doch falsch ist. Was jemand sagt, ist ein Kriterium dafür, was für eine Vorstellung er hat (*PU* § 377); aber er könnte lügen. Schmerzverhalten ist ein Kriterium für Schmerzen; aber man könnte sich verstellen (*PU* § 244, §§ 249–50). Bestimmte Empfindungen von Nässe und Kälte, visuelle Eindrücke der und der Art sind Kriterien dafür, daß es regnet; aber Sinneseindrücke können uns täuschen (*PU* § 354). Die kriterielle Relation wird abgesehen von Wittgensteins einführender Stelle im *Blauen Buch* als von der Implikation – und damit *a fortiori* von der wechselseitigen Implikation – verschieden und als schwächer als sie aufgefaßt.

Für den klassischen Logiker würde das natürlich nahelegen, daß die kriterielle Relation nur eine Art induktiver Evidenz ist. Wittgenstein bemühte sich, das durch seine häufige und nachdrückliche Unterscheidung zwischen Kriterien und Symptomen auszuschließen. In der Einführung des Begriffs eines Kriteriums im *Blauen Buch* präsentiert Wittgenstein ihn so, daß er ihn mit dem Begriff eines Symptoms kontrastiert. Auf die Frage »Wie weißt du, daß

das-und-das der Fall ist?« kann man mit der Angabe von Kriterien oder von Symptomen antworten. Die Rechtfertigung der kognitiven Behauptung durch Bezugnahme auf Symptome besteht im Anführen induktiver Evidenz, die, wie man in der Erfahrung entdeckt hat, gut damit korreliert, daß so-und-so der Fall ist. »›Symptom‹ nenne ich ein Phänomen, bezüglich dessen die Erfahrung uns gelehrt hat, daß es auf irgendeine Weise mit dem Phänomen, das unser definierendes Kriterium ist, zusammentraf« (*BB* S. 48, Abweichungen von der dt. Übers.). Obwohl der Begriff eines Kriteriums, wie er in diesem Abschnitt ausgearbeitet wird, später modifiziert wird, bleibt der Kontrast zu dem so verstandenen Ausdruck »Symptom« bestehen. Wie wir sehen werden, besteht ein Schwanken zwischen Kriterien und Symptomen, das besonders ausgeprägt im Bereich wissenschaftlicher Begriffe ist. Dieses Schwanken erweckt den Anschein, als ob es nichts gäbe als Symptome, d. h. induktive Zuordnungen, die uns die Erfahrung lehrt, z. B. fallender Barometerdruck und Regen. Dieser Anschein jedoch trügt (*PU* § 354; siehe *BB* S. 165). Die Unterscheidung und ihre Wichtigkeit wird nochmals in *Zettel* betont (*Z* § 438, § 466).
Symptome werden in der Erfahrung entdeckt, Kriterien aber durch Konvention festgesetzt. In der ersten Erörterung des Ausdrucks »Kriterium« im *Blauen Buch* setzt Wittgenstein die beiden in Kontrast zueinander. Wenn man ein Symptom zur Stützung einer Behauptung angegeben hat, rechtfertigt man die Angabe dadurch, daß man auf nachgewiesene empirische Zuordnungen hinweist. Wenn wir jedoch aufgefordert werden, die Angabe eines Kriteriums zu rechtfertigen, »finden [wir], daß wir hier auf felsigen Grund stoßen, d. h. wir sind bei Konventionen angelangt« (*BB* S. 47; Abweichungen von der dt. Übers.). In der späteren Erörterung von »Kriterien« im *Blauen Buch* wird der Punkt wiederholt: wenn wir wollten, könnten wir »dem Ausdruck ›unbewußter Schmerz‹ Bedeutung geben, indem wir Erfahrungskriterien festlegen« (*BB* S. 90). Ähnlich bemerkt Wittgenstein als Kritik am Solipsisten, der Einwände gegen die gewöhnliche Gebrauchsweise des Wortes »Schmerzen« hat, daß »es ihm nicht klar [ist], daß seine Einwände sich gegen eine Konvention richten« (*BB* S. 92). Der Punkt kehrt in den späteren Schriften wieder. In den *Untersuchungen* spricht er davon, daß wir ein »Kriterium der Identität festlegen« (*PU* § 322; Umstellung im Zitat, d. Ü.), davon, daß

eine Evidenzrelation (kriterielle Relation) zwischen Erscheinung und Wirklichkeit »auf einer Definition beruht« (*PU* § 354). In *Zettel* redet er davon, daß »man als Kriterium des Verstehens festsetzen [könnte], daß ...« (Z § 245) und daß es in der Wissenschaft üblich ist, »Phänomene, die genaue Messungen zulassen, zu definierenden Kriterien eines Ausdrucks zu machen« (Z § 438). Schließlich redet er in *Über Gewißheit* von den »Bestimmungen ..., die ich für diesen Satz gelten lasse« (*ÜG* § 5).
Die Symptome für die Wahrheit von *»p«* gehören nicht zum Sinn des Satzes. Seine konventionell festgelegten Kriterien dagegen gehören zu seinem Sinn. Der Sinn eines Satzes oder Ausdrucks wird dadurch angegeben, daß man die Regeln für seinen Gebrauch angibt. Eine Art von Regel für bestimmte Typen von Sätzen oder Ausdrücken wird dadurch angegeben, daß man die Kriterien angibt, die die Anwendung oder Behauptung des Satzes oder Ausdrucks rechtfertigen. Wenn *»q«* ein Kriterium für *»p«* ist, dann gehört es zum Sinn von *»p«*, daß *»q«* apriorische, nicht-induktive, konventionell festgesetzte Evidenz für die Wahrheit von *»p«* ist. Die Evidenz für diese Behauptungen läßt sich leicht entwickeln. Die allgemeine Gleichsetzung von Bedeutung und Gebrauch ist ein Gemeinplatz der *Untersuchungen*[4]. Ebenso offensichtlich ist die Erklärung des Gebrauchs in der Begrifflichkeit von Regeln, betont durch die ständige Anwendung der Analogie zwischen der Sprache im allgemeinen und Spielen, und zwischen Wörtern und Schachfiguren[5]. Die Regeln für den Gebrauch eines Satzes anzugeben bedeutet in bestimmten Arten von Fällen, die Kriterien anzugeben, die die Anwendung oder Behauptung des betreffenden Satzes rechtfertigen. Daß die Kriterien für die Wahrheit eines Satzes zu seiner »Grammatik« gehören – daß die Bedeutung eines Wortes in bestimmten Fällen durch die Kriterien für seine Anwendung bestimmt ist – ist ein Faden, der seinen Ursprung im *Blauen Buch* hat und durch alle späteren Schriften Wittgensteins läuft. So schrieb er:

Die Grammatik der Sätze ... über physikalische Gegenstände ... läßt verschiedene Arten von Evidenz für jeden derartigen Satz zu. Die Grammatik des Satzes »mein Finger bewegt sich etc.« ist dadurch charakterisiert, daß ich die Sätze »ich sehe ihn sich bewegen«, »ich spüre ihn

4 Z. B. *PU* §§ 30, 41, 43, 120, 138, 197, 421, 532, 556, 559; S. 488.
5 Z. B. *PU* §§ 53–54, 83–88, 108, 125, 196 ff., 492, 559 ff.

sich bewegen«, »er sieht ihn sich bewegen«, »er sagt mir, daß er sich bewegt« etc. jeweils als Evidenz für ihn ansehe (*BB* S. 84 f.).

Es wird natürlich nicht behauptet, daß *»p«*, wenn es ein Kriterium für *»q«* ist, mit *»q«* äquivalent ist, und es wird auch nicht behauptet, daß *»p«* *»q«* impliziert, auch nicht, daß *»q«* *»p«* als eines aus einer unendlichen Reihe disjunktiver »Symptome« für die Hypothese, daß *q*, impliziert. Die Behauptung ist vielmehr die, daß der Sinn von *»q«* teilweise durch die Tatsache gegeben wird, daß die Wahrheit von *»p«* nicht-induktive Evidenz darstellt, die die Anwendung von *»q«* rechtfertigt. Einige Seiten später im *Blauen Buch* spricht Wittgenstein im Verlauf der Erörterung des Ausdrucks »Schmerzen« von den »Kriterien, die unseren Wörtern ihre gewöhnlichen Bedeutungen geben« (*BB* S. 92). Die Kriterien für »Schmerzen« werden dadurch gegeben, daß man angibt, was einen rechtfertigen würde zu sagen »er hat Schmerzen«. Wenn jemand in geeigneten Umständen Schmerzverhalten zeigt, ist man gerechtfertigt zu behaupten, daß er Schmerzen hat. Aber natürlich bedeutet »Schmerzen« nicht »Schmerzverhalten«. Vielmehr gehört es zum Sinn von »er hat Schmerzen«, daß die Wahrheit von »er schrie, als er den rotglühenden Feuerhaken berührte« nicht-induktive Evidenz dafür darstellt (*PU* § 244). Die Erklärung des Sinns eines Ausdrucks oder Satzes durch Bezug auf die Kriterien für seinen Gebrauch ist ein Thema, das an einer Stelle in den »Notes for Lectures« wiedererscheint, bei der wir vorhin verweilten:

> Wen sollen wir nun blind nennen? Was ist unser Kriterium für Blindheit? Eine bestimmte Art von Verhalten. Und wenn der Betreffende sich auf diese bestimmte Weise verhält, nennen wir ihn nicht nur blind, sondern lehren ihn, sich selbst blind zu nennen. Und in *diesem* Sinn bestimmt sein Verhalten auch für *ihn* die Bedeutung von Blindheit (NFL S. 285).

In den *Untersuchungen* erklärt Wittgenstein die Grammatik bestimmter Wörter, das »Spiel« mit ihnen, »ihre Verwendung im sprachlichen Verkehr«, indem er ihre Kriterien untersucht (*PU* § 182). Kriterien, so behauptet er, rechtfertigen uns im Gebrauch eines Wortes (*PU* §§ 288–289). Derselbe Argumentationsfaden durchzieht die *Zettel*. Die wichtige Stelle, an der Wittgenstein behauptet, daß die Gründe für einen Satz in einer grammatischen Relation zu ihm stehen (Z § 437), wurde bereits angeführt, ebenso die Stelle, an der der Gebrauch mit Umständen gleichgesetzt wird, die die Behauptung rechtfertigen (Z §§ 114–120). Das Erlernen der Sprache schließt ein, daß man lernt, die Umstände zu erkennen (aber nicht notwendig zu beschreiben), die den Gebrauch eines Ausdrucks rechtfertigen. Dadurch erwirbt man ein stillschweigendes intuitives Wissen der kriteriellen Regeln, die die Anwendung des Ausdrucks rechtfertigen. So ist *ein* Test dafür, ob »*p*« ein Kriterium für »*q*« ist, ob man »*q*« verstehen lernen könnte, ohne zu begreifen, daß die Wahrheit von »*p*« die Behauptung von »*q*« rechtfertigt.

Eine Folge der Behauptung, daß der Sinn bestimmter Arten von Ausdrücken durch die Angabe von Kriterien gegeben wird, ist natürlich, daß ein Ausdruck einer solchen Art, wenn er keine Kriterien hat, auch keinen Sinn hat. Es ist unnötig, diesen Punkt ausführlich auszuarbeiten, da er die Crux des Arguments gegen die Möglichkeit einer Privatsprache darstellt, das bereits detailliert untersucht wurde. Der Punkt wird mehrmals bündig vorgebracht. In den »Notes for Lectures« behauptet Wittgensteins Gegner, daß es, da man seine Zahnschmerzen verheimlichen kann, folgt, daß »das Wort ›Zahnschmerzen‹ eine Bedeutung hat ganz unabhängig von einem Verhalten, das mit Zahnschmerzen verbunden ist.« Wittgenstein antwortet dogmatisch: »Das Spiel, das wir mit dem Wort ›Zahnschmerzen‹ spielen, hängt gänzlich davon ab, daß es ein Verhalten gibt, das wir die Äußerung von Zahnschmerzen nennen« (NFL S. 290). Der Dogmatismus erhält seine funkelnde Verteidigung im Argument gegen die Möglichkeit einer Privatsprache. Ein ähnlicher Punkt findet sich in *Zettel*. Ein Begriff, der keine Kriterien im Verhalten hätte, wäre unbrauchbar (Z § 571), denn ein Ausdruck ist durch Kriterien definiert (*BB* S. 150 f., Z § 438).

Um die bisherigen Ergebnisse zusammenzufassen: die kriterielle Relation besteht zwischen Sätzen und auf abgeleitete Weise zwischen anderen Entitäten. Sie ist eine grundlegende semantische Relation, die von der klassischen Logik nicht gesehen wurde. Sie ist schwächer als die Implikation, aber stärker als induktive Evidenz. Sie ist eine Relation apriorischer, nicht-induktiver oder notwendigerweise brauchbarer Evidenz[6]. Sie tritt an die Stelle des Begriffs der Wahrheitsbedingungen, der eine so grundlegende Stel-

6 Die erste richtige Erklärung von Wittgensteins Konzeption eines Kriteriums nach diesen Linien wurde von S. Shoemaker vorgeschlagen, in *Self-Knowledge and Self-Identity*, New York 1963.

lung in der realistischen Erklärung des Sinns innehatte. Sie bewirkt dadurch eine bedeutende Neuorientierung der Erkenntnistheorie und der Metaphysik der Erfahrung, deren Aspekte zum Teil untersucht wurden.

3. Weitere Verzweigungen

Eine weitere Klärung von Wittgensteins Begriff eines Kriteriums läßt sich dadurch erreichen, daß man einige seiner komplexen Verzweigungen in seinem Werk untersucht. Das liefert eine größere Einsicht in die Neuheit und Struktur der Relation, obwohl es zugegebenermaßen ebensoviele Probleme mit sich bringt, wie es löst. Der erste zu untersuchende Punkt erwächst aus einer schon erörterten Unterscheidung. Es wurde bereits erwähnt, daß der Begriff eines Kriteriums im *Blauen Buch* so eingeführt wird, daß er in Kontrast zu dem eines Symptoms steht. Wittgenstein fügt unmittelbar hinzu (*BB* S. 48), daß man es in der Praxis schwierig, wenn nicht unmöglich finden könnte, ein Symptom von einem Kriterium zu unterscheiden, es sei denn, man tut es durch eine willkürliche *ad-hoc*-Entscheidung. Außerdem könnte man leicht überredet werden, die Definition eines Terminus, z. B. »Angina«, zu ändern. Wir könnten beschließen, daß das, was bisher als ein Symptom betrachtet wurde, das definierende Kriterium sein soll. Man sollte beachten, daß diese Bemerkungen im Kontext von Wittgensteins erster Konzeption eines Kriteriums vorkommen, die später modifiziert wird. Sie gelten in diesem Kontext für ein Kriterium eines wissenschaftlichen Begriffs. Das allgemeine Thema einer Schwankung zwischen Kriterien und Symptomen kehrt jedoch in Wittgensteins späterem Werk wieder, und er betont häufig, daß dieses Schwanken besonders offensichtlich bei unserer Anwendung wissenschaftlicher Termini ist (*PU* § 79). In *Zettel* § 438 bemerkt er: »Es ist nichts gewöhnlicher, als daß die Bedeutung eines Ausdrucks in der Weise schwankt, daß ein Phänomen bald als Symptom, bald als Kriterium eines Sachverhalts angesehen wird!« Eine Folge dieser These ist, daß Termini, die für eine solche Schwankung empfänglich sind, keinen festen Sinn haben, oder, was die Alternative wäre, einer ständigen Bedeutungsveränderung unterliegen. Wittgenstein schlägt an der betreffenden

Stelle vor, daß das, was in dem für die Wissenschaft charakteristischen Schwanken zwischen Kriterien und Symptomen enthalten ist, ein ständiger Wechsel des Sinns ist. In der Wissenschaft ist es üblich, Phänomene, die eine genaue Messung zulassen, zu den definierenden Kriterien eines Ausdrucks zu machen. Ein Terminus, der vorher durch qualitative Kriterien bestimmt war, wird oft geändert, wenn quantitativ meßbare Zuordnungen entdeckt werden. Diese Bedeutungsveränderung bleibt gewöhnlich unbemerkt. Wird sie bemerkt, ist man geneigt, die Veränderung so zu interpretieren, daß sie die *Entdeckung* der *eigentlichen* Bedeutung des Ausdrucks enthält. Das ist natürlich eine Täuschung. Vielleicht wurde eine meßbare Quantität, z. B. Temperatur, entdeckt; vielleicht wurde eine neue Technik des Messens, z. B. diejenige durch den Thermometerstand, erfunden, aber Bedeutungen werden nicht gefunden. Solche Fortschritte in der Wissenschaft führen oft zu begrifflichen Veränderungen, Explikationen, Einführungen völlig neuer Begriffe. Das meßbare Phänomen ersetzt das nicht-meßbare als ein Kriterium für die Anwendung des betreffenden Terminus, und das nicht-meßbare Phänomen wird vielleicht zu einem Symptom. Der betreffende Terminus ändert folglich seinen Sinn.

Ein weiterer Punkt, der sich aus Wittgensteins Erörterung der Schwankung zwischen Kriterien und Symptomen ergibt, ist daher die Behauptung, daß eine Veränderung der Kriterien eine Veränderung des Sinns bedeutet. Das ist in der obigen Stelle aus *Zettel* ganz deutlich. Sowohl die Hinzufügung eines neuen Kriteriums für *»p«* als auch die Beseitigung eines bisher akzeptierten Kriteriums für *»p«* stellen eine Veränderung im Sinn von *»p«* dar[7]. Der Punkt erfährt durch andere Bemerkungen in Wittgensteins Schriften Bestätigung. Jede Veränderung der Regeln für den Gebrauch eines Terminus stellt eine Veränderung der Bedeutung dar (*PU* S. 456 Anm. b). Wenn ein Begriff ernsthafte philosophische Verwirrungen darbietet, wie es der Begriff des Bemerkens eines Aspektes tut, läßt sich das nicht durch die Einführung eines neuen, z. B. eines physiologischen Kriteriums für Sehen auflösen. Denn das verändert den fraglichen Begriff und schirmt das alte Problem vom Blick ab, statt es zu lösen (*PU* S. 524).

Man sollte jedoch hervorheben, daß das für die Wissenschaft

7 Für eine andere Auffassung siehe A. J. P. Kenny, »Criterion«, in *The Encyclopedia of Philosophy*, hrsg. von P. Edwards, Band 2.260.

charakteristische Schwanken zwischen Kriterien und Symptomen, die bei vielen wissenschaftlichen Begriffen auftretende Schwierigkeit oder Unmöglichkeit, festzustellen, was Symptom und was Kriterium ist, der ständige Wechsel im Sinn vieler wissenschaftlicher Termini, der unter dem Druck wissenschaftlicher Entdekkungen stattfindet, in der Praxis vielleicht sehr wenig ausmacht. Denn gegeben, daß sich die Reihe der Phänomene, die mit der Wahrheit von *»p«* verbunden sind, nicht verändert, d. h. die allgemeinen Zuordnungen von Evidenz *»a«* ... *»f«* bestehen, dürfte es wenig ausmachen, ob *»d«*, das auf ein Phänomen referiert, das sich, wie man herausgefunden hat, durch ein bestimmtes neues Instrument genau messen läßt, in die Liste der Kriterien *»a«* ... *»c«* für *»p«* eingeschlossen wird oder ob es als brauchbare induktive Evidenz behandelt wird, oder ob es völlig unbestimmt bleibt, ob *»d«* kriterielle oder induktive Evidenz für die Wahrheit von *»p«* ist. Man könnte sagen, daß man einen einzelnen wissenschaftlichen Terminus ohne eine festgelegte Bedeutung gebraucht, aber der Terminus ist deswegen um nichts schlechter (ebenso wie ein Tisch, der auf vier statt auf drei Beinen steht und daher manchmal wakkelt, deswegen nicht schlechter ist). Sollte man sagen, daß man dann also ein Wort gebraucht, ohne seine Bedeutung zu kennen? »Sage, was du willst«, entgegnet Wittgenstein, »solange dich das nicht verhindert, zu sehen, wie es sich verhält« (*PU* § 79).

Die Unbestimmtheit der Unterscheidung zwischen Kriterien und Symptomen ist einer der vielen Gründe für Wittgensteins ständiges, gegen Frege und den *Tractatus* gerichtetes Insistieren auf der *natürlichen* Unbestimmtheit des Sinns der Sprache. Es gibt jedoch viele andere Wege zu dieser Folgerung. Man lernt den Gebrauch eines Wortes unter bestimmten Umständen. Eine Fähigkeit, solche Umstände zu beschreiben, ist nicht selbst ein Kriterium für das Wissen der Bedeutung des Wortes. »Ich kann zwar nicht die Bedingungen aufzählen, unter denen das Wort ›denken‹ zu gebrauchen ist«, schreibt Wittgenstein, »– aber, wenn ein Umstand den Gebrauch zweifelhaft macht, so kann ich's sagen und auch, *wie* die Lage von der gewöhnlichen abweicht« (*Z* § 118). Die kriteriellen Gründe sind selbst unbestimmt, in dem Sinn, daß es viele denkbare Fälle geben könnte, die die Anwendung des fraglichen Terminus weder klar rechtfertigen noch klar ein Abstehen von seiner Anwendung rechtfertigen. Die kriteriellen Regeln, die in der sprachlichen Praxis einer menschlichen Gemeinschaft verkörpert sind, sind für Normalbedingungen zugeschnitten. Wittgenstein zieht hier eine Analogie zum Gesetz. Ein Gesetz wird, so betont er, für menschliche Wesen gegeben, und ein Jurist mag es erfolgreich auf gewöhnliche Fälle anwenden. Das Gesetz hat also seinen Gebrauch, es ist sinnvoll. Aber es setzt eine weite Reihe von Normalbedingungen voraus, an die man nicht denkt. Wenn diese zusammenbrechen, wenn das Wesen, auf das das Gesetz angewandt werden soll, ganz von gewöhnlichen menschlichen Wesen abweicht, dann wird z. B. die Entscheidung, ob er mit böser Absicht gehandelt hat, nicht nur schwierig, sondern ganz unmöglich (Z § 350). Das Gesetz wurde nicht im Hinblick auf solche Fälle gegeben (Z § 120), aber das bedeutet nicht, daß es sinnlos ist. Ebenso ist es mit kriteriellen Regeln, die den Sinn bestimmen. Ein ungenauer Begriff ist bei all seiner Ungenauigkeit ein Begriff. Eine vage Grenzlinie begrenzt ein Gebiet ebensogut wie eine genaue (*PU* §§ 71, 88). Natürlich können wir Begriffe präzisieren, sie für bestimmte technische Zwecke verfeinern (ebenso wie die Gesetzgebung damit beschäftigt ist, »heiklen Fällen« gerecht zu werden). Aber es gibt nicht *ein* Ideal der Exaktheit oder Genauigkeit. Diese Maßstäbe sind relativ, und die Ungenauigkeit eines Begriffs kann ihn für *einen* Zweck mangelhaft machen, während sie ihn für andere in keiner Weise beeinträchtigt. Es gibt im allgemeinen keine *vollständige* Liste von Kriterien. Denn nicht nur ist die Reihe der Kriterien unbestimmt, sondern Kriterien von *»p«* hängen von einer unbestimmten Reihe von Umständen ab und sind wesentlich schlagbar. Die Verhaltenskriterien für z. B. das Auftreten eines gegebenen Bewußtseinszustands sind nur in bestimmten Umständen Kriterien. Ein und derselbe Typus von Verhalten könnte unter *einem* Umstand z. B. ein Kriterium für die Anwendung *eines* psychologischen Prädikats und unter einem anderen Umstand ein Kriterium für die Anwendung eines zu diesem in keinerlei Beziehung stehenden psychologischen Terminus sein. Der Punkt wird explizit in *Zettel* vertreten:

> Das Benehmen des Schmerzes und das Benehmen der Traurigkeit. – Man kann diese nur mit ihren äußeren Anlässen beschreiben. (Wenn die Mutter das Kind allein läßt, mag es vor Trauer weinen; wenn es hinfällt, vor Schmerz.) Benehmen und Art des Anlasses gehören zusammen (Z § 492).

Aber obwohl einige Arten der Abhängigkeit von Umständen sich zufriedenstellend aufzählen lassen (z. B. »er schrie, nachdem er hingefallen war« ist ein Kriterium dafür, daß er Schmerzen hat), muß man doch die Warnung beachten, daß es keine endgültige Totalität von Bedingungen gibt, die dem entspricht, daß er Schmerzen hat. Wenn man nach einem Sturz auf der Bühne als Teil des Stückes schreit, ist das kein Kriterium dafür, daß man Schmerzen hat, sondern dafür, daß man die Rolle eines Verletzten spielt. Wenn man aber nach dem Sturz auf der Bühne, der zum Stück gehört, schreit und nach einem Arzt rufend von der Bühne hinkt, damit das verletzte Bein versorgt wird, dann ist das natürlich wieder ein Kriterium dafür, daß man Schmerzen hat. Und so weiter *ad infinitum*. Das hebt die Tatsache hervor, daß ein Kriterium dasjenige nicht impliziert, wofür es ein Grund ist. Ein Kriterium ist keine ausschlaggebende Evidenz, es kann immer zurückgewiesen werden, indem man zusätzliche Evidenz anführt, die die kriterielle Stützung schlagen wird, obwohl die kriterielle Evidenz in der Abwesenheit von sie schlagender Evidenz eine kognitive Behauptung rechtfertigt. Sie ist schlagbar, aber daß etwas schlagbar ist, impliziert nicht, daß es geschlagen wird. Es müssen Gründe für eine Zurückweisung verfügbar sein, denn eine begründete Meinung ist unschuldig, solange sie nicht als schuldig erwiesen wird.

Wittgenstein betont wiederholt die Wichtigkeit von Normalbedingungen für das Verstehen des Wesens unserer Form der Darstellung. Die Umstände, unter denen der Gebrauch eines Wortes gelernt wird, sind die gewöhnlichen normalen Umstände für seine Anwendung. Bestimmte Arten von Fragen werden normalerweise nicht gestellt. »Die Frage ›Denkt ein Fisch?‹ existiert unter seinen Sprachanwendungen nicht« (Z § 117). Was könnte, so fährt er fort, natürlicher sein als so ein Sachverhalt? Man beginnt beim Lehren der Bedeutungen der Wörter nicht mit Grenzfällen, bezüglich derer ihre Anwendbarkeit fraglich ist. Man beginnt mit paradigmatischen unstrittigen Fällen und lehrt Grenzfälle durch Bezug auf ihre Abweichung von der Norm. Ebenso würde man die Wortbedeutungen nicht in Kontexten grundlegender Verirrungen und Abnormitäten lehren; »wie man beim Schreiben eine bestimmte Grundform lernt und diese später dann variiert, so lernt man zuerst die Beständigkeit der Dinge als Norm, die dann Änderungen unterliegt« (*ÜG* § 473). In Wittgensteins wiederholtem Insistieren auf diesem Punkt, in seiner Betonung der Wichtigkeit der unbemerkten, weil völlig durchgängigen allgemeinen Naturtatsachen, kann man ein schwaches Analogon zu Kants ausgearbeitetem Argument finden, die Notwendigkeit einer universalen kausalen Gesetzmäßigkeit als eine allgemeine und grundlegende Bedingung der Möglichkeit einer konzeptualisierten Erfahrung nachzuweisen. Damit unsere Begriffe von Gegenständen greifen, einen Gebrauch haben, sind drei durchgängige Arten ineinander verwobener Regelmäßigkeiten erforderlich. Die Natur muß ein hohes Maß an Regelmäßigkeit zeigen, unsere Wahrnehmungserlebnisse müssen einen hohen Grad an regelgeleiteter Verbundenheit zeigen, und menschliche Reaktionen müssen weitgehende Übereinstimmung zeigen. »Nur in normalen Fällen ist der Gebrauch der Worte uns klar vorgezeichnet«, betont Wittgenstein (*PU* § 142). Die normalen Umstände involvieren Regelmäßigkeiten der Aufeinanderfolge und Regelmäßigkeiten des gleichzeitigen Bestehens. Psychologische Termini wie »Schmerzen«, »Furcht«, »Freude«, hängen in ihrem Gebrauch von einem regelmäßigen, charakteristischen Verhalten beseelter Lebewesen in normalen Umständen ab. Unsere Begriffe eines Gegenstandes und meßbarer Größen, Gewichte und räumlicher Entfernungen haben nur in einer Welt Anwendung, die vom Kausalgesetz durchdrungen ist. Der Sinn des Spiels hängt, so bemerkt Wittgenstein mit Bezug auf das Wiegen, davon ab, was gewöhnlich geschieht (NFL S. 287). Das Messen würde vollständig seinen gewöhnlichen Charakter verlieren, wenn die Welt so unregelmäßig wäre, daß zehn Längen von zehn Zentimetern, wenn man sie Ende an Ende aneinanderlegt, nicht gewöhnlich eine Länge von einem Meter ergäben. Unsere Begriffe des Messens und ihre apriorischen Bindeglieder *gründen* in den physikalischen und psychologischen Tatsachen, die Meßverfahren möglich machen (*BGM* S. 355). Ebenso hängen unsere sinnlichen Erfahrungen auf eine regelmäßige Weise zusammen. Wenn es so aussieht, als ob es regnet, hat man normalerweise ein Gefühl von Nässe, und wenn etwas kreisförmig scheint, fühlt es sich normalerweise rund an, wenn etwas aussieht wie eine Entfernung, dann braucht es normalerweise einige Schritte, um es zu erreichen. Auf einem solchen regelmäßigen Zusammentreffen sind unsere Begriffe von Gegenständen und unsere entsprechenden Begriffe subjektiver Erfahrungen von Gegenständen aufgebaut (*BB* S. 85). Solche Tatsachen sind nicht *Rechtfertigungen* unserer begrifflichen Strukturen, sie machen unsere Begriffe nicht auf unike Weise richtig. Die Sprache ist autonom. Aber tiefgreifende Veränderungen im normalen Ablauf der Ereignisse würden große Ausschnitte unserer Form der Darstellung nutzlos machen. Die erforderliche Übereinstimmung in der Reaktion auf äußere Stimuli wurde schon ausgiebig erörtert. Farbprädikate sind – die Idealisten, sowohl die dogmatischen wie die vorstellungstheoretischen, in Ehren – weder subjektiv noch relational. Aber sie sind wesentlich anthropozentrisch, und die Existenz einer Farbsprache hängt von der Übereinstimmung in der Reaktion auf Paradigmata ab. »Das Sprachspiel hängt von der Übereinstimmung dieser Reaktionen ab«, schreibt Wittgenstein, »d. h. sie müssen dieselben Dinge ›rot‹ nennen« (NFL S. 287). Eine solche Übereinstimmung gehört, weil sie in die Bestimmung dessen eingeht, ob jemand ein gegebenes Farbprädikat versteht, »zu dem Gerüst, von welchem aus unsere Sprache wirkt« (*PU* § 240). Das »Sprachspiel« funktioniert nur, wenn die Übereinstimmung in der Reaktion auf farbige Gegenstände vorherrscht, obwohl die Übereinstimmung natürlich nicht in das Spiel eingeht; sie gehört nicht zum Begriff einer bestimmten Farbe (*Z* § 430). »Rot« bedeutet nicht »was die meisten Leute ›rot‹ nennen«. Die Sache ist vielmehr die, daß dieser bestimmte Ausschnitt der Sprache, das Farbvokabular, seinen Gebrauch verlieren würde, wenn die meisten Leute nicht dieselben Dinge »rot« nennen würden.

Man kann sich leicht die Arten radikaler Zusammenbrüche von Normalbedingungen vorstellen und ausarbeiten, »die uns an allem Urteilen irre werden ließen« (*Z* § 393). Wenn jedesmal, wenn ich aus dem Fenster meines Zimmers sähe, eine ganz andere Umgebung zu sehen wäre, wenn Magrittes still alptraumhafte Gemälde Aufzeichnungen gewöhnlicher Erfahrungen wären, wenn Tiere sprechen würden, während Menschen bellten und miauten, wäre man geneigt zu denken, man habe den Verstand verloren, und dadurch würde man seine Unfähigkeit ausdrücken, zu urteilen. Je abnormer die Dinge werden, um so zweifelhafter wird es, was wir sagen sollen. »Würde, was Regel ist, Ausnahme und was Ausnahme, zur Regel; oder würden beide Erscheinungen von ungefähr gleicher Häufigkeit – so verlören unsere normalen Sprach-

spiele damit ihren Witz« (*PU* § 142). Das Wiegen von Dingen verlöre seinen Witz in einer Welt, in der Materialstücke auf einer Waage plötzlich ohne offensichtlichen Grund schrumpften oder anwüchsen (ebenda), oder wo sie, obwohl sie Größe und Form behielten, zu verschiedenen Zeitpunkten ohne auffindbaren Grund verschiedene Gewichte hätten (NFL S. 287 Anm.). Wir wenden unsere Farbprädikate unter bestimmten Normalbedingungen an. Gegenstände behalten im großen und ganzen eine Zeitlang ihre Farbe, und die Farburteile der meisten Leute stimmen überein. Wäre das nicht so, würden die Gegenstände dauernd ihre Farbe wechseln, wären Leute in ihren Farburteilen auf eine völlig unregelmäßige Weise uneins, dann könnten wir, so legt Wittgenstein dar, »unsere Bedeutung« von »rot«, »blau« usw. nicht beibehalten. Natürlich unterliegen wir der Täuschung, daß das Wort, wenn es einmal »an einem bestimmten persönlichen Erlebnis festgemacht ist«, seine (subjektive) Bedeutung beibehalten wird, komme, was wolle. Aber zu sagen »›Rot zu sehen‹ bedeutet ein bestimmtes Erlebnis« ist nutzlos, wenn man es nicht dadurch abstützen kann, daß man sagt »nämlich dieses«, und dabei auf einen intersubjektiven Gegenstand zeigen kann. Ein mentales Muster kann nicht den Dienst eines wirklichen erfüllen (NFL S. 287 ff.).
Der wichtige Punkt, der bezüglich solcher Phantasien oder »künstlicher Naturgeschichten« zu beachten ist, ist, daß es keine scharfe Grenzlinie zwischen derartigen radikalen Zusammenbrüchen und den Normalbedingungen gibt, in denen wir die Sprache gebrauchen. Bis zu einem gewissen Punkt werden anscheinende Unregelmäßigkeiten zweifellos unter den Teppich gekehrt. Wenn ein Körper sein Gewicht ändert, suchen wir nach der Ursache der Veränderung. Selbst wenn wir sie uns nicht erklären können, sagen wir nicht, daß das Wiegen seinen Sinn verloren hat. Die Durchgängigkeit der kausalen Gesetzmäßigkeit leitet immer noch unsere Suche, denn unsere Begriffe von Gegenständen gründen darin. Unser Begriff des Gewichts ist so beschaffen, daß eine Veränderung des Gewichts eine weitere zugeordnete Veränderung erfordert. Ist jedoch ein exzessives Ausmaß an Regellosigkeit gegeben, dann wird unser Begriff des Gewichts nutzlos. Wir würden das »Spiel des Wiegens« aufgeben (NFL S. 287). Es besteht so eine fließende Abstufung, ausgehend von Ausnahmen, die auf Treu und Glauben unbeachtet bleiben, zu einem Zögern über die Anwendbarkeit

oder Nicht-Anwendbarkeit eines Ausdrucks und von hier aus dazu, daß ein Terminus als nutzlos aufgegeben wird. Dieses Fehlen einer scharfen Grenzlinie zeigt nicht eine Inadäquatheit unserer Begriffe an. Wenn das, was wie ein Sessel aussah, plötzlich verschwinden würde, wenn wir uns ihm näherten, eine Minute darauf wieder erscheinen würde und wir uns daraufsetzen könnten, verschwinden würde, wenn wir aufstünden usw., dann wüßten wir nicht, was wir sagen sollten[8]. Aber es ist kein Mangel eines Terminus, daß er nicht mit Vorkehrungen dafür ausgerüstet ist, mit Umständen fertigzuwerden, die nie entstehen. Daß es keine Regelung dafür gibt, ob man behaupten oder leugnen soll, daß der betreffende Gegenstand ein Sessel war, bedeutet nicht, daß das Wort »Sessel« keinen Sinn hat. Termini, deren Sinn durch vielfache Kriterien bestimmt ist, werden so gebraucht, wie sie gebraucht werden, und haben den Sinn, den sie haben, weil diese vielfachen Kriterien normalerweise zusammentreffen. Aber man kann sich leicht eine Divergenz zwischen den verschiedenen Kriterien vorstellen. Wir haben bereits Wittgensteins Erörterung der verschiedenen »Geometrien« untersucht, die Erben unseres Begriffs einer Person sein könnten, wenn die vielfachen Kriterien der Identität der Person nicht mehr in allen normalen Fällen zusammentreffen würden[9]. Aber daß unser gegenwärtiger Gebrauch des Ausdrucks »dieselbe Person« keine Regelung dafür bereitstellt, was man sagen soll, wenn Erinnerung, äußere Erscheinung, eigentümliche Verhaltensmerkmale, Charakter usw. auseinanderfielen, hat nicht zum Ergebnis, daß dieser Gebrauch mangelhaft ist. Auf den ersten Blick scheint uns eine Untersuchung derartiger imaginärer Beispiele von Zusammenbrüchen von Normalbedingungen aufzufordern, das Gesetz vom ausgeschlossenen Dritten anzurufen. Denken Fische? Wir antworten intuitiv – entweder sie denken oder sie denken nicht, es gibt keine andere Alternative; wie wir es feststellen, ist irrelevant. Es könnte sein, daß wir nicht in der Lage sind, einen gegebenen Stab zu messen oder ein gegebenes Stück Käse zu wiegen, aber entweder hat es die und die Länge oder Gewicht, oder es hat sie nicht. »Man ist«, bemerkt Wittgen-

8 *PU* § 80; vgl. mit J. L. Austins berühmtem Dompfaff-Beispiel in »Other Minds«, *Philosophical Papers,* hrsg. von J. O. Urmson und G. J. Warnock, Oxford 1961, S. 51 ff.
9 Siehe oben Kap. VII, S. 278 f.

stein, »geneigt zu sagen: ›Es regnet, oder es regnet nicht – wie ich das weiß, wie mich die Kunde davon erreicht hat, ist eine andere Sache‹« (*PU* § 356). So liegen unsere Neigungen, und diese Neigungen sind es, von denen Wittgenstein uns zu befreien sich bemüht. Das Gesetz vom ausgeschlossenen Dritten versieht uns, so betont Wittgenstein wiederholt, mit einem *Bild* (*PU* § 352; *BGM* S. 268). Das Bild oder Modell erscheint oberflächlich attraktiv und klar. In der Fortsetzung von π kommen entweder vier aufeinanderfolgende Siebener vor oder nicht. Wenn auch wir es nicht sehen, Gott sieht es. Wir gebrauchen das Bild einer sichtbaren Reihe, die in die Ferne entschwindet. Wir können nicht sehen, wie es sich jenseits des für uns sichtbaren Bereichs verhält, aber, so denken wir, es kann gesehen werden. Ein anderer hat entweder ein Erlebnis der und der Art, oder er hat es nicht (*PU* § 352). Wir wissen es vielleicht nicht, aber sicher muß *er* es wissen. Es scheint, als ob dieses Bild eine Lösung liefert. Aber es hat keine Anwendung (vgl. NFL S. 285 Anm.). Die Negation eines Kriteriums für *»p«* ist nicht ein Kriterium für die Negation von *»p«*, und das Wahrnehmungsmodell der Introspektion ist irrig. Die Begriffe von unendlichen Dezimalbrüchen in mathematischen Sätzen sind nicht Begriffe von Reihen, sondern von der unbegrenzten Technik des Entwickelns von Reihen (*BGM* S. 278 f.). Es ist sowohl überraschend als auch mißlich, daß Wittgenstein in seinen allgemeinen philosophischen Schriften der späteren Periode (im Gegensatz zu seinen Aufzeichnungen über die Philosophie der Mathematik) so wenig explizite Aufmerksamkeit auf die Verzweigungen richtete, die der Begriff eines Kriteriums im Hinblick auf das Gesetz vom ausgeschlossenen Dritten besitzt. Gegeben, daß es vielfache Kriterien für die Anwendung eines Ausdrucks gibt, daß Kriterien anstelle von Wahrheitsbedingungen den Sinn bestimmen, daß die kriterielle Relation die einer notwendig brauchbaren Evidenz und damit schwächer als die Implikation ist, daß die Liste der Kriterien und der Bedingungen ihrer Schlagbarkeit unbestimmt ist, dann muß, so scheint es, unser Festhalten am Gesetz vom ausgeschlossenen Dritten geprüft werden.

Wittgensteins Einführung des Begriffs eines Kriteriums mit dem Angina-Beispiel legte natürlich nahe, daß es *ein* definitives und ausschlaggebendes Kriterium für die Anwendung von »So-und-so hat Angina« gibt. Aber auf derselben Seite spricht er von verschiedenen Kriterien dafür, daß jemand Zahnschmerzen hat, ein Beispiel, das in späteren Abschnitten des Buches wiederkehrt (*BB* S. 81–87). Ähnlich wird in seinen Untersuchungen der Relation zwischen der sinnlichen Erfahrung und der Erkenntnis von Gegenständen die Verschiedenheit und Vielzahl von Kriterien betont (*BB* S. 84 f.). In der Erörterung der Identität der Person (*BB* S. 98) hebt Wittgenstein hervor, daß viele Merkmale als Kriterien für »dieselbe Person« gebraucht werden. Im *Braunen Buch* wird dieser Punkt ganz eindeutig hervorgehoben (z. B. *BB* S. 150, S. 135 [engl. Ausgabe], S. 144 [engl. Ausgabe]), ebenso in den *Untersuchungen* (z. B. *PU* §§ 141, 164, 182, 404 usw.) und in *Zettel* (§§ 438, 472 ff.). Es bleibt jedoch unklar, ob alle Ausdrücke, deren Sinn durch Kriterien für ihre Behauptung gegeben wird, vielfache Kriterien haben. In einer regelgeleiteten geordneten Welt treffen die verschiedenen Kriterien für Ausdrücke, die vielfache Kriterien haben, normalerweise zusammen. Daß wir unsere Ausdrücke gebrauchen, wie wir sie gebrauchen, ist ein Ergebnis hiervon (*BB* S. 85, 98, 101). Natürlich sind die verschiedenen Kriterien, die wir als Rechtfertigung für die Anwendung eines Terminus akzeptieren, nicht immer zusammen exemplifiziert. Sie brauchen das auch nicht zu sein, um den Gebrauch des Ausdrucks zu rechtfertigen, für den sie Kriterien sind. Daß man in den geeigneten Umständen schreit, ist ein Kriterium für Schmerzen, aber es wäre ebenfalls ausreichend, daß man Grimassen zieht oder die Zähne zusammenbeißt usw. Daß die letzteren Kriterien bei Abwesenheit des ersteren ausreichen, ist kein Fall von sich widerstreitenden Kriterien. Erstaunlicherweise findet sich bei Wittgenstein keine durchgehaltene Erörterung des Widerstreits von Kriterien. Im *Blauen Buch* legt er nahe, daß einige Arten von Konflikten auftreten und daß sie sich beilegen lassen. Daß es so und so aussieht, könnte im Widerstreit dazu stehen, daß es sich anders anfühlt (*BB* S. 86), und die letztere Evidenz könnte uns veranlassen, unser Urteil über das Objektive zurückzuziehen. In den *Untersuchungen* weist er darauf hin, daß die Erinnerung, daß es sich so und so verhält, zwar ein Kriterium, aber nicht notwendig »der oberste, inappellable Schiedsspruch« ist (*PU* § 56). Es scheint also, daß, während scharfe Konflikte uns unschlüssig machen und drohen könnten, unsere Begriffe nutzlos zu machen, bestimmte Arten von Konflikten durch die Regeln der Evidenz und die Bedingungen für die Schlagbarkeit, die in unserer sprachlichen Praxis enthalten sind, geplant sind. Es ist klar, daß dies ein Gebiet ist, welches einer weiteren Untersuchung bedarf.

Der Gegensatz zwischen Wittgensteins späterer Auffassung von Bedeutung und der realistischen Semantik des *Tractatus* reicht tief[10]. Die Hauptlinien der Verschiedenheit lassen sich auf der Basis der vorhergehenden Untersuchungen skizzieren. Wo der Realist den Sinn in der Begrifflichkeit von Wahrheitsbedingungen erklärt, schlägt Wittgenstein jetzt vor, daß der Sinn in der Begrifflichkeit des Gebrauchs oder der Anwendung zu erklären ist, wozu als spezieller Fall die Erklärung in der Begrifflichkeit von Kriterien gehört. Wo der Realist an der Bestimmtheit des Sinns als eines *sine qua non* von Begriffen festhielt, weist Wittgenstein das als eine Täuschung zurück. Folglich wird das Gesetz vom ausgeschlossenen Dritten, das vom Realisten als ein grundlegendes »Denkgesetz« angenommen wurde, als irreführendes Bild oder Modell fallengelassen. So wird auch Freges Platonismus in der Mathematik durch Wittgensteins radikalen Konstruktivismus ersetzt, und die Suche nach Grundlagen für die Mathematik wird aufgrund der Autonomie der Mathematik aufgegeben. Wo der Realist das, was im Wissen oder Verstehen des Sinns eines Satzes involviert ist, in der Begrifflichkeit dessen, was der Fall sein muß, damit er wahr ist, zu erklären versucht, erklärt Wittgenstein unseren Besitz von Begriffen in der Begrifflichkeit unserer Fähigkeit zur Anwendung von Ausdrücken, unserer Kenntnis der Kriterien, die ihre Behauptung auf nicht-induktive Weise rechtfertigen. Während für den Realisten die Wahrheit oder Falschheit eines Satzes gänzlich unabhängig von unserer Erkenntnis oder der Möglichkeit unserer Erkenntnis ist, behauptet Wittgenstein jetzt, daß Wahrheit und Falschheit zwar zu unserem Begriff eines Satzes »gehören«, aber daß sie nicht zu ihm »passen« (*PU* § 136). Da der Sinn durch die Bedingungen möglicher Erkenntnis bestimmt ist, lassen sich Wahrheit und Falschheit nicht als unabhängig von unserer Fähigkeit zur Erkenntnis verstehen.

Vom Standpunkt erkenntnistheoretischer und metaphysischer Themen, die der Hauptgegenstand der Untersuchung in dieser

10 Siehe M. Dummett, »The Reality of the Past«, für eine Kontrastierung zwischen Realismus und Anti-Realismus. Überraschenderweise macht Dummett nichts aus dem Begriff eines Kriteriums.

Studie waren, ergeben sich die wichtigsten Gegensätze daraus, daß die induktiv-deduktiv-Dichotomie, mit der die klassische Erkenntnistheorie zu arbeiten hatte, durch kriterielle Bindeglieder ersetzt wird. Das stellt zusammen mit dem Prinzip der Natürlichen Epistemischen Gerechtigkeit die Quelle für Wittgensteins Hauptbeitrag zur Erkenntnistheorie und der Metaphysik der Erfahrung dar.

4. Anwendungen: eine Rekapitulation

Das zentrale Anliegen des *Tractatus* war es gewesen, die Grenzen des Sinns festzulegen. Die Erkenntnistheorie wird gewissermaßen in die angewandte Philosophie verwiesen. Sicherlich ergeben sich wichtige erkenntnistheoretische Lehren aus den Ergebnissen der zentralen Bemühung, denn Wittgenstein zieht die Folgerung, daß es keine ethische, ästhetische oder religiöse Erkenntnis geben kann. Aber im allgemeinen begnügt er sich damit, die Grenzen der Verständlichkeit festzusetzen und dadurch der möglichen Erkenntnis eine äußere Grenze zu setzen, und untersucht nicht die allgemeine Frage, ob die Grenzen der Erkenntnis enger sind als die Grenzen des Sinns oder mit ihnen koextensiv sind. In seiner späteren Philosophie beschäftigt Wittgenstein sich immer noch damit, die Grenzen des Sinns festzusetzen, die Philosophie und die Metaphysik zu lehren, sich in ihrem zügellosen Ehrgeiz nicht zu übernehmen. Aber jetzt ist das Festsetzen der Grenzen der Erkenntnis nicht mehr ein zufälliges Nebenprodukt der Untersuchung. Im Gegenteil, der kriteriellen Semantik zufolge bestimmen die Grenzen möglicher Erkenntnis die Grenzen des Sinns. Denn der Sinn eines Ausdrucks ist durch die Bedingungen bestimmt, die seine Behauptung rechtfertigen und die einen kognitiven Anspruch legitimieren. Ein Kriterium, das die Bedeutung bestimmt, gibt *eine* Art von Antwort auf die Frage »wie weißt du es?«. Auf diese Weise wird die Erkenntnistheorie ins Herz der philosophischen Logik zurückgeholt, ohne daß jedoch den psychologischen Logikern irgendwelche ungebührlichen Zugeständnisse gemacht werden.

Die auffallendste allgemeine Neuorientierung, die Wittgensteins kriterielle Semantik in der Erkenntnistheorie zustandebringt, ist die Aufstellung des Prinzips der Natürlichen Epistemischen Gerechtigkeit. Für den Skeptiker, das traditionelle *bête noire* der Nach-

Cartesischen Philosophie, ist eine Meinung schuldig, solange sie nicht als unschuldig erwiesen wird. Für Wittgenstein ist, wie wir gesehen haben, eine kriteriell begründete Meinung unschuldig, solange sie nicht als schuldig erwiesen wird. Die Beweislast wird dem skeptischen Herausforderer zugeschoben. Wittgenstein drückt diesen Punkt bündig in *Über Gewißheit* aus:

Die Frage des Idealisten wäre etwa so: »Mit welchem Recht zweifle ich nicht an der Existenz meiner Hände?« (Und darauf kann die Antwort nicht sein: »Ich *weiß*, daß sie existieren.«) Wer aber so fragt, der übersieht, daß der Zweifel an einer Existenz nur in einem Sprachspiel wirkt. Daß man also erst fragen müsse: Wie sähe so ein Zweifel aus? und es nicht so ohne weiteres versteht (*ÜG* § 24).

Zweifeln ist, was der Skeptiker sich zu erkennen weigert, eine parasitäre Tätigkeit. Die Rechtfertigung für Wittgensteins Neuorientierung der Erkenntnistheorie liegt in dem Prinzip, daß der Zweifel die Möglichkeit von Gewißheit voraussetzt. Die Gründe für dieses Prinzip sind in der Tatsache zu finden, daß das Zweifeln sich auf die Wahrheit eines Satzes richtet und daß das, wenn der Zweifel verständlich sein soll, erfordert, daß das Bezweifelte Sinn hat. Das wiederum erfordert eine Erklärung des Sinns. Solange die Erkenntnistheorie eine realistische Auffassung der Bedeutung für selbstverständlich hielt, solange angenommen wurde, daß eine adäquate Erklärung des Sinns eines Satzes durch seine Wahrheitsbedingungen gegeben wird, solange konnte der Skeptiker nicht verscheucht werden. Denn nach einer realistischen Ansicht ist der Sinn unabhängig von den Bedingungen möglicher Erkenntnis. Aber im Falle von Begriffen, deren Sinn durch ihre Kriterien gegeben wird, wird der Skeptiker gezwungen zurückzuweichen. Und es ist genau dieser Typus von Begriffen, der für die Sache des Skeptikers entscheidend ist. Denn der Skeptiker kann den Begriff eines Zweifelns, ob *»p«* wahr ist, nur verständlich machen, indem er eine Erklärung des Sinns von *»p«* gibt. Und eine solche Erklärung läßt sich nicht mehr in der Begrifflichkeit der Wahrheitsbedingungen von *»p«* geben, sondern muß dadurch gegeben werden, daß man die Kriterien angibt, die die Behauptung von *»p«* rechtfertigen würden und die uns in der Abwesenheit besonderer Gründe für einen Zweifel rechtfertigen würden, *»p«* mit Gewißheit zu behaupten.

Wittgenstein setzt das neue Werkzeug der Analyse in verschiedenen Gebieten ein, obwohl das Ausmaß an Aufmerksamkeit, das sie jeweils erhalten, stark variiert. Den Löwenanteil erhält seine Erklärung des logischen Wesens psychologischer Begriffe. Die Untersuchung der Begriffe der Fähigkeit, Potentialität usw. wird ebenfalls in einiger Ausführlichkeit mit Hilfe des Begriffs eines kriteriellen Bindeglieds durchgeführt. Hier konzentriert sich Wittgensteins Aufmerksamkeit auf mentale Fähigkeiten, aber seine Untersuchung erstreckt sich auch auf physische Fähigkeiten und die Vermögen lebloser Gegenstände. Ein drittes Gebiet von großem philosophischem Interesse, das er im *Blauen Buch* relativ ausführlich, in späteren Schriften aber nur sehr selten berührt, ist die Beziehung zwischen Sinnesdaten und Gegenständen oder, anders ausgedrückt, zwischen subjektiver Erfahrung und objektiven Einzeldingen. Schließlich scheint er, wie durch den wiederholten Bezug auf naturwissenschaftliche Begriffe zur Exemplifikation der Schwankung zwischen Kriterien und Symptomen nahegelegt wird, gedacht zu haben, daß der Begriff eines Kriteriums sich auch in diesem Gebiet fruchtbar anwenden lassen könnte. Wittgenstein jedoch scheint das nicht versucht zu haben.

Obwohl Wittgensteins Untersuchungen von Vermögen und Fähigkeiten von beträchtlicher Wichtigkeit sind, indem sie den ersten größeren Angriff auf dieses schwierige Thema seit Locke darstellen, fallen sie aus dem Hauptanliegen dieser Studie heraus und werden überhaupt nicht erforscht werden. Ich werde auch nicht versuchen, seine umfassende Behandlung psychologischer Begriffe im allgemeinen zu untersuchen. Vielmehr werde ich seine Anwendung des Begriffs eines Kriteriums im Bereich der Metaphysik der Erfahrung rekapitulieren, um seine Untersuchungen psychologischer Begriffe teilweise zu exemplifizieren, und ich werde einige allgemeine Schwierigkeiten zu erheben versuchen, die eine angemessene Explikation der kriteriellen Relation beantworten muß.

Negativ betrachtet, versetzt die neue semantische Erklärung Wittgenstein in die Lage, den Behaviorismus auf der einen Seite und den Idealismus, Phänomenalismus und Solipsismus auf der anderen zu widerlegen. Der Behaviorist erkennt zu Recht, daß psychologische Begriffe nicht unabhängig von Verhaltensbegriffen sind. Er denkt zu Unrecht, daß psychologische Begriffe auf die eine oder andere Weise auf Verhaltensbegriffe *reduzierbar* sind. Der Terminus »Zahnschmerzen« hätte keinen Sinn, wenn er völlig von

Verhaltenskriterien getrennt wäre. Wir haben den Begriff dadurch erworben, daß wir – unter anderem – lernten, welches Verhalten »Äußerung von Zahnschmerzen« genannt wird. Aber natürlich hat man nicht gelernt, daß »Zahnschmerzen« »Äußerung von Zahnschmerzen« bedeutet (NFL S. 293). Der Idealist, der Phänomenalist und der Solipsist betonen zu Recht die Unmittelbarkeit der Selbstzuschreibung von Erfahrung. Weder mache ich die Bekundung, daß ich Schmerzen habe, aufgrund dessen, daß ich mich auf eine bestimmte Weise verhalte, noch rechtfertige ich sie dadurch. Aber ich mache oder rechtfertige meine Bekundung auch nicht auf der Grundlage von Kriterien des inneren Sinns, wie er nach dem Wahrnehmungsmodell der Introspektion aufgefaßt wird. Wenn das Argument gegen die Möglichkeit einer Privatsprache richtig ist, kann die idealistische Erklärung der unmittelbaren Selbstzuschreibung von Erfahrung nicht richtig sein. Nach derselben Hinsicht muß die idealistische Reduktion des Materiellen auf das Mentale fehlgeleitet sein.

Zu einem konstruktiven Gebrauch eingesetzt befähigt der Begriff eines kriteriellen Nexus Wittgenstein dazu, seine Erklärung der Bedingungen der Möglichkeit der Selbstzuschreibung von Erfahrung zu geben, eine Erklärung, die, wenn die Argumente des vorhergehenden Kapitels überhaupt eine Richtigkeit haben, nicht völlig befriedigend ist. Er spielt die Hauptrolle in seiner Lösung des Problems der Erkenntnis des Bewußtseins anderer. Schließlich spielt er eine etwas ungewisse Rolle in Wittgensteins fragmentarischer Antwort auf das Problem unserer Erkenntnis von Gegenständen und der Relation zwischen Sätzen über Wahrnehmungserlebnisse und Sätzen über objektive Einzeldinge.

Zweifellos gibt es sehr viele Probleme und Schwierigkeiten, die eine angemessene Logik der Kriterien lösen und überwinden muß. In denjenigen Gebieten der Philosophie, mit denen wir uns beschäftigt haben und in denen Wittgenstein seine neue Auffassung der Bedeutung auf einige der klassischen Probleme der Metaphysik der Erfahrung anwendete, erhebt sich eine begrenztere Reihe von Schwierigkeiten. Es lohnt sich, sie kurz auszuarbeiten, als eine Spezifikation eines Teils der Schulden, die jeder Anhänger von Wittgensteins Begriff von Kriterien und jeder Anhänger seiner Vorschläge in der Metaphysik der Erfahrung notwendig auf sich nimmt und früher oder später abtragen muß.

Die Hauptprobleme, die wir in unseren vorhergehenden Erforschungen des Wittgensteinschen Beitrags zur Metaphysik der Erfahrung antrafen, treten im Verlauf des Versuchs auf, die ineinander verwobenen Stränge der Probleme des Selbstbewußtseins, der Erkenntnis des Bewußtseins anderer und der Erkenntnis von Gegenständen zu entwirren. Die Selbstzuschreibung der Erfahrung ist kriterienlos. Demnach ist es alles andere als offensichtlich – besonders wenn die Lehre der Bekundungen in der Tat zurückgewiesen werden sollte –, daß psychologische Sätze in der ersten Person Präsens keinen Sinn haben. Also muß eine Erklärung des Sinns solcher Sätze gegeben werden. Es ist jedoch klar, daß dies nicht die einzige Art von Sätzen ist, die ohne Gründe behauptet werden. Denn der Gebrauch von bestimmten Werten von wahrnehmungsmäßigem Bestimmbarem involviert keine Kriterien, sondern vielmehr die kriterienlose Ausübung einer Fähigkeit des Erkennens zusammen mit einer sprachlichen Fähigkeit. Man kann die Behauptung »dies ist rot« nicht durch Bezug auf kriterielle Evidenz rechtfertigen. Man kann nur antworten »ich spreche Deutsch« und dazu übergehen zu zeigen, nicht wie man weiß, daß dieses Ding rot ist, sondern daß man weiß, was »rot« bedeutet; und das geschieht dadurch, daß man auf ein Muster zeigt. Daß man auf ein Muster zeigt, um das zu zeigen, ist nicht ein Kriterium dafür, daß der Gegenstand rot ist, sondern dafür, daß jemand die Bedeutung von »rot« versteht. Man könnte geneigt sein zu argumentieren, daß, weil Kriterien grob gesprochen die Umstände sind, in denen wir einen Ausdruck anwenden lernen, das Kriterium dafür, daß ein Gegenstand rot ist, ist, daß er rot scheint. Denn wir lernen einen Gegenstand »rot« nennen, wenn er unter normalen Bedingungen rot scheint. Aber obwohl das »rot scheinen« in einer nicht-kontingenten Relation zum »rot sein« steht, scheint es, daß Wittgenstein den Sinn von »es scheint ihm rot« in der Begrifflichkeit von den Kriterien für das visuelle Erlebnis zusammen damit, daß man unter normalen Bedingungen einem roten Gegenstand gegenübersteht, erklären will.

Eine der auffallendsten Divergenzen zwischen der Erörterung von Kriterien im *Blauen Buch* und späteren Erörterungen hängt an genau diesem Punkt. Im *Blauen Buch* legt Wittgenstein explizit dar, daß es zur Grammatik von Sätzen über physikalische Gegenstände gehört, daß sie eine Vielzahl von kriterieller Evidenz zulassen. Es scheint, daß er immer noch dachte, daß der Sinn eines Satzes über physikalische Gegenstände durch eine Angabe von Sätzen über Sinnesdaten gegeben werden könnte[11], deren Wahrheit seine Behauptung rechtfertigt. Die allgemeine These war, daß meine Behauptungen über meine subjektive Erfahrung Kriterien für die Wahrheit entsprechender Sätze über physikalische Gegenstände sind. Diese Argumentationslinie verschwindet praktisch in den folgenden Werken, und das Thema wird nie frontal in Angriff genommen. Die einzig signifikante explizit für dieses Thema relevante Bemerkung in den *Untersuchungen* findet sich in § 354:

Das Schwanken in der Grammatik zwischen Kriterien und Symptomen läßt den Schein entstehen, als gäbe es überhaupt nur Symptome. Wir sagen etwa: »Die Erfahrung lehrt, daß es regnet, wenn das Barometer fällt, aber sie lehrt auch, daß es regnet, wenn wir bestimmte Gefühle der Nässe und Kälte haben, oder den und den Gesichtseindruck.« Als Argument dafür gibt man dann an, daß diese Sinneseindrücke uns täuschen können. Aber man bedenkt dabei nicht, daß die Tatsache, daß sie uns gerade den Regen vortäuschen, auf einer Definition beruht.

Es scheint, daß Wittgenstein ziemlich dieselbe Haltung gegenüber dem Problem der Evidenzrelation zwischen Sätzen über Sinnesdaten und Sätzen über physikalische Gegenstände einnimmt wie im *Blauen Buch*. Es ist klar, daß er leugnet, daß es sich um eine Symptom-Relation handelt, und es ist ebenso klar, daß der Satz über den Sinneseindruck wahr sein könnte, während der Satz über das Objektive falsch ist. Das legt tatsächlich eine kriterielle Relation nahe. Aber vielleicht ist die Geschichte komplizierter. Wir sollten uns durch eine rätselhafte Bemerkung in dem unvollendeten zweiten Teil der *Untersuchungen* warnen lassen:

Es ist hier wie mit dem Verhältnis: physikalischer Gegenstand und Sinneseindrücke. Wir haben hier zwei Sprachspiele, und ihre Beziehungen zueinander sind komplizierter Art. – Will man diese Beziehungen auf eine *einfache* Formel bringen, so geht man fehl (*PU* S. 491).

Wenn wir an die zuvor zitierte Stelle in *Zettel* denken[12], ist es klar, daß die Bemerkung »man bedenkt dabei nicht, daß die Tatsache, daß sie uns gerade den Regen vortäuschen, auf einer

11 Es ist überraschend, daß er »Er sieht ihn sich bewegen«, »Er sagt mir, daß er sich bewegt« ebenso als Kriterien für »mein Finger bewegt sich« erwähnt wie »Ich sehe ihn sich bewegen«, »ich fühle ihn sich bewegen« (*BB* S. 84 f.).

12 Siehe oben Kap. IX, S. 370 ff.

Definition beruht« (*PU* § 354) vereinbar damit ist, daß man leugnet, daß »es scheint mir visuell, daß es regnet« ein *Kriterium* für »es regnet« ist. Denn man könnte durchaus argumentieren, wie Wittgenstein es in *Zettel* tut, daß der Sinn des letzteren Satzes dem des ersteren logisch vorausgeht, daß sich ein Sinneseindruck nur insofern als ein Sinneseindruck von Regen identifizieren läßt, als der Begriff des Regens schon verfügbar ist, und daß die Kriterien für »es scheint ihm, daß es regnet« »es regnet« einschließen und nicht umgekehrt. Das Problem, das sich stellt, ist daher das schon zuvor angetroffene. Ist es mit der neuen semantischen Theorie vereinbar zu argumentieren, daß »es scheint mir, als ob so-und-so« apriorische Evidenz für »es verhält sich so und so« ist – wie Wittgenstein anscheinend hier vorschlägt –, und gleichzeitig nicht zu argumentieren, sondern vielmehr zu leugnen, daß es zum *Sinn* des letzteren Satzes gehört, daß die Behauptung des ersteren Evidenz für ihn ist?

Diese Argumentationsweise scheint Wittgensteins späterem Denken viel näher zu kommen als die ursprüngliche Interpretation. Sie befindet sich in Übereinstimmung mit seinem ständigen Insistieren darauf, daß die Erkenntnis keine Grundlagen hat, daß die Gründe in der Handlung und nicht in der Intuition an ein Ende kommen. Denn wenn der Sinn eines Satzes über Sinnesdaten oder über subjektive Wahrnehmungserlebnisse durch die Angabe der Kriterien gegeben wird, die ein Verhalten einschließen, das ein Erkennen des geeigneten Wahrnehmungsgegenstandes manifestiert, und damit eine Angabe des gegebenen Wahrnehmungsgegenstandes einschließt, dann kommt in *einem* Sinn die Rechtfertigung in einer Handlung an ein Ende – in unserem sprachlichen Verhalten. Denn obwohl wir natürlich genau die Dinge »rot« nennen lernen, die uns rot scheinen, beruht das Spiel auf unserem Verhalten, darauf, daß wir solche Dinge »rot« nennen, daß wir »rot« nennen, was alle anderen »rot« nennen, und nicht auf einer intuitiven Erkenntnis wie »es scheint mir rot«. Denn der letztere Satz setzt voraus, daß »rot« einen Sinn hat, und kann daher nicht über den kriteriellen Nexus zum Sinn von »es ist rot« gehören. Obwohl also die Rechtfertigung in einem gewissen Sinn bis zur Behauptung von Sätzen über subjektive Erscheinungen zurückgehen könnte, finden wir hier nicht einen festen Pfeiler, auf dem der Überbau der Erkenntnis sowohl wie der Sprache sicher ruhen könnte. Wir finden die Täuschung einer solchen Grundlage, die bei näherer Prüfung gleichsam eine baumelnde Schlinge zeigt, die nichts stützt, sondern vom Grundgestein des Sprachverhaltens der Menschheit herunterhängt.

Die Begründung aber, die Rechtfertigung der Evidenz kommt zu einem Ende; – das Ende aber ist nicht, daß uns gewisse Sätze unmittelbar als wahr einleuchten, also eine Art *Sehen* unsrerseits, sondern unser Handeln, welches am Grunde des Sprachspiels liegt (*ÜG* § 204).

Sätze, die subjektive Erscheinungen beschreiben, liefern keine Grundlagen, denn ihr Sinn hängt parasitär vom Sinn von Sätzen über das Objektive ab. Obwohl eine Bekundung eines Wahrnehmungserlebnisses das Ende einer Rechtfertigungskette bilden könnte, trägt ihr Sinn nicht zum *Sinn* dessen bei, was sie stützt. Im Gegenteil hat sie ihren bestimmten Sinn deswegen, weil der Satz über das Objektive einen festgesetzten Sinn hat. Der Gebrauch der Sprache in Anwendung auf das Objektive ist primär und geht seinem Gebrauch zur Angabe von Erlebnissen des Objektiven, seien es die eigenen oder diejenigen anderer, logisch voraus. Gemeinsame Fähigkeiten des Erkennens, angeborene Neigungen zur Nachahmung, gemeinsame primitive Reaktionen und Abrichtung in festgelegten Konventionen untermauern unsere »Sprachspiele«. Diese werden in ihrer Anwendung auf das Objektive gelehrt und gelernt. Die »neuen Gelenke« werden später hinzugefügt.

Wir lernen die Praxis des empirischen Urteilens nicht, indem wir Regeln lernen; es werden uns *Urteile* beigebracht und ihr Zusammenhang mit andern Urteilen. *Ein Ganzes* von Urteilen wird uns plausibel gemacht.
Wenn wir anfangen, etwas zu *glauben*, so nicht einen einzelnen Satz, sondern ein ganzes System von Sätzen. (Das Licht geht nach und nach über das Ganze auf.) (*ÜG* §§ 140–1.)

Wenn Wittgensteins Vorschläge, wenn sie auf die Weise interpretiert werden, die in diesem Buch vorgeschlagen wurde, einleuchtend erscheinen, dann ist die Ausarbeitung der Rolle der kriteriellen Relation in unserer allgemeinen Auffassung von Bedeutung dringend erforderlich. Denn die Lösungen, die Wittgenstein für die zentralen Probleme in der Metaphysik der Erfahrung anbietet, können nur einen festen Stand haben, wenn sie durch eine umfassende und systematische Darstellung des Begriffs eines Kriteriums gestützt werden, den er auf unsystematische und dunkle

Weise entwarf. Die Aufgabe des Theoretikers der Logik ist es, eine allgemeine und konsistente Beschreibung der komplexen Beziehungen zwischen den drei Arten von Sätzen zu liefern, die hier tentativ erörtert wurden.

1. Im Text zitierte Werke Wittgensteins (angegeben in der Reihenfolge der Abfassung).

»Aufzeichnungen über Logik, September 1913«, abgedruckt in *Tagebücher 1914–16*, S. 186–225.

»Aufzeichnungen, die G. E. Moore in Norwegen nach Diktat niedergeschrieben hat, April 1914«, abgedruckt in *Tagebücher 1914–16*, S. 226–253.

Tagebücher 1914–16, hrsg. von G. H. von Wright und G. E. M. Anscombe, in *Schriften* 1, (Frankfurt a. M., Suhrkamp, 1969).

ProtoTractatus – An Early Version of Tractatus Logico-Philosophicus, hrsg. von B. F. McGuinness, T. Nyberg und G. H. von Wright, (Routledge and Kegan Paul, London, 1971).

Tractatus Logico-Philosophicus (logisch-philosophische Abhandlung), in *Schriften I*, (Frankfurt a. M., Suhrkamp, 1969). Engl. Ausgabe: (Routledge and Kegan Paul, London, 1961).

»Some Remarks on Logical Form«, *Proceedings of the Aristotelian Society*. Suppl. Vol. ix (1929), S. 162–71.

»A Lecture on Ethics«, *The Philosophical Review*, lxxiv (1965), S. 3–12.

Ludwig Wittgenstein und der Wiener Kreis. Aufzeichnungen durch F. Waismann, hrsg. von B. F. McGuinness, in *Schriften* 3 (Suhrkamp, Frankfurt a. M., 1967).

Philosophische Bemerkungen, hrsg. von R. Rhees, in *Schriften* 2, (Suhrkamp, Frankfurt a. M., 1970).

»Wittgenstein's Lectures in 1930–33«, abgedruckt in G. E. Moore, *Philosophical Papers*, S. 252–324 (Allen and Unwin, London, 1959).

Philosophische Grammatik, hrsg. von R. Rhees, *Schriften* 4 (Suhrkamp, Frankfurt a. M., 1969).

»Letter to the Editor«, *Mind*, xlii (1933), S. 415–16.

The Blue and Brown Books (Blackwell, Oxford, 1958).
dt.: *Das Blaue Buch. Eine Philosophische Betrachtung*, hrsg. von R. Rhees, in *Schriften* 5 (Suhrkamp, Frankfurt a. M., 1970).

»Notes for Lectures on ›Private Experience‹ and ›Sense Data‹«, hrsg. von R. Rhees, *The Philosophical Review*, lxxvii (1968), S. 275–320.

Bemerkungen über die Grundlagen der Mathematik, rev. und erw. Ausgabe, *Schriften* 6 (Suhrkamp, Frankfurt a. M., 1974).

Philosophische Untersuchungen, hrsg. von G. E. M. Anscombe und R. Rhees, in *Schriften* 1 (Suhrkamp, Frankfurt a. M., 1969).

Zettel, hrsg. von G. E. M. Anscombe und G. H. von Wright, in *Schriften* 5 (Suhrkamp, Frankfurt a. M., 1970).
Über Gewißheit, hrsg. von G. E. M. Anscombe und G. H. von Wright (Suhrkamp, Frankfurt a. M., 1971).

Briefwechsel

Letters to Russell, Keynes and Moore, hrsg. von G. H. von Wright unter Mitwirkung von B. F. McGuinness (Blackwell, Oxford, 1974).
Briefe an Ludwig von Ficker, hrsg. von G. H. von Wright unter Mitwirkung von W. Methlagl (Müller, Salzburg, 1969).

2. Eine umfassende Bibliographie von Schriften über Wittgenstein findet sich in K. T. Fann, *Wittgenstein's Conception of Philosophy*, S. 113–78 (Blackwell, Oxford, 1969). Eine weitere Ergänzung durch K. T. Fann findet sich in *Wittgenstein et le problème d'une philosophie de la science*, S. 217–24 (Paris, 1970). Das folgende Literaturverzeichnis enthält nur Schriften, die in meinem Buch zitiert wurden.

Allaire, E. B., ›The »Tractatus«: Nominalistic or Realistic?‹, repr. in: *Essays on Wittgenstein's Tractatus*, ed. I. M. Copi and R. W. Beard, pp. 325–41 (Routledge and Kegan Paul, London, 1966).
– ›»Tractatus« 6.3751‹, repr. in: *Essays on Wittgenstein's Tractatus*, ed. I. M. Copi and R. W. Beard, pp. 189–93 (Routledge and Kegan Paul, London, 1966).
Ambrose, A., ›Wittgenstein on Universals‹, repr. in: *Ludwig Wittgenstein: The Man and his Philosophy*, ed. K. T. Fann, pp. 336–52 (Dell, New York, 1967).
Anscombe, G. E. M., *An Introduction to Wittgenstein's Tractatus*, 2nd ed. (Hutchinson, London, 1963).
Austin, J. L., ›Other Minds‹, in: *Philosophical Papers*, ed. J. O. Urmson and G. J. Warnock, pp. 44–84 (Clarendon Press, Oxford, 1961).
Ayenr, A. J., ›Can There be a Private Language?‹, *Proceedings of the Aristotelian Society*, supp. vol. xxviii (1954), 63–76.
– ›The Concept of a Person‹, in: *The Concept of a Person and Other Essays*, pp. 82–128 (Macmillan, London, 1963).
Baker, G. P., ›The Logic of Vagueness‹, unpublished D. Phil. thesis (Oxford University, 1970).
Bentham, ›Essays on Logic‹, *The Works of J. Bentham*, ed. J. Bowring, vol. viii (Tait, Edinburgh, 1843).
Black, M., *A Companion to Wittgenstein's Tractatus* (C.U.P., Cambridge, 1964).
Braithwaite, R. B., ›Solipsism and the »Common Sense View of the World«‹, *Analysis*, 1 (1933–4), 13–15.
– ›Philosophy‹, in: *University Studies, Cambridge 1933*, ed. H. Wright, pp. 1–32 (Ivor Nicholson and Watson, London, 1933).

Britton, K., ›Portrait of a Philosopher‹, repr. in: *Ludwig Wittgenstein: The Man and his Philosophy*, ed. K. T. Fann, pp. 56–63 (Dell, New York, 1967).

Brouwer, L. E. J., ›Mathematik, Wissenschaft und Sprache‹, *Monatshefte für Mathematik und Physik*, xxxvi (1929), 153–64.

Carnap, R., ›Intellectual Autobiography‹, in: *The Philosophy of Rudolf Carnap*, ed. P. Schilpp (Open Court, Illinois, 1963).

Die logische Syntax der Sprache (Springer, Wien, 1934).

Der logische Aufbau der Welt (zusammen mit *Scheinprobleme in der Philosophie*) (Meiner, Hamburg, ²1961).

Castañeda, H. N., ›On the Logic of Self Knowledge‹, *Noûs*, i (1967), 9–21.

Chihara, C. S. and Fodor, J. A., ›Operationalism and Ordinary Language: A Critique of Wittgenstein‹, *American Philosophical Quarterly*, 2 (1965), 281–95.

Chisholm, R., *Theory of Knowledge* (Prentice Hall, New Jersey, 1966).

Collingwood, R. G., *An Essay in Metaphysics* (Clarendon Press, Oxford, 1940).

Copi, I. M., ›Objects, Properties and Relations in the *Tractatus*‹, in: *Essays on Wittgenstein's Tractatus*, ed. I. M. Copi and R. W. Beard, pp. 167–86 (Routledge and Kegan Paul, London, 1966).

Cornforth, M., ›Is Solipsism Compatible with Common Sense‹, *Analysis*, i (1933–4), 21–6.

Descartes, R., *Meditationen über die Grundlagen der Philosophie mit den sämtlichen Einwänden und Erwiderungen*, übers. und hrsg. von A. Buchenau (Meiner, Hamburg, 1965).

Dummett, M.; ›Frege, Gottlob‹, in: *The Encyclopedia of Philosophy*, ed. P. Edwards, vol. 3.225–37 (Macmillan, New York, 1967).

– ›Nominalism‹, *The Philosophical Review*, lxv (1956), 491–505.

– ›The Philosophical Significance of Gödel's Theorem‹, *Ratio*, 5 (1963), 140–55.

– ›The Reality of the Past‹, *Proceedings of the Aristotelian Society*, lxix (1968–9), 239–58.

– ›Truth‹, *Proceedings of the Aristotelian Society*, lix (1958–9), 141–62.

– ›Wittgenstein's Philosophy of Mathematics‹, *The Philosophical Review*, lxviii (1959), 324–48.

Engelmann, P., *Ludwig Wittgenstein, Briefe und Begegnungen*, hrsg. von B. F. McGuinness (R. Oldenbourg, Wien und München 1970).

Fann, K. T., *Wittgenstein's Conception of Philosophy* (Blackwell, Oxford, 1969).

Flew, A. G. N., *Hume's Philosophy of Belief* (Routledge and Kegan Paul, London, 1961).

Fodor, J. A. Siehe Chihara, C. S. und Fodor, J. A.

Frege, G., *Begriffsschrift, eine der Arithmetischen nachgebildete Formelsprache des reinen Denkens,* (Halle AS, 1879, Louis Nebert).

Frege, G., *Die Grundgesetze der Arithmetik* (Neudruck Wiss. Buchgesellschaft, Darmstadt, 1962).

– *Die Grundlagen der Arithmetik* (Neudruck Wiss. Buchges., Darmstadt, 1961).

– *Kleine Schriften,* hrsg. von I. Angelelli (Wiss. Buchges., Darmstadt, 1967).

– »Der Gedanke«, abgedruckt in *Logische Untersuchungen,* hrsg. von G. Patzig, S. 30–53 (Vandenhoeck und Ruprecht, Göttingen, 1966).

Gardiner, P., *Schopenhauer* (Penguin, Harmondsworth, 1963).

Gasking, D. A. T. and Jackson, A. C., ›Wittgenstein as Teacher‹, in: *Ludwig Wittgenstein: The Man and his Philosophy,* ed. K. T. Fann, pp. 49–55 (Dell, New York, 1967).

Geach, P. T., ›Frege‹, in: *Three Philosophers,* by G. E. M. Anscombe and P. T. Geach (Blackwell, Oxford, 1961).

– *Mental Acts* (Routledge and Kegan Paul, London, 1957).

Gombrich, E., *Art and Illusion,* 2nd ed. (Phaidon, London, 1962).

Griffin, J., *Wittgenstein's Logical Atomism* (O. U. P., Oxford, 1964).

Hacker, P. M. S., ›Wittgenstein's Doctrines of the Soul in the Tractatus‹, *Kantstudien,* 62 (1971), 162–71.

– ›Other Minds and Professor Ayer's Concept of a Person‹, *Philosophy and Phenomenological Research,* xxxii (1971–2).

– ›Frege and the Private Language Argument‹, *Idealistic Studies,* ii (1972).

Hahn, H., »Logik, Mathematik und Naturerkennen«, *Einheitswissenschaft* Heft 2, Wien 1933.

Hertz, H., *Untersuchungen über die Ausbreitung der elektrischen Kraft, Gesammelte Werke,* Band II (Leipzig 1894).

– *Die Prinzipien der Mechanik,* ebenda Band III.

Hesse, M. B., *Forces and Fields* (Nelson, London, 1961).

Hintikka, J., ›Wittgenstein on Private Language: Some Sources of Misunderstanding‹, *Mind,* lxxviii (1969), 423–5.

Hollis, M., ›Reason and Ritual‹, *Philosophy,* xliii (1968), 231–47.

Hume, *A Treatise of Human Nature,* Everyman's Library (Dent and Sons, London, 1911); dt.: *Traktat über die menschliche Natur,* hrsg. von Theodor Lipps, 4. Aufl., (Felix Meiner, 1968).

Ishiguro, H., ›Use and Reference of Names‹, in: *Studies in the Philosophy of Wittgenstein,* ed. P. Winch, pp. 20–50 (Routledge and Kegan Paul, London, 1969).

Jackson, A. C. Siehe Gasking, D. A. T. and Jackson, A. C.

Johnson, W. E., *Logic*, 3 vols, (C. U. P., Cambridge, 1921).
Kant, I., *Kritik der reinen Vernunft*, in: *Gesammelte Werke*, hrsg. von der Preuss. Akad., Berlin 1902 ff.
– *Kritik der praktischen Vernunft*, ebenda.
– *Prolegomena zu einer jeden künftigen Metaphysik*, ebenda.
Kenny, A. J. P., *Action, Emotion, and the Will* (Routledge and Kegan Paul, London, 1963).
– ›Cartesian Privacy‹, in: *Wittgenstein, The Philosophical Investigations, A Collection of Critical Essays*, ed. G. Pitcher, pp. 352–70 (Doubleday, New York, 1966).
– ›Criterion‹, in: *The Encyclopedia of Philosophy*, ed. P. Edwards, vol. 2.258–61 (Macmillan, New York, 1967).
– *Descartes, A Study of His Philosophy* (Random House, New York, 1968).
– ›The Verification Principle and the Private Language Argument‹, in: *The Private Language Argument*, ed. O. R. Jones, pp. 204–28 (Macmillan, London, 1971).
Kneale, M. and Kneale, W., *The Development of Logic* (Clarendon Press, Oxford, 1962).
Körner, S., *Categorial Frameworks* (Blackwell, Oxford, 1970).
– *Kant* (Penguin, Harmondsworth, 1955).
– *What is Philosophy* (Allen Lane, London, 1969).
Kretzman, N., ›The Main Thesis of Locke's Semantic Theory‹, *The Philosophical Review*, lxxvii (1968), 175–96.
Kuhn, T. S., ›Logic of Discovery or Psychology of Research?‹, in: *Criticism and the Growth of Knowledge*, ed. I. Lakatos and A. Musgrave, pp. 1–23 (C. U. P., Cambridge, 1970); dt.: »Logik oder Psychologie der Forschung«, in: *Die Entstehung des Neuen*, (Suhrkamp, Frankfurt am Main, 1976).
– ›Reflections on my Critics‹, in *Criticism and the Growth of Knowledge*, ed. I. Lakatos and A. Musgrave, pp. 231–78 (C. U. P., Cambridge, 1970).
– *The Structure of Scientific Revolutions* (University of Chicago Press, Chicago, ²1970); dt.: *Die Struktur wissenschaftlicher Revolutionen* (Suhrkamp, Frankfurt a. M., 1967).
Lewis, C. I., ›Experience and Meaning‹, in: *Readings in Philosophical Analysis*, ed. H. Feigl and W. Sellars, pp. 128–145 (Appleton-Century-Crofts, New York, 1949).
Lewy, C., ›A Note on the Text of the *Tractatus*‹, *Mind*, lxxvi (1967), 416–23.
Locke, *An Essay Concerning Human Understanding*, ed. A. C. Fraser (1894; republ. Dover, New York, 1959); dt.: *Über den menschlichen Verstand*, 3. Aufl., (Felix Meiner, 1976).

Lycan, W. G., ›Non-Inductive Evidence: Recent Work on Wittgenstein's »Criteria«‹, *American Philosophical Quarterly*, 8 (1971), 109–25.

Lyons, J., *Introduction to Theoretical Linguistics* (C. U. P., Cambridge, 1968); dt.: *Einführung in die moderne Linguistik*, 4. Aufl., (C. H. Beck, 1975).

McGuinness, B. F., ›The Mysticism of the Tractatus‹, *The Philosophical Review*, lxxv (1966), 305–28.

Malcolm, N., ›*Wittgenstein's Philosophical Investigations*‹, in: *Wittgenstein, The Philosophical Investigations, A Collection of Critical Essays*, ed. G. Pitcher, pp. 65–103 (Doubleday, New York, 1966).

– ›Wittgenstein on the Nature of Mind‹, *American Philosophical Quarterly Monograph*, No. 4: *Studies in the Theory of Knowledge* (1970), pp. 9–29.

Manser, A., ›Pain and Private Language‹, in: *The Philosophy of Wittgenstein*, ed. P. Winch, pp. 166–83 (Routledge and Kegan Paul, London, 1969).

Maslow, A., *A Study in Wittgenstein's Tractatus* (Univ. of California Press, Berkeley, 1961).

Moore, G. E., ›A Defense of Common Sense‹, in: *Philosophical Papers*, pp. 32–59 (Allen and Unwin, London, 1959).

– ›The Nature of Judgment‹, *Mind*, viii (1899), 176–93.

– ›Proof of an External World‹, repr. in *Philosophical Papers*, pp. 127–50 (Allen and Unwin, London, 1959).

Passmore, J., *A Hundred Years of Philosophy*, 2nd ed. (Penguin, Harmondsworth, 1968).

Pears, D. F., *Bertrand Russell and the British Tradition in Philosophy* (Fontana, London and Glasgow, 1967).

Pitcher, G., *The Philosophy of Wittgenstein* (Prentice Hall, New Jersey, 1964).

Prior, A. N., ›Egocentric Logic‹, *Noûs*, ii (1968), 191–207.

Putnam, H., ›Brains and Behaviour‹, in: *Analytical Philosophy*, 2nd series, ed. R. J. Butler, pp. 1–19 (Blackwell, Oxford, 1965).

– ›Dreaming and »Depth Grammar«‹, in *Analytical Philosophy*, ed. R. J. Butler, pp. 211–35 (Blackwell, Oxford, 1962).

Quine, W. O., ›Two Dogmas of Empiricism‹, in: *From a Logical Point of View*, pp. 20–46 (Harper and Row, New York, 1963).

Ramsey, F. P., *The Foundations of Mathematics and other Logical Essays* (Routledge and Kegan Paul, London, 1931).

Raz, J., *The Concept of a Legal System* (O. U. P., Oxford, 1970).

Rhees, R., ›Can There be a Private Language?‹, *Proceedings of the Aristotelian Society*, supp. vol. xxviii (1954), 77–94.

– *Discussions of Wittgenstein* (Routledge and Kegan Paul, London, 1970).
Russell, ›On Propositions: what they are and how they mean‹, in: *Logic and Knowledge Essays, 1901–1950*, ed. R. C. Marsh, pp. 285–302 (Allen and Unwin, London, 1956).
Russell, ›On Scientific Method in Philosophy‹, in: *Mysticism and Logic*, pp. 95–119 (Penguin, Harmondsworth, 1953).
– ›On the Nature of Truth and Falsehood‹, in: *Philosophical Essays*, pp. 170–85 (Longmans, London, 1910).
– *Our Knowledge of the External World as a Field for Scientific Method in Philosophy* (Open Court, Chicago, 1914).
– *The Autobiography of Bertrand Russell* (3 vols., Allen and Unwin, London, 1967–9); dt.: *Autobiographie*, Tl. 1–3, suhrkamp taschenbücher Nr. 22, 84, 192, (Suhrkamp, Frankfurt am Main, 1972, 1973, 1974).
– ›The Philosophy of Logical Atomism‹, in: *Logic and Knowledge, Essays 1901–1950*, ed. R. C. Marsh, pp. 175–281 (Allen and Unwin, London, 1956).
– *The Principles of Mathematics*, 2nd ed. (Allen and Unwin, London, 1937).
– ›Vagueness‹, *Australasian Journal of Philosophy*, i (1923), 84–92.
Schlick, M., ›Meaning and Verification‹, in: *Readings in Philosophical Analysis*, ed. H. Feigl and W. Sellars, pp. 146–70 (Appleton-Century-Crofts, New York, 1949).
Schopenhauer, A., *Die Welt als Wille und Vorstellung*, in *Sämtliche Werke*, Band II und III (Brockhaus, Wiesbaden, 1966).
Shoemaker, S., *Self-Knowledge and Self-Identity* (Cornell Univ., New York, 1963).
– ›Self-Reference and Self-Awareness‹, *The Journal of Philosophy*, lxv (1968), 555–67.
Specht, E. K., *Die sprachphilosophischen Grundlagen im Spätwerk Ludwig Wittgensteins* (Habilitationsschrift, Bonn, 1963); engl.: *The Foundations of Wittgenstein's Late Philosophy* (Manchester Univ. Press, Manchester, 1969).
Stebbing, L. S., ›Concerning Solipsism: Reply to R. B. Braithwaite‹, *Analysis*, i (1933–4), 26–8.
– ›Logical Positivism and Analysis‹, *Proceedings of the British Academy*, xix (1933), 53–88.
Stenius, E., *Wittgenstein's Tractatus, A Critical Exposition of Its Main Lines of Thought* (Blackwell, Oxford, 1960); dt.: *Wittgensteins Traktat* (Suhrkamp, Frankfurt am Main, 1969).

Strawson, P. F., *Individuals, An Essay in Descriptive Metaphysics* (Methuen, London, 1959); dt.: *Einzelding und logisches Subjekt. Ein Beitrag zur deskriptiven Metaphysik* (Reclam, Stuttgart, 1972).
– ›Meaning and Truth‹, *Inaugural Lecture* (Clarendon Press, Oxford, 1970).
– ›Review of Wittgenstein's *Philosophical Investigations*‹, in: *Wittgenstein, the Philosophical Investigations, A Collection of Critical Essays*, ed. G. Pitcher, pp. 22–64 (Doubleday, New York, 1966).
Strawson, P. F., *The Bounds of Sense, An Essay on Kant's Critique of Pure Reason* (Methuen, London, 1966).
Thomson, J. J., ›Private Languages‹, *American Philosophical Quarterly*, I (1964), 20–31.
Toulmin, S. E., ›From Logical Analysis to Conceptual History‹, in: *The Legacy of Logical Positivism*, ed. P. Achinstein and S. F. Barker, pp. 25–53 (Johns Hopkins, Baltimore, 1969).
– ›Ludwig Wittgenstein‹, *Encounter*, January 1969, pp. 58–71.
Urmson, J. O., *Philosophical Analysis, Its Development between the Two World Wars* (Clarendon Press, Oxford, 1956).
Waismann, F., *The Principles of Linguistic Philosophy*, hrsg. von R. Harré (Macmillan, London, 1965); veränderte dt. Fassung: *Logik, Sprache, Philosophie*, hrsg. von G. P. Baker und B. F. McGuinness unter Mitwirkung von J. Schulte (Reclam, Stuttgart, 1976).
– ›Verifiability‹, in: *Logic and Language*, 1st series, ed. A. G. N. Flew, pp. 117–44 (Blackwell, Oxford, 1951).
Wiggins, D., ›Freedom, Knowledge, Belief and Causality‹, in: *Knowledge and Necessity, Royal Institute of Philosophy Lectures*, vol. 3 (1968–9), ed. G. N. A. Vesey, pp. 132–54 (Macmillan, London, 1970).
Wisdom, J. O., ›Solipsism‹, *Analysis*, i (1933–4), 17–21.
von Wright, G. H., ›A Biographical Sketch‹, in: N. Malcolm, *Ludwig Wittgenstein, A Memoir*, pp. 1–22 (O. U. P., London, 1966).
– *Norm and Action* (Routledge and Kegan Paul, London, 1963).
– *The Varieties of Goodness* (Routledge and Kegan Paul, London, 1963).
Zemach, E., ›Wittgenstein's Philosophy of the Mystical‹, in: *Essays on Wittgenstein's Tractatus*, ed. I. M. Copi and R. W. Beard, pp. 359–75 (Routledge and Kegan Paul, London, 1966).